中国县域法治国情调查报告丛书

Survey Report Series on the Development of Rule of Law at the County Level in China

中国县域法治国情调查报告

江苏如皋卷

JIANGSURUGAO SECTION

胡亚球◎主编

法律出版社
LAW PRESS · CHINA

《中国县域法治国情调查报告丛书》
编辑委员会

中国县域法治国情调查报告

江苏如皋卷

主　　编　胡亚球

副 主 编　马小平　程雪阳　吴　俊

撰写人员　刘宇飞　刘若楠　陈钰炅　张雨绮
　　　　　　金富文　陈梦阳　崔皓然

目　　录

总　序

中国特色社会主义法治发展,是基于中国法治国情条件而展开的一场深刻的法治变革运动,有其特殊的历史运动轨迹,具有独特的路径选择。习近平同志强调:“走什么样的法治道路、建设什么样的法治体系,是由一个国家的基本国情决定的。”“全面推进依法治国,必须从我国实际出发,同推进国家治理体系和治理能力现代化相适应,既不能罔顾国情、超越阶段,也不能因循守旧、墨守成规。”①在当代中国,全面推进依法治国,加快建设法治中国,固然要吸收借鉴人类法治文明的有益经验和成果,但更重要的是要从中国的实际情况出发,深深扎根于本国社会的土壤之中,自觉立足社会主义初级阶段的基本国情条件,努力构建具有鲜明特色的中国法治现代化模式,绝不能脱离本国的实际状况,绝不能无视本国的法治国情特点而盲目照抄照搬,从而科学把握中国法治发展的运动方向,坚定地走出一条符合本国国情条件的中国特色社会主义法治道路。

一般来说,国情是指一个国家的政治、经济、文化、社会、历史传统、自然地理条件等方面的基本情况和特点。法治国情是一个内涵丰富的概念,主要是指该国国情状况在法治生活领域中的具体反映和表现。如果说一个国家的国情状况与特点,对于这个国家的政治、经济、社会、文化生活领域产生着重要影响,那么,同样地,一个国家的法治国情条件,在很大程度上决定这个国家的法治发展进程及其取向。“各国国情不同,每个国家的政治制度都是独特的。”因而“世界上不存在完全相同的政治制度,也不存在适用于一切国家的政治制度模式”。② 在当代中国,坚持走中国特色社会主义法治道路有着深厚的国情基础。从政治方面来看,法治国情的政治关系集中地表现为工人阶级领导的、以工农联盟为基础的社会主义国家的国

---

① 习近平:“加快建设社会主义法治国家”,载《求是》2015 年第 1 期。

② 参见习近平:《在庆祝全国人民代表大会成立 60 周年大会上的讲话》(2014 年 9 月 5 日),人民出版社 2014 年版,第 16 页。

体和人民代表大会制度的政体,为中国特色社会主义法治发展道路提供了坚实的政治基础和根本准则,这就决定了中国特色社会主义法治发展在国家政治生活和国家政权体制中的基本地位;中国共产党的领导是中国特色社会主义的根本政治保证,必须始终坚持党对法治建设与发展的领导;依法服务党和国家的工作大局,则是中国特色社会主义法治的政治使命。从经济方面来看,法治国情的经济要素主要在于把握国家经济制度性质及其类型。在当代中国,1978年开始的改革开放,致力于建立社会主义市场经济体制。经过30多年的广泛而深刻的社会经济革命,一个具有社会主义特点的能够充分发挥市场经济作用的经济体制已经形成。在社会主义市场经济条件下,公正与效率的关系,构成了社会价值系统中的一对矛盾。从社会方面来看,当代中国仍然处于社会主义初级阶段,法治领域的基本矛盾表现为人民群众日益增长的法治需求与法治机构和法治队伍的法治能力相对不足之间的矛盾。进入新世纪新阶段,当代中国社会发展呈现出一系列阶段性特征,这必然对法治发展进程产生重要影响,进而对法治建设与发展提出相应的要求。因此,在新的形势下,深化法治改革,推动法治发展,就必须从社会主义初级阶段这个最大的实际出发。这是我们考察中国法治国情社会要素时需要悉心加以关注的。从文化方面来看,研究中国法治国情的文化要素,应当着力探求法律文化传统对当代中国法治发展进程的内在影响。把握中国法治国情,推动中国法治发展,必须高度关注本国的法律文化传统问题。

把握中国法治国情条件的基本特点,一个重要的方面,就是要清醒地认识到不同区域法治发展的差异性及其历史影响。中国的法治发展进程,受到中国社会的、经济的、政治的、文化的、历史的和地理环境的诸方面条件或因素的深刻影响,因而有其独特的历史特点。特别是在中国这样一个幅员辽阔的东方大国,东中西部各个区域之间的经济社会发展水平与状况存在明显的差异性,必然影响或制约着各个区域法治发展的进展状况与实际效果。因此,在全面推进依法治国、加快建设法治中国的时代条件下,正确认识和处理好国家法治发展与区域法治发展之间的关系,就显得尤为重要。区域法治发展是国家法治发展进程在一定区域内的具体的历史的展开。这里所说的区域,主要是指主权国家范围内的以特定行政区划为基本构成单元的特定地域空间。在当代中国,这涉及诸如省域、市域(设区的市)和县域的不同层级的行政辖区。当然,那些由相邻地域所组成的跨越不同层级的行政区划的空间地域，亦属于区域的概念内涵的构成要素。例如，西部地区、中部地区、长江三角洲地区、京津冀地区、东北地区、珠江三角洲地区，等等。因之，基于特定区域范围的法治发展现象，无疑有丰富多彩的历史时空的个别化特性。

应当看到，这种以不同层级行政区划为基础的地区单元，具有丰厚的法学意蕴，恰恰是法学意义上的“区域”概念的主体内涵或基本规定之一。行政区域或政区的设置，是国家治理的基础。国家统治者为了有效地实施对国家疆域的治理，都要按照一定的理念与原则，综合考量经济的、政治的、社会的、民族的、文化的、风俗的、人口的、历史的乃至地理的等诸方面因素和条件，确立一定的行政管辖层级体系，并且把整个国家疆域划分为若干个不同的行政区域或政区。因之，“行政区划是一个国家权力再分配的主要形式之一，也是一个国家统治集团及政治、经济、军事、民族、习俗等各种要素在地域空间上的客观反映。”[①]在中国，政区体制经历了一个历史沿革过程。但是，无论政区体制如何变动与繁复多样，都无法摆脱一定的地理区域因素及其空间状况的深刻影响。以特定范围的地域空间为基础的政区体制，体现着一种独特的社会关系——纵向的行政等级关系，凝结着中央与地方之间有机互动的独特的国家治理价值取向。所以，基于特定政区的地域空间单元，构成了法学视野下区域研究的基本对象之一。在推进法治中国建设的时代进程中，省域、市域、县域不同行政辖区层级的法治发展主体、客体、样态、功能、推进方式与路径选择等，既有共同的要求，又有不同的特点，需要运用区域法治发展的概念工具加以深入分析，从而揭示和把握不同政区层级的区域法治发展的运动规律。

县域法治发展，不仅在区域法治而且在国家法治发展进程中具有独特的战略地位。“依法治国的根基在基层。”[②]在当代中国国家政权体系中，县级政权构成了国家政权结构的基本单元和基础，县级政治或县政是整个国家政治运作的基础枢纽。诚如习近平同志所指出的：“在我们党的组织结构和国家政权结构中，县一级处在承上启下的关键环节，是发展经济、保障民生、维护稳定、促进国家长治久安的重要基础。古人讲，郡县治，天下安。我国县的建制始于春秋时期，因秦代推进郡县制而得到巩固和发展。两千

① 参见浦善新：《中国行政区划改革研究》，商务印书馆2006年版，第1页。

② 参见《习近平关于全面依法治国论述摘编》，人民出版社2015年版，第116页。

多年来,县一直是我国国家结构的基本单元,稳定存在至今。”[①]作为一个完整型态的县域社会治理,涉及中央与地方、国家与社会、城市与乡村等一系列重大的国家治理关系。我国5000多年的文明史和2000多年的县治史,以其恢宏的画卷,展示出独特的国家治理的智慧与魅力,是一座弥足珍贵的宝库,亟须人们大力开掘,深入探讨。在实现国家治理现代化的进程中,推进县域治理改革,完善县域治理功能,已经成为摆在我们面前的一项重大议程。由此,推进法治中国建设,推动区域法治发展,必须紧紧抓住县域法治发展这个重心不放,把县域法治建设作为区域法治建设的主战场,积极推动全面依法治国在县域基层的具体实践,[②]为法治中国进程中的区域法治发展注入源头活水,坚定地走中国特色社会主义法治道路。

正因为如此,我们深深感到,深入系统地开展县域法治国情调查,反映县域法治的状况,记录县域法治的进程,展现县域法治的进步,确乎具有重大的理论价值与实践意义。2014年7月,在《法治江苏建设纲要》颁布实施十周年之际,在江苏省依法治省领导小组办公室的大力支持和悉心指导下,江苏高校区域法治发展协同创新中心和南京师范大学江苏法治发展研究院决定组织开展县域法治国情调查工作,首批选定昆山市、宜兴市、南京市江宁区、丹阳市、如皋市、高邮市、淮安市淮安区、东台市、沭阳县、沛县10个县(市、区)作为有关高校、科研院所的县域法治国情调查基地,并在此基础上逐步扩大范围,持续不断地扎实开展县域法治国情调查。通过对特定县(市、区)法治状况的全面调查,力求全面、客观、准确地掌握具有代表性的特定县(市、区)的法治发展状况,系统地记录县域法治建设的发展进程,以期为法治江苏建设提供第一手的基础性资料,进而为江苏省委、省政府全面推进依法治省、加快建设法治江苏提供重要的决策参考。

县域法治国情调查是一个庞大的系统工程。这项调查内容涉及县域基本状况、地方政权与地方组织、执法与司法、基层自治、公民权益保障、重要法治事件与典型法治案件、专题性法治问题等诸多方面,时间跨度长,调查内容多,调查难度大,工作任务重。江苏省委政法委主要领导同志对县域法治国情调查工作十分重视,提出重要的指导意见。近两年来,参与县域法治国情调查的南京师范大学法学院、东南大学法学院、苏州大学王健

① 习近平:《做焦裕禄式的县委书记》,中央文献出版社2015年版,第2页。

② 参见李树忠:“依法治国语境下的县域法治”,载《中国政法大学学报》2013年第6期;尹洪阳、杨玉圣:“县域法治论纲”,载《中国政法大学学报》2013年第6期。

法学院、扬州大学法学院和江苏省社会科学院法学研究所，在江苏省依法治省领导小组办公室的指导协调下，在当地党委、政府和党委政法委以及有关方面的大力支持下，始终坚持以党的十八大和十八届三中、四中、五中全会精神为指导，深入贯彻习近平总书记全面依法治国思想，悉心把握中国特色社会主义县域法治发展规律，高度重视，周密部署，精心组织，协作配合，牢固树立质量第一的理念，确保调查数据的系统完整、客观真实，县域法治国情调查工作取得了重要进展。《中国县域法治国情调查报告丛书》集中汇聚了这次较大规模的县域法治国情调查的主要成果，具有存史咨政的有益作用，亦是法治决策的重要依据。

县域法治国情调查工作，得到了我国法学界的关心支持。江苏高校区域法治发展协同创新中心专家咨询委员会各位专家对组织开展县域法治国情调查提出了富有见地的意见建议。在“县域法治国情调查成果交流论证会”上，与会专家学者对这次县域法治国情调查报告书稿进行了认真的评议，在充分肯定开展县域法治国情调查工作的重要意义和已经取得的阶段性成果的基础上，对进一步提高调查报告质量，深化县域法治国情调查工作，提出了建设性的意见和建议。法律出版社对《中国县域法治国情调查报告丛书》的出版印行，给予了热情关顾和有力支持。在此，我们谨一并致以诚挚的谢忱！

县域法治国情调查，是一项很有意义的法治事业，在某种程度上也是一项开创性的工作。由于我们经验不足，能力有限，加之调查工作难度确实很大，因之调查报告肯定存在不足之处，敬祈法学与法律界同人和广大读者批评指正。

我们深知，随着全面依法治国进程的历史性展开，县域法治发展的重要地位愈益充分地展现出来，遂而县域法治国情调查必将成为推进法治中国建设的基础性议程。让我们协同合作，脚踏实地，持之以恒，有计划地持续深入开展县域法治国情调查工作，为夯实全面依法治国的根基作出不懈的努力。

江苏高校区域法治发展协同创新中心
南京师范大学江苏法治发展研究院
2016 年 1 月

第一章 基本概况

第一节 县制区划

一、行政区划

如皋市原为南通市属的如皋县，1991 年 2 月 6 日，经国务院批准撤县建市。2013 年 3 月，经省政府同意，如皋市调整了部分行政区划。现全市辖如城、城南、城北 3 个街道和东陈、丁堰、白蒲、下原、九华、石庄、吴窑、江安、搬经、磨头、长江 11 个镇，共有 347 个村(居)，其中居委会 181 个、村委会 166 个。

二、县制沿革

如皋商周时为古淮夷人海阳、发阳方国所在地，春秋时为“郧子封地”。东晋义熙置如皋县，隋唐时废，南唐时复置。1940 年(民国 29 年)析为两个县。初时设在东部的为如皋县，设在西部的为如西县。1945 年如西县复名如皋县，设在东部的如皋县更名如东县。此时，如皋城为苏皖边区第一专员公署所在地，领辖 12 个县。中华人民共和国成立时属苏北行政公署泰州专员公署，1950 年划归苏北行政公署南通专员公署，1983 年由南通市人民政府领辖。1991 年 6 月，撤县设立如皋市。

如皋东晋置县时，辖 3 乡。唐太和设如皋场，辖 5 乡。南唐保大复置如皋县，仍辖 5 乡。明代设 4 乡、1 城厢、42 里。清康熙时全县设 16 都、32 图，清雍时设 17 乡、1 城厢。中华民国成立后，改以户口为标准的市、乡制，初辖 6 市、12 乡，后改为 12 市、5 乡。1929 年改区、乡(镇)制，全县设 18 区、487 乡、61 镇。1940 年如西县辖 5 区、1 直属乡。1945 年如西县设 11 区、152 乡。9 月，如西县更名如皋县后设 15 区、198 乡(镇)。中华人民共和国成立后，初为 13 区、198 乡(镇)。1952 年改设 19 区、197 乡(镇)。1957 年实行大乡制，合并为 10 区、48 乡、3 个县属镇。1958 年 9 月，实现人民公社化，共建人民公社 33 个，年底合并为 12 个，1959 年 3 月划分为 47 个。1960 年 9 月，原设的 10 个片合并为 5 个片。1961 年恢复区建制，设 9 个区。1963 ~ 1983 年区划基本稳定。1987 年 1 月撤区，设 9 镇、44 乡。1990 年，设 9 区、10 镇、43 乡。1991 年 6 月正式撤县设市，当时全市辖 9 个区、10 个镇、43 个乡、4 个街道、26 个居委会、892 个村。2000 年 4 月，全市调整为 26 个乡镇。2001 年 9 月，调整为 23 个镇。2005 年 1 月，再次调整为 20 个镇。至 2010 年，全市辖 20 个镇(区)，下设街道 4 个、社区 147 个、行政村 170 个。2013 年经省政府同意，如皋市再一次对行政区划进行了调整。

第二节 自然环境与交通运输

一、自然地理

如皋市地处长江三角洲北翼,北纬 32°00′~32°30′、东经 120°20′~120°50′,南临长江,与张家港市隔江相望,北与海安县、东与如东县、东南与南通通州区毗邻,西与泰州泰兴市、西南与靖江市接壤;全市总面积 1477 平方公里(不含长江水面)。如皋成陆于扬泰古沙嘴,境内地势由西北向东南略有倾斜,海拔 2~6 米。地域略呈椭圆形,酷似桑叶。由于成陆时间不同,土层结构及土壤质地亦不尽一致,中西部为高沙土地区,土质较差,南部沿江地区和东部通扬河地区土质较好。如皋位于扬子准地台的下扬子台褶带上,为苏北拗陷中的苏南—勿南沙中新生代相对隆起区。西北、北部有靖江—搬经—西场断裂及栟茶—洋口断裂与海安凹陷相邻;南有长江破碎带与江南地层相隔;东及东南与如东、南通位于同一构造单元上。地质构造的主要特征是:北东向切割呈带状,北西向切割成块。

二、自然资源

如皋市境内气候属北亚热带湿润气候区,四季分明,气候温和,雨水充沛,日照充足,无霜期较长,光热、水高峰基本同期,气候条件优越,生态条件适应性比较宽广。如皋四季长短不等:冬季最长 131 天,夏季次之为 108 天,春、秋季则分别为 65 天、61 天。年平均气温约为 15℃。年极端最高气温 38.90℃(1966 年 8 月 7 日),年极端最低气温零下 13.40℃(1991 年 12 月 20 日)。1 月为最冷月,平均气温 2.10℃,7 月为最热月,平均气温 27.10℃。因受海洋性气候影响,海洋和江面对气温和降水的调节作用使如皋与同纬度的内陆地区相比,雨水丰富,气温年较差、日较差都较小,春季回暖慢,秋季降温迟。

境内自然资源丰富,历代滩涂资源均是对如皋土地资源的重要补充,且垦植历史长,土地利用率高。矿藏有煤和沼气等。水资源引江水、降水及地下水均较丰。风力可满足中小型风力机工作要求。生物资源种类繁多,种植业和养殖业比较发达。自然灾害除气象灾害,尚有地质灾害如地震、海浸及江海潮溢、虫害等。

如皋地处江淮之间,河流分属长江和淮河两大水系,水利资源丰富。境内大小河沟超万条。其中一级河 4 条,总长度为 158.52 千米;二级河 21 条,总长度为 289.67 千米;三级河 320 条,总长度为 1005.45 千米;四级河 3096 条,总长度为 2576.36 千米。境内河沟总面积 163.58 平方公里,占全市总面积的 10.82%。如皋长江岸线全长 48 公里,如皋港可直接利用的长江深水岸线长 20.2 公里,且岸线深水逼岸,微冲不淤,河势相对稳定,是独立开发的国家一类口岸。

如皋境内有野生植物 671 种,分属 2 门、2 纲、139 科。有动物资源 387 种,分属 4 门、15 纲、58 目;有药用植物 363 种、动物 73 种。其中,银杏、半夏、如皋三黄鸡等为闻名遐迩的地方特产。

境内煤藏分布于石庄镇—郭园镇一线，但埋藏深、储量小。郭园镇、下原镇及沿江地区有沼气资源，藏于地下15～30米的地层中，难以开采。如皋水稻以中稻栽植历史最为悠久。玉米、棉花、花生种植历史亦较悠久。桑树、桃树、枇杷、梨树、柿树和银杏等果树非常丰富。

如皋自古临江滨海，滩涂资源丰富。沿江地区虽曾有坍塌现象，但坍涨比较，仍涨多于坍。至今境内圩田地区约占全市1/3，均由沙滩围垦而成。且如皋垦植历史长，人多地少，土地利用率高，素有"地无半亩荒，田无半年闲"之说。

三、交通运输

江阴长江大桥和苏通长江大桥延伸交汇于如皋市九华立交。苏通大桥的通车，使如皋到上海的车程缩短到90分钟。新长铁路、宁启铁路和沪陕高速、沈海高速双双从如皋境内交汇而过，加上如皋机场、新老204国道，如皋交通比较便利。

如皋市建有万吨级码头30多座，可通航5万吨级的"三超"巨轮。这是江苏沿江亟待开发的非常珍贵的岸线资源，也是长江中下游江海联动的物流枢纽。如皋港是独立开放的国家一类口岸，如皋海关江苏长江以北的第二大海关。

如皋南依长江、东濒黄海，地处长三角城市群核心区域，为上海北翼明珠，承南启北，至南京、杭州城市群仅2.5小时，距上海、苏州、无锡仅1.5小时。如皋位于长三角的北翼，地处沪、苏、通金三角的支点，濒江临海，沿海高速、江海高速、宁通高速穿境而过，使如皋成为名副其实的公路时代上海一小时经济圈；即将通车的沪通高铁，更是将如皋纳入了高铁时代上海半小时经济圈；如泰运河、海运河、通扬运河、大明运河等重要航道环绕古城，形成了水陆空一体的交通格局。

第三节　人口、婚姻与家庭

一、人口

据《如皋市2010年第六次全国人口普查主要数据公报》，截至2010年11月1日零时，如皋市常住人口为1,267,066人。如皋常住人口中，家庭户394,838户，家庭户人口为1,235,178人，平均每个家庭户的人口为3.13人，比2000年第五次全国人口普查的3.36人减少0.23人。2013年年末，辖区总户数45.31万户，总人口143.23万人。其中，男性71.50万人，占49.92%；女性71.73万人，占50.08%。男女性别比99.70:100。年内人口出生率7.80‰，人口死亡率7.73‰，人口自然增长率0.07‰。其中全市有少数民族人口4399人，占总人口近0.31%，分别属于36个少数民族。

如皋有人类居住始于原始社会末期。夏、商、周之际，如皋原住居民属古淮夷人。商纣王穷兵黩武征讨东夷，后又遭周初至宣王三世连续征讨，促使古淮夷人融入华夏民族。三国时，曹操强令徙民，皋民大部逃往江南。214年（东吴赤乌四年），邑人东吴大司马吕岱重建海陵县，皋民陆续回归。7世纪时，海平面上升，部分地区因海浸湮没，辖地缩小，人口骤减，县亦同时废去。隋时开凿大运河，如皋处于大运河支流古邗沟（后称运盐河）与龙游河、窑子河交叉口，人口与日俱增，南唐时得以恢复县治。至1932年，如皋人口达1,428,304人，在江苏省名列第二，仅次于上海县。1948年达154.1192万人，与湖南邵阳同列为全国人口最多的县。

1912年7月27日《皋鸣报》载：全县人口密度每平方公里402.40人。中华人民共和国成立后，全县（市）人口增长较快，人口密度较高。1949年全县人口密度每平方公里638人，1957年为715人，1962年为728人，1970年为872人，1975年为905人，1982年为933人，1985年为936人，1987年为949人，1990年为979人，1995年为983人，2000年为986人，2005年为961人，2010年为937人，系全国人口高密度的县份之一。

如皋历代居民以从事农业为主。1949年统计，全县非农业人口57,144人，占总人口的6.06%。1949年后，全县各行业结构发生较大变化。1978年中共十一届三中全会后，随着改革开放的逐步深入，乡镇工业蓬勃发展，从事个体工商业、手工业、建筑业、服务业人员的比重大幅上升。据1982年人口普查资料：全县在业人口824,458人，占总人口1,370,526人的60.16%。从事第一产业的劳动者占在业人口的72.53%，从事第二产业的劳动者占在业人口的21.40%，从事第三产业的劳动者占在业人口的6.07%。

1949年前，全县90%以上的人口是文盲或半文盲。中华人民共和国成立后，随着教育事业的发展，各种文化程度的人口增长较快。1990年，全县共有各种文化程度人口971,802人，占总人口1,427,207人的68.10%。与1982年相比，由每万人中具有大学文化程度的19.20人提高到48.80人；具有高中文化程度（含中专）的由576.40人提高到705.4人；具有初中文化程度的由1806.30人提高到2522.70人；具有小学文化程度的由3559人减少到3532.30人。2000年，据全国第五次人口普查资料（普查长表，抽样登记10%）推算，全市共有各种文化程度人口1,161,450人，占普查登记人口1,362,533人的85.24%。

二、婚姻

民国前，一夫可以多妻。民国时，提倡一夫一妻，达官贵人和富户，仍有纳妾现象。男女婚姻全凭“父母之命，媒妁之言”。结婚年龄亦无法律规定，富有之家盛行“二八”（16岁）即可成亲，贫困之家男子常终身娶不到妻子，因此盛行抱童养媳恶习。如皋城西郊曹家园，1949年1月如皋城解放时，全庄18户，即有14户抱童养媳，最小的刚出生（血胎）即作为童养媳被夫家抱回抚养。中华人民共和国成立后，颁布《婚姻法》，严格执行一夫一妻制。规定婚姻自主，严禁逼迫婚姻。1950年规定初婚年龄男20岁，女18岁。1980年改为男22岁、女20岁，并提倡晚婚。如皋执行晚婚年龄为男25岁，女23岁。现如今，结婚和离婚登记的条件具体如下：

（1）结婚登记。男女双方须带本人的身份证、户口簿（身份证与户口簿上面的身份证号码、姓名、出生日期必须一致;家庭户口本首页与当事人自己的户口本页上的家庭户号必须一致)并且双方亲自到场,必须有一方户口在如皋,男方须年满22周岁,女方须年满20周岁。没有身份证可用临时身份证代替,没有户口簿可由户籍所在地的公安机关出具加盖红章的户籍证明或常住人口登记卡代替。

(2)离婚登记。男女双方自愿离婚且对子女抚养、财产分割及债权债务处理等事项协商一致的情况下带双方身份证、户口簿、结婚证亲自到场方可办理。没有结婚证可到如皋市档案馆调结婚档案,没有身份证可用临时身份证代替,没有户口簿可由公安机关出具加盖红章的户籍证明或常住人口登记卡代替。

(3)补领婚姻登记证。当事人遗失、损毁婚姻证件,可以向原办理该婚姻登记的机关或者一方常住户口所在地的婚姻登记机关申请补领,补领结婚证当事人双方亲自到婚姻登记机关提出申请并带双方身份证、户口簿、结婚证(没有结婚证可到如皋市档案馆调结婚档案)填写《申请补领婚姻登记声明书》方可补领。

2016年2月1日起,如皋市民政局婚姻登记处启动实施民政部最新公布的《婚姻登记工作规范》(以下简称《规范》),新《规范》中结婚登记增加了加按指纹环节,要求离婚登记有独立场所,更好地保护个人隐私,并着手打造庄重神圣的结婚证颁证仪式,逐渐扭转婚宴大操大办的旧习。同年,如皋市档案馆与婚姻登记处完成对接,实现婚姻档案数字化。

表1-1-1 2000~2015年婚姻登记情况

单位:人

年份	结婚登记	离婚登记	补结登记	补离登记
2000	7275	101	—	—
2001	6552	151	—	—
2002	7101	189	—	—
2003	6351	243	4	—
2004	8910	591	48	2
2005	8310	616	69	1
2006	7729	785	184	1
2007	8565	981	329	—
2008	9425	1048	332	3
2009	10,821	1245	719	3
2010	12,104	1357	983	20

续表

年份	结婚登记	离婚登记	补结登记	补离登记
2011	13,617	1684	1103	24
2012	12,675	1588	1232	39
2013	12,956	1711	1745	63
2014	11,743	1686	1709	82
2015	11,708	2021	1881	104

注:不包括法院判决离婚数。

三、家庭

春秋时,如皋人口主要聚居点为发阳(郧)。后陆续发展有如皋村、东陈村等聚居点。晋时,如皋、蒲涛(今白蒲)、石庄等地已成境内较大集镇,且同时于东晋义熙七年(411年)成为县治。随着垦植业的发展,加上外地移民,人口居住以集镇为中心逐步向周围农村扩散。明清后,人口逐渐增多,主要集中于交通便利的村镇。1949年以后,户籍管理分为农业人口和非农业人口,非农业人口一般多居住在城镇。

1949年前,如皋家庭结构以祖父母、父母、子女或曾祖父母、祖父母、父母、子女三世同堂、四世同堂及兄弟共居的大家庭较普遍。1939年11月11日《上海时报》载:"民国28年,如皋县平均每户人口5.09人。"至1949年,平均每户4.15人。随着所有制变革、经济发展、住房条件改善等因素,青年男女结婚后,多与父母分居,三世同堂、四世同堂、兄弟共居日渐少见,据历次全国人口普查:1982年每户(包括集体户)平均4.15人,1990年每户(包括集体户)每户平均3.83人,2000年每户平均3.4人。2010年,如皋市每户平均2.65人。全市家庭户户数394,838户,其中一代户占31.71%,二代户占35.18%,三代户占30.36%,四代户占2.75%,五代及以上户占0.01%。

如皋农村有不少村庄以姓氏命名,均系各姓氏聚族而居形成的村落,并建有宗祠,据明、清《如皋县志》记载,其时如皋宗祠众多,在城的有贾、胡、王、冒、范、陈、张、章、吴、朱、周等姓氏宗祠20多座,石庄有闵氏宗祠,白蒲有郑氏、姜氏宗祠,磨头有韦氏宗祠,搬经有夏氏宗祠等。宗祠供奉各姓氏始祖及各房祖先牌位,每年有开祠祭祖、拜祖活动。宗祠又是族中议事场所,各族以辈分最高,年龄最长者男子为族长,管理族中事务,为封建社会最基层的统治机构。各宗祠均拥有为数不等的族田和公房,田租和房租所得,除供族内办酒祭祖或救济外,其余为族长或分工受族田、公房者的侵占。中华人民共和国成立后,废除封建宗法制度,宗族观点逐渐淡化。

第四节　经济社会发展状况

一、概况

汉初,如皋居民以煮盐、打鱼为生。东晋时垦殖造田之风兴起。在此后的历史长河中,如皋一直列为江苏省的一个人口多、收入低、经济滞后的农业县份。1949 年,全县粮食总产量 16.27 万吨,棉花总产量 1105 吨(皮棉),全县工农业总产值 3.2 亿元,财政收入 607 万元。

1949～1952 年,如皋工业处于恢复发展阶段。1953 年起,如皋工业发展速度加快。对工业社会主义改造中,全县有 22 家工厂并入地方国营企业,实行公私合营的 8 家。至 1956 年,全县有工厂 82 家,其中全民所有制工业企业 8 家,工业总产值 2990 万元(1990 年不变价)。1958 年开始,县内陆续建立农机修造、造纸、酿酒、碾米、榨油、轧花、毛纺、回纺等 40 多个工业企业。随后,贯彻国民经济"调整、巩固、充实、提高"八字方针,如皋工业布局进行全面调整,又关并一批企业。至 1965 年,全县工业总产值 11,773 万元,独立核算工业企业 84 个,职工总人数 6883 人,利润总额 492.8 万元。"文化大革命"期间,全县新建和扩建化肥厂、广播器材厂、轴承厂、第二制药厂等国营、大集体企业 18 家。20 世纪 70 年代初开始,乡镇和大队办企业迅速发展,在数量增加的同时,规模也不断扩大,其中有 22 家乡镇办集体企业上升为县大集体企业。至 1978 年,全县年工业总产值 46,378 万元,独立核算工业企业利润 1606 万元。在此期间农业发展则相对欠佳,1949～1978 年,如皋县农民人均纯收入增长缓慢。有资料记载的人均全年纯收入 1958 年为 37.10 元,1959 年为 32.50 元,1965 年为 49.30 元,1978 年为 67.40 元。

改革开放之后,如皋经济开始了复苏与发展。1979 年全县贯彻"调整、改革、整顿、提高"八字方针,进入 3 年调整时期。工业企业围绕改革和整顿,实行经济责任制,加强基础管理。20 世纪 80 年代,如皋加快对外开放步伐,工业企业开始从大陆以外引进先进技术、设备,提高技术和装备水平。1983 年,如皋无线电厂率先从日本、我国香港特区引进高频高压塑封硅堆和玻封二极管生产线。两年间,全县引进设备 90 多套,总投入 3958 万元,先进技术装备带来良好的经济效益,年新增产值 15,930 万元,新增利税 1226 万元,创汇 1490 万美元。与此同时,如皋乡镇企业迅速发展。1985 年,如皋乡镇工业完成工业产值 4.51 亿元,占全市工业总产值的 55.10%,成为如皋工业的"半壁江山"。不少县属企业与乡镇企业进行联合协作,扩大生产能力。至 1987 年,有 35 家县属企业与 138 家乡镇企业"联姻"。1987 年起,全县围绕提高经济效益开展"双增双节"活动,企业严格内部管理,修订消耗定额,企业内部银行开始出现。1987 年,全县工业产品外贸出口额 1.25 亿元,如皋成为全国外贸出口大县之一。汽流纱、防雨绒布、机织衫、渔网、轴承、格布、骏花缎等新增出口产品,改变以农副产品为主的出口产品格局,出口品种增加到 14 大类 138 种。1988 年下半年开始,随着中央提出"双紧"方针,如皋工业增长速度减慢,部分企业未能紧跟市场,出现产品严重积压现象,1989 年全县工业生产增长速度从上年 29.70% 下跌到 3.90%,下降 25.8 个百分点,除电化、丝绸行业外,纺织、轻工、机械等工业门类生产出现全面滑坡。1991 年如皋撤县建市,市委提出"学苏南、赶泰兴,五年建成百亿市"目标,出台《鼓励发展市属工业企业的若干规定》,开展乡镇工业规模分档竞赛。1992 年 7 月,如皋经济技术开发区建立。1993年1月,如皋港经济开发区正式成立。1995年,全市工业总产值首次突破百亿元大关,完成101.70亿元。

"九五"时期,如皋市经济因各种矛盾交织,陷入改革开放后最低谷。经济总量年均增幅只有2.20%,年财政收入持续在3.50亿元左右徘徊。在此期间,全市按市场化要求,开始对企业进行脱胎换骨式的改革,让公有资产退出,劣势企业退市,理顺企业产权归属,置换职工劳动关系。

"十五"时期,如皋市经济开始迈入加速增长阶段。2003年开始,市委、市政府主动策应江苏沿江开发战略,如皋港区建设全面铺开,一批大项目、大产业纷纷落户。至2004年年底,在68家市属工业企业中,47家实施破产(注销),并全部终结;21家企业实施公有资产退出,做到资产归属划断,债务处置了断,职工与原企业劳动关系割断。共退出国有资产5352万元,彻底置换劳动关系8052人,其中解除劳动合同2469人;改制后企业(包括破产重组企业)绝大多数运转正常,处于良性运营状态。2000~2005年,全社会固定资产年投资额分别为:26.12亿元、30.98亿元、43.34亿元、64.48亿元和93.71亿元。从2003年1月至2005年12月,全市规模以上工业企业产值总量连续36个月保持月增幅超过40%。2005年完成工业项目投资82亿元,是2001年7.05亿元的11.63倍;全市工业增加值完成62.5亿元,是2000年22.8亿元的2.74倍;5年时间GDP翻了一番,全市地区生产总值(GDP)增幅连续在南通6县(市)中名列第一;三次产业的占比,从2000年的24.61:41.64:33.75,调整到2005年的15.46:51.54:33。

"十一五"期间,如皋实施经济国际化、新型工业化、产业集聚化、城乡一体化发展战略,经济保持持续高速发展,连续五年列入全国县域经济基本竞争力百强县(市),排名由2005年的第95位前移至第67位。5年累计完成工商注册外资71亿美元,到账外资34亿美元,持续保持南通第一,全省领先。累计引进市外民资项目1781个,注册资本350亿元,2007~2010年连续四年居南通第一。累计实现进出口总额62.4亿美元,是"十五"期间的6.4倍。2010年实现地区生产总值431亿元,是2005年的2.78倍,年均增长22.6%;实现财政总收入78.1亿元,是2005年的5.9倍,年均增长43.1%,均居南通县(市)首位;地方一般预算收入33.7亿元,是2005年的6.2倍,年均增长43.9%,总量由"十五"期末全省第28位提升到第8位,增幅持续保持苏中、苏南领先;城镇居民人均可支配收入、农民人均纯收入分别为19,800元、8680元,是"十五"末的1.95倍和1.97倍,年平均增长19.32%、18.97%;实现工业增加值205.8亿元,完成工业应税销售581.5亿元,总量连续三年位居南通首位;规模企业总数1150家,比2005年增加697家,其中应税销售超亿元企业72家,建成2个千亿元级、15个100亿元至500亿元级特色工业园区;实现农业增加值39.9亿元,高效农业规模面积和生猪、家禽养殖占比分别为60.5%、70%和95%;建筑施工产值360亿元;完成服务业增加值147亿;人均GDP34,464元;三次产业比重调整为9.3:56.7:34。

2010年全年实现地区生产总值430.99亿元,按可比价计算(下同),同比增长14.3%。分产业看,第一产业增加值41.35亿元,同比增长4.1%;第二产业增加值

244.85 亿元,同比增长 16.1%。其中,工业增加值 207.59 亿元,同比增长 16.2%;第三产业增加值 144.80 亿元,同比增长 14.1%。实现人均地区生产总值 34296 元。三次产业的比例调整为 9.6:56.8:33.6。财政总收入占地区生产总值比重达 18.1%,比 2009 年提高 3.5 个百分点。

2011 年全年实现地区生产总值 590.17 亿元,按可比价计算(下同),同比增长 11.8%。按产业分类:第一产业增加值 52.77 亿元,同比增长 4.6%;第二产业增加值 318.49 亿元,同比增长 12.7%,其中,工业增加值 269.01 亿元,同比增长 13.1%,第三产业增加值 218.9 亿元,同比增长 12.2%。实现人均地区生产总值 46,801 元。三次产业的比例调整为 8.9:54.0:37.1. 财政总收入占地区生产总值的比重达 21.9%,同比提高 0.6 个百分点。

2012 年全年实现地区生产总值 630 亿元,增长 12%;完成财政总收入 129 亿元,公共财产预算收入 53.6 亿元,分别增长 16.6% 和 17.5%,公共财政预算收入中税收占比 83.4%;在全国县域经济基本竞争力百强县(市)中排名第 32 位,较上年上升了 18 位。

2013 年全年实现地区生产总值 657.01 亿元,按可比价计算,增长 11.8%。分产业看:第一产业增加值 57.04 亿元,增长 3.1%;第二产业增加值 343.33 亿元,增长 12.3%,其中工业增加值 285.93 亿元,增长 11.7%;第三产业增加值 256.64 亿元,增长 13%。人均地区生产总值 52185 元。三次产业的比例调整为 8.68:52.26:39.06。财政总收入占地区生产总值的比重达 22.3%,比上年提高 0.4 个百分点。

2014 年全年实现地区生产总值 743.64 亿元,按可比价计算,增长 10.5%。分产业看:第一产业增加值 61.14 亿元,增长 3.6%;第二产业增加值 377.24 亿元,增长 10.8%,其中工业增加值 311.08 亿元,增长 11.4%;第三产业增加值 305.26 亿元,增长 11.6%。人均地区生产总值 59158 元。三次产业的比例调整为 8.22:50.73:41.05。财政总收入占地区生产总值的比重达 23.3%,比上年提高 1.1 个百分点。

2015 年全年实现地区生产总值 812.46 亿元,按可比价计算,增长 9.8%。分产业看:第一产业增加值 60.47 亿元,增长 3.5%;第二产业增加值 401.57 亿元,增长 10.3%,其中工业增加值 333.43 亿元,增长 11.0%;第三产业增加值 350.41 亿元,增长 10.1%。人均地区生产总值 64761 元。三次产业的比例调整为 7.4:49.5:43.1。一般公共预算收入占地区生产总值的比重达 9.5%,比上年提高 0.4 个百分点。

二、财政收入

近年来,如皋市的经济发展迅猛,经济实力不断增强,财政收入也逐年增加。2010 年,市十五届人民代表大会第三次会议通过的全市财政收入预算为 660,000 万元,实际完成 780,841 万元,占预算的 118.3%,比上年增收 263,328 万元,增长 50.9%。2011 年,全市财政收入预算为 1,000,000 万元,实际完成 1,107,470 万元,占预算的 110.7%,比上年增收 326,629 万元,增长 41.8%。2012 年,市十六届人民代表大会第一次会议通过的全市财政总收入预算为 1,400,000 万元,实际完成 1,290,984 万元,占年初预算的92.2%,比上年增收183,514万元,增长16.6%。2013年,全市财政总收入预算为1,450,000万元,实际完成1,464,161万元,占年初预算的101.0%,比上年增收173,177万元,增长13.4%。2014年,2014年,全市实现地方公共财政预算收入67.45亿元、增长12.2%,位居全省县(市)八强;完成增值税25.4亿元、增长5.7%,总量居南通六县(市、区)第二位。2015年,全年财政总收入168.74亿元,增长4.4%,其中公共财政预算收入77.10亿元,增长14.3%。

三、经济结构、主要产业、农业生产状况

(一)经济结构

以近三年如皋三大产业所占比例来看,2013年全年实现地区生产总值657.01亿元,第一产业增加值57.04亿元,增长3.1%;第二产业增加值343.33亿元,增长12.3%,其中工业增加值285.93亿元,增长11.7%;第三产业增加值256.64亿元,增长13%。2014年全年实现地区生产总值743.64亿元,其中第一产业增加值61.14亿元,增长3.6%;第二产业增加值377.24亿元,增长10.8%,其中工业增加值311.08亿元,增长11.4%;第三产业增加值305.26亿元,增长11.6%。2015年全年实现地区生产总值812.46亿元,分产业看:第一产业增加值60.47亿元,增长3.5%;第二产业增加值401.57亿元,增长10.3%,其中工业增加值333.43亿元,增长11.0%;第三产业增加值350.41亿元,增长10.1%。可见,如皋第一产业所占比例较小,且增速相对缓慢;第二产业所占比例最大;第三产业稍逊,且增速与所占比例成正比;如皋经济对工业的依赖程度较大。

(二)主要产业

近年来,如皋市将打造现代产业体系作为调整产业结构、转变发展方式的重要途径,采取有力措施,改造提升传统产业,做大做强支柱产业,全力发展新兴产业,以大物流、大数据、大健康三大产业为塔尖,大制造为塔身,四大支柱产业、四大新兴产业、四大现代服务业、四大现代农业为塔基的"金字塔型"的现代产业体系已具雏形。

长三角一体化、长江经济带、上海自由贸易试验区、海上丝绸之路经济带、江苏沿海开发……处于五大国家战略叠加交汇之中,如皋市以高铁为契机、依托黄金水道和长江经济带发展,构建现代综合物流体系,打造长三角北翼大宗物流产品集散地;以省级文化园、软件和信息服务产业园、电子信息产业园等为平台,发展以软件、智慧产业为主导的大数据产业,建设创意智慧之城;依托长寿品牌资源,借助高铁效应,构筑大健康产业体系,打造长三角地区首选健康休闲养生目的地。

如皋市是全国最早一批关注并启动新能源汽车产业的地区之一。目前,全市已形成以江苏陆地方舟、康迪(吉利)和江苏英田集团新能源电动汽车项目为核心,以双钱集团450万套全钢子午线载重轮胎、百应新能源氢燃料电池动力系统、风讯锂电池、优冠汽车零部件、延康汽车零部件等新能源汽车配套项目为支撑的较为完善的产业体系。制造业不但是经济增长的主导力量,而且是经济结构调整和产业转型升级的基础。近年来,如皋市依托完善的现有产业基础,聚焦行业转型升级,统筹推进先进制造

业和新兴产业的发展，打造长三角地区“优而精”的先进制造业集聚区。

依据清晰的产业发展规划，如皋市目前已形成四大支柱产业（船舶海工及配套、新能源汽车及汽车零部件、新材料、纺织服装）、四大新兴产业（高端装备、电子信息、节能环保、新能源）、四大现代服务业（现代物流、软件和信息服务、特色旅游、健康养生）、四大现代农业（花木盆景、有机稻米、生态果蔬、优质畜禽）的产业体系，构筑了坚实的产业基础。现有的四大产业体系，有力地支撑全市经济的快速发展，为进一步吸引产业集聚、促进转型升级提供了良好的产业基础。

（三）农业生产状况

2014 年全年实现农林牧渔业总产值 98.98 亿元，增长 7.2%。其中，农业产值 55.10 亿元，增长 6.7%；林业产值 0.23 亿元，增长 15.5%；牧业产值 32.14 亿元，增长 7.7%；渔业产值 5.41 亿元，增长 3.0%；农业服务业产值 6.10 亿元，增长 12.0%。农业生产条件继续改善。年末，全市拥有农业机械总动力 83.81 万千瓦；拥有拖拉机 10,190 台，其中大中型拖拉机 2302 台；拥有联合收割机 1594 台，其中自走式收割机 1588 台；全市农机化投入 13,682 万元，其中用于农业机械购置的达 9203 万元；全市农用化肥施用量（折纯）3.2 万吨。2015 年全年实现农林牧渔业总产值 104.19 亿元，增长 3.8%。其中，农业产值 59.82 亿元，增长 8.6%；林业产值 0.25 亿元，增长 10.1%；牧业产值 31.65 亿元，下降 1.5%；渔业产值 5.86 亿元，增长 8.3%；农业服务业产值 6.61 亿元，增长 8.3%。全年粮食种植面积 108.70 千公顷，与上年持平略减；棉花种植面积 0.10 千公顷，比上年减少 0.02 千公顷；油料种植面积 13.99 千公顷，比上年减少 0.13 千公顷；蔬菜种植面积 19.31 千公顷，比上年增加 0.92 千公顷。全年粮食产量 74.94 万吨，增长 0.3%；棉花产量 100 吨，下降 14.5%；油料产量 3.87 万吨，增长 1.3%；蔬菜产量 67.96 万吨，增长 4.6%。农业生产条件继续改善。年末，全市拥有农业机械总动力 85.31 万千瓦；拥有拖拉机 9650 台，其中大中型拖拉机 2707 台；拥有联合收割机 1720 台，其中自走式收割机 1714 台；全市农机化投入 16,300 万元，其中用于农业机械购置的达 11,565 万元；全市农用化肥施用量（折纯）3.2 万吨。

四、人均收入状况

人均收入是消费开支的最重要的决定性因素，因而常被用来衡量一个国家生活水平的变化情况。2013 年，如皋全年城镇居民人均可支配收入 28,611 元，比上年增长 10.0%。全年城镇居民人均消费性支出 17,716 元，比上年增长 11.5%。2014 年，如皋市政府统筹推进稳增长、促转型、抓创新的各项工作举措，全市经济社会发展稳中有进、稳中向好，保证了城乡居民收入的稳步增长。抽样调查数据显示：2014 年，如皋市全体居民人均可支配收入 22,391.5 元，同比增长 9.5%；城镇常住居民人均可支配收入 31,026.4 元，同比增长 8.9%；农村常住居民人均可支配收入 14,210.2 元，同比增长 10.9%。2015 年，受经济新常态的影响，近两年如皋市经济发展下行压力加大，城乡居民收入增幅收窄、增长动力放缓趋势日益凸显。抽样调查数据显示：如皋市全体居民人均可支配收入 24,415.7 元，同比增长 9.0%；城镇常住居民人均可支配收入

33,792.2元,同比增长8.9%;农村常住居民人均可支配收入15,531.8元,同比增长9.3%。

五、城镇化发展

如皋市是全国闻名的长寿之乡,气候宜人,绿色,是如皋的"城市底色";生态,是如皋孜孜以求的民生福利。2016年,如皋市刚刚被国家环保部授予"国家生态县(市、区)"的称号。在如皋城镇化发展中,开辟出了一条新型的道路——打造宜居宜业现代城市,并在以下几个方面进行新型城镇化和城乡一体化的探索。

(一)打造功能完善的中心城市

按照"80平方公里,68万人"的中等城市规模,坚持古城保护和新城建设联动开发和错位发展,推动高新区、开发区、如皋工业园融合发展,形成"组团相接、生态相连"的城市发展形态。深入挖掘文化内涵,注重在延续城市历史文脉中点缀国际化元素,让"金如皋"特色在古城区凸显。科学编制新城建设规划,加快新区网格化开发建设,打造城市"新地标"。加快提升城市形态,拓展城市配套、专业服务、居住生活等功能,打造"无障碍"的国际化环境。同时,在新区积极承接主城教育、医疗等公共服务资源转移,拓展深化与上海瑞金医院、北大附中的合作,不断提升公共服务软实力。

(二)构建科学合理的城镇体系

坚持从城乡一体发展的视角出发,以体现小城镇的鲜明特色为目标,进一步完善"1146"城镇结构体系,形成以中心城市为主体,如港新城为副中心,南通市级中心镇和特色镇为依托的区域整体发展格局。全面统筹重点镇和特色镇在空间共构、产业共谋、设施共建、功能共生等方面推进城乡一体,着力打造一批富有地方特色和比较优势的工业商贸强镇、文化旅游名镇和生态宜居城镇,实现特色经济发展与特色城镇建设互动并进。按照工业化和城镇化互动并进的要求,结合交通网络和城镇体系建设,坚持新型工业化和城镇化的"融合发展",突出产业入园、园区兴镇,培育出自身的特色产业和优势产业,提高内生动力和发展水平。

(三)建设生态宜居的美丽乡村

加快农村社区建设,合理布局和建设与所在镇风格相融合的新型社区,稳妥推进农民居住集中化,提高镇村人口集聚水平。发挥特色高效农业,打造乡村特色产业。发挥重点镇、特色镇的节点作用,推动城市基础设施向农村延伸、城市公共服务向农村覆盖、城市现代文明向农村辐射,努力做到相邻城镇间、乡镇与快速路网、行政村与镇区快速通达的目标,使农民享受到和城市居民一样的社区服务,形成和谐相融的现代城乡形态。以美好城乡建设行动为抓手,全面推进村庄环境整治,完善"四位一体"长效管护机制,打造整洁优美、舒适宜人的村庄环境,改善群众生产生活条件,加快建设规模适中、组团发展、生态优美的新农村。

(四)壮大城乡统筹的会师之地

如皋坚持把产业园区作为新型工业化和城镇化的"会师之地",促进城乡要素双向流动、均衡配置,实现城乡统筹。省级高新区注重与国内外知名科研院所和高校的合作,建成一批处于国内前沿水平的创新平台,形成以高端化培育“优而精”的战略性产业示范区。如皋工业园区积极推动城市经济向形象更优、效益更好、带动力更强的新兴业态转型,形成以品牌化提升“高而新”的现代商旅功能区。长江镇(如皋港)推进传统优势产业向高端、绿色、低碳方向发展,形成以规模化发展“专而特”的临港装备产业园区。合作共建园区积极打造一批集知识技术创新、服务功能创新和新兴产业培育为一体的创新核心区,形成以生态化承接“绿而富”的飞地经济承载区。

(五)坚持精品佳作的建设追求

在城市建设中,如皋牢固树立“精品城市”理念,坚持把“精心精细精致精品”的要求,融入城市建设的每一条道路、每一幢建筑、每一个主题公园、每一个市民广场、每一个街景雕塑,努力做到使今天的城市建筑成为城市明天的符号和象征,为后人留下永远的财富。在生活宜居度上,加强中央绿轴、顾庄生态园等体现绿色价值的城市精品景观打造,大力推进绿色社区建设,形成“城在绿中、人在画中”的独特城市品位。大力推进省级高新区建设,打造现代气息更浓、人居品质更优的明星城市。

(六)建立高效规范的管理准则

三分建设,七分管理是城市发展的黄金定律。坚持网格化与信息化有机结合,推进管理重心下移,在乡镇街道全面实行分片管理,严格落实管理职责,真正做到“全覆盖、无盲区、全天候”。加快数字城管平台建设,促进城管执法由滞后向实时转变,由粗放向精细转变。坚持市场化与精细化紧密衔接,在环卫保洁、城市绿化、给水排水等城市管理领域引入市场化竞争机制,切实做到变花钱养人到花钱做事。以精细化作为城市管理的发展方向,切实改变粗放式城市管理模式。坚持日常化管理和专项整治互动并进,着力治违,对出现的违法建设实行“零容忍”。治乱,不断提升城市管理的规范化水平。治脏,全面提高城市地面道路和建筑物外立面保洁水平。治堵,缓解市区交通拥堵难题,治暗,让城市的夜晚更具魅力。

(七)强化主导产业项目支撑

产业是立城之本,是城市综合实力的象征。以产兴城、依城促产是推动城市持续健康发展的内在要求。如皋在推进城市化进程中,坚持以产城融合为导向,充分考虑产业发展规划,明确土地出让的配比原则,统筹规划城市产业区和生活功能区,推动产业与城市实现良性互动。同时,针对新兴业态不断更新的现实,特别是城市产业新型业态的出现,强化项目支撑,逐步提高金融商贸、旅游等现代服务业的比重,努力将城市建设成为居住、产业、休闲、娱乐、文化、旅游、生态的综合体,不断提高城市的内在动力和发展水平。全市形成了船舶海工及配套、新能源汽车及汽车零部件、新材料、纺织服装等四大主导产业,高端装备制造、电子信息、新能源、节能环保等四大新兴产业,港口物流、软件和信息服务、特色旅游、健康养老等四大现代服务业的产业体系。

(八)突出以人为本的民生保障

城镇化的核心是人的城镇化,根本目的是改善居民生活。如皋坚持系统化设计、制度化安排、规范化建设、长效化推进,加快建立广覆盖、多层次、高水平、城乡接轨的教育、就业、社保、医疗、住房、养老六大类城乡公共服务体系,高质量实现民生“五有”目标。市政府每年将新增财力的70%以上用于民生改善,连续多年承诺为民新办十件实事,坚持把居民就业放在首要位置,把守住底线作为重要补充,城乡居民收入连续多年保持两位数增长,城乡最低养老保险持续提标扩面,新农合实现全覆盖。本着实事求是的原则,加快城市公共交通、供气供水、垃圾和污水处理、宽带网络等基础设施向农村延伸,推动城市优势公共资源加快向农村延伸,实现公共服务设施由重点保障城市向城乡并重转变,不断缩小城乡发展差异。

六、教育状况

(一)幼儿教育

清末,设蒙养院(附设于育婴堂内),院教与家教合一,无具体课程设置。1915年(民国4年),县城西门设有市立第一蒙养园,入园幼儿35人,设教养员1人。1922年后办幼稚园,多附设于初等小学校内。1923年创办县立初级中学亦附设幼稚园1个班,1925年停办。1926年,县教育局与育婴堂于如皋南门合办城婴幼稚园,1930年改由县教育局独办,易名城南幼稚园,1938年停办。另有私立幼稚园,但时办时辍。中华人民共和国成立后,全县幼儿班多附设于小学内。据1952年6月全县统计:单独设园2所,班级5个,幼儿206人,教员13人;小学内附设幼儿班242个,幼儿11,641人,教员242人。1958年,幼儿园超常规发展,公社、大队、生产队都办起“四集体”(集体食宿、集体教学、集体活动、集体管理)全托幼儿园,因不具备起码办学条件,当年冬大部停办,亦有少部分坚持办到次年春。1963年全县幼儿园缩减为30所,班级43个。“文化大革命”开始后,仅存少数公办幼儿园。1977年7月,国家计划生育委员会负责人林佳楣视察如城、白蒲、南凌等乡镇幼儿园。1980年7月,全国妇联副主任吴全衡视察丁堰镇幼儿园。1983年,县妇联发起并组织捐款9.4万元,兴建安定幼儿园教学组合楼。当年,全县61个村民委员会兴建扩建幼儿教室。1984年,如师附小幼儿园、安定小学幼儿园创办父母学校。1986年6月,如城新光幼儿园父母学校获全国妇联、国家教委授予少年儿童工作先进集体称号。1988年,全县开办父母学校700多所,发行教材1.2万多册。1991年4月21日,林佳楣再次对如皋幼教事业进行视察。1992年,全县首批幼儿园注册:独立建制的公办幼儿园2所,附设于小学内的公办班90个;企业、集体、民办幼儿园750所,班级1013个,在园幼儿36,675人。公办幼儿教师147人,非公办教职人员1380多人。2001年暑期,除如城、九华等少数乡镇外,全市80%的乡镇幼儿园实行产权制度变更,转让为民营。2005年,如师附小幼儿园、白蒲镇中心幼儿园、柴湾镇戴庄幼儿园等成为江苏省示范性实验幼儿园和江苏省基本实现现代化幼儿园。丁堰镇中心幼儿园、东陈镇中心幼儿园、袁桥镇何庄幼儿园、吴窑镇中心幼儿园、下原镇中心幼儿园成为江苏省实验示范性幼儿园和江苏省基本实现现代化幼儿园,全市50所幼儿园中,南通市一类幼儿园17所,如皋市一类幼儿园23所。2010年,全市共回收改制幼儿园30所,调整撤并幼儿园121所,取缔非法幼儿园22所。至年底,全市实有注册幼儿园60所(其中公办48所),班级853个,在园幼儿

29,886 人。教职工 1843 人,专任教师 1265 人中公办教师 237 人。全市所有幼儿园均被评为江苏省标准幼儿园。东皋、皋南、雪岸、磨头、场南、九华 6 所为省优质幼儿园,大明、葛市 2 所为南通市优质幼儿园。

(二)小学教育

1897 年(清光绪二十三年)深受维新思想影响的如皋县令龙璋,“崇尚新学”“假考舍创办学堂,招致生徒,专习英美格致各科,养育人才,为各县先河之导,卓识尤不可及”。1901 年,如皋公立高等小学堂创设。1903 年,安定书院改为安定学堂。1906~1907 年,县城先后创办与进、道南、孤幼小学堂和养正、乐善、僧侣、京江、兴仁、沙氏等私立小学堂。石庄、白蒲、镇涛、江安、卢港、车马湖等乡镇亦创设一批公、私立小学堂。1911 年(清宣统三年)年底,全县共有中小学堂 95 所,学生 4882 人。其中部分初小系私塾改良而成,少数尚在改良中。

1927 年(民国 16 年),全县共有小学校 176 所,学生 10,055 人。1937 年,县内共有公私立小学及幼稚园 333 所,其中:县立完全小学 29 所,私立完全小学 3 所,公立初等小学 239 所,私立初等小学 4 所。独设义务学校 57 所,幼稚园 1 所。1938 年后,沦陷区共有小学 160 所,在国民政府统治区内,部分小学复课,因日伪军“扫荡”,学校时办时停。1943 年 6 月,如西革命根据地共有小学 300 多所,比抗战前增加一倍多。其中完全小学 40 所,为抗战前的 5 倍。1945 年,新四军收复如皋城,县政府文教科进城接管公私立小学 8 所,计 38 个班级。1946 年 4 月,县城各小学在校学生 3300 多人。1947 年 9 月,根据地内江安、卢港、石庄、珊瑚 4 个解放区,办有民办小学 50 所,教师 92 人。1948 年 2 月,解放区有民办小学 429 所,教师 591 人。1947 年春季,国民政府辖区内有中心国民学校 33 所,国民学校 84 所。1948 年秋季开学,国民政府辖区内仅剩 35 所国民学校,67 个班级。1949 年年底,全县(不含时属如东的白蒲区、丁堰区)有小学 380 所,学生 49,019 人,教职工 1256 人。1952 年上半年,调整学校布局,公办小学 564 所,学生 81,818 人,教师 1202 人;民办小学 247 所,学生 35,061 人。1959 年年底,全县少年儿童入学率 80%。1964 年 7 月,创办农业小学,后称简易小学、耕读小学。1965 年,耕读小学班(组)计 1263 个,学生 28,181 人,后全部改为民办小学。全县有公民办小学 1892 所,教职员工 4833 人,学生 138,957 人。“文化大革命”期间,每个大队都办起 1 所 5 年制完全小学。1976 年调整充实各中心小学,撤并 35 个小学点,减少 241 个小学班。1983 年 11 月,全县小学儿童入学率 99.3%,年巩固率 98.6%,毕业率 95.7%,普及率 97.4%,省人民政府给如皋县颁发《江苏省普及初等教育合格证书》。1987 年,全县有小学 566 所,班级 4681 个,在校学生 120,507 人,入学率、巩固率、毕业率、普及率均达到国家规定的合格标准。20 世纪 90 年代后期,市(县)政府按照经济基础和企业个人承受能力筹集人民教育基金。2000 年后,适时调整学校布局,撤并学校 248 所,“无危房县(市、区)”“中小学布局调整”和农村中小学“三新一亮”(课桌、课凳、讲台 3 新和光线明亮)工程等通过省级验收。截至 2005 年共创建省实验小学 8 所,省基本实现教育现代化乡镇 8 个,优质资源覆盖率、义务教育入学率、巩固率均符合省上限标准。2006 年各小学主动接纳外来务工子女入学,其中小学生 1086 人。组织参加省教育厅“金钥匙”科技竞赛,如皋市被省教育厅、科技厅评为“未成年人科技创新先进单位”。2008 年,如皋市被评为江苏省义务教育均衡发展先进县(市)。2009 年撤并小学 33 所,入学率、巩固率均保持 100%。2010 年年底全市共有小学 52 所,班级 1190 个,在校学生 61,064 人,教职工 3421 人。

(三)初中教育

1908~1912 年,如皋师范学校曾兼办中学班。1923 年(民国 12 年)6 月,县教育局长沙元榘于县城考棚巷内创建如皋县立初级中学,是为如皋第一所独立中学;1930 年秋,如皋女子师范讲习所并入,列为二院(女子部);1934 年,县中二院停办,另设女子初级中学。1936 年 8 月,县立掘港初级中学于掘港镇(今属如东县)创办。1937 年,于永安沙(今属长江镇)办友农学塾、于葛家巷(今属江安镇)办蒙正学塾等私立中学。1938 年 3 月,县立初级中学迁李堡(今属海安县),与私立敬业商业初中组成联合初级中学;8 月,国民政府江苏省第四行政区常备二团团长薛承宗,于东马塘许家楼(今属如东县)创办私立邱陞中学。1939 年 2 月,蔡庄(今属磨头镇)办有大夏大学附属中学;8 月,国民政府江苏省保安四旅旅长何克谦,于鞠家厦(今属搬经镇)创办私立励志中学,大夏大学附属中学并入。1940 年 8 月,如皋县抗日民主政府接办励志中学;10 月,改名为如皋县西南中学;1941 年 3 月,改名为如西中学,并于戈家堡(今属江安镇)创办如西中学分部;5 月,如西中学(鞠家厦)停办;暑假,如西中学分部(戈家堡)更名为如西县立滨江中学。1941 年,伪如皋县政府于县城恢复如皋县立中学,并接办掘港初级中学。伪 34 师亦于县城办南淮中学。1942 年 2 月,永安沙永平仓房办有耀如学塾,8 月,办于上海的私立励志中学迁回与耀如学塾合并,仍称励志中学。同年,如西县政府以花园头的助成学塾(今属下原镇)为基础,建立如西县立东南中学,后迁沙家晓庄(今属吴窑镇);另于范湖洲小学(今属郭园镇)设立东南中学分部。1943 年 8 月,苏中三分区创办区立如西中学,本部设于度军井区大高庄(今属磨头镇),同时将县立滨江中学(戈家堡)和东南中学(沙家晓庄)并入,分别改称如西中学一院(滨江)、二院(东南)。1944 年年初,泰兴县私立建国中学分部迁至西张庄,随珊瑚区划入如西县管辖,10 月并入如西中学,列为第三院(建国分部)。1944 年 8 月,于白蒲镇创办承治中学。当年底,如西中学高庄校本部迁至薛家老庄(今属郭园镇)。12 月,平潮中学自平潮镇迁至平西区大李港,交如西县管辖(次年 9 月仍迁回平潮镇)。1945 年 2 月,如西中学于申家辋(今属常青镇)设立分部,二院从沙家晓庄东迁野苏庄(今属下原镇)。励志中学(永安沙)改公办列为三院,原申辋分部列为四院,均为初级中学;原三院建国中学分部仍随区迁回泰兴县。

1945 年秋,新四军收复如皋城,接管如皋县立中学和南淮中学,合并为如皋县第一中学,如西中学(薛家老庄)改称第二中学,下仍设 4 院。1946 年 4 月如皋第二中学三院(励志)迁至范湖洲。7 月,设在县城的第一中学因战争爆发而停办;原第二中学一院(滨江)从戈家堡迁西张庄,改为如皋第一中学本部;四院(申辋)改为一中分部;

第二中学以二院(野苏庄)为本部。10 月,华中野战军主力北撤,一中、二中师生先后疏散,教学活动停止。

1947 年 7 月至 1948 年,国民政府占领区内辖有县立中学、掘港、邱陞 3 所普通中学。

1949 年 9 月,如皋师范、如皋中学分设,中学迁回县中原址办学;另于白雁桥(今属下原镇)设私立滨江初级中学,在范湖洲(今属郭园镇)设滨江初中(白雁桥)分校。全县有如中和滨江 2 所初级中学,学生 469 人,教职工 38 人。1950 年 9 月以后,中学渐次发展。1956 年,全县有初级中学 23 所,学生 6982 人,教职工 436 人;1965 年,全县有初级中学 42 所,学生 11534 人,教职工 770 人(含民办初中 6 所,学生 933 人,教职工 54 人)。1975 年,各级学校"戴帽子"(完小办初中班,初中办高中班),每 4 ~ 5 个村设一所双轨初中。1982 年,102 所小学"脱帽子"。1983 年,全县 16 所民办初中转为公办初中。1987 年,长江镇受江苏省政府表彰为"基础教育先进乡镇"。1990 年全县初中 150 所,班级 973 个,在校学生 45, 848 人,专任教师 2957 人。2000 年,全市初中 73 所,班级 1088 个,在校学生 58, 860 人,专任教师 3186 人。初中入学率、毕业率 100% ,巩固率 99. 28% 。2010 年下半年,全市初中 23 所(含九年一贯制学校 3 所),共有班级 717 个,在籍初中学生 37, 278 人,教职工总数 3431 人,入学率和巩固率一直保持在 100% 。

(四)专业教育

1901 年(清光绪二十七年),如皋城里第一所高等小学堂附设简易师范科、师范传习所,为在开办师范学堂前培养师资的应急之举;1902 年,创办如皋公立简易师范学堂,1905 年正式定名如皋初级师范兼附属高等小学堂;清末,县境内卢港、石庄、双甸、丰利、李堡开办"市"立师范传习所,丁堰和江安开办"乡"立师范传习所;1912 年(民国元年),如皋初级师范兼附属高等小学堂更名如皋县立师范学校,师范传习所改称小学教员讲习所,1915 年易名师范讲习所。全县师范教育尚有如皋甲种女子师范讲习所、卢港市乙种师范讲习所、双甸市塾师讲习所、岔河市塾师讲习所、磨头市师范讲习会等;1921 年县立师范学校更名江苏省第二代用师范学校,其他市乡师范讲习所先后停办;1924 年,县立初级中学附设女子师范科,毕业 3 届学生后停办;1942 年 2 月,如西县政府于滨江中学附设简易师范科 1 个班,学生结业后停办;1944 年下半年,如西中学二院增设简师实验班,学生毕业后停办;1948 年秋,如皋中学(江安西张庄)增设简易师范班;1949 年 8 月,恢复建立苏北如皋师范学校;1952 年、1956 年,先后于磨头大高庄、城南初中举办两期师资速成班,为期半年至 1 年,1957 年 8 月,师资速成班并入如皋师范学校;1959 年,如城丰乐桥西职工学校增办工农速成师范,不久解散。

(五)职业教育

1906 年(清光绪三十二年)7 月,县令周景涛于县城西南隅创办孤幼初等小学堂,教职员 8 人,班级 2 个,学生 68 人;次年 2 月,于县公署东侧创办乙种工业学堂(初名艺徒学堂),教职员 25 人,班级 7 个,学生 206 人。1909 年(清宣统元年)2 月,县劝学所总董沙元榘于县城范家桥南创办私立乙种商业学堂,教职员 5 人,班级 3 个,学生

50人。1912年(民国元年)后,清末所办各实业学堂,一律改称学校。1914年5月,沙元椠于县公署东创办女子职业学校。全县部分普通学校附设实业补习科:城市第二国民学校、车马湖第一国民学校、卢港第七国民学校、掘港第三国民学校设工业补习科;县立第六高等小学校(马塘)、白蒲第二国民学校(林梓)、岔河第一国民学校设商业补习科。1917年,以培养刺绣女工为主,于县城烈女祠巷创设女红传习所。如皋县职业教育被省长公布"六十县以为楷模"。1931年于县城南门外,创办私立敬业商业初级中学;1935年女红传习所改称妇女教养所,增设护士班,培养初级护士,1937年停办;1938年日寇侵占如皋城,私立商业敬业中学移迁李堡,合并于如皋县联合中学。1944年11月,抗日根据地内如西中学二院增设财政经济会计班,次年2月,会计班师生奉命参加三分区行政工作队见习。1952年如城开办私立刘氏会计班、私立青峰会计班;1953年开办私立业恒会计班,培训初级财会人员,1956年停办。1958年8月,于县城南门创办如皋县卫生学校。1964年8月,于如皋师范学校西侧创设如皋县职业中学,1966年易名如皋县工读中学,1968年8月,更名如城第二初级中学,1974年迁至宁海路与通榆路交汇处原如皋中学分部。1979年,全县改革中等教育结构,如城第二初级中学开设建筑技工班;奚斜民中开办农技专业班;1981年6所普通中学共开办10个职业班。1983年,如城第二初级中学更名为如城职业中学,1990年,学校有职业高中机械、建筑、幼儿师范3个专业9个班,初中6个班,学生587人,教职工99人,后并入如皋职教中心校。2005年市财政全额预算、足额拨付职业学校教职员工资,并确保财政统筹的职业学校学杂费全部用于学校还债和自身再发展。2006年,市教育局被评江苏省职业教育先进单位。此后全市共有职业中学4所,其中职教中心和第一职业高中(白蒲)为国家级重点职业中学,大明电子职中和市技工学校为省重点技校。2006~2010年,4所市属职中招录初中毕业生3.138万人,从各自特长出发根据社会需要,适时调整创新设置专业,在大批毕业生就业的同时,5年参加对口高考学生总数5170人,录取对口高校本科上线2643人。2010年秋,全市职业学校在校学生12,744人,教职工总数720人,其中专任教师658人。

(六)医学教育机构

1943年(民国32年)10月29日,苏中三分区抗日司令部于江安区创办医务学校,招收学员16名,开设药理学、内科学及野战外科学等课程。1945年年底,由苏中三分区卫生部于如皋城东北隅中禅寺内接办,招收学员120人,开设解剖学、生理学、微生物学、寄生虫学、药理学、内科学、外科学等课程,1946年秋学校解散。1958年9月,由8名老中医联合开办如城镇民办中医学校,先后招收学生3届计150名,学制3年,1961年因经费困难,学生毕业后未再续办。1958年,县人民政创立南通市如皋卫生职工中等专业学校。

(七)特殊教育

1929年秋,县救济院院长沙元椠在如城创办聋哑学校,教职员2人,学生10多人。1938年,如皋城沦陷,学校被迫解散。中华人民共和国建立后,县民政局牵头兴办盲聋哑特殊教育事业，几经搬迁停复，延续至今。1959年8月，县民政局于如城大刘巷兴办如皋县盲聋哑学校，学制6年，毕业生文化水平相当于初小毕业。学校设缝纫、制钉等勤工俭学小组，学生劳动所得，提留部分生产积累资金外，其余用于改善学生生活，1962年5月停办。1976年7月由县教育局复办，以如城大刘巷井冈山民办小学为基础改建。初定学制8年，毕业生文化水平相当于完小毕业。9月招生1个班，学生17人。1977年、1978年各招生20人，学校注重学生全面发展，聘技师传授雕刻、缝纫、刺绣等技艺。1979年、1980年因校园有限而未能招生。1981年下半年，学校迁何庄乡原精神病医院旧址。1990年，创办聋哑儿童听力语音康复训练中心和健全幼儿园，对3～6岁有残余听力的聋童进行康复训练。1992年，学校得到香港邵逸夫先生50万元港币捐助。12月2日，在城西乡红星村三组定址，学制改为9年。1994年元月，“逸夫楼”落成，9月，部分师生迁入新校上课。1995年9月，原安定小学培智班划入，当月有韩国残疾人协会会长一行到校参访；1998年9月二期工程竣工，师生全部迁入校内。

2004年5月，原聋哑学校更名“如皋市特殊教育学校”，20多个国家的150多名外国朋友到校参观。2005年原红星小学校舍划入。2006年被评为“全国少年儿童消防教育示范学校”；2007年12月，被评为江苏省文明学校；2008年，如皋市被评为“全国特殊教育先进县(市)”。2010年秋，学校开设11个特教班级，在校聋哑和智障学生119人，全市残疾儿童入学率98.54%。另有3个健全幼儿班，教职员工49人，其中专任教师37人，学校占地面积1.92万平方米，校舍建筑面积0.65万平方米。学校成为集聋儿听力语言恢复训练、听障教育、智障教育、职业教育于一体的特殊教育基地、南京特殊教育职业技术学院实习基地，联合国EPD项目成员学校。

(八)成人教育

1.社会教育

1916年，如皋社会教育设施有5类：报社、阅报社、通俗教育讲习所、公园、公共体育场。1934年，社会教育设施有6类：民众教育馆、民众学校、公共体育场、僧伽图书馆、中国佛教历史博物馆、盲哑学校，前3类为公立，后3类为私立。社会教育内容为中国传统道德，其中也有一些灌输封建迷信成分和政府当局的反共意识。1935年2月，国民政府江苏省政府令各县社会教育机关一律改为公民训练，7月，全县15个区，各区设1所中心民众学校，31个乡(镇)各设1所民众学校。1937年增设农民教育馆、农事试验场、实验区等社会教育机构。1938年如皋沦陷，民众学校全部停办。1946年秋，社会教育机构为第一民众教育馆，1947年4月在永安实验乡设第二民众教育馆，各级国民学校均设成人部，配备专职社会教育教师，企图扩大“政教合一”，加强反共宣传，未及施行便消亡。

中华人民共和国成立后，各区中心学校配有专职社教教师一人，在全区范围内举办各种识字班、职工学校、冬学等，基层群众文化机构同时参与社会时政宣传教育工作。20世纪60年代，高音喇叭进入乡村，报纸发行至生产队，70年代有线广播进入千家万户，报纸和广播成了当时开展社会教育的主要工具。80年代后电视逐步普及，尤

其是进入21世纪网络信息时代后,公民接受社会教育呈多元化趋势,

2. 农民教育

1942年,如西抗日民主政府创办“冬学”,教育方针为“明理第一,识字第二”,课本初为苏中行署文教处编印的《万事通》,1943年改用《国民读本》。全县第一期共办冬学150所,平均每所有学员50人左右,冬学教师146人,多由基层干部、学校教师、青年学生和塾师兼任,亦有部分社会人士主动加入。1944年10月,如西县试办第一期“乡学”(以乡为单位的冬学),开办初级民校、妇女识字班、讲习会等。12月,江安区先后举办第一、二期“区学”,实行“区学”“乡学”相结合。卢港区芹界乡劝募冬学经费,三官殿住持和尚报献庙产土地38亩。1949年始,全县普遍开办冬学。1951年11月,区建“冬学大队”,区长任大队长、文教助理任大队副;相邻几个乡联合建立“冬学中队”;各乡建立“扫盲分队”,乡长任分队长。全县掀起第一次扫盲高潮,入学11万多人,专职教师58人,兼职教师3000多人。1952年,冬学以政治教育为主,文化学习着重推广“大量突击,稳步前进,逐步占有,巩固提高”的“速成识字法”,95%的学员掌握注音字母读音并能拼读。1953~1954年,举办中心农民业余学校,继续“以民教民”和“以劳力换智力”的方法,解决师资问题。1955年建立“如皋县扫盲协会”,下设“扫盲办公室”。教育局下设工农教育股,区乡设扫盲辅导员。1956年,全县掀起第二次扫盲高潮。1958年改扫盲协会办公室为县业余教育办公室。同年2月,江苏省教育厅向全省推介如皋县河工扫盲工作的经验。1960年7月,城西公社冒庄大队第5生产队农民教师魏明德,代表南通地区赴天津出席全国业余教育工作会议。1966年“文化大革命”开始,扫除文盲一度停止。1972年恢复,花园公社成为全县第一个“无盲公社”。1980~1983年,全县有2.4万人参加业余高小班学习。1985年全县“扫除文盲、半文盲达到国务院规定标准,脱盲率89.6%”。1986年,区乡业余教育辅导员改任成人教育中心校长。1999年6月9日,各乡镇成人教育中心校设立高等自学考试服务站。2000年4月,成人教育中心学校随着乡镇合并而合并,人员分流。2002年9月30日,如皋市教育局任命17位成人教育中心学校专职副校长,并增加学校人员编制。2006~2010年,全市各镇成人教育机构共举办各类培训班9237期(次),受训总人数147.5万人(次)。2010年冬,全市共有成人教育专职教师30人,77名农民取得大专以上学历证书,尚有67人在读。

3. 老年教育

1987年9月,如皋县委、县政府从关心老年人的政治文化生活出发,开始创办老年学校,办学费用由财政负担,学员的学习费用由原工作单位报销。1989年如皋县老年学校更名“如皋县老年大学”,隶属于县老龄问题委员会。规范招生对象为在城离、退休人员。学校初设于县委党校内,后借用如城文化宫、县职工学校、县委党校教室上课。1995年7月2日,学校由原市委党校迁至西皋路(现名大司马路)市老干部活动中心二楼,教学人员多为兼职。12月30日,白蒲分校开学。1997年6月17日,石庄分校开学。1998年5月12日,搬经镇老年学校开学;市老年大学先后开设文学、英

语、书法、国画、摄影、音乐、舞蹈、戏剧、电子琴、二胡、古筝、保健常识、心理卫生、太极拳(剑)、颐年武术、手工、烹饪、家庭养花、科普、法律知识、电脑、历史等专业。课程设置由简到繁,注重加强老同志的时事政治和法律常识教育,开展实用知识和技能教学及有益于老年人身心健康的各种活动。

(九)职工教育

1950年,全县市民、工人业余教育开班14个,以文化识字为主,结合进行政治教育。1951年县设职工教育委员会,先后创办商业、农业、卫生、工业等系统在职人员业务培训学校。1956年后,市民教育并入职工教育。1958年县直机关干部学校、县职工学校、工人夜校合并为如皋红专学校。“文化大革命”期间,职工教育全面停止。1976年,全县办有“七·二一”工人“大学”42所,“挂的大学牌子,不足初中底子”,不久即停办。1981年调整充实县工农业余教育委员会,下设职工教育办公室。1987年,全县职工教育逐步转入中技、中专和高级中学,重点为岗位培训。1990年,全县职工参加岗位培训74,236人中,适应性短期培训57,908人,规范性岗位培训16,328人;各级干部参加政治理论、管理知识培训27,337人。进入20世纪90年代后,一些部门的职工学校自行解体。2002年,原建筑学校、供销学校、商业干校、农机学校、农干校、农业广播学校等并入市技工学校。

(十)成人高等教育

1. 如皋市教师进修学校·如皋市继续教育中心

1960年在教师函授部的基础上创建如皋县教师进修学校。1977年,县教师进修学校开办中文、数学、英语高师函授班,业务辅导先后归属扬州师范学院和南通教育学院。1979年于如城镇宏坝村征地建校,建筑面积14,323.62平方米。1979～1990年,县教师进修学校累计中师函授毕业生1744人,高等师范专科函授毕业生640人。先后举办幼儿园园长培训班、小学校长提高班、小学教材教法培训班、小学教师《专业合格证书》考试辅导班、小学教育管理大专班、小学语文数学教研班、小学自然、史地、音乐教师培训班、小学德育研究班、初中校长岗位培训班、初中班主任培训班、初中数、理、化、生物教师培训班、教育学心理学专修班、新教师上岗培训班等。并与扬州商业技工学校联办烹饪班和家电维修培训班,与教育局联办过会计培训班和青年教师、学生入党积极分子培训班,与劳动局联办过电工和架子工培训班等。2004年,市教师进修学校与南通市广播电视大学如皋分校合并为如皋市继续教育中心。挂“南通市广播电视大学如皋分校”和“如皋市教师进修学校”两块牌子,为市教育局直属公益型正科级全民事业单位,承担全市非学历继续教育,开办大、中专层次的岗位专业知识培训班和成人高考补习、自学辅导班等。江苏教育学院在如皋招受的585名本科函授生,一同并入继续教育中心。2009年,如皋市继续教育中心整体并入江苏省如皋职教中心校。

2. 南通市广播电视大学如皋分校

1979年2月,江苏广播电视大学南通地区分校如皋县管理站创建,先后设址于如皋中学、安定小学、如城四中、如师附小、县染织厂、纺织品公司仓库等处。行政上由县教育局代管,业务上由上级电大领导。专业设置先后有大专机械、电气、化工、土建、纺织、汉语言文字、工业企业管理、财会、文秘、档案等;学生主要来自企事业单位的职工和干部。1986 年 10 月,如皋县电大管理站更名为"南通广播电视大学如皋分校",增设电视中专,土建、机电、财会等专业共招生 219 人,招生范围扩至应届初中毕业生。1990 年有大专班 5 个,中专班 7 个,学生 515 人,教职工 27 人。学校占地面积 5500 平方米,建筑面积 3300 平方米。1992 年 6 月,电大如皋分校中专招生 170 人,大专招收财会、企管、文秘三个业余班 53 人。8 月,经省、市招办批准,如皋电大招收财会大专班 31 人。1997 年 8 月 18 日,电大如皋分校新教学楼在城西乡城南村破土动工,建筑面积 3439 平方米,1998 年 8 月 18 日交付使用。1990 ~ 2005 年,电大如皋分校先后举办会计学、涉外会计、财务会计、法学、计算机、计算机应用、计算机信息管理、小学教育、教育管理、经济管理、财务管理、工民建筑施工与管理、企业管理、建筑企业管理、行政管理、电子电器、电子商务、市场营销、机电、化工工艺、服装设计、对外贸易、军转本科、汉语言文学共 20 余个专业,在籍学生最多时 2414 人。开设奥鹏远程教育如皋学习中心,招收新生 32 人,2006 年后,电大如皋分校开始实施"一村一名大学生计划",奥鹏远程教育中心正式成立,与东北财经大学、东北师范大学、大连理工大学、福建师范大学、北京航空航天大学合作开设电子商务、计算机信息、商务日语和机电等各类专业 11 个。2004 年,按全市教育改革、学校布局调整统一规划,与教师进修学校合并为市继续教育中心,2009 年再整体并入江苏省如皋职教中心校。

第五节　法制沿革过程

一、中共地方组织的历史沿革

(一) 中共如皋独立支部

1925 年(民国 14 年)夏,江苏省第二代用师范(如皋师范)学生陆景槐(陆植三),参加上海暑期学生联合会演讲会学习,由曹壮夫、覃泽汉介绍加入中国共产党。1926 年 2 月,陆景槐转至江安区鄂埭小学任校长,转为正式党员,并以鄂埭小学为中心,在六甲、九甲一带开展活动。同年夏,在南通读书已参加共产党的徐芳德毕业回县,与陆景槐取得联系。9 月,中共江浙区委派张连生、杭果人(张安志)来如皋指导建党和开展农民运动,于鄂埭小学正式成立中共如皋独立支部,陆景槐任支部书记,成员有徐芳德,直属中共江浙区委领导。

(二) 中共如皋县委员会

1927 年(民国 16 年)6 月,中共江苏省委建立后,中共如皋独立支部当即与省委取得联系,并被允准建立中国共产党如皋县委员会(以下简称中共如皋县委)。7 月,中共如皋县委于如皋城西南城脚内福成庵成立,书记王盈朝,委员有苏德馨、徐芳德、叶胥朝、陈其理。1928 年，在省委统一领导下，中共如皋县委联合中共泰兴县委，举行威振大江南北的如泰“五一”农民暴动。暴动失败后，中共如皋县委大部分领导人及暴动骨干撤离如皋去上海。7 月，重建中共如皋县委，由吴亚苏任书记。全县分东、西、南、北乡及城区 5 个区委。后改分为 4 道：第一道 26 个支部，第二道 19 个支部，第三道 8 个支部，第四道 7 个支部，计 60 个支部。9 月，调整党的基层组织，东区 23 个支部，北区 8 个支部，南区 9 个支部，西区未统计，计 40 个支部。同年 11 月，吴亚苏当选为中共南通特委农委书记，徐芳德接任如皋县委书记，同年 12 月，建有西乡、镇涛、石庄、东乡、北乡、城区 6 个区委，下辖 147 个支部。

1929 年 1 月 10 日，徐芳德在江安区六甲被捕牺牲，县委工作由汤士伦负责。4 月，全县分设西乡 3 个区、南乡 2 个区、东乡 1 个区及城中 1 个区，共 7 个区委。6 月，汤士伦调省委工作，县委书记由韩铁心接任。1929 年 6 月至 1930 年 9 月，设江安、卢港、镇涛、石庄、东乡 5 个区委。1930 年 2 月，韩铁心率领如泰工农红军攻打南乡高家庄，战斗中腿部中弹，后去上海医治无效牺牲。县委书记由于咸接任。同年 7 月，成立如皋县行动委员会，负责人穆子奇、曹斌。10 月，中国工农红军第十四军在如泰地区失利后，县行动委员会主要领导人随同撤离如皋。11 月中旬，江苏省委重新组建如皋县委，书记穆子奇。县委成员从上海回如皋途经江阴时被捕，穆子奇、曹玉彬、朱香九等遭敌杀害于镇江。江苏省委又派于咸任如皋县委书记，回如皋领导恢复工作。1931 年 8 月，于咸、孙玉才、尤老三 3 人隐蔽在江安区油锅头一农民家中，被县保安队包围，激战 3 小时，突围时全部牺牲。

（三）中共如泰县委员会

1932 年（民国 20 年）年初，中共江苏省委在上海宣布成立中国共产党如泰县委员会（以下简称中共如泰县委），吴汝连（鲁连夫）任书记，何廷声任军事委员。吴汝连、何廷声等回如泰地区后，于如皋境内恢复江安、卢港、镇涛、石庄、城区 5 个区委。1933 年 4 月，吴汝连等 9 人在江安区苍燕头空处，被县保安队包围，吴汝连等 7 人牺牲，2 人被捕。5 月，中共如皋师范支部遭到破坏。至此，如皋城乡党组织和革命武装组织停止活动。

（四）中共如皋中心县委员会

1940 年（民国 29 年），新四军东进至如皋西乡后，于 9 月中旬在卢港建立中国共产党如皋中心县委员会（以下简称中共如皋中心县委），书记钟民，委员周一峰、洪泽、顾尔钥。隶属中共苏北区委员会。10 月，黄桥决战胜利后，中共如皋中心县委、县政府机关由卢港出发至海安和三纵会合，随部队由海安沿运盐河向东挺进到达掘港。11 月，更名为中共南通中心县委员会。

（五）中共如西县委员会

1940 年（民国 29 年）10 月，中国共产党如西县委员会（以下简称中共如西县委）于如皋西乡建立。书记许家屯，后由罗白桦（罗克）、周特夫继任。隶属中共泰兴中心县委。下设磨头、车镇、石庄、江安、卢港、白丁 6 个区委和永东直辖乡支部。后于东南边区设中心区委，分管东南边区南马塘、车镇两个区委。1940年后，如西抗日民主根据地的乡（镇）及中学陆续建立党支部。1941年3月19日，中共泰兴中心县委撤销，改隶中共苏中第三地方委员会。同年9月，根据苏中三地委决定，成立中共如西秘密县委（又称乙种组织县委），书记李友白（胡锐，李若平），后改特派员制，季一先为特派员。与公开县委没有横的关系，直属三地委秘工科领导。1942年东南边区新增两个区委，卢港北部新建夏堡区委，城西区委划归泰县代管，共设9个区委。1943年全县仍设9个区委，1个中心区委，67个乡建立支部，128个乡建立党小组。1944年，夏堡区委划给泰县，泰兴县珊瑚区委划进，新建江防区委，全县辖10个区委。同年11月，秘密县委与公开县委合并。

（六）中共如皋县委员会

1945年（民国34年）9月，新四军收复如皋城，中共如西县委奉命进城接管，易名中共如皋县委，仍隶属于苏中三地委。同年12月，改属中共华中第一地方委员会，辖有城区、城东、南马塘、蒲西、车马湖、江防、石庄、江安、卢港、度军井、珊瑚11个区委。12月行政区划调整后，有城区、柴湾、雪岸、丁东、马塘、白蒲、平西、薛窑、车马湖、江安、石庄、江防、卢港、城西、度军井15个区委，辖143个支部。1946年9月，改隶中共苏中第一地方委员会。1946年秋至1947年春，国民政府军队疯狂地进行"清剿""会剿""驻剿"，党组织遭到严重破坏。1947年6月后，县委机关转至如皋西乡，坚持敌后斗争，先后隶属于南线党政军委员会、中共南线中心县委员会、中共华中工委第一地方委员会。

1949年1月，解放军攻克如皋城，县委机关入驻。5月，改隶中共苏北区委会泰州地方委员会。中华人民共和国成立后，全县仍以行政区设立城区、城东、马塘、白蒲、车马湖（1956年1月2日改名下原）、平西、薛窑、江防、何正、江安、卢港、度军井（1950年6月1日更名磨头）、城西13个区委，区委会撤销各科设置。1950年1月，改隶中共苏北区委会南通地方委员会。6月，增设石庄、夏堡两个区委。1952年增设新坝、海圩、花园、城南4个区委。1954年新坝等4个区委撤销。同年10月，因区划调整，全县198个乡（镇）增至213个乡（镇），各乡（镇）设党支部。1956年7月并区，撤销城东、马塘、平西、江防、何正、夏堡6个区委，城区区委改为如城镇党委。全县共设10个区委，3个县属镇和108个乡党委或党总支。

1957年9月，实行大乡制后，全县51个乡、镇均改设党委会。人民公社化后，改称公社党委。1958年7月26日，区委与区公所同时撤销，改设10个指导组。同年年底12个大公社建公社党委，1959年2月撤销。此后，农村党支部以生产大队为单位建立。1961年7月25日，中共南通地方委员会批准恢复9个区委（下原区未恢复）。

（七）中共如皋核心小组

1966年"文化大革命"开始后，县委活动被迫停止。各社、镇党委相继瘫痪。1967年4月建立中国人民解放军如皋县军事管制委员会。1968年4月，建立县革命委员会，实行党政"一元化"领导。9月，成立中共如皋县革命委员会核心小组，行使县委职能。1970年1月至1971年7月,各乡(镇)先后召开党代会,重建社、镇党委。

(八)中共如皋县委员会

1971年2月恢复中共如皋县委员会,隶属中共南通地区委员会。1972年11月,各区设党的核心小组。1976年恢复党委会。同年增设丁堰镇党委和长青沙公社党委,全县计有53个社、镇党委。1977年1月27日,重建区委。1981年4月,革命委员会撤销,公社党委改称乡党委。1983年1月,中共如皋县委员会改隶中共南通市委员会,农村大队党支部改称村党支部。1987年1月,区委与区公所同时撤销,改设区巡视组。1989年11月,恢复区建制,设区工作委员会(以下简称区工委)。1990年,全县设9个区工委,3个县属镇党委,7个乡级镇党委,43个乡党委。从1960年开始建立机关、厂矿党委,至1990年共设有6个党委。

(九)中共如皋市委员会

1991年6月1日,如皋撤县设市,中共如皋县委员会随之易名为中共如皋市委员会(以下简称中共如皋市委、如皋市委)。1993年12月,江苏省如皋经济开发区建立,次年7月,建立中共江苏省如皋经济开发区工作委员会。2000年1月,市委机关随市政府由中山路机关大院迁移至福寿路、益寿路口的原物资大厦内办公。当年,乡镇行政区划实行调整,组建26个乡镇党委。2001年9月至10月,如皋市乡镇区划再次调整,为23个镇。2005年1月,全市行政区划又作调整撤并为20个镇、2个开发区。至此,中共如皋市委下辖镇党委20个:如城、柴湾、东陈、雪岸、丁堰、白蒲、林梓、下原、九华、郭园、石庄、长江、吴窑、江安、高明、常青、搬经、磨头、桃园、袁桥。另设如皋经济开发区党工委。2008年底柴湾镇并入如皋经济开发区。2010年12月如皋科技城(软件园)与桃园镇合并。合并后,柴湾镇、桃园镇仍建有党委。

二、人民代表大会制度历史沿革

1949年1月28日如皋县解放。1950年1月至1956年3月,如皋县各界人民代表会议历经4届,共举行6次会议。1954年7月,如皋县第一届人民代表大会举行第一次会议,至1966年4月,历经6届,共举行12次县人民代表大会。1966年5月至1976年10月"文化大革命",县人民代表大会停止活动。期间由新成立的县革命委员会代理事务,作为县第七届人民代表大会计算。

1981年4月,恢复县人民代表大会制度,如皋县第八届人民代表大会第一次会议举行,标志着县人民代表大会重新恢复正常。自此,如皋市人民代表大会均依法正常举行。

1981年4月,始设如皋县人民代表大会常务委员会(以下简称县人大常委会、县人大)。县人大常委会对本级人民代表大会负责并报告工作。经上级人大常委会确定,"文化大革命"后的首届如皋县人民代表大会为如皋县第八届人民代表大会。在如皋县第八届人民代表大会第一次会议上,由全体代表选举产生如皋县第八届人民代表大会常务委员会,常务委员会再选举产生如皋县第八届人大常委会主任和副主任。此后各届人大常委会及其主任和副主任都按照此程序选举产生。1991年6月如皋撤县设市，如皋县人民代表大会、如皋县人民代表大会常务委员会更名为如皋市人民代表大会（以下简称市人代会）、如皋市人民代表大会常务委员会（简称市人大常委会、市人大）。从第八届人民代表大会第一次会议选举产生县第八届人大常委会起，历经9届，召开常委会会议300次。

三、行政机关组织制度沿革

东晋义熙七年（411年）前置如皋县，隋时并入扬州宁海县。南唐保大十年（952年）升为如皋县，隶属泰州。后历代沿袭县制，宋时为中下县，元时升为上等县。明清仍隶属泰州，清雍正二年（1724年）划归通州。民国时为一等县，与湖南邵阳同被列为全国最大的县。

1940年8月，新四军东进至如皋西乡，在卢港建立如皋县政府。10月，县政府随军继续东进至如皋东乡接管国民党如皋县政府。1941年3月，在如皋西乡成立如西县政府。至此，原如皋县以通扬运河为界划分为两个县。如西县隶属苏中第三行政区专员公署，如皋县隶属苏中第四行政区专员公署。1945年9月21日，新四军收复如皋城，如西县复名如皋县，原设于如皋东乡的如皋县更名如东县。同年12月1日，苏皖边区第一行政专员公署于如皋城成立。

1949年1月28日，如皋全境解放。5月12日，苏皖边区第一行政专员公署改称苏北泰州行政区专员公署，如皋属其管辖，为一等县。1950年1月，如皋县划归苏北南通行政区专员公署，上升为特等县。1955年12月，如皋县人民政府改称如皋县人民委员会，隶属江苏省南通专员公署。1968年建立如皋县革命委员会，1981年复名如皋县人民政府。1988年3月18日，经国务院批准，如皋县如城地区为沿海经济开放区，后全县乡镇陆续被批准对外开放。1991年2月6日，经国务院批准，如皋撤县建市，同年6月1日举行建市仪式。2013年3月，省政府同意调整如皋市部分行政区划。截至年底，全市辖11个镇（区）、3个街道（区）。即如城、城南、城北3个街道和东陈、丁堰、白蒲、下原、九华、石庄、吴窑、江安、搬经、磨头、长江11个镇，城北街道与如皋经济技术开发区、城南街道与如皋高新技术产业开发区实行“以区带街、区街合一”管理机制，长江镇与如皋港区实行“镇区合一”管理体制。全市347个村（居），其中居委会181个、村委会166个。

四、公安机关组织沿革

1912年（民国元年），如皋巡警总局改为如皋警察所，县知事兼任所长，县城设4个警察分驻所，各所设巡官1人，另设2个警察分所。1927年5月，北伐军进抵如皋城，改县警察所为县公安局，内设警察长、军事教练、侦缉队、直属警察中队等官员和机构，全县设城中和东、西、南、北4厢共5个公安分局。1935年，公安局改称警察局，原公安分局改称警察分驻所。1937年1月裁局设立司法科，下设8个分驻所。各区沿用旧制，设立分局，县城4门设立稽查所，东门外设水上派出所，专事盘查过往船只。1938年3月司法科随县政府流亡东乡，活动终止。1946年1月，国民政府进驻白蒲镇，设立如皋县警察局。同年7月迁驻如皋城，县警察局下设10个警察所、2个直属分驻所和4个乡驻所,1949年1月随国民政府撤离如皋。

1940年(民国29年),如皋县抗日民主政府设立保安科,10月,西南行署仍设保安科,并内设执法队。1941年西南行署改建为如西县政府,保安科下建短枪队,各区配设社会科长和公安助理,乡设治安员。1945年9月21日,如西县公安局随新四军入驻如皋城,更名如皋县公安局,下设警备科、消防队、看守所、警卫排、如城公安分局和白蒲公安分局。1947年3月,公安局直接编入部队参加武装斗争,地方建制撤销,工作任务由原地坚持斗争的人民政权承担。1947年10月,重建如皋县公安局,区设公安股长。1949年1月28日,如皋全境解放,县公安局进驻如皋县城办公。

1949年1月,如皋县公安局进城后设于县政府大院内,随着形势发展和对敌斗争需要,不断改组、增扩内设和派出机构。1950年夏迁武庙巷22号(今如皋市初级中学范围内)。1955年,区公安股长改称公安特派员,1958年人民公社设公安员,1959年区特派员撤销,公社公安员一律改称公社公安特派员。1964年公安局与检察院、法院一起迁沙家河塘(今望月桥东百花苑范围内)。"文化大革命"期间,全县机关瘫痪。1967年4月中国人民解放军江苏省如皋县公检法军事管制委员会成立,公安局被实行军管,建制消失。1973年11月15日恢复建立如皋县公安局,后迁如城西皋新村(原集贤路)。1981年11月,全县42名公社公安特派员列入公安行政编制。1998年,设3个指挥管理机构、1个纪检机构、7个直属机构、10个分局和56个派出所。2005年底除局机关指挥系统外,基层共辖11个分局、34个派出所、7个责任区刑侦中队、10个交巡警中队、5个查报站。

五、人民检察院组织沿革

1912年(民国元年),如皋始建地方审检厅,1914年审检厅改为审检所,审判、检察合一。1915年裁撤。1927年,如皋县法院成立,设检察官。1936年改称如皋地方法院,仍设检察官。日伪期间,伪南通地方法院成立如皋分庭,检察官改称公诉代理人,后裁撤,由伪县长兼管。1946年8月,国民政府如皋县政府进驻如皋城,11月恢复如皋地方法院,设检察处,检察处设首席检察官和检察官。

1952年8月20日,如皋县人民检察署于如城北门烈女祠内成立。1954年12月14日,更名如皋县人民检察院,迁如城东大街224号(今如皋市初级中学内)。1957年7月迁址如城鹤颈湾(今华联超市与新华书店之间)。1959年冬,迁如城武庙巷22号(今如皋市初级中学内),与县人民法院、县公安局同在一个大院办公。1964年4月,检察院与公安局、法院3家齐迁沙家河塘(今如城望月桥东南侧百花苑内)。1966年,"文化大革命"爆发,检察院机构瘫痪。1967年4月8日,被实行军管,检察院建制消失。1978年10月27日,如皋县人民检察院恢复建立,1982年,于如城丰乐桥东北河边26号(今百花苑范围内)建造三层办公楼。1988年11月30日,在东陈镇设立检察办事处,1990年3月25日设立如皋县人民检察院驻税务检察室(1997年10月撤销)。1991年6月,更名如皋市人民检察院。检察院内有办公室、政治处、侦查监督科、公诉科、反贪污贿赂局、反渎职侵权局、监所检察科、民事行政检察科、控告申诉检察科、检察技术科与职务犯罪预防科(合署)、司法警察大队等职能机构和纪检组、监察室。

六、人民法院组织沿革

民国以前,如皋司法、审判统由县令掌管。1912年(民国元年),设立地方审检厅,与县民政分府并立,民政分府县知事任审检厅(所)审判推事,办理案件。1932年,国民政府江苏省政府颁布《危害民国治罪法》,如皋成立临时法庭,县长任庭长。日伪时期,伪南通地方法院成立如皋分庭,后裁撤,仍由伪县长掌管司法。1946年秋,国民政府如皋县政府进驻如皋城,设立军法庭,县长任军法官。

1912年(民国元年),如皋设立地方审检厅,与民政分府并列,同在县衙门内。审检厅设推事1人,负责处理民事案件。袁世凯复辟帝制后,审检厅被取消。1914年改称审检所,由县知事(县长)兼任推事,承审员承办案件审理,1915年裁撤。1923年,(民国12年)由江苏省高等法院任命推事,设书记官和承发吏若干人。

1927年(民国16年),北伐军进驻如皋城,成立如皋县法院,内设检察官、主任推事和推事。后因反共需要,1932年成立如皋临时法庭。1936年,如皋县法院改称如皋地方法院,1938年3月,如皋地方法院撤逃李堡,宣告解散。汪伪南通地方法院设立如皋分庭,同期还设立伪如皋军事法庭,1945年9月随汪伪政权消亡。1946年,国民政府如皋县政府重驻如皋城,11月恢复地方法院,同期设立军法庭。1949年1月,地方法院、军法庭撤离如皋而终止。

1940年(民国29年)8月,新四军东进至如皋境内,如皋县抗日民主政府在卢港地区成立,当年11月,在通扬河以西建立如皋县政府西南行署,司法工作由行署主任兼理,设司法承审员,处理民事案件和刑事案件。1941年3月,如西县政府建立,5月,县政府设立司法科,设科长和司法承审员,处理民事和刑事案件,各区设司法股,配备司法助理员。

1949年7月28日,县司法科撤销(各区仍保留司法股),建立县人民法院,始在县政府东花厅办公。1950年迁如城东大街224号古城隍庙内(今如皋市初级中学内),1955年夏迁如城鹤颈湾北篦箕巷南端东侧原城区区政府内(今农工商大卖场西南门外),1959年年底迁武庙巷22号(今如皋市初级中学内),法院与公安局、检察院3家同驻一个大院办公。1964年4月,公、检、法3家齐迁沙家河塘(今望月桥东南侧百花苑小区内)。1966年"文化大革命"爆发,机构瘫痪。1967年4月8日被实行军管,建制消失。1973年6月,县人民法院恢复建立。1991年6月更名如皋市人民法院,迁宁海路495号(今市委党校路南)。

七、人民政协组织沿革

1950年1月6日,如皋县第一届各界人民代表会议召开。1956年3月2日,如皋县召开政协一届一次全体会议。宣布中国人民政治协商会议江苏省如皋县委员会(以下简称政协如皋县委员会、县政协)正式成立。

“文化大革命”开始后,县政协机构瘫痪、活动停止。1979 年 11 月 27 日,中共如皋县委发文,恢复政协如皋县委员会活动。1981 年 4 月 24～30 日,如皋县政协第五届第一次全体会议举行。至 2015 年年底,政协如皋市(县)委员会组织不断健全,正常履行宪法活动。

中国人民政治协商会议如皋市委员会,自 1956 年 2 月 2 日政协如皋县第一届委员会第一次会议宣告正式成立,经 1991 年 6 月如皋撤县建市至今,现为政协如皋市第十三届委员会。

八、农村基层组织沿革

1949 年 5 月起全县建立区、乡行政设置,区行政机构为区人民政府、区公所,设区长、副区长等政府岗位。乡的行政机构为乡人民政府、乡公所、设乡长、副乡长等基层公务岗位。同年 7 月废除保甲制,1950 年 1 月建行政村。

1958 年 10 月建立人民公社,实行政社合一体制,公社行政机构为公社管理委员会,设社长、副社长等基层管理岗位,公社下建生产大队、生产小队。

1968 年 3 月公社管理委员会改为公社(镇)革命委员会设主任、副主任为主要领导岗位。

1981 年 8 月公社革命委员会恢复为公社(镇)管理委员会。1983 年 6 月政社分治,改人民公社体制为乡、镇体制,乡、镇行政机构为乡、镇人民政府,设正、副乡长(镇长)为领导岗位。生产大队改建为村民委员会(即行政村)。1984 年全县各生产队改建为村民小组。

第六节　地 域 文 化

如皋为长江三角洲江海平原中见诸历史较早的地区之一,滨江临海,地域广阔,曾含今如东县之全部,海安、通州县之一部。千百年来,如皋的先民在这块富饶美丽的土地上生息繁衍、耕耘奋斗,创造了骄人的业绩,书写了辉煌的历史文化,赢得了“金如皋”的美称。

一、襟海枕江,九夷海阳

远古时,如皋是江南古陆的一部分,喜马拉雅造山时沉没。6000 年前,重新崛起,成陆于江北古沙嘴——扬泰冈地最后一列沙脊,高沙平原,势若覆釜。明嘉靖三十九年(1560 年)《如皋县志》概述了如皋的形胜:“东临沧海,势压岛夷;南控巨江,气吞吴会。挹摩诃之秀丽,拱淮泗之逶迤。区域虽小,形势亦有可观矣!”其时,如皋“地广一百八十里,袤一百七十二里”,地域面积大约七千七百平方公里。历代县志还记载:“会盟原在县东十里,相传春秋鲁哀公吴楚会于邗沟即此。今为邗沟铺(现如城街道十里铺)。”鲁哀公元年为公元前 494 年,以此推论,如皋在 2500 年前即有文字记载的历史。《太平寰宇记》《禹贡》称如皋为“扬州之域”。《禹贡》还记载,生活于江淮之间的是东夷的淮夷人，其地盛产"蚍珠暨鱼"。淮夷支系繁多，被称为九夷。旧《如皋县志》云：如皋在周曰海阳，亦称"九夷海阳"。后又名发阳。《汉语大字典》载："发，古代东方部族名，亦国名。""发，亦东夷。"商周时期，九夷先后被他们征服，使淮夷人融合于华夏民族，至今，如皋很多方言保留了中原古语，被认为"接近北方官话"，当然也保留了东夷人的土语比如"杲昃"等。

春秋时，发阳为"郥子封地"，初属于卫国，后属于吴国。清刘枝芬《雉水书园赋》有："郥子遗封，发阳古地"句。清江永《春秋地理实考》载："今江南扬州府如皋县东南立发坝，古发阳也，亦名古郥。"秦时，属于九江郡，汉时属于海陵。刘昭引杜预注云："郥，发阳也。广陵海陵县东南有郥城，故国。"

二、如皋得名，源自左传

东晋义熙七年(411 年)，正式建如皋县。《太平寰宇记》载："县西百五十步有如皋港，港侧有如皋村，县因以为名。"关于如皋村名的由来，如皋《贾氏宗谱 · 序》有记述："(周上大夫南屏公)义不事晋，与德配雷夫人偕隐，窜处海滨……慕其义者相率偕来，渐成村落，人烟稠密，遂有如皋之称。"现存的如皋贾氏宗谱虽然有残缺，仅存 61 世祖至 84 世祖谱系。但是，宗谱序言中却清晰地记载着，贾氏一世祖南屏公与夫人偕隐海边(如皋)的原因是"义不事晋"。溯其源，那是周康王将唐叔虞的小儿子公明封于贾，谓之贾伯，贾伯以国为姓。贾国是晋国的附属国，在先后发生的多次夺权内乱中，贾国始终站在晋侯的立场上，反对作乱夺权者。所以，当曲沃武公当上晋国国君后，贾南屏愤然"义不事晋"，率其家族，"御以如皋"，过起超凡脱俗的田园生活。

《实用楹联大全》[①]收录全国贾姓大门楹联两副，都与贾大夫射雉有关。一曰："立碑洛川，射雉如皋。"一曰："善射博笑，封发表贞。"下注：春秋贾大夫御以如皋射雉，其妻始笑而言。如果说贾姓宗谱是野史的话，那么作为正史的《左传》更应该具有说服力。《左传 · 昭公二十八年》中记载："昔贾大夫恶，娶妻而美，三年不言不笑。御以如皋，射雉获之，其妻始笑而言。"贾大夫曰："才之不可以已，我不能射，女遂不言不笑！"贾大夫射雉的故事，是晋国的执政大臣魏舒引用叔向的话，对贾辛说的。史学家左丘明将这段故事记录在《左传》中，从此，贾大夫如皋射雉得以流传。而贾大夫立足的地方，渐成村落，遂名如皋村。

清乾隆《如皋县志》载："如皋城濠河有支流入海月寺，经六桥南流，合于凤凰池，绕出谢恩桥，南至秀水港，绕如皋村故址……如皋港今易名秀水港矣。"现如城秀水港西侧内环城路一段已于 2004 年命名为秀水路。相关史料均记载，贾大夫墓在如皋东陈镇。洪武元年，修建贾公祠，于春秋祭祀。

时过境迁，当年的如皋村、如皋港、贾大夫墓、贾公祠早已不复存在，然而，贾大夫"如皋射雉"却成了后人诗文中经常引用的典故。"如皋"这个地名也伴随着射雉的佳话凝于文人墨客的笔端。比如，西汉董仲舒出任江都相时，曾谒贾公祠并题《南屏公

---

① 上海古籍出版社 1997 年版。

赞》:"上国大夫,胄分帝系。射雉英风,奋扬才艺。庙貌巍峨,馨香奠祭。泽荫子孙,本支百世。"宋苏轼亦有"向不如皋闲射雉,归来何以得卿卿"句(《和梅户曹会猎铁钩》)。与如皋同时建县的蒲涛(今白蒲地区)、临江县(今石庄地区)以及宁海县的全部或一部分后来均并入如皋县版图。

自南唐保大十年(952 年)如皋恢复建县以后,设置未变,历经后周、北宋、南宋、元、明、清等朝,如皋县一直沿袭。先后隶属泰州军、扬州路、扬州府、泰州府、通州府。1912～1940 年(民国元年至 29 年),如皋县隶属江苏省苏常道、淮扬道。其区域未发生大的变化,东抵掘港寥角嘴,北至力乏桥、西场、李堡一线,西至芦湖西之分界,南边由于长江江流的变化,在宋元明时期,至摩诃山、天生港一带,清代南至今石庄、白蒲一线。如果以明代的如皋县城为中心,东至掘港巡检司 130 里,抵海 160 里;西北至庙湾与泰兴县分界 30 里;南至石庄巡检司 60 里,抵江中摩诃山 120 里。县境横宽 180 里,南北纵长 176 里。民国初年,如皋四境未变,因物产丰富,经济繁荣、人口众多、人文荟萃而曾有中华第一大县之称。

三、煮盐猎渔,百业兴旺

在数千年沧海桑田的巨大变化中,如皋东部,沿黄海西岸有大片的滩涂,坡度平缓,海拔不高,潮汐可至,卤气易升。滩涂上自然生长起茂密的红草、茅草和杂乱的桑梓杨柳皂角及其他灌木。南部,沿江一带,则是广袤的、一马平川的圩田地区。滨江临海的区位,为如皋先民煮盐猎渔、从事农副业生产等,提供了得天独厚的天然资源。史载,汉高祖十二年"立濞于沛为吴王"。其后,刘濞以广陵(扬州)为都城,召集天下亡命者,就豫章铜山,开采铜矿,铸造铜钱;就海陵的如皋海边,煮海水为盐。并延凿邗沟自茱萸湾经海陵仓至如皋蟠溪,"此运盐河之始也"。清乾隆《直隶通州志·如皋县》云:"蟠溪即古邗沟,在赤岸乡,西接运盐河,东入海,因溪滩宽衍,中多洲渚,弯曲如蟠龙,故名。"民国《如皋县志》记载:"县东十里即蟠溪地,今有邗沟铺。"《汉书》记载:"吴王刘濞东海煮海水为盐,则皋其地之一也。"《两淮盐法志·历代盐法源流表》记载:"如皋蟠溪古煮盐区,是两淮和江浙地区煎盐之始。"近年考古发现,如皋除了十里铺之外,东陈汤家湾、丁堰、林梓等地都是产盐之地,而蟠溪一带不过是汉时产盐和集中运输的重要集散地。中唐以后,北方因为战乱,或者遭遇自然灾害,人口大量南移,时属于海陵的如皋,滨江临海,成了这些移民的首选之地。人口激增,盐业兴旺,盐务繁忙。唐代在泰州设海陵监,管理南至长江,北至盐城以南的盐业生产和收购。在如皋设如皋场(买纳场),同时设海陵大使所。北宋时,海陵监移至如皋,同时在如皋建有如皋仓。《宋史·食货志》载宋初淮南盐额:"楚州盐城监岁煮 41.7 万余担,通州丰利监 48.9 万余担,泰州海陵、如皋、小海 65.6 万余担。"清嘉庆十一年(1806 年),掘港场就有烧盐工 17,000 多人,那里呈现出"百里盐滩茫茫如雪,锅镬林山,烟气缭绕"的景象。唐开成三年(838 年),日本和尚圆仁在《入唐求法巡礼行记》中描述如皋运盐河的情景时写道:"盐官船运盐,或三四船,或四五船,双结续编,不绝数十里,相随而行,乍见难记,甚为大奇。"围绕海盐的产销,派生出许多行业来。"包盐以蒲,捆以草索”编制蒲包，搓制绳索，白蒲、丁堰及周边地区，不下数百户，丁堰镇竟有草绳一条街。运输盐，上车、下船，抬扛的搬运工，拿篙背纤的船民等等均应运而生。茶馆酒肆、客栈旅馆、日用杂货、饭店小吃、药铺医家、成衣估衣、典当钱庄、澡堂子、剃头挑子、木排竹行、石灰砖瓦行等，在运盐河畔两岸的集镇星罗棋布，各行各业均有发展。唐开成三年(838 年)日本圆仁和尚所记载的如皋，已是“杨柳相连”“店家相连”“富贵家相连”，百业兴旺，一派繁华景象。

自古以来，煮海之利重于东南，而两淮为最。沙元炳先生在《商务分会碑记》中写道：“夫吾皋处长淮之尾，南滨江，东滨海，宛然交通之会也。海盐渔蛤之利，国计所资。”千百年来，成千上万“面黧肌墨，骤睹如鬼”的盐民灶丁，冒海风，顶烈日，煎煮烧灼，生产了大量的海盐，既供民食、国用，又养肥了盐官和盐商。汉代盐官富埒王侯。明清时，两淮盐商富可敌国。清朝后期，如皋有名可考的盐商就有大有恒、庆昌祥、洪吉兴、吴上达、吴公裕、吉升昌、吉和祥、江日升、王恒福、张怡丰、养和公、和聚兴、顾益源、晋永泰、公同发、大昌、德兴堂、吉公泰、庆常春、邹永福、和春熙、裕兴隆、吴公远、宏源、德昌、德茂、韩福大、和祥发、许立本、罗仁泰、和祥泰、同永丰、公永丰等百数十家。明末鼎革兵荒马乱占耕地之际，原侨居扬州等地盐商纷纷逃散，有的搬来如皋。他们很多人为如皋城乡捐资输财，建庙宇，浚河道，修桥梁，筑道路，造园林，办学校，演戏剧，印诗书，赈饥荒，抚孤幼，济困苦等，诸多善举，常为皋人称道，并载入乡里之志。

东晋时，垦荒种植之风兴起。贞观年间，已经采用风干脱水法腌制萝卜干。至元朝时，种植业已经比较发达。元朝诗人陈基在《如皋县》诗中写道：“伊昔淮南陬，土俗勤稼穑。潟卤尽桑麻，闾阎皆货殖。”明天启年间，县令李衷纯倡导百姓挖塘蓄水，以利灌溉和养殖。并引进浙江湖州的女桑，推广养蚕结茧抽丝制线，种植棉花纺纱织布，发展花木盆景，广建私家园林。彼时，县城有四市、十街、十八巷，桥凡十八。清乾隆时期，县城有十一街，十七巷，桥凡十九。嘉庆时，有十一街，六十六巷，四十六桥。清代中期，县城有商铺 700 余户。白蒲、石庄、林梓、丁堰、搬经、加力、柴湾、陈市、葛市、东陈等集镇亦各有特色。清光绪三十四年(1908 年)，全县有各类商铺 3757 户。居各业之首的南货业，恒昌、永懋慎、源记等资金雄厚，达到 10～12 万元。石合泰首开如皋经营洋油、洋烟、洋布、洋火、洋钉、洋皂、洋烛等“五洋卷烟”舶来品先河，其保存完好具有明清时期前店后坊特色的建筑，现已成为省级文物保护单位。

清末民初，以沙元炳为代表的如皋乡绅受实业救国思想的影响，在县城、丁堰创设平民工厂、皋明电灯公司。手工业品也得到进一步的发展，并创造了一大批名特优产品，有荣膺巴拿马博览会和印度赛会金奖的彩灯，和在南京举行的南洋劝业会嘉奖的如皋风筝，蜚声南洋的如皋花边、人发、发网、贴绒，与广式香肠齐名的如皋香肠，获得美国檀香山国际博览会金奖的如皋火腿，在国际上以一、二路货著称的如皋肠衣，获得民国政府农商部国货展览会优等奖的如皋机布，质量、产量居苏北之首的猪鬃及如皋特产染料靛青等。

民国初年，如皋的大麦、元麦、小麦等农作物的面积、产量均居全省之冠。猪羊鸡的饲养量亦名列全省前茅,由此,赢得“金如皋”的美誉。

四、抗击倭寇,建城筑墙

清嘉庆《如皋县志》云:“皋地高亢,介通泰间,形如覆釜”,县城正当釜脐。东晋设置如皋县,县治即设于此,成为全县政治、经济和文化的中心。唐太和五年改为如皋场。五代南唐时复升为县,县衙迁于运盐河南。北宋庆历初年,知县许元在县衙前始建谯门,用以瞭望,并设钟鼓以司晨夜。元末毁于战火,明洪武初年重建。嘉靖十年,改为谯楼3间。嘉靖十三年,在玉带河上六座桥梁的内垵,砌一丈高的砖拱券城门6座。东有先春门,门外有迎春桥。东南门为集贤门,门外是集贤桥。南门为宣化门,门外为宣化桥。西门为丰乐门,门外是丰乐桥。北门为北极门,门外是西惠政桥。东北门名“拱辰”,门外是东惠政桥。此时,如皋尚无城墙。

倭寇掠夺我国沿海始于明初,其烧杀抢掠,无恶不作,于嘉靖年间尤为猖獗。明嘉靖三十三年(1554年)三月,倭寇窜扰掘港等地,如皋驻掘港的县主簿阎士奇率部到曹家庄迎战,将倭寇击退。三十日下午,倭寇40余人,由掘港烧杀抢掠至马塘、丛家坝,屯聚丁堰,进逼如皋县城。县吏宗掾请战,率乡兵400余人追剿,斩倭寇3人,擒1人,其余逃走。四月,倭寇数百人驻海上,轮番上岸抢劫。巡盐御史黄国用命令仪征守备张寿松来如皋追剿。张观望不前。是时,驻扬州的巡抚都御史郑晓,命令扬州守备杨缙率部进驻如皋,抗击倭寇。杨缙率部追剿至海边,兵陷泥沼,倭寇蜂拥而上。杨缙跃马弯弓,射死倭寇首领,其余倭寇不战而退。五月,倭寇由海上登陆,劫掠东陈镇,主簿阎士奇率部截杀,缴获铜制佛郎机(炮)两架。是时又有倭寇100余人。突至蒋婆铺,逼近如皋县城,而县城无城可守,情况十分危急。幸得徐州兵备李天宠率部策应,杀死倭寇9人,生擒1人,其余倭寇溃逃入海。

鉴于此,邑人倡议筑城防御。经奏请当朝,获帑银35,000两,修筑围长7里的圆形城墙。辟四门、两水关。东门名靖海,南门名澄江,西门名饯日,北门名拱极。西水关在拱极门西。东水关在靖海门北。明万历《如皋县志》记载:“城凡7里,总1296丈,高2丈5尺,上阔5丈,下阔7丈。”比通州城高2米,厚度超过泰州、通州和泰兴。雄伟、坚固甲于苏北各县。嘉靖三十六年(1557年)农历四月,倭寇进攻县城,知县陈道、主簿叶梦龄据城坚守,倭寇知难而退。嘉靖三十八年(1559年),农历四月初七,倭寇进逼县城,海防兵务副使刘景韶仗剑临城督战;邱陞陈兵东门杀退倭寇。

如皋城墙自明嘉靖三十四年(1555年)建成。后于万历二十年(1592年)在四门城外加筑月城,万历二十七年(1599年)加筑敌台13座。乾隆三十三年(1768年)修缮城墙,历时三年,耗费银35,967.3两。1945年,因战争,城墙多处倾圮。1951年因城门狭隘,交通不畅,且城墙多处裂缝而拆除。保留至今的仅有明嘉靖三十三年(1554年)所建的东水关(今江苏省文物保护单位)。位于古城东北隅,被誉为“天下名园”的水绘园(今全国文物保护单位)始建于明万历年间,原系冒一贯之别业。清顺治十一年(1654年),“明末四公子”中“最具民族气节”的冒襄延聘园林专家张涟、许荫松等重建,更名为“水绘庵”。冒襄晚年家道败落,水绘园残破荒芜,山峦倒坍。20

世纪80年代,在原址重建。冈峦起伏,溪水回旋,花木繁茂,亭阁交错,重现当年秀丽景色。尤令人瞩目的是该园正北恢复重建了一段古城墙。此段城墙再现了如皋古城墙的雄姿。值得一提的是,水绘园内所恢复重建的古城墙的城砖,都是当年从民间一块一块收集起来的明代老城砖。此城砖有35厘米×17厘米×7.1厘米、30厘米×13.3厘米×7厘米、24.5厘米×17.6厘米×8厘米等多种规格,历时400多年,仍然坚如块石。联想起明太祖朱元璋在南京建都筑城时,曾下令沿江五省154个州县,按照规定尺寸和质量要求制作城砖。如今中华门城堡仍陈列着如皋当年所制造的城砖。由此可见如皋古城历史之悠久。

五、人才辈出,诗礼传承

如皋教育素称发达。清乾隆十五年,如皋知县郑见龙云:"稽其(如皋县)风俗之淳漓,学校之因创,经籍艺文之繁简,则夫宋代之俭朴,明初之殷庶,以及胡安定之理学,三王之经济,与夫孙山甫、何柏斋、冒巢民之儒行文艺,许忠愍、李尚玺之忠烈,迄今犹炳若日星也。"尽管此说概括如皋人文荟萃的情况尚不全面,但是,也已将如皋历代主要杰出人物揭示一二。其实,如皋这块高沙土地上孕育出了一代代民族英豪、时代骄子、社会活动的各个层面、各个学术思想领域崭露头角的人物举不胜举。据明天顺八年至民国18年的10多部《如皋县志》以及幸存的家谱所作的不完全的统计,如皋籍的乡贤名宦188人,将军以上的高级将领20多人,文学艺术名家高手700多人,著名医生242人。1921年商务印书馆出版的《中国人名大辞典》中,共记载了如皋籍名人39人。《江苏艺文志·南通卷》共收集、介绍了宋元明清有著作存世的名人547人。清汪之珩编辑刊行的《东皋诗存》和《东皋诗余》收录宋代至清乾隆年间如皋籍诗人379人的诗词作品。

三国时,吴国大司马吕岱,开疆拓土,累讨巨寇,躬亲王事,战绩卓著;北宋大儒、一代宗师胡瑗,学启关洛,道广苏湖,开分科教学之先河。教泽遍乎天下,如水之流行地中无所不往而不在也;宋端拱进士查道官至龙图阁待制,秉性纯厚,谨朴寡欲,"力收恤聚食常数十百人",传为美谈;天资高迈的词人王观,下笔千言,不复润饰,华藻粲然。古今绝唱《冠柳词》令"纸贵惟扬,口不停吟"。其《扬州赋》受到宋神宗的褒奖。后来《扬州赋》与《扬州芍药谱》均被收入《四库全书》;龙图阁学士王觌清修简淡,莫见喜愠,时人评之"吏行水上,人在镜心。"钦定状元王俊义少有直节,不畏权贵,"蔡京欲见之,拒不往";孙应鳌,字山甫,谥文恭,明贵州清平人。明洪武二十五年(1392年)调任龙里卫(今龙里县)总旗。孙应鳌系其定居贵州后的第八代孙,明嘉靖三十二年进士。历任工部给事中、右佥都御史,累迁礼部右侍郎,掌国子监祭酒事、充经筵讲官、南京工部侍郎、晋尚书。学术界认为,孙应鳌是王阳明的再传弟子,是贵州建省以来最著名的思想家和最有影响的哲学家,是贵州开省以来人物之冠(莫友芝:《文恭孙淮海先生应媪传》);其后人寻根问祖,原籍竟是如皋江安。"天崇五才子"之一的李之椿,是一位名震江淮的抗清斗士,面对清兵的严刑拷打和威胁利诱,毫无所动。绝食七日,悲壮献身;"明末四公子"之一的冒襄,隐居山林,不事清朝,"著书自娱,宾从宴游,极一时之盛”，被毛泽东称为“真正具有民族气节”的人。驰名中外的戏剧理论家、作家李渔，祖籍浙江，出生如皋，23岁时返回浙江。著《一家言》，擅作小说，尤精谱曲，集编导演于一身，无愧于东方莎士比亚的赞誉。沈岐，清嘉庆进士，累官至都察院左都御史。道光、咸丰年间，分授“荣禄大夫”“光禄大夫”。学识渊博，与著名学者阮元、文学家梁章钜在扬州并称“南河三老”，著有《左石修竹之居诗集》等著作30卷；黄经，事从通州邵潜，工于金石、书画、诗律。篆刻一反时弊，师宗秦汉，取法高古，博采众长，自成一体，与周亮工交往甚密，和许容共同开创东皋印派，亦称如皋派、东皋派；清道光年间，风节竣正的兵部尚书戴联奎，为人一生谨慎，“尤好慎言，虽家人未尝妄发，其周密如此”，至今为人称道。

明嘉靖《如皋县志》载：如皋民风“其性驯柔，其俗质实，民畏法而耻罪，士读书而循理”。如皋历来即有崇文尚学、尊师重教的文化传统。自南唐保大十年，学宫建成后，如皋官学兴盛，私学繁荣，桃李满园，人才济济。上至官宦之家，下至平民百姓，无不以读书明理为荣。据历史资料不完全统计，从北宋至晚清的900多年中，如皋县内有状元2人，进士（含武进士）89人，举人232人。

及至清末，维新派起，废止八股，结束科举，新学兴起。沙元炳率先倡议创办如皋公立简易师范学堂，继而出现了如皋公立高等小学堂、乙种商业学堂等许多学校。自光绪二十九年至宣统三年，如皋全县兴办新式学校69所，其中县城有18所，其他51所分布各乡镇。由此取代了沿袭几千年的封建教育制度，为后来的如皋教育大县奠定了坚实的基础。他还践行实业救国，呕心沥血，不遗余力，为如皋民众兴办了数十项利国利民的事业，有1所百年师范、2所百年中学、11所百年小学。

据如皋教育史册记载，如皋这块宝地曾孕育出两位状元、五位丞相、四位文学巨子、六位院士、六位大学校长、四位学术泰斗。普通高考和职业教育对口高考本科上线人数连年居江苏省前列，成为江苏省义务教育优质均衡改革发展示范区，“如皋教育”品牌享誉省内外。

江苏省如皋高等师范学校保存了100多年前我国最早的公立师范学堂的原始建筑风貌，被誉为中国中等师范教育的博物馆。2013年，已经国务院批准为“全国重点文物保护单位”。如皋师范1949年前有毕业生3203名。其中有不少人成为全国乃至世界知名学者、教授。韩德培（1911～2009年），江苏如皋人，生前为武汉大学法学院教授、博士生导师、中国国际经济贸易仲裁委员会顾问；著名法学家、法学教育家，国际法研所名誉所长，系中国国际法学会名誉会长。“新中国国际私法学的一代宗师”“中国法学界的镇山之石。”韩德馨（1918～2009年）煤炭资源与勘查专家。江苏省如皋县人。中共党员，中国矿业大学北京校区教授、博士生导师、中国工程院资深院士，中国著名煤田地质学家、煤岩学家、地质教育家。百年老校江苏省如皋中学1979年被确定为省属重点中学。该校人才辈出、桃李芬芳。著名的有原华东局宣传部长俞铭璜、中国工程院院士韩德馨、中华学院院士汪中展、同济大学党委副书记贾岗、北大教授朱天俊、《光明日报》社长陶铠、总参将军郭锡林、台湾中华汉文化秘书长张培根、中国纺织大学博士生导师孙恺等。

六、遐龄期颐，源远流长

如皋人长寿，如皋地区长寿历史悠久，如皋城乡长寿文化灿烂迷人，如皋的长寿风情丰富多彩。当今，如皋城成为享誉海内外的“中国长寿之乡”“世界长寿之乡”，是如皋历史上长寿现象的延续和发展。嘉庆《如皋县志》载：吴际昌，如皋白蒲考授吏目，“年 81 岁，遇纯皇帝千叟宴，以八品冠带匍匐丹墀，蒙恩赐鸠杖、银牌，千载旷典也……”亦有施景禹“恭逢旷典，得觐天颜，蒙恩赐鸠杖、银牌、绢帛，真异数也”的记载。他享年 77 岁。如皋一县竟有两人晋京入宁寿宫御宴，于是，嘉庆《如皋县志》首次独辟“耆寿”新章，由此开创了如皋地方史志辟专章记载长寿现象的先河。

除明清和民国等时期编印的《如皋县志》《如皋县续志》以外，《三国志》《宋史》《明史》《清史稿》《舆地纪胜》《中国历史大辞典》等大量文献史料中均有高寿的如皋乡贤名宦记载。有吕岱、胡瑗、何瑭、孙应鳌、李渔、冒辟疆、戴联奎、沈岐，还有汪之珩、薛宝田等。

如皋流传于民间的长寿神话、野史稗记、传奇轶闻甚多。《舆地纪胜》载：“汉乐子长，如皋人，游霍山遇仙人韩衷，授巨胜灵飞散，令服之。曰‘蛇服此药，化为神龙。人服此药，返老还童。升云上下，改人形容。崇气益精，起死养生。子能服之，乃得度世。’于是举家服焉，俱不得死，年百八十。以其得道于潜山，号潜山真君。唐明皇为赞。”

如皋历史上年事最高的人为宋代的老寿星李嵩。清乾隆十五年《如皋县志》载：“宋孝宗淳熙三年(1176 年)三月，桑子河孝里庄忽产牡丹一本。明年三月，花盛开，乃魏紫也。人争异之。有杭州推官过此，欲移植之。掘土尺许，见一石如剑，长二尺。题：‘此花琼岛飞来种，只许人间老眼看’，遂不敢移。自是乡老生辰，值花开者，必造花下，引觞为寿。间有刻日欲至，而花一夕萎者，辄不吉。惟八十翁李嵩以三月初八初度，岁必一造，至一百零九岁终。凡醉花前三十春矣，石剑所题验云。”

如皋县志之编纂，始于明朝天顺八年(1464 年)至民国 18 年(1929 年)，先后共修编 11 次，计 160 余卷。现尚存 110 余卷。纵观现存如皋县志，一个显著的特点就是均有长寿史料的记载。尤其是清嘉庆《如皋县志》道光《如皋县续志》同治《如皋县续志》，以及民国 4 年(1915 年)至民国 18 年(1929 年)修编纂辑的《如皋县志》，此四部均在人物志中创新增加了“耆寿”“贞寿”、专节。不仅记载了 70 岁以上长寿老人的姓名、年龄，而且对一般长寿老人的个性特点、家庭情况作了精辟记述。这在全国乃至世界地方史料中是极为罕见的。

在上述四部如皋县志中所记载的 1806 名 80 岁以上长寿老人中有百岁寿星 51 名，90 ~ 99 岁的 383 名，80 ~ 89 岁的 1372 名。其中记载生平事迹较为详细的有 681 人。将这些长寿老人按其品德、性格、家庭、爱好、职业等特点归类，有“孝者寿”“善者寿”“淳者寿”“睦者寿”“勤者寿”“乐者寿”六种类型。

如皋县志长寿事迹中记载“孝”者居多，既有“奉嗣父孝”“事母至孝”“孝孀母”的；也有“孝友诚笃”“孝事舅姑”“孝行贞操”“性孝友”“性至孝”“子孙贤”的。孝为民族传统之精髓,凡长寿者在道德素养上均离不开一个“孝”字。不孝者耻——这是如皋的传统民风。记载有“积德行善”“和厚好义”“恤贫解难”“见善必为”的、有修路建桥、资助育婴堂、养老院、置田为义冢、岁歉赈灾、施衣舍药的;有解囊济危、倾力相助的;有清贫自守、慷慨乐输、刚直好义、排难解纷的;还有的怜恤孤寡、常年不懈,或以医行善,义诊施药。还有记载淳朴谨厚,慎言重诺,和俭恬淡,与世无争的,这也是长寿者的性格特点之一。家庭和睦,邻里和睦,包括:“夫妇齐眉”“一堂娴睦”“兄弟友爱,至老弥笃”“敬师重友”“赡族恤邻”“睦和乡党”“笃友爱弟”“相夫持家”等内容。

县志中有事迹记载的,可以确定其职业的仅存 59 人。另外,贡生、廩生、举人、国学生、增生、附生以及居官宦者达 101 人;从医者 29 人;从教者 24 人;务农者 21 人;习武者 11 人;工书法善诗画、著书立说者 26 人;从事家务的女性 47 人。这些长寿者的一个共同特点就是:勤于读书、务农、从教、执医、持家。

积德行善、乐善好施,以善为乐者,有清贫自守、针黹度日、安贫乐道者,有性格豪爽、放达不羁、侠义为乐者,有闭门穷经、博览群书、诗画自娱者,有莳花种竹、煮茗衔杯、把酒吟咏、悠然自乐者。最为突出的是四世同堂、五世同堂、一堂娴睦、天伦多乐。据不完全统计,在 681 位长寿者中,四世或五世同堂的有 91 人;在 21 位百岁老人中,有四位五世同堂。

需要说明的是,如皋长寿史册上所记载的长寿老人仅是局部而已。大量的农村长寿老人,尤其是妇女绝大多数被遗忘在史册之外。尽管如此,这一弥足珍贵的局部为我们品读如皋的长寿历史文化留下了一笔宝贵的精神财富。如皋自唐宋起,民间即有多种长寿习俗代代相传,且有相当丰富极其珍贵的展示长寿的物质遗存。如果从文化视角观察,存在于如皋人思想意识中的精神、道德、观念、心态、思维方式以及价值观等的长寿历史文化是一种隐形的软文化的话,那么,展示如皋长寿历史的大量丰富的物质遗存则为显形的硬文化,难能可贵的是如皋长寿历史文化隐形、显形的硬软文化兼而有之。

走进如皋县城,迎面而来的万寿路、福寿路、益寿路、仁寿路,百岁巷、长巷、白头巷(卜泰巷)、朱衣巷、青云巷,健康桥、益人桥、迎春桥、丰乐桥等路、巷、桥名就令人置身于长寿文化的氛围之中。民国时《如皋白话报》载一以桥名嵌成的上联:“冒家姐姐看迎春,益人丰乐”,征求下联,应者如潮,佼佼者以巷名对下联:“白头公公中状元,百岁朱衣”,成一时佳话,传诵至今。

如皋带有鲜明地方色彩的长寿习俗甚多。例如,“过百路”“掖百岁碗”“讨千家米”“添寿面”“借寿”与“避寿”、佩带“长寿锁”“长寿项圈”“贺九不贺十”等。如皋长寿历史文化物质遗存除县志记载以外,还有大量的诗词书画、长寿养生著作(如丁其誉的《寿世秘典》)、百岁牌坊、百岁碗、百岁床、长命锁以及名家寿匾、御赐匾额、旌表资料等,这些遗存大部分散落民间。有的已在“文化大革命”中被毁,有的仍完好保存至今。

七、忠魂英烈,千古流芳

如皋是全国著名的革命老区,有着光荣的革命历史。1911 年 10 月 10 日,辛亥革命成功。11 月 23 日,在如皋县城,以清翰林沙元炳和同盟会会员黄七五为首的举兵响应,宣布如皋光复,推翻了清王朝在如皋的统治。但是,那时候,如皋绝大多数土地掌握在地主、富农手里。广大佃农、半自耕农遭受封建地主的繁重的经济剥削和政治压迫,整年面朝黄土背朝天,辛勤劳动,却过着半饥半饱的生活。帝国主义的文化侵略和经济掠夺,资本家的经济剥削更使人民群众苦难深重。1919 年,"五四"运动爆发,如皋县立师范的学生闻风响应,纷纷上街游行示威。全县工人、农民的自发斗争不断兴起。

1922 年,南通地区最早的共产党员吴亚鲁即在家乡如皋开展革命启蒙教育,他和徐家瑾、叶胥朝、等,建立了进步团体"平民社""春泥社",宣传马克思主义,传播革命火种。1926 年 2 月,早期共产党员陆锦槐以平民夜校为阵地,开展农民运动。9 月,陆锦槐、徐芳德经组织批准,在鄂家埭小学正式成立了中共如皋县独立支部。6 月成立农民运动委员会,不久,扩展到江安、卢港,农民协会发展到 90 多个,入会农民达到 1 万余人。此时,北伐军进入如皋,驻守如皋的联军闻风而逃。在"四·一二"政变和国民党"清党"开始后,如皋的共产党员继续隐蔽在国民党内进行斗争。1927 年 7 月,全县共产党员已经发展到 24 名,经江苏省委批准,在如城南门福成庵成立了以王盈朝为书记的中共如皋县委。1928 年联合泰兴县委,举行了威震大江南北的"五一"农民暴动。此后,在镇涛建立红军游击队。1929 年在如皋西乡戈家堡成立如泰工农红军。是年冬,中共中央军委书记周恩来、中共党员江苏省省委书记李维汉、省委常委李富春、陈云、以及中央军委委员李硕勋等筹划、决策成立中国工农红军第十四军。其后,红十四军开辟了以江安区为中心的游击区,建立如皋县革命委员会、各乡苏维埃政府或土地革命委员会,开展土地革命,创建根据地,使之成为当时全国十五块红军游击区之一。红军游击区计 91 个乡,面积 648 平方公里,人口 44 万。

如皋临近上海,离南京也只有一天的车程,对于发生在国民党卧榻边的红十四军,成为他们的心腹之患。于是,马上调集重军进行清剿,用行政、军事、法律、特务等手段,残酷镇压共产党的革命行动,集中一切反革命势力向共产党人和革命群众进攻。红十四军反击国民党的"清剿",围攻老户庄,激战顾高庄。由于敌我力量悬殊,在老户庄战斗中,手持机枪站在张爱萍肩上向敌人扫射时,何昆军长不幸中弹倒下。参谋长薛衡竟也在激战中壮烈牺牲。何昆、薛衡竟牺牲后,中央军委和江苏总行委任命江海特委书记李超时,担任红十四军军长兼前委书记、政治委员;在李超时、黄火青、张世杰、俞乃诚重新组建军部,将红十四军改编为军、师、团、营、连建制后,接连取得攻打石庄、如泰两个据点(战斗中张爱萍与何杨负伤去上海治疗)以及粉碎国民党反动派发动的"八路围剿"战斗的胜利,红十四军再振军威。

红十四军一师反"围剿"获胜后,在党中央"左"倾盲动主义命令下,不顾敌强我弱的客观条件,实行"积极进攻"的战略,决定发动"八三"黄桥总暴动,这次暴动虽然有 5 万以上的武装农民参加,但是,红十四军名义上的三个团,实际上只有两个,还是刚刚组建的。面对国民党正规军两个团、四个营,明显处于劣势。加之红十四军特务大队大队长叛变投降国民党,使红军腹背受敌。撤退时,又遭到如皋城及据点之国民党军队的伏击、拦截,导致黄桥战斗失败。红十四军被迫改为四个游击队,分散活动。至此,中央军委和江苏总行委决定红十四军停止活动,并通知李超时、刘瑞龙、俞乃诚、曹斌等立即回上海参加反"立三路线"的斗争。红十四军的中下级干部被送去上海,其余同志就地疏散。历时七个月之久的红十四军虽然失败了,但是,它在中国革命战胜史上却留有很重要的位置。失败后保留下的骨干,对中国革命胜利均作出了不朽的贡献。正如原红十四军大队长张爱萍将军 1986 年题词:"红十四军的光辉业绩永照人间!"

1937 年 7 月,抗日战争爆发。属于中共江苏省省委领导的江北特委,移驻东马塘开展革命活动。1940 年 7 月,新四军东进如皋西部地区,建立了如西县政府,开展二五减租,建立抗日民族统一战线,先后 3 次大规模围攻伪军据点,进行反"清乡",火烧竹篱笆,解放如皋城,在苏中抗战史上写下光辉的一页。1946 年 1 月,国民党军武装强占白蒲镇,打响违反停战协定的第一枪,设在如城的苏中一分区职工联合会、农民联合会、青年联合会、妇女联合会等 93 万会员在中共苏中一分区党委领导下,对国民党反动势力开展了有理、有利、有节的斗争。

从 1945 年 5 月开始,中共如皋县委带领全县武装力量和人民群众,全力支持苏中战役。特别是在如皋境内的皋南战斗、丁堰林梓战斗、如黄路战斗。如皋地方武装打好阻击战,牵制和袭扰国民党军。成千上万的老百姓用独轮车运粮送草,运输武器弹药,用担架抢救伤病员,打扫战场,动员青壮年参军参战,谱写了壮丽的、可歌可泣的诗篇。

从 20 世纪 20 年代起,在如皋这块大地上,为革命而英勇献身的近万人中,已经认定为革命烈士的有 3755 人。职务最高者为红十四军军长何昆,军参谋长薛衡竟。土地革命战争时期,如皋八位县委书记相继牺牲。他们的英名是:徐芳德、吴亚苏、韩铁心、汤仕伦、穆子奇、于咸、吴汝连以及如泰中心县委书记王玉文。

抗日战争、解放战争中牺牲的区营级以上干部达到 100 多人。其中有县团副团长何正。一营营长卢锦珠、财政局长邓白、公安局长石林、联络部长林忠荣、民政科长廖绪忠等。如今,在如皋烈士陵园内陈设着数以千计的革命烈士遗像。

八、非遗累累,华彩篇章

如皋的先民们在长期的生产、生活中,创造了丰富的物质文化,也谱写了沉甸甸的非物质文化的华彩篇章。

如皋的非物质文化遗产调查计获得资源线索 1100 多条,形成文字记录稿 200 余万字。可分文学、传统美术、传统音乐、传统舞蹈、戏曲、曲艺、杂技、传统技艺、生产商贸习俗、消费习俗、人生礼俗、岁时节令、民间信仰、民间知识、游艺、传统体育与竞技、传统医药等 527 项。其中,如皋杖头木偶,已经于 2007 年 3 月被批准列入第一批江苏省非物质文化遗产名录。如皋董糖、如皋莲湘、如皋倒花篮被列入第二批江苏省非物质文化遗产名录。如皋盆景盆扎艺术作为第一批江苏省非物质文化遗产名录扩展项目,已获批国家非物质文化遗产。如皋方言、如皋民间故事、谚语、歌谣、山歌号子、如皋民歌小调、如皋工艺丝毯、东皋印派、如皋木板擦漆手指画、如皋灵威观道教古乐、如皋花担、扒沟狮子舞、如皋木虾舞、如皋芮氏香袋、如皋灯彩等,于 2007 年 12 月被列入如皋市第一批非物质文化遗产名录。2008 年 3 月,如皋杖头木偶戏、如皋莲湘、如皋倒花篮、如皋稍子灯、如皋盆景造型技艺、如皋董糖制作技艺被列入南通市第一批非物质文化遗产名录。

民间文学冒辟疆与董小宛的故事;传统美术林梓红木雕刻技艺,如皋贴绒花;传统技艺:白蒲茶干制作技艺、白蒲黄酒制作技艺、林梓潮糕制作技艺、如皋风筝、如皋火腿制作技艺;传统医药:黄氏"玉容丸",分别于 2009 年 6 月被列入如皋市第二批非物质文化遗产名录。

民间文学起源于劳动,直接反映着人民群众的现实生活、理想和追求,是人们感受社会生活、表达思想感情、记忆历史最便捷、最灵活、最普及的手段。民间文学创作使得枯燥乏味的劳动变得其乐融融、丰富多彩、愉悦身心,效率倍增。

如皋民间文学以韵文体和散文体两大类为主,包括民歌、歌谣、说唱、故事、神话、传说、说詥子、唱牌儿经等。

如皋素有"民歌之乡"的美称。由于地理、习俗、语言等自然条件的诸多影响,如皋民间歌谣既有平原地带圆润开阔的江北特色,又具清新委婉的江南水乡风味。不但词语整齐通俗,曲调优雅美丽,而且形式多样,蕴藏丰富,反映生活面宽广,深为广大人民群众喜爱。其中有一首这样夸张地唱道:"我的歌儿不叫多,旮旯里扒扒好几箩。拿到风口扬一扬,瘪的少唻饱的多。杨木扁担真软和,挑一担歌儿上扬州。杨木扁担滑肩头,歌儿泼得满地流!"根据民歌采风时的不完全统计,辛亥革命前如皋的各类民歌民谣有 2000 多首。剔除低级趣味的,比较常见的如皋民间歌谣有:介绍知识的,如《地头盘歌》《三十六行》《如皋到处好风景》;打趣逗乐的,如《懒姑娘不梳头》《两个女婿来拜年》;反映劳动人民疾苦的,如《小媳妇苦难挨》《长工苦》;反映男女爱情生活的,如《结交姐儿在如皋》《荷花出水藕嘴尖》等。

锣鼓说唱,源于民间土地会、青苗会、太平会等庙会,说唱内容有历史故事、民间爱情以及自我教育、相互教育的劝世文等等。唱词七字一顿,民间称为七字段。语句押韵,说唱之间伴以锣鼓。比如,《薛仁贵征东》《薛丁山征西》《罗通扫北》《封神榜》《女驸马》《何文秀唱道情》《梁山伯与祝英台》《孟姜女》《珍珠塔》《西游记》《刘全进瓜》《西厢记》《葛丁香》《血袍记》《牙痕记》《杀子报》《墙头记》等。所有这些,都反映了当时如皋人民丰富的生产生活情趣,具有较强的思想性和艺术性。

地处江曲海尾的如皋,在明万历年以后的一个相当长的时期里,社会相对安定,经济比较繁荣。民间戏剧因而得以发展。四百多年来,戏剧名家辈出,成果累累。城乡有十多家自办乐班,演唱昆剧为主的戏剧,蔚为时尚。冒辟疆、李渔、黄振、江大键、冒广生等创作了很多剧本,从苏州等地请来客座乐师、昆剧教习,有家用戏台,庙宇戏台、大棚戏台、茶园戏台,使得如皋的戏剧演出得以普遍,为广大民众喜闻乐见。

民间故事有反映一个时期的历史事件的，如中秋节杀鸭子（鞑子）、冒辟疆不事清朝、许德溥拒不剃发、王解子与义妇、刘景韶、邱陞抗击倭寇；有反映地方掌故的，如印池的传说、龙游河的传说、土山、花鱼坟的传说；有民众自我教育的，如天理良心、年糕的来历、识理的儿媳妇、呆女婿、吃白大、小牛郎、反穿衣倒搭鞋、桑树条儿从小拐等。

旧时如皋砌房平礤、立柱、上梁、做屋脊合龙口、打床、制作大型家具、娶新娘、贺寿、砌灶、拢棺材等等都要说詥子。詥子是以通俗易懂、简明扼要、押韵流畅的语言唱出，以寄托人们对风调雨顺、时和世泰、夫妻和谐、家庭和睦、多子多孙、长命百岁、五谷丰登、六畜兴旺、发财致富、读书做官、永享太平的美好向往和祝福。此次普查，各乡镇都有各类詥子的记载，内容比较丰富。有的前后共有一百多句，恕不一一列举。

唱“牌儿经”或者“纸牌歌”，是如皋老一代城乡居民喜闻乐见的民俗文化，是打牌时哼唱的歌。打牌的人每出一张牌时，不直接报出是什么牌，而是确定一个主题词，哼唱出一两句、长短适中、语句精彩、押韵顺口的词，暗示或者指代自己所出的牌名。下家要根据自己要碰，要吃，要胡的牌，也哼唱出相应的词。这样，有如诗歌对句，或者山歌对唱。比如，第一个出牌的人打出无用的闲张白皮，他唱道：“白娘娘，她去昆仑盗仙草！”下家不碰，补一张牌后，需要打出去无用的 1 条，就接着唱道：“小鸟儿，飞上树头高声叫。”第三家补一张牌后，想打出不需要的 9 条，就唱道：“高粱酒儿高粱烧，吃得酒醉又饭饱。”如果，接下去的人打出 7 饼，就唱道：“吃豆饼长浮膘，吃得总能当当饱。”下一个要出 4 万，就唱道：“财神老爷捧元宝。”再下家出了个发财，就接唱：“发起财来穷不掉。”如此，源源不断地接唱下去，一般不会重复。在手局好的时候，或者牌打的时间长了，有些疲乏的时候，有人就会哼唱起来。一人带了头，下家也接上去，不分男女，大家边唱边玩，唱出一条声，不但声调自然，而且，韵律优美。博得大伙一笑，既消除了疲劳，又活跃了气氛。

如皋苗木花卉栽培历史久远。北宋如皋进士史声在县城南一里，建有芙蓉园，“列植芙蓉万本，秋容最盛”。元镇南王世子在县东建万花园，“尝植万花其中”。明天启年间，知县李衷纯“相四境之宜，授民之艺，种花卉之方。”如皋盆景 1983 年被全国盆景协会认定为全国盆景艺术七大流派之一。已阅历 900 多年悠悠岁月的“蛟龙穿云”，具有“云头、雨足、美人腰”的特点，深受业内人士赞誉和高度评价。据不完全统计，如皋百年以上的古树名木尚存 68 株。其中百年以上的银杏有 33 株，500 年以上的有 8 株，千年以上的有 3 株。

如皋一马平川，季节分明，季风强劲，是冬春放飞风筝的好地方。如皋制作、放飞风筝历史悠久，是我国风筝的发祥地之一。有造型风筝（软翅风筝）如凤凰、孔雀、白鹤、绶带、雁燕、蝴蝶、蜻蜓、蜈蚣、游龙、仕女等。音响风筝如正方形、六角形、八角形、九串铃、七簇菱、鹞子等。下驾辕章文秀曾制作、放飞过长 1 丈 2 尺，宽 8 尺的巨型“孵鸡王”风筝。请十五六个青壮年，饱餐酒肉后，才将它放飞上天。

另外如皋美食佳肴、工艺丝毯、木偶戏剧、灯彩贴绒、木石雕刻、戏剧歌舞等，均在海内外享有盛誉。

第七节 民族和宗教信仰

一、民族概况

如皋居民以汉族为主,另有回、满、苗、壮、土家、蒙古等少数民族居住。改革开放后,因婚嫁或经商、打工等原因,少数民族增加较多。至2010年全国第六次人口普查,全市人口增至145.3万人,其中少数民族增至35个2891人。2012年年末,全市有少数民族人口近30,000人,约占总人口的0.22%,分别属于34个少数民族。

二、宗教信仰

(一)佛教

佛教传入如皋始于隋代之前。《法华经瑞灵集》记载:"如皋僧人惠盈少而聪敏,专精戒行,深悟法华三昧,道风远振。"惠盈于583年(隋开皇三年)受檀越请,讲《法华经》。591年,天台宗祖师智颛大师到如皋"诛茅建寺,立名定慧"。806~820年(唐元和年间),天台宗第十世祖行满大师又到如皋,在沿海村(今如东县掘港镇)建国清寺,进一步扩大了天台宗对如皋佛教的影响。

838年(唐开成三年),日本圆仁和尚入唐求法。因圆仁的师傅最澄是如皋国清寺住持行满的徒弟,其第一站即至如皋地处海边的国清寺。此次交流,是如皋佛教界的第一次对外交流。如皋历史上非如皋籍和尚很多,有湖南、江西、福建、河南籍,江苏省其他县市的更多,这些非如皋籍僧人将各地的佛教文化传至如皋,将好的宗风院规带至如皋。

明清时,如皋佛教文化达到鼎盛时期。任继愈主编的《中国佛教史》称:如皋是"有名的刻经之地"。民国《如皋县志》载:清代,全县有各种寺庵253座,其中,面积2平方公里的如皋城,有各种宗教建筑99座,有"9寺、18庙、72庵堂"之说。1929年(民国28年),如皋有僧2462人,尼400人。1933年,由居士祝时纯等人发起组织佛教利济会,每月定期研究各宗义理。1934年秋,如皋城菩提社"放戒",受戒和尚200余人。1938年春,菩提社、大觉庵两处大寺被日本侵略军纵火烧毁。

中华人民共和国成立初,如皋仍有不少僧人烧香诵经,从事佛教活动,但不少已不再坚守教规戒律。1950年新中国《婚姻法》颁布后,大多数僧尼还俗嫁娶。县内寺庵大多年久失修圮毁,部分寺庙、庵堂被改为学校、工厂、粮库等。"文化大革命"期间,佛教活动被视为封建活动,寺庙的佛像、经书、法器被毁,僧尼被迫令还俗,佛教活动停止。宗教界人士工资或生活费停发,法名被勒令改为含有"革命"色彩的俗名,人被当作"牛鬼蛇神"送至工厂、乡村劳动。

1979年,开始落实宗教政策,佛教活动逐步恢复。1982年僧尼落实政策工作完成。1983年,如皋县定慧寺被江苏省民族宗教事务局列为恢复和开发的寺庙。1985年6月3日,如皋县佛教协会成立。20世纪90年代起,市民族宗教事务管理局按照宗教政策,分期对宗教活动场所调查考核登记发证,对假僧假道乱做佛事道场进行专项治理。至2010年,全市有备案佛教活动场所23处,经备案认证的佛教教职人员87人,其中比丘82人,比丘尼5人。

(二)道教

道教在汉代传至如皋。宋朝王象之《舆地纪胜》记载:汉代如皋人乐子长去安徽潜山修道,游霍山遇仙人韩衷,授巨胜灵飞散。后武当道人到如皋传教,建祖师观(唐代更名为“灵威观”)。唐宋时期,如皋道教迅速发展。明清时期,官府设道正司、道箓司,在县衙设道会司,俗称“道官”,管理道教寺观,有关宗教事务,由僧道二司代行。大的道观设祭司,由道教会首或长老指定。此时期,道教庙观遍布城乡,有道教庙宇219座,其中124座为上等级的“秩祀”场所。灵威观、关帝庙、火星庙、华(佗)王庙、都天庙、城隍庙、药王庙、龙王庙等为其中代表。

民国初,废除僧道二司。1937年(民国26年),宋郎西全真出家,前往湖北武当山受道士戒,后于如皋城灵威观传授戒律,第一期256人。1943年冬,又传第二期道士戒,人数510人。中华人民共和国成立初期,道家大多自愿弃业,自食其力。道教从业人员减少。

1995年10月,如皋市道教第一次代表会议召开,成立如皋市道教协会。同年,根据海阳北路工程建设的需要,如皋市人民政府作出划拨10亩地,易地重建灵威观决定。2010年,如皋道教活动场所有灵威观、长江关岳庙、长安庙、弘然庙4处。全市道教经备案认证教职人员10人。

(三)天主教

天主教是基督教旧派,信奉“圣父”天主“耶和华”。清咸丰年间由上海传到如皋城,在东大街南侧的南王家巷东端近城脚处建立教堂,神父为法国人。1891年(清光绪十七年)长江下游发生反天主教、烧教堂、打神父事件,如城民众响应,放火烧教堂,将神父赶离如皋。1926年(民国15年),有华籍教徒到如城在原处重建教堂,属海门教区。牧师初为外地人,储姓,后为通城巷内贾家桥南张美(女)。1949年前,全县有天主教堂6座,教徒200人。1949年1月活动终止。

(四)耶稣教

耶稣教是基督教新派,信奉“圣子”耶稣基督。1904年(清光绪三十年)传到如皋城,1920年(民国9年)在如城东大街二衙巷设一教堂。1925年,美国长老会中国南京分会派美籍牧师到如皋城和县内集镇传教布道。1930年,如皋城建有四座教堂。抗日战争前,全县有教徒200余人。中华人民共和国成立初期,全县尚有长老会教徒90多人。“文化大革命”开始,教会停止活动。

“文化大革命”结束后,基督教逐步在如皋恢复活动。1999年市民族宗教事务局对全市3个基督教活动场所进行重新审核、登记。2004年6月,接待首批到如皋市基督教教堂参观的境外基督教游客。2010年年末,如皋市设有葛市基督教堂、下原基督教霖恩堂、如城基督教点、石庄三八基督教点四处备案基督教活动场所,有经备案认证的基督教教职人员5人。

第二章　地方政治体系与社会组织

第一节　中共地方组织

中共如皋市委设工作机构、部门管理机构、合署挂牌机构和直属事业机构有：市委办公室、组织部、宣传部、统战部、政法委、农工办、台湾工作办公室、老干部局、市级机关工作委员会、市机构编制委员会办公室、研究室、市精神文明建设委员会办公室、社会治安综合治理委员会办公室、市依法治市领导小组办公室、机要保密局、市新经济新社会组织工作委员会、党代表联络办公室、610 办公室、党校（市行政学校）、新闻中心、党史工作办公室、市档案局（馆）、市民族宗教事务局。

一、历届领导

表 2－1－1　新中国成立后中共如皋党组织历届领导

届次	机构名称	职务	姓名	籍贯	任期
第一届	中共如皋县委员会	书记	左开运	江苏海安	1950.7～1954.5
		副书记	巫云华	江苏南通	1951.8～1952.4
		书记	倪锦瑜	江苏如皋	1954.6～1956.3
		第一书记	赵一平	江苏启东	1956.3～1956.4
		第二书记	倪锦瑜	江苏如皋	1956.3～1956.4
		副书记	徐炳如	江苏泰兴	1954.6～1956.1
		副书记	陈文斌	江苏南通	1955.3～1956.4
		副书记	徐　伟（女）	江苏南通	1956.3～1957.12
		第一书记	赵一平	江苏启东	1956.4～1956.8
			黄树勋	江苏涟水	1956.11～1957.3
			胡莫南	江苏淮阴	1957.3～1959.3
		第二书记	倪锦瑜	江苏如皋	1956.4～1957.3
			王遐松	江苏如皋	1957.3～1959.2
		第三书记	倪锦瑜	江苏如皋	1957.3～1959.3
		副书记	陈文斌	江苏南通	1956.4～1957.12
			张　健	江苏南通	1956.4～1957.12
			严永祥	江苏如东	1956.4～1957.12

续表

届次	机构名称	职务	姓名	籍贯	任期
第二届	中共如皋县委员会	第一书记	胡奠南	江苏淮阴	1959.4～1960.4
			陈锦美	江苏涟水	1960.4～1962.11
		书记处书记	倪锦瑜	江苏如皋	1959.4～1962.11
			王长友	江苏如东	1959.4～1959.10
			陈文斌	江苏南通	1959.4～1961.2
			张　健	江苏南通	1959.4～1962.11
			刘维德	江苏启东	1959.10～1961.1
			严永祥	江苏如东	1960.7～1961.2
			张贤堂	山东邑堂	1960.7～1962.11
			魏志田	江苏如东	1961.1～1962.11
			葛苏人	江苏沭阳	1961.1～1961.10
		书记	陈锦美	江苏涟水	1962.11～1963.1
		副书记	倪锦瑜	江苏如皋	1962.11～1963.1
			张　健	江苏南通	1962.11～1963.1
			魏志田	江苏如东	1962.11～1963.1
第三届	中共如皋县委员会	书记	陈锦美	江苏涟水	1963.1～1965.3（1964.3 起因病休息）
			王飞岳	江苏东台	1965.3～1967.3（1964.10 到职）
		副书记	倪锦瑜	江苏如皋	1963.1～1965.1（1964.3～10 主持全面工作）
			魏志田	江苏如东	1963.1～1967.3
			陈文斌	江苏南通	1964.1～1967.3
			陆万璋	江苏如皋	1964.5～1967.3
			姚世群	江苏如东	1966.6～1967.3
	中共如皋县革命委员会核心小组	组长	窦祖银	安徽肥东	1969.9～1970.3
			张　鸣	山西	1970.3～1971.2
		副组长	王飞岳	江苏东台	1970.3～1971.2

续表

届次	机构名称	职务	姓名	籍贯	任期
第四届	中共如皋县委员会	书记	张　鸣	山西	1971.2～1973.2
			唐如浴	江苏如东	1973.2～1976.1
			黄克明	江苏启东	1976.1～1977.9
			严永祥	江苏如东	1977.9～1978.3
			黄克明	江苏启东	1978.3～1979.3 （1978.12后因病休养）
		代理书记	刁守坦	江苏东海	1978.12～1979.3
		书记	刁守坦	江苏东海	1979.3～1982.5
			谢翼飞	江苏如皋	1982.5～1984.7
		副书记	唐如浴	江苏如东	1971.2～1973.2
			陆万璋	江苏如皋	1971.2～1979.3
			徐祥修	江苏南通	1973.2～1975.8
			邓兰芳(女)	江苏如东	1973.2～1979.3
			潘宝才	江苏海安	1974.11～1979.5
			严永祥	江苏如东	1976.11～1977.9
			徐希权	江苏如东	1978.3～1979.3 （任第一副书记主持工作）
			徐兆元	江苏阜宁	1978.3～1979.3
			吴功祥	江苏如东	1978.3～1984.1
			谢翼飞	山东如皋	1978.6～1982.5
			季　康	江苏启东	1978.12～1979.5
			陆明钰	江苏南通	1980.3～1984.1
			孙忠权	江苏如皋	1980.3～1984.1
			严绍恭	江苏南通	1982.3～1983.3
			张炳贤	江苏泰兴	1984.1～1984.7
			顾静珍(女)	江苏海门	1984.1～1984.7
			石秀峰	江苏如皋	1984.1～1984.7

续表

届次	机构名称	职务	姓名	籍贯	任期
第五届	中共如皋县委员会	书记	谢翼飞	江苏如皋	1984.7～1986.11
			程亚民	江苏东台	1986.11～1987.12
		副书记	张炳贤	江苏泰兴	1984.7～1985.9
			顾静珍(女)	江苏海门	1984.7～1985.7
			石秀峰	江苏如皋	1984.7～1987.12
			冯邦才	江苏如皋	1984.7～1987.4
			潘宝才	江苏海安	1985.8～1987.12
			汤志深	江苏海门	1986.5～1987.12
			储长林	江苏海安	1987.4～1987.12
第六届	中共如皋县委员会	书记	程亚民	江苏东台	1987.12～1988.7
		代理书记	潘宝才	江苏海安	1988.7～1988.12
		书记	潘宝才	江苏海安	1988.12～1990.12
			柯　文	江苏海安	1990.12～1991.2
		副书记	潘宝才	江苏海安	1987.12～1988.7
			石秀峰	江苏如皋	1987.12～1991.2
			储长林	江苏海安	1987.12～1989.10
			管贵方	江苏南通	1989.10～1991.2
			魏国平	江苏如皋	1989.10～1991.2
			陈　斌	江苏南通	1990.5～1991.2
第七届	中共如皋县(市)委员会	书记	柯　文	江苏海安	1991.2～1994.12
		副书记	石秀峰	江苏如皋	1991.2～1993.4
			管贵方	江苏南通	1991.2～1994.6
			陈　斌	江苏南通	1991.2～1993.1
			王耀光	江苏通州	1991.2～1994.12
			刘桂江	江苏如皋	1993.1～1996.1
			周宝生	江苏如皋	1993.2～1996.1

续表

届次	机构名称	职务	姓名	籍贯	任期
第八届	中共如皋市委员会	书记	郁　政	江苏启东	1995.2～1998.12
			刘井石	上海	1998.12～2000.12
			蓝绍敏	广东大埔	2000.12～2001.1
		副书记	刘井石	上海	1996.1～1998.12
			刘桂江	江苏如皋	1996.1～2001.1
			周宝生	江苏如皋	1996.1～2001.1
			陈惠娟	江苏海门	1999.12～2001.1
			殷　雄	江苏通州	1996.1～1997.12
			石　耀	江苏如皋	1997.11～2001.1
			章树山	江苏如皋	1998.12～2000.12
			蓝绍敏	广东大埔	1998.8～2000.12
			徐长凤	江苏海安	2000.12～2001.1
			周铁根	江苏海安	2000.12～2001.1
第九届	中共如皋市委员会	书记	蓝绍敏	广东大埔	2000.1～2002.12
			陈惠娟	江苏海门	2002.12～2006.6
		副书记	陈惠娟	江苏海门	2001.1～2002.12
			石　耀	江苏如皋	2001.1～2003.1
			徐长凤	江苏海安	2001.1～2002.12
			周铁根	江苏海安	2001.1～2006.6
			姜永华	江苏如东	2002.8～2006.6
			杨曹明	江苏如东	2002.11～2006.6
			陈照东	江苏如皋	2002.11～2006.6
第十届	中共如皋市委员会	书记	陈惠娟	江苏海门	2006.6～2011.11
		副书记	姜永华	江苏如东	2006.6～2011.11
			杨曹明	江苏如东	2006.6～2011.11
			羌　强	江苏南通	挂职 2008.2～2011.11
第十一届	中共如皋市委员会	书记	姜永华	江苏如东	2011.11～2015.6
		副书记	陈晓东	江苏启东	2012.6～2016.6
			司祝建	江苏如皋	2012.1～2016.6

续表

届次	机构名称	职务	姓名	籍贯	任期
第十二届	中共如皋市委员会	书记	陈晓东	江苏启东	2016.7 至今
		副书记	何益军	江苏句容	2016.6 至今
			司祝建	江苏如皋	2016.7 至今

二、中共如皋市(县)委工作机构

1929～1930 年(民国 18～19 年)、1941～1946 年中共如皋县委设秘书。1947 年开始设秘书处,1956 年改设县委办公室。“文化大革命”开始后,县委办公室随中共如皋县委处于瘫痪状态。1967 年 4 月,县军事管制委员会设文化革命办公室,下设秘书组。1968 年县革命委员会设办事组,承担办公室职能。1971 年恢复县委办公室,与县革委会办公室合署办公。1981 年县委办公室与县政府办公室分设。1985 年 7 月,县委办公室设政策研究室,为办公室中层机构;1986 年 11 月,建县委政策研究室,为局级建制,与县委办公室合署办公。1991 年与市委办公室合署办公的机构有市委研究室、市委机要室、市委保密委员会办公室(挂如皋市国家保密局牌子)。2001 年市级机关机构改革,市委办公室挂市委研究室、市委保密委员会办公室(市国家保密工作局)牌子,市委台湾工作办公室由市委办公室管理,市委办公室机要室改为市委办内设机构。2010 年撤销市委保密局、市委机要局,成立市委机要保密局;市委研究室、市委机要保密局与市委办公室合署办公。2010 年市委办公室内设机构:机要室、秘书科、调研科、党群科、经济科、信息科、督查科。

第二节　地方政权

一、人大组织架构

(一)概况

如皋市人大前身为 1950 年 1 月成立的如皋县各界人民代表会议。1954 年 7 月,如皋县第一届人民代表大会举行第一次会议,历经 6 届。“文化大革命”期间,县人民代表大会停止活动,由新成立的县革命委员会代理事务。1981 年 4 月如皋县第八届人民代表大会第一次会议举行,标志着县人民代表大会恢复正常。

1981 年如皋县人民代表大会设常务委员会。县人大常委会对本级人民代表大会负责并报告工作。1991 年 6 月如皋撤县设市,如皋县人民代表大会、如皋县人民代表大会常务委员会更名为如皋市人民代表大会、如皋市人民代表大会常务委员会。如皋市人大常委会为如皋人大的常设机构,下设办公室、内务司法工作委员会、财政经济工作委员会、城建环保工作委员会、人事代表工作委员会、民族宗教侨务台务工作委员会等职能部门。

(二)人大常务委员会的组成

表2-2-1 历届人民代表大会常务委员会组成人员名录

届次	主任	副主任	任职时间
第八届	谢翼飞	孙德明 马宏谟 谢开生 陈文翰 杨炜昌 王金镛 杨银聪	1981.4~1984.3
第九届	孙忠权 孙德明	许吉甫 孙德明 陈文翰 杨炜昌	1984.3~1987.3
第十届	孙德明	陈殿文 王宝鹤 张鹏志 杨炜昌	1987.4~1990.3
第十一届	刘桂江	戴崇颐 杨炜昌 杜祝三 李昌焕	1990.4~1993.2
第十二届	冯邦才 石秀峰	戴崇颐 郭载荣 汤建华 谭志旺 汪如一 徐邦友 奚定九	1993.2~1998.1
第十三届	石秀峰	郭载荣 汤建华 殷春和 谭志旺 汪如一 奚定九 秦玉林 浦文海 刘培银 周金仁 邵晓泉	1998.1~2003.1
第十四届	石 耀	刘培银 徐天明 秦玉林 周金仁 程德兴 邵晓泉 吴晓培	2003.1~2007.12
第十五届	石 耀	刘培银 吴晓培 周金仁 程德兴 邵晓泉 张秀良 佘鸣皋 谢新民	2007.12~2013.3
第十六届	谢新民	张元健、邵晓泉 刘聪泉、张勇	2013.3至今

(三)乡镇人大工作

乡镇人大制度始建于1953年。各乡镇通过普选,选举产生乡镇人民代表。在此基础上,各乡镇召开第一届人民代表大会,选举产生乡(镇)人民委员会,体现了人民当家做主的权利。乡镇人民代表大会的选举,历届均采用直接选举方式。至1966年“文化大革命”开始,全县共进行6次换届选举。1981年以来,乡镇依法实行人大代表直选和每年召开代表大会审议决定乡镇重大事项的制度。乡镇人大工作有了长足的进步。1983年12月至1984年2月20日,如皋县选举产生乡(镇)人民代表大会代表4290名。此后历次换届乡(镇)人民代表大会代表数如下:1987年2月3182名,1990年2月3199名,1993年1月3199名,1996年1月2991名,1999年1月2976名(缺额24人)。

乡镇人民代表大会每届任期5年。代表大会每届召开一次,主要听取和审议乡(镇)人民政府工作报告,选举正、副乡(镇)长。1988年起,各乡镇普遍设立人大主席团和常务主席,由常务主席负责乡镇人大闭会期间日创工作,此举当时走在全国前列。1996年起,各乡镇一律选举人大主席、副主席,全面主持人大工作,乡镇人大工作机制进一步完善。

二、人民政府的组织构架

(一)人民政府部门设置

如皋市人民政府设置工作部门29个。如表2-2-2所示。

表2-2-2 如皋市人民政府机构设置

市旅游局	市体育局	市信访局	市食品药品监督管理局	市口岸和港口管理局	市物价局	市工商局	市安全生产监督管理局	市环境保护局	市财政局	市人口和计划生育委员会	市卫生局	市文化广电新闻出版局	市商贸局	市计划委员会	市水利局	市交通运输局	市城市管理局	市住房和城市建设局	市国土资源局	市人力资源和社会保障局	市司法局	市民政局	市监察局	市公安局	市科学技术局	市教育局	市发展和改革委员会	市政府办公室

市监察局与市纪律检查委员会机关合署办公,列入市政府工作部门序列,不计政府机构个数;市政府办公室挂市政府法制办公室、市级机关事务管理局、市政府外事侨务办公室、市政府金融工作办公室、市人民防空办公室牌子;市发展和改革委员会挂市经济和信息化委员会、市粮食局、市服务业办公室、市中小企业局牌子;市科学技术局挂市知识产权局牌子;市司法局挂市社会矛盾调解中心牌子;市财政局挂市政府国有资产监督管理办公室牌子;市住房和城乡建设局挂市建筑工程管理局、市规划局牌子;市城市管理局挂市城市管理行政执法局牌子;市农业委员会挂市林业局牌子;市文化广电新闻出版局挂市文物局牌子。

（二）人民政府历任领导

表2－2－3　1949年10月至1981年4月如皋县行政领导更迭

姓名	籍贯	职务	任职时间
王遐松	江苏如皋	县长	1949.12～1951.8
倪锦瑜	江苏如皋	县长	1951.8～1955.10
丁春江	江苏泰兴	副县长	1953.2～1955.7
张朝模	江苏如皋	副县长	1953.2～1955.12
李普凡	江苏宜兴	县长	1955.10～1957.12
张朝模	江苏如皋	副县长	1955.12～1956.9
沈忠怀	江苏大丰	副县长	1955.12～1961.12
丁学文	江苏如皋	副县长	1957.3～1963.4
潘逸尘	江苏如皋	副县长	1957.3～1958.5
邹义良	江苏如皋	副县长	1957.3～1959.12
倪锦瑜	江苏如皋	县长	1957.12～1960.1
李普凡	江苏宜兴	副县长	1957.12～1958.2
陶肖溪	江苏如皋	副县长	1958.5～1960.9
严永祥	江苏如东	县长	1960.1～1961.12
吴功祥	江苏如东	副县长	1960.1～1963.4
沈忠怀	江苏大丰	县长	1961.12～1964.1
沙镇祥	江苏如皋	副县长	1961.12～1966.1
胡伯兰	江苏如皋	副县长	1961.12～1967.3
魏志田	江苏如东	县长	1964.1～1967.3
沈忠怀	江苏大丰	副县长	1964.1～1965.2
张贤堂	山东昌邑	副县长	1964.1～1965.2
刘　勤（女）	江苏海门	副县长	1965.4～1967.3
曹　怡	江苏南通	副县长	1965.4～1967.3
董法玉	山东金乡	副县长	1965.4～1967.3
吴凤琴	江苏南通	副县长	1966.1～1967.3
窦祖银	安徽肥东	县军管会主任	1967.4～1968.3
陈佩璜	江苏启东	副主任	1967.4～1968.3
张明畚	山西洪洞	副主任	1967.4～1968.2
韩　隽	江苏如东	副主任	1967.4～1968.3

续表

姓名	籍贯	职务	任职时间
马亚保	江苏海门	主任	1968.2～1968.3
窦祖银	安徽肥东	县革委会主任	1968.3～1970.3
王飞岳	江苏东台	第一副主任	1968.3～1971.5
马亚保	江苏海门	副主任	1968.3～1968.4
陈佩璜	江苏启东	副主任	1968.3～1968.4
陈兰珍(女)	江苏如皋	副主任	1968.3～1979.3
陆万璋	江苏如皋	副主任	1968.10～1979.3
张　鸣	山西平遥	副主任	1969.2～1971.5
许吉甫	江苏如皋	副主任	1970.1～1981.4
于　赤	江苏海安	副主任	1970.1～1978.10
张　鸣	山西平遥	主任	1971.5～1973.2
唐如浴	江苏如东	副主任	1971.5～1973.2
唐如浴	江苏如东	主任	1973.2～1976.1
邓兰芳(女)	江苏如东	副主任	1973.2～1979.3
徐祥修	江苏南通	副主任	1973.2～1975.8
徐兆元	江苏阜宁	副主任	1973.2～1979.3
潘宝才	江苏海安	副主任	1974.11～1979.5
黄克明	江苏南通	主任	1976.1～1977.9
严永祥	江苏如东	副主任	1976.11～1977.9
严永祥	江苏如东	主任	1977.9～1978.3
黄克明	江苏南通	主任	1978.3～1979.3
徐希权	江苏南通	第一副主任	1978.3～1979.3
吴功祥	江苏如东	副主任	1978.3～1981.4
谢翼飞	江苏如皋	副主任	1978.6～1981.4
吴风琴	江苏南通	副主任	1978.6～1981.4
董介庚	江苏南通	副主任	1978.6～1981.4
季　康	江苏启东	副主任	1978.12～1979.5
刁守坦	江苏东海	主任(代)	1978.12～1979.3
刁守坦	江苏东海	主任	1979.3～1981.4
董法玉	山东金乡	副主任	1979.3～1980.12

续表

姓名	籍贯	职务	任职时间
严绍恭	江苏如皋	副主任	1979.3～1981.4
孙忠权	江苏如皋	副主任	1979.3～1981.4
谢开生	江苏如皋	副主任	1979.3～1981.4
孙德明	江苏兴化	副主任	1979.3～1981.4
陆明钰	江苏南通	副主任	1979.3～1981.4

表2-2-4 1981年4月至2015年年末如皋市(县)行政领导更迭

姓名	籍贯	职务	任职时间
陆明钰	江苏南通	县长	1981.4～1984.1
冯邦才	江苏如皋	副县长	1981.4～1987.3
许吉甫	江苏如皋	副县长	1981.4～1984.3
严绍恭	江苏如皋	副县长	1981.4～1984.3
沈　霞	江苏南通	副县长	1981.4～1984.1
明道奎	江苏如皋	副县长	1981.4～1987.3
季秀英(女)	江苏南通	副县长	1981.4～1985.4
胡国富	江苏如皋	副县长	1981.4～1981.5
张炳贤	江苏泰县	县长	1984.3～1985.7
徐　朋(女)	江苏如东	副县长	1984.3～1984.9
袁　泉	江苏如皋	副县长	1984.3～1990.3
周宝生	江苏如皋	副县长	1985.4～1991.5
郭载荣	江苏如皋	副县长	1985.4～1991.5
潘宝才	江苏海安	县长(代)	1985.8～1986.5
潘宝才	江苏海安	县长	1986.5～1989.4
张振刚	江苏南通	副县长	1987.3～1988.7
汤建华	江苏如皋	副县长	1987.3～1991.5
刘桂江	江苏如皋	副县长	1988.7～1990.3
石秀峰	江苏如皋	县长	1989.4～1991.5
石　耀	江苏如皋	副县长	1990.3～1991.5
于永芳(女)	江苏如皋	副县长	1990.3～1991.5
徐建平	江苏东台	副县长	1990.3～1991.5
陆耀良	上海市	副县长	1989.8～1991.5

续表

姓名	籍贯	职务	任职时间
石秀峰	江苏如皋	市长	1991.6～1993.1
王耀光	江苏通州	代市长	1993.1～1993.3
王耀光	江苏通州	市长	1993.3～1996.1
刘井石	江苏姜堰	代市长	1996.1～1996.3
刘井石	江苏姜堰	市长	1996.3～1999.12
蓝绍敏	广东大埔	代市长	1999.12～2000.1
蓝绍敏	广东大埔	市长	2000.1～2001.1
陈惠娟	江苏海门	代市长	2001.1～2001.1
陈惠娟	江苏海门	市长	2001.1～2002.12
周铁根	江苏海安	代市长	2002.12～2003.1
周铁根	江苏海安	市长	2003.1～2006.6
姜永华	江苏如东	代市长	2006.6～2007.1
姜永华	江苏如东	市长	2007.1～2013.1
石　耀	江苏如皋	副市长	1991.6～1998.1
周宝生	江苏如皋	副市长	1991.6～1993.2
郭载荣	江苏如皋	副市长	1991.6～1993.2
汤建华	江苏如皋	副市长	1991.6～1993.2
于永芳(女)	江苏如皋	副市长	1991.6～1998.1
徐建平	江苏东台	副市长	1991.6～1996.3
陆耀良	上海市	科技副市长	1991.6～1991.9
王道波	(缺载)	科技副市长	1991.9～1993.2
徐邦友	江苏如皋	副市长	1993.2～1996.2
徐天明	江苏如皋	副市长	1993.2～2003.1
陈照煌	江苏泰兴	副市长	1993.7～1996.1
李明成	(缺载)	科技副市长	1993.9～1996.2
秦玉林	江苏如皋	副市长	1994.9～1998.1
刘井石	江苏姜堰	副市长	1996.1～1996.3
朱　春	江苏如皋	副市长	1996.1～1997.11
刁玉章	北京市	科技副市长	1996.2～1998.1
章树山	江苏如皋	副市长	1996.3～1998.12

续表

姓名	籍贯	职务	任职时间
刘培银	江苏如皋	副市长	1996.3～2001.1
陈惠娟(女)	江苏海门	副市长	1997.11～2001.1
单晓鸣(女)	江苏如东	副市长	1997.7～1997.11
陈照东	江苏泰兴	副市长	1998.7～2004.3
姜剑国	江苏如皋	副市长	1998.1～2000.7
张元健	江苏如皋	副市长	1998.1～2007.12
聂东林	(缺载)	科技副市长	1998.3～2002.5
蓝绍敏	广东大埔	副市长	1998.12～2000.1
程德兴	江苏如皋	副市长	1999.12～2003.1
李中林	江苏如皋	副市长	2001.1～2006.6
沈品辉	江苏海门	副市长	2001.1～2004.3
沈品辉	江苏海门	副市长	2007.4～2008.12
徐　峰	(缺载)	副市长	2002.5～2002.9
黄　成	江苏启东	副市长	2002.11～2011.6
陈冬梅(女)	江苏海安	副市长	2002.11～2010.3
周铁根	江苏海安	副市长	2002.12～2003.1
潘建华	江苏海安	副市长	2004.3～2007.4
葛夕芳	江苏通州	副市长	2004.3～2006.11
丁兴华	江苏如皋	副市长	2004.5～2007.11
姜永华	江苏如东	副市长	2006.6～2007.1
单定方	江苏启东	副市长	2006.6～2008.12
孙　杰(挂职)	江苏江都	副市长	2007.6～2007.12
张　军	江苏海安	副市长	2007.11～2012.3
杜永红	江苏如皋	副市长	2007.12至今
孙　杰	江苏江都	副市长	2008.3～2010.1
陈万圣	江苏如皋	副市长	2008.3至今
马建明	江苏通州	副市长	2008.12～2010.11
吴道健	江苏如皋	副市长	2008.12至今
赵男男(女)	江苏通州	副市长	2009.1～2011.6
杜松华	江苏南通	副市长	2009.1～2013.6

续表

姓名	籍贯	职务	任职时间
姜永华	江苏如东	市长	2012.3 至今
缪爱诚	江苏海安	副市长	2011.6～2016.7
成　明	江苏南通	副市长	2011.12 至今
陆雪松	江苏海门	副市长	2012.1 至今
茅红宇	江苏启东	副市长	2012.1～2016.8
胡拥军	江苏如皋	常务副市长	2016.8 至今

三、人民法院组织构架

(一)概况

如皋市人民法院成立于1949年7月,1991年6月如皋撤县建市后由如皋县人民法院更名为如皋市人民法院。全院编制214人,现有200人,其中具有本科及本科以上学历的170人,占85%,正在攻读和已读硕士学位的22人,占11%。院机关现有9359平方米的五层审判大楼和10,192平方米的十二层办公大楼各一幢,基层法庭均建起了办公、审判、生活综合楼,初步实现了办公自动化、管理现代化、安防科技化、庭院园林化的目标。如皋法院现有内设机构24个,院机关设有刑庭、民一庭、民二庭、知识产权庭、行政庭、立案庭、审监庭、执行局、司法鉴定科、司法警察大队、政治处、办公室、研究室、监察室、审判管理办公室、人民陪审员办公室、行政管理科16个部门,下设若干派出人民法庭。

如皋市人民法院坚持以中国特色社会主义理论为指导,以“公正司法、司法为民”为工作主题,按照习近平总书记“努力让人民群众在每一个司法案件中都感受到公平正义”的要求,以“建一流队伍、抓一流管理、创一流业绩、树一流形象”为工作目标,积极应对社会转型期案件数量持续攀升、人案矛盾十分突出的新形势,大力弘扬“团结敬业、博学审慎、创新卓越、清廉公正”的新时期如皋法院精神,创新思路,挑战自我,迎难而上,负重奋进,全面、忠实地履行宪法和法律赋予的职责,为促进如皋经济社会持续健康发展提供了有力的司法保障,各项工作取得新的进展。2007年受理案件突破1万件,2014年高达19,884件,收案数、结案数、法官人均结案数多年来一直位居南通市法院系统首位。经过不懈努力,如皋法院获得江苏省文明单位、全省文明法院称号,先后荣立集体三等功、集体二等功、集体一等功,立案庭被命名为省“青年文明号”,磨头人民法庭被评为全省“最佳人民法庭”,刑庭被表彰为全省法院系统优秀“青少年维权岗”,档案管理通过“五星级”复核验收,行政审判、执行工作、新闻宣传、司法警察等多项工作受到省高院表彰,荣获南通政法工作创新奖。经济技术开发区法庭庭长顾雪红被授予“全国优秀法官”“南通最美基层法官”荣誉称号。

（二）派出人民法庭的设置演变

1. 平西分庭

1950 年 10 月，遵照《人民法庭组织通则》和《土地改革法》规定，如皋县人民法院专门设立"如皋县人民法院平西分庭"，支持平西 17 个乡、白蒲 6 个乡、薛窑 5 个等新解放乡区实施《土地改革法》，开始运用法律程序惩治破坏社会治安的恶霸地主、土匪、特务、反革命分子及一切违抗土地改革法令的犯罪分子。1951 年 6 月，"土改"结束撤销。

2. 县人民法庭

1952 年 1 月，县"三反""五反"运动开始，根据中华人民共和国政务院的指示，如皋县人民法院成立"如皋县人民法庭"，专门受理审判贪污、受贿、偷税、漏税、盗窃国家财产、偷工减料、盗窃国家经济情报等案件，"三反""五反"结束撤销。

3. 普选法庭

全县人民代表首次普选于 1953 年 8 月和 12 月分两批进行，县人民法院特设 4 所普选法庭专门配合运动。第一普选法庭先后管辖城西、花园两区和城区、城东、马塘 3 区；第二普选法庭先后管辖何正、海圩、江安 3 区和平西、薛窑、新坝 3 区；第三普选法庭先后管辖磨头、城西两区和江防、石庄两区；第四普选法庭先后管辖卢港、夏堡两区和白蒲、车马湖两区。第二批普选结束，普选法庭撤销。

4. 巡回法庭

1954 年 4 月 6 日，如皋县人民法院设立 3 个巡回法庭。第一巡回法庭设于薛窑区公所，管辖平西、新坝、薛窑、白蒲、车马湖、江防 6 个区案件审判；第二巡回法庭设于邹家岱供销合作社，管辖石庄、海圩、江安、何正 4 个区案件审判；第三巡回法庭设于夏堡区公所，管辖夏堡、卢港、城南、花园 4 个区案件审判。当年 10 月增设第四巡回法庭，设于白蒲区公所，管辖白蒲、马塘、下原 3 个区案件审判。一庭、二庭于 1955 年 8 月撤销。三庭、四庭于 1956 年 4 月 24 日分别改建为石庄人民法庭和白蒲人民法庭。

5. 区（镇）级人民法庭

1966 年"文化大革命"爆发，法院、法庭机构瘫痪，1974 年 12 月重新恢复重建石庄人民法庭和白蒲人民法庭。1979 年年底建立丁堰人民法庭和搬经人民法庭，1982 年 2 月建立城西、城东、薛窑、江安、磨头 5 所人民法庭，1983 年 8 月建立如城人民法庭，至此，原农村 9 个行政区和如城镇共建立人民法庭 10 所。1988 年 10 月，建立长江人民法庭，1999 年年底长江法庭撤销。2000 年，全市行政区划大调整，乡镇合并，资源整合。当年年初，如城人民法庭宣告撤销，当年 11 月撤销城东（城西法庭迁至城东法庭原址办公）薛窑、江安 3 所人民法庭。2004 年 12 月，撤销城西人民法庭，恢复城东人民法庭建制。2009 年后，城东人民法庭调整为开发区人民法庭，另增设港区人民法庭和高新区人民法庭。2016 年，全市有经济开发区、高新区、白蒲、石庄、港区、磨头、搬经 7 个人民法庭。

（三）人民法院历任院长

庄振华　1949.7～1950.3

环金安（副，主持全面）　1950.3～1952.6

丁春江　1952.6～1954.7

严永祥　1954.7～1958.5

董法玉　1958.5～1963

吴　勇　1963～1966

高云鹏　1973.12～1978.9

陈文翰　1978.9～1981.4

庞　坚　1981.4～1984.5

陈禹峰　1984.5～1987.4

马道来　1987.4～1990.4

陈步高　1990.4～1996.2

常连生　1996.2～1998.1（1996.2 代，1996.3 任）

蒋明华　1998.1～2002.11

祝建华　2002.11～2007.11（2002.11 代，2003.1 任）

吴存银　2007.11 至今

四、人民检察院组织构架

（一）概况

1952 年 8 月 20 日，如皋县人民检察署于如城北门烈女祠内成立。1954 年 12 月 14 日，更名如皋县人民检察院（以下简称县检察院），1966 年，“文化大革命”爆发，县检察机构瘫痪。1967 年 4 月 8 日，实行军管，检察院建制消失。1978 年 10 月 27 日，县检察院恢复建立。撤县建市后，更名为如皋市人民检察院，内设政治部、监察室、反贪污贿赂局、公诉局、反渎职侵权局等机构，有干警一百余名。

（二）主要职责

如皋市人民检察院是国家的法律监督机关，主要任务是依法履行法律监督职能，保证国家法律的统一正确实施。其主要职责是：（1）对如皋市人民代表大会和昆山市人民代表大会常务委员会负责并报告工作。（2）依法向如皋市人民代表大会和如皋市人民代表大会常务委员会提出议案。（3）依法对贪污、贿赂犯罪、国家机关工作人员渎职犯罪、国家机关工作人员利用职权实施的非法拘禁、刑讯逼供、报复陷害、非法搜查的侵犯公民人身权利以及侵犯公民民主权利的犯罪和经省级以上人民检察院决定需要由本院直接受理的国家机关工作人员利用职权实施的其他重要犯罪案件进行侦查。（4）对刑事案件依法审查批捕、决定逮捕、提起公诉。（5）依法对刑事诉讼、民事审判和行政诉讼实行法律监督。（6）依法对执行机关执行刑罚的活动是否合法实行监督。（7）对同级人民法院已经发生法律效力确有错误的判决、裁定依法提请抗诉。（8）受理单位和个人的报案、举报、控告、申诉以及犯罪嫌疑人的自首。（9）对国家机关工作人员职务犯罪预防工作进行研究并提出职务犯罪的预防对策,负责职务犯罪工作的法制宣传,负责检查环节中其他社会治安综合治理工作。(10)负责本院队伍建设和思想政治工作,依法管理检察官及其他检察人员,组织实施检察人员的教育培训工作。(11)提请如皋市人大常委会任免本院的副检察长、检察院委员会委员和检察员。(12)负责本院的行政装备工作。(13)管理机关干部和直属事业单位的领导干部,管理直属事业单位。(14)负责其他应由市(县)级人民检察院承办的事项。

(三)内设机构

根据上述职责,如皋市人民检察院主要内设以下职能部门。

1. 侦查监督科

负责刑事犯罪案件(包括人民检察院直接受理侦查的贪污贿赂、国家机关工作人员渎职等犯罪案件)犯罪嫌疑人的审查批捕、决定逮捕和立案监督、侦查活动监督工作;承办未成年人涉嫌犯罪案件的审查批捕及相关工作;研究侦查监督检察业务规范化建设,制定有关规定。

2. 公诉局

负责刑事犯罪案件(包括人民检察院直接受理侦查的贪污贿赂、国家机关工作人员渎职等犯罪案件)的审查起诉、出庭公诉、抗诉工作,对人民法院刑事审判活动实行监督,承办未成年人涉嫌犯罪案件的审查起诉、出庭公诉及相关工作,研究公诉检察业务规范化建设,制定有关规定。

3. 反贪污贿赂局

负责办理贪污贿赂、挪用公款、巨额财产来源不明、隐瞒境外存款、私分国有资产、私分罚没财物等犯罪案件侦查、预审工作,负责与其他检察机关的侦查协作研究制定贪污贿赂检察业务工作有关规定。

4. 反渎职侵权局

负责办理国家机关工作人员渎职犯罪和国家机关工作人员利用职权实施的非法拘禁、刑讯逼供、报复陷害、非法搜查的侵犯公民人身权利的犯罪以及侵犯公民民主权利的犯罪等案件的侦查、预审工作,研究制定反渎职侵权检察业务工作有关规定。

5. 职务犯罪预防科

研究分析职务犯罪工作的特点、规律,提出贪污贿赂、渎职侵权犯罪的预防对策,开展对未成年人犯罪的预防工作;负责对职务犯罪预防工作的法制宣传;负责检察环节中其他社会治安综合治理工作,研究制定职务犯罪预防工作有关规定。

6. 监所检察科

负责对执行机关执行刑罚的活动减刑、假释、保外就医等变更执行和对看守所的活动是否合法实行监督,承办发生在监管场所的贪污贿赂、侵权渎职等案件的侦查工作以及被监管改造人员重新犯罪案件的批捕、起诉工作,负责受理被监管改造人员的控告、申诉工作,查办服刑犯罪不服人民法院复查驳回仍有错误可能的申诉案件,研究制定监所检察业务工作有关制度。

7. 民事行政检察科

负责民事经济审判、行政诉讼监督工作；对人民法院已经发生法律效力的、确有错误的民事、经济、行政判决和裁定，按照审判监督程序，向上一级人民检察院提请抗诉，研究制定民事、行政监督检察业务工作有关规定。

8. 控告申诉检察科

负责举报、控告、申诉、刑事赔偿工作；受理公民的报案、举报、控告和申诉，对举报线索进行分流，对检察机关管辖的性质不明、难以归口处理的举报案件线索进行初查，依法查处检察机关管辖的控告申诉案件，督促检查有关部门查报结果，承办检察机关的刑事赔偿事项，综合反映举报、控告、申诉和刑事赔偿工作情况，研究制定举报、控告、申诉、刑事赔偿工作有关规定。

9. 检察信息技术科

运用技术手段对有关案件的证据进行收集、固定、鉴别，负责对有关案件的技术性证据进行审查、判断；负责全院信息化建设、运用、维保工作；负责指导、服务各部门信息技术工作的开展。

10. 案件监督管理科

统一负责案件受理、流转；统一负责办案流程监控，统一负责涉案财物的监管，统一负责以本院名义制发的法律文书的监管，统一负责接待辩护人、诉讼代理人，统一负责组织办案质量评查和综合业务考评；统一负责业务统计、分析，对执法办案风险评估预警工作进行组织协调和督促检查，开展执法规范化建设。

11. 办公室

协助院领导处理检察政务，组织协调院重要工作部署、重大决策的贯彻实施，组织安排机关重要会议和重大活动，负责文件起草，管理秘书事务，处理检察信息，负责检察院的对外宣传工作，负责人大代表联络工作、人民监督员和社会评议员的联系工作，负责领导同志批办事项的督查工作，负责档案管理、机要文电、保密工作，进行政策法律方面的调查研究。

12. 政治处

开展具有检察特点的思想政治工作，协助院党组负责本院党的建设和队伍建设工作，负责本院机关和直属事业单位的机构设置、人员编制和干部考核、任免、调配、奖励、人事档案及劳动工资等人事管理工作组织实施检察人员的岗位培训及学历教育工作，按照上级检察机关要求完成各类培训任务负责机关日常党务工作，负责离退休干部的管理工作，负责对外新闻发布发布工作。

13. 监察室

承办受理群众和社会各界对检察人员利用职权进行违法办案、越权办案、刑讯逼供、吃请受贿等违法违纪行为的举报和控告，并进行查处等工作，协助院党组抓好本院机关作风效能建设及领导干部和检察人员党风廉政建设和惩防体系建设。

14. 行政装备科

负责检察技术装备、交通信息装备、武器弹药、服装的计划和管理工作，负责各种经费的申请、核算及财务管理，负责房地产、基本建设、固定资产、交通工作和环境秩序管理，负责机关行政管理、保卫、绿化、爱国卫生、交通安全和本区域综合治理工作，负责其他各类后勤服务工作。

15. 司法警察大队

负责保护人民检察院直接立案侦查案件的犯罪现场，执行传唤、拘传，协助执行监视居住、拘留、逮捕，协助追捕在逃或者脱逃的犯罪嫌疑人，参与搜查、押解、看管犯罪嫌疑人、被告人和罪犯，送达有关法律文书，保护出席法庭、执行死刑临场监督检察人员的安全，协助维护检察机关接待群众来访场所的秩序和安全，参与处置突发事件，以及法律、法规规定的其他职责。

（四）人民检察院历任检察长

董法玉　1955.7～1957.5

徐长达　1957.6～1959.5

吴云辉　1962～1963.12

徐瑞平　1964～1969

徐长达　1978.9～1980.4

高云鹏　1980.4～1982.3

彭金龙　1983.4～1984.3

刘桂江　1984.3～1986.11

范广友　1986.11～1996.3

卢旭东　1996.3～2000.8

吴晓培　2000.8～2006.2

唐旭东　2006.2～2008.10

何　强　2008.10至今

第三节　人民政协

一、概况

1950年1月6日，如皋县第一届各界人民代表会议召开。1956年3月2日，如皋县召开政协一届一次全体会议。宣布中国人民政治协商会议江苏省如皋县委员会（以下简称政协如皋县委员会、县政协）正式成立。“文化大革命”开始后，县政协机构瘫痪、活动停止。1979年11月27日，中共如皋县委发文，恢复政协如皋县委员会活动。1981年4月24～30日，如皋县政协第五届第一次全体会议举行。至2015年年底，政协如皋市（县）委员会组织不断健全，正常履行宪法活动。

二、政协委员会设置及职能履行

中国人民政治协商会议如皋市委员会，自1956年2月2日政协如皋县第一届委员会第一次会议宣告正式成立，经1991年6月如皋撤县建市至今，现为政协如皋市第十三届委员会。现有十三届市政协委员386名，分别来自中共界、工会界、共青团界、妇联界、农业和农村界、经济界、科技界、医卫界、教育界、文体界、民族宗教界、侨台港界、企业界、工商联界、社会科学界15个界别。

在新的历史时期，市政协在中共如皋市委的领导和南通市政协的指导下，以邓小平理论和“三个代表”重要思想为指导，全面贯彻落实科学发展观和《中共中央关于加强人民政协工作的意见》，高举社会主义和爱国主义旗帜，牢牢把握民主和团结两大主题，紧紧围绕市委和市政府中心工作和重点工作，团结各民主党派、工商联、人民团体和各界人士，认真贯彻执行“长期共存、互相监督、肝胆相照、荣辱与共”的方针，协助市委和市政府对全市的重点工作开展多层次、多形式、多渠道的协商监督，发挥了人民政协“政治协商、民主监督、参政议政”的职能作用，做出了政协组织应有的贡献。

一是围绕推动科学发展积极参政议政。近年来，市政协充分发挥人才荟萃、智力密集的优势，在推进工业强市、深化开发开放、推动转型升级、统筹城乡发展、保障改善民生、创新社会管理等方面，进行了大量深入细致的调查研究，提出了许多很有深度、很有见地的意见和建议，为政府决策提供了强有力的智力支持。

二是围绕加强政府建设积极开展协商、监督。市政协充分发挥联系广泛、上下通达的优势，及时把政府的各项工作部署传达到社会各界，做到了政协工作与政府中心工作在指导思想上一致、工作目标上协调、工作部署上呼应。

三是围绕促进社会和谐积极反映社情民意。市政协充分发挥代表性强、联系面广的优势，坚持以人为本，积极为民建言，不断拓宽反映社情民意的广度和深度，及时了解经济社会发展中出现的各种矛盾和问题，注重围绕群众增收、就业社保、教育均衡、文化体育、医疗卫生、食品安全、环境保护、搬迁安置、社会养老等事关群众切身利益的问题，积极开展视察和调研活动，为政府切实保障和改善民生提供了大量的一手资料和良策妙计。

三、政协常务委员会

1956年3月1～2日，如皋县政协第一届委员会全体会议召开，选举产生政协如皋县第一届常务委员会（以下简称县政协常委会）。政协如皋市（县）委员会全体会议闭会期间，由政协如皋市（县）常务委员会主持市（县）政协工作。决定召集并主持政协全体会议，审议提交全体会议的文件；组织委员履行政治协商、民主监督和参政议政职责，完成人民政协章程和全体会议决议规定的任务；审议通过以常委会名义向中共如皋市（县）委、如皋市（县）人民政府提出的建议案；协商决定政协参加单位、委员名额和人选的变更，及下届政协参加单位、委员名额和人选；决定政协如皋市（县）委员会各工作机构的设置、变动和任免其领导成员等。至今，市（县）政协共选举产生13届常务委员会。

表2-3-1　政协如皋市(县)委员会历任正、副主席

届次	职务	姓名	籍贯	任职时间
第一届	主席	倪锦瑜	江苏如皋	1956.3~1959.9
	副主席	张朝模	江苏如皋	1956.3~1956.9
	副主席	陶肖溪	江苏如皋	1956.3~1959.9
第二届	主席	倪锦瑜	江苏如皋	1959.9~1962.5
	副主席	沈忠怀	江苏大丰	1959.9~1962.5
	副主席	陶肖溪	江苏如皋	1959.9~1960.9
	副主席	胡伯兰	江苏如皋	1959.9~1962.5
	副主席	潘逸尘	江苏如皋	1959.9~1962.5
第三届	主席	倪锦瑜	江苏如皋	1962.5~1965.1
	副主席	沈忠怀	江苏大丰	1962.5~1965.2
	副主席	胡伯兰	江苏如皋	1962.5~1966.1
	副主席	潘逸尘	江苏如皋	1962.5~1966.1
	副主席	刘心灿	江苏泰县	1962.5~1962.10
第四届	主席	王飞岳	江苏东台	1966.1~1967.3
	副主席	魏志田	江苏如东	1966.1~1967.3
	副主席	胡伯兰	江苏如皋	1966.1~1967.3
	副主席	潘逸尘	江苏如皋	1966.1~1967.3
第五届	主席	吴功祥	江苏如东	1981.4~1984.3
	副主席	吴凤琴	江苏南通	1981.4~1982.12
	副主席	王学源	江苏如东	1981.4~1984.3
	副主席	安子余	江苏如皋	1981.4~1984.3
	副主席	沙宇清	江苏如皋	1981.4~1981.12
	副主席	殷宗焕	江苏海安	1981.4~1984.3
	副主席	黄国珍(女)	江苏如皋	1981.4~1982.12
	副主席	黄道贯	江苏如皋	1981.4~1984.3
	副主席	阙剑冲	上海市	1981.4~1984.3
	副主席	潘信征	江苏如皋	1981.4~1984.3
	副主席	何剑芒	江苏盐城	1983.3~1984.3
	副主席	陈汝贤	江苏如皋	1983.3~1984.3
	副主席	袁靖东	江苏南通	1983.3~1984.3

续表

届次	职务	姓名	籍贯	任职时间
第六届	主席	吴功祥	江苏如东	1984.3~1985.4
	主席	季秀英(女)	江苏南通	1985.4~1987.3
	副主席	王学源	江苏如东	1984.3~1985.4
	副主席	潘信征	江苏如皋	1984.3~1987.3
	副主席	殷宗焕	江苏海安	1984.3~1987.3
	副主席	阙剑冲	上海市	1984.3~1987.3
	副主席	黄道贯	江苏如皋	1984.3~1987.3
	副主席	贲正祥	江苏如皋	1985.4~1987.3
第七届	主席	明道奎	江苏如皋	1987.3~1990.3
	副主席	贲正祥	江苏如皋	1987.3~1990.3
	副主席	潘信征	江苏如皋	1987.3~1990.3
	副主席	黄道贯	江苏如皋	1987.3~1990.3
	副主席	马云鹏	江苏苏州	1987.3~1990.3
第八届	主席	明道奎	江苏如皋	1990.4~1993.2
	副主席	袁　泉	江苏如皋	1990.4~1993.2
	副主席	马云鹏	江苏苏州	1990.4~1993.2
	副主席	黄金红(女)	广东灵山	1990.4~1990.12
	副主席	章　骥	江苏如皋	1990.4~1993.2
第九届	主席	石秀峰	江苏如皋	1993.2~1996.3
	主席	魏国平	江苏如皋	1996.3~1998.1
	副主席	袁　泉	江苏如皋	1993.2~1998.1
	副主席	马云鹏	江苏苏州	1993.2~1998.1
	副主席	章　骥	江苏如皋	1993.2~1998.1
	副主席	王连生	江苏如皋	1993.2~1998.1
	副主席	王光国	江苏如皋	1994.2~1998.1
	副主席	徐建平	江苏东台	1996.3~1998.1

续表

届次	职务	姓名	籍贯	任职时间
第十届	主席	魏国平	江苏如皋	1998.1~2001.1
	主席	刘桂江	江苏如皋	2001.1~2003.1
	副主席	袁　泉	江苏如皋	1998.1~2003.1
	副主席	于永芳(女)	江苏如皋	1998.1~2003.1
	副主席	徐建平	江苏东台	1998.1~2001.1
	副主席	王连生	江苏如皋	1998.1~2003.1
	副主席	王光国	江苏如皋	1998.1~2000.7
	副主席	陆小兵	江苏如皋	1998.1~2003.1
	副主席	严世进	江苏如皋	1999.2~2003.1
	副主席	杜永红	江苏如皋	2001.1~2003.1
第十一届	主席	浦文海	江苏如皋	2003.1~2006.2
	主席	陈惠娟	江苏海门	2006.2~2007.1
	主席	李中林	江苏如皋	2007.1~2007.12
	副主席	袁　泉	江苏如皋	2003.1~2006.2
	副主席	于永芳(女)	江苏如皋	2003.1~2007.12
	副主席	陆小兵	江苏如皋	2003.1~2007.11
	副主席	杜永红	江苏如皋	2003.1~2007.11
	副主席	魏祝明	江苏如皋	2003.1~2007.12
	副主席	张秀良	江苏如皋	2004.1~2007.12
	副主席	章建平	江苏如皋	2005.1~2007.12
	副主席	刘聪泉	江苏如皋	2007.1~2007.12
第十二届	主席	李中林	江苏如皋	2007.12 至今
	副主席	张元健	江苏如皋	2007.12~
	副主席	魏祝明	江苏如皋	2007.12~
	副主席	章建平	江苏如皋	2007.12~
	副主席	刘聪泉	江苏如皋	2007.12~

续表

届次	职务	姓名	籍贯	任职时间
第十三届	主席	李中林	江苏如皋	2012.3～2016.6
	副主席	魏祝明	江苏如皋	2012.3～2016.6
	副主席	黄文斌	江苏如皋	2011.1～2016.6
	副主席	张亚鸾	江苏如皋	2012.3～2016.6
	副主席	郑振明	江苏如皋	2012.3～2016.6
	副主席	刘聪泉	江苏如皋	2012.3～2016.6
	副主席	钱志刚	江苏如皋	2014.1～2016.6

四、政协工作机构

(一)秘书处

秘书处由秘书长、副秘书长和秘书组成,是秘书长领导下的政协如皋市(县)委员会办事机构。协助主席、副主席工作,负责政协机关全面工作。如皋市(县)政协从第二届开始设置秘书处。

委组工作室由主任、副主任和秘书组成,是秘书长领导下的组织各专门委员会、工作组和委员联系小组开展工作的办事机构。第八届如皋县政协开始设置委组工作室。

(二)专门委员会

它是人民政协联系委员和各界人士,履行协商监督职能,为完成政协工作任务服务的统一战线的具体组织形式。政协如皋市(县)第一届至第五届委员会设学习委员会和提案审查(工作)委员会。第三届增设文史资料委员会。第六届增设工作组委员会,并将文史资料委员会改称文史资料研究委员会。第七届增设经济工作委员会。第八届增设"三胞"(台湾同胞、港澳同胞、海外侨胞)工作委员会。政协第十届委员会,将学习工作委员会和文史资料研究委员会合并为学习文史委员会,"三胞"工作委员会改为海外联络委员会。第十一届新设社会法制、城乡建设工作委员会。至2010年末,政协如皋市委员会下设社会法制(城市建设、人口资源环境)委员会、学习文史(民宗侨台)委员会、提案委员会、经济科技委员会、文教卫体委员会。

(三)工作组

政协如皋县第一届委员会始设工作组,后历届有较大变化。第一届设文教、工商、医卫3个工作组。第二届、第三届设文教、工商、医卫、社会、综合5个工作组。第四届未设工作组。第五届设教育、工商、医卫、侨务、对台、科技、妇幼、宗教8个工作组。第六届设教育、财贸、医卫、农业、工交、侨台、文化、宗教8个工作组。第七届设教育、财贸、医卫、农业、计划、工交、祖国统一、文化、妇幼、民族宗教10个工作组。第八届设教育、财贸、医卫、农业、计划、工交、"三胞"、文体、工青妇、民族宗教10个工作组。第九届政协设教育、工商财贸、医卫、农业、计划、工交、"三胞"、科技、文化、工青妇、民族宗教11个工作组。

(四)委员联系小组

委员联系小组是如皋政协机关与乡镇委员取得经常联系,组织开展学习、参观、视察、调研及其他政协活动,以发挥全体委员作用的最基层的联系组织。政协如皋县第一届委员会始在部分区镇设立综合工作组(学习小组),第五届始称委员联系小组。第五届设如城、白蒲、石庄3个委员联系小组。第六届至第九届设如城、白蒲、石庄、丁堰、城东、薛窑、江安、搬经、磨头、城西10个委员联系小组。

第四节　地方人民团体

一、总工会

(一)机构沿革

1927年(民国16年)5月,北伐军抵达如皋,国民党公开执政,县党部特别委员会委任徐名友、苏德馨、王盈潮、周惠吾、任百川(除周外均系中共地下党员)5人为委员成立"如皋县总工会筹备委员会"。10月13日,"如皋县总工会"正式成立,中共如皋城中区委书记刘君霞出任总工会主席。次年6月,国民党如皋县党部指导委员会宣布接管县总工会,工会活动转入低潮。抗日战争胜利后,中共如皋县委在如城职工总会和店员工会基础上筹建县总工会。1946年7月,如皋县总工会重建于如城冒家巷。不久因战事爆发,工会活动停止。

1949年1月,县政府从农村革命根据地进城办公,着手恢复工会组织,2月建立"如皋县总工会筹备委员会"。1950年5月1日在如城鹤颈湾南正式建立"如皋县总工会"。1954年3月更名"如皋县工会联合会"。1959年5月复名"如皋县总工会",6月县委建立"劳动工资部",县总工会对外保留名称,对内为劳动工资部的"工会工作科"。1962年6月,县委劳动工资部撤销,"如皋县总工会"独立挂牌。1966年,"文化大革命"爆发,总工会机构瘫痪。1968年5月,如皋县"工人革命造反派"召开代表大会,成立"工代会",取代县总工会。1973年5月,县革命委员会成立如皋县总工会筹备小组,8月,恢复建立"如皋县总工会"。1979年3月10日,县委决定县总工会与县革命委员会工交办公室合署办公,对外两块牌子。1981年,总工会独立建制,迁址锦绣街。1990年迁址环城南路(今福寿路),1991年6月,更名"如皋市总工会"。2010年,市总工会设办公室、组织部、宣教生产部、民管部、生活女工部、财务部等,下设法律顾问处、职业技术交流站、职工学校、工人文化宫等直属事业单位。

(二)主要活动

县总工会建立初期,组织全县各行各业职工,订立爱国公约,开展生产竞赛,捐献飞机大炮,支援中国人民志愿军抗美援朝,同时组织工人纠察队,协助政府镇压反革命和维护社会治安,组织开展反封建把头和旧行会规章的民主改革运动。1952年后,组织工人参加"三反""五反"运动,与贪污、漏税、行贿等不法行为作斗争。在对私改造中，工会团结推动资方人员走公私合营和合作化道路。1959 年后，在公、交、建筑系统开展比思想、比产量、比质量、比品种、比安全、比劳动生产率、比成本、比协作、比措施“九比”竞赛，在财贸系统开展“夺红旗”竞赛活动。“文化大革命”期间，“工代会”组织多支“毛泽东思想宣传队”（以下简称“工宣队”）进驻机关、医院和学校，参与管理和领导“斗、批、改”。1973 年，县总工会恢复重建后，系统开展“工业学大庆”活动。1987 年 9 月 8 日，建立“退休职工管理委员会”。1988 年后，围绕经济建设为中心，持续开展劳动竞赛，以及“五创”（创先、创优、创新、创汇、创最佳效益）、“三优”（优美环境、优良秩序、优质服务）、“达标夺魁”活动。1988～1990 年，参加各级各类竞赛达 12 万人次，提合理化建议 6 万余条，被采纳 1.5 万余条，付诸实施 0.8 万余条，创经济效益 2579.8 万元，居南通 6 县市之首。

1992 年之后，各级工会加强“职工之家”建设。开展爱国、爱党、爱社会主义的“三爱”教育和创企业精神、树主人翁形象的“创树”教育，开展劳动竞赛、岗位练兵、青工比武和巾帼立功活动，7 个典型单位的“企业精神”被选送南通市和江苏省评选，如皋市总工会获组织奖。

1994 年，如皋市总工会在江苏省总工会召开的宣传和思想政治工作会议上作经验介绍。1995 年，如皋市总工会获全国《劳动法》知识竞赛江苏赛区一等组织奖。1996 年 11 月 28 日，如皋市女职工人才培训中心建立，毛巾厂挡车工何亚萍获全国“先进女职工”荣誉，针织厂女职工李美珠获江苏省总工会“文明新风家庭”称号，市总工会被评为江苏省“送温暖工程先进集体”“职工互助补充保险工作先进集体”，市总工会女职工委员会被评为“江苏省先进基层女职工委员会”。1997 年至 20 世纪末，如皋 1 人获江苏省“五一”奖章，4 人获南通市“五一”奖章，29 人被授予南通市劳动模范称号，其中 13 名劳模和 4 名先进工作者受省表彰。

21 世纪初，“如皋市困难职工援助中心”建立。如皋市荣获“江苏省工会工作十强县（市）”称号，并获省授铜牌；如皋市总工会被评为江苏省“两争一树”（争创学习型组织、争做知识型职工、树新时期职工形象）活动先进集体和工会舆论宣传工作“先进单位”；荣获江苏省厂务公开工作“优秀组织奖”、江苏省工会工作创新成果奖、江苏省工会财务工作一等奖。市诚成职业技术培训中心被省总工会表彰为“省创新创业示范行动”职工培训示范点。

2006～2010 年，进一步完善职代会制度，在全国县（市、区）级率先推进工代会代表常任制，南通市总工会在如皋召开现场会总结推广。五年间累计建立职代会制度的非公企业 2775 家。160 家企业荣获如皋、南通和江苏省 3 级劳动关系和谐企业和模范企业称号。成立南通市首家市（县）级职工服务中心和劳动争议调解中心，与市人民法院联合成立市法院驻总工会劳动争议巡回法庭，在市第六建筑安装工程有限公司驻京办事处成立全国首家“流动会员之家”，均得到省人大和省总工会的肯定。

2010 年，完成市镇两级工会换届，组织 10 个行业、16 个工种的技能比赛，评选并表彰学习型工会 18 个，学习型班组 15 个，文明职工标兵 43 人。如皋市被评为第九届全运会优秀组织单位,省工会工作模范县(市)。如皋市总工会被中华全国总工会表彰为财务工作先进单位,省总工会表彰为先进女职工组织、工会法律援助先进单位、“企业工会建设年”活动先进集体、工会舆论宣传先进集体、经济技术创新工程先进单位、财务工作先进集体。

二、共青团

(一)历史沿革

1926 年秋,中共江浙区委派员到如皋开展团的工作。1927 年年初,社会主义青年团如皋特别支部建立,秘密发展团员,当年共产主义青年团如皋县委员会成立,全县有团员 1012 人,并选派代表出席共青团江苏省第三次代表大会。1928 年如泰“五一”农民暴动失败后,共青团工作几度停止,又几度恢复。1932 年 4 月,江苏省巡视员带回上海的《如皋县委工作报告》载:“如皋县城仅有一个团支部,其他地区尚无健全组织。”至 1934 年 4 月,共青团活动完全中止。1949 年 4 月,中国新民主主义青年团如皋县工作委员会成立。1953 年 4 月,选举产生中国新民主主义青年团如皋县委员会,1957 年 7 月,改称中国共产主义青年团如皋县委员会。“文化大革命”期间,团组织一度为“红卫兵代表大会”所取代。1973 年 5 月重新组建共青团如皋县委员会,1991 年撤县设市后,更名为“中国共产主义青年团如皋市委员会”。2010 年,团市委设办公室、青工部、青农部、学少部、组宣部 5 个中层机构。

(二)主要活动

1949 年 4 月,中国新民主主义青年团如皋县工作委员会成立,团结、带领广大青年群众响应中国共产党号召,投身土地改革、抗美援朝、镇压反革命、“三反”“五反”“一化三改造”以及整风反“右”“大跃进”等政治运动,各机关、工厂、学校及企事业单位,发展团员,壮大组织,建立健全各级团的工作机构,正常开展团的活动。“文化大革命”期间,各中等学校“红卫兵”组织兴起,团组织被其所取代。1973 年 5 月,共青团如皋县委员会重新恢复建立。

“文化大革命”结束后,在城镇,团县委组织开展以“爱岗、立功、成才”为主题的“五小”(小发明、小革新、小设计、小改造、小建议)、“三优”(优秀青年企业管理小组、优秀青年管理者、优秀青年企业管理征文)活动,在农村,评选新长征突击手,在学校,开展以学习为中心,以“三好”为目标的团队活动。同时组织“青年服务队”“学雷锋小组”“五保户服务小组”,为社会、为人民做好事。1980 年起,团县委经常开展各类主题教育和“实用技术”培训。1987 年,全县受省、市表彰的“新长征突击队”196 个,“新长征突击手”571 人,各类单项标兵近千名。1993 年,实施人才工程,有 600 多名青年进入如皋市人才库,其中 120 名青年进入南通市人才库。1997 年至 20 世纪末,团市委推进“青年科技图书站”“青年之家”建设,500 多家单位申报创建青年文明号。2003 年,团市委被团中央宣传部和《中国青年》杂志社评为“宣传工作先进集体”;获共青团江苏省委“全省保护母亲河行动先进集体”“希望工程先进集体”等荣誉称号。

2005 年 3 月,如皋市青少年维权中心成立,团市委被评为江苏省农村青年中心建设先进县(市),江苏省团刊发行先进单位。2006 年 11 月,如皋市青年商会成立,团市委组织会员素质拓展培训,1 人获南通市十大科技创业名星称号,4 人为南通市青年创业先锋,如皋市荣获“全国团建先进县(市)单位”、团市委获“江苏省宣传工作先进单位”“江苏省团刊发行先进单位”等称号。2007 ~ 2008 年,团市委举办“新春开门红”招聘洽谈会,举办“服务青年基层行”活动,全市组建青年中心 17 家,占南通地区三分之一,如皋市被评为“全国青年中心建设先进县(市)”“全国乡村青年文化活动先进县(市)”;团市委获“全国团刊宣传先进单位”称号;青年商会会长、南通市神马电力科技有限公司董事长马斌当选“江苏省十大杰出青年”,并被推荐为江苏省唯一的全国十大杰出青年候选人。2009 年,团市委书记谭真被评为江苏省优秀团干部。团市委被评为江苏省“团刊宣传工作先进单位”。

2010 年 3 月,团市委成立首家市青年志愿者协会。举办青年企业家经济论坛,邀请世界级公司治理专家、金融专家郎咸平教授对创业青年进行专项知识讲授。如皋地税局获“全国五四红旗团支部”称号,团市委获“江苏省共青团工作优秀单位”。

三、妇联

(一)历史沿革

1945 年(民国 34 年)11 月 13 日,县政府成立如皋县妇女联合会筹备委员会。1946 年 3 月 13 日,召开全县妇女代表大会,选举产生如皋县妇女联合会,当年 7 月,县妇联撤往农村,在城活动中止。1949 年 10 月,如皋县民主妇联筹备委员会成立,物色各级妇女代表,筹建全县妇联组织。1950 年 2 月,召开全县妇女代表大会,成立如皋县民主妇女联合会。1957 年 11 月 2 日,按照上级统一规定,更名如皋县妇女联合会。“文化大革命”开始,县妇联机构瘫痪。1968 年,妇女工作纳入县革命委员会政治工作组。1973 年 9 月 6 日,如皋县妇女联合会恢复建立。1991 年 6 月,更名如皋市妇女联合会。2010 年年底,市妇联设办公室、组织部、宣传部、权益部、发展部和儿少部等中层机构。

(二)主要活动

1946 年(民国 35 年)7 月,国民党军政机关复占如皋县城后,县妇联转入农村,带领区、乡妇联和广大农村妇女,与农会紧密配合,纺纱织布,缝军衣、做军鞋、磨送公粮、支援前线,救护伤病员,送夫、送子参军和直接参加惩奸、锄奸、土地改革、土改复查以及反封建争自由等政治斗争。丁东区妇女李桂英参加分区英模会被命名为“伤兵的母亲”;卢港区 3 名妇女被评为支前模范,全区各乡妇女干部在解放战争期间,90% 以上被吸收加入共产党组织;度军井区大石乡 340 多名妇女 3 昼夜磨军粮 3.05 万公斤,在全分区传为佳话。1951 年全县妇女参加捐献飞机大炮,支援抗美援朝。1952 年全县掀起学习、宣传、贯彻新婚姻法热潮。农业合作化运动中,车马湖乡妇女吴舜英带头组织全县第一个互助组,被评为模范互助组和生产能手,县委奖励耕牛一头。1955 年,全县基层农业合作社中,有女社长 244 人。1959 年妇女参加农业劳动人数超过男劳力 15%,全县涌现“花生姑娘”2 万余名,“棉花姑娘”5 万余名,12 万余名姑娘学会插秧。1965年,全县48个公社开展妇女棉花丰产红旗循环竞赛活动。1986年随着家庭承包责任制推行和农业产业结构调整,全县农村以妇女为主的专业户达16,530户,占总专业户的43%。进入乡镇企业的妇女42,378人,占乡镇企业从业总人数45%。10万农村妇女积极学习省编《农村妇女实用技术培训材料》。20世纪90年代,各乡(镇)妇联组织妇女学习《农村妇女文化科技读本》。建设乡老南村妇代会主任冒秀梅掌握中稻抛秧技术,平均亩产718.8公斤;新姚乡曹家桥村妇女王秀珍在全国银花竞赛中一举夺魁,赴北京参加表彰大会。全市养鸡村、花木村、柿树村、草莓村、银杏村、蔬菜村不断壮大规模,妇女在创造各类特色农业专业村中,纷纷担任"大梁"角色。全市有女村党支部书记28人,女村长39人,村妇代会主任100%进入村委会班子,106个村妇代会受南通市表彰。全市农村发展的新党员中,女性占20%以上。

进入21世纪,市妇联发动有成就的女企业家与刚起步创业的女大学生村官结对交流,在信息、资金、技术等方面向女大学生村官提供帮扶。建立妇女专业维权队伍,对妇女的诉求100%查办答复。

组织农村妇女劳力转移6000余人。开展"创争巾帼党员先锋"活动,创建"妇女致富之家""妇女维权之家""妇女文明之家""妇女成才之家"。召开"贤内助""十佳警嫂"座谈会,自觉参与助廉活动。定期对全市20~64岁的已婚妇女进行以乳腺癌、宫颈癌为主的妇科病普查。举办"母子读书会""大手牵小手、一对一结对""送温暖助春蕾""爱心基金会""爱心妈妈"等多种形式主题活动,对小公民特别是留守儿童进行道德行为教育。全市建起"妇"字号龙头基地10个,示范性专业合作经济组织18个。长江镇陈美珍被推荐为"全国三八红旗手"、南通市"十大女杰";城西乡(今如城镇)顾庄村花木能手王海霞荣获省"双学双比"十大女状元称号。

四、科协

(一)历史沿革

1956年6月10日,在全县科技工作者代表大会上,成立如皋县科学技术普及协会,由县委书记兼任主席,开展科学技术宣传普及工作,1959年停止活动。1959年4月19日,如皋县科学技术协会宣布成立,1960年6月15日,市科协与县委宣传部合署办公,1966年,"文化大革命"开始后,协会活动中止。1979年12月,如皋县科学技术协会恢复建立,与县科学技术委员会合署办公。1984年1月,从科委析出独立建制。1987年3月,科协始设中层机构。1991年更名如皋市科学技术协会。2010年,市科协设办公室、学会部和科普部3个中层办事机构及下属市科技咨询服务中心。

(二)主要活动

1.学术交流

1990~2006年,连续8届组织论文评选,共评出优秀科技论文1364篇,对论文作者由市政府给予表彰奖励。1999年1月选出1~3届一等奖论文53篇并汇编出版优秀科技论文集《迎接新世纪》。2006年从4~7届特等和一等奖论文中选出82篇,汇成论文集《精品回眸》。2007~2008年,50多人(次)参加省和南通市科技论坛等学术活动，评出优秀作品156篇(次)。2009年组织如皋市第九届自然科学优秀论文评选，共评出优秀作品157篇(次)，2010年向中国科协和中国作协推荐，在大型文学月刊《十月》杂志“科技工作者纪事”栏目中推出如皋熔盛重工陈强事迹的大型报告文学《船梦》，《江苏科技报》全文转载。

2. 科技普及

1989年，以高明乡为科学普及和科技兴农试点，组织县、区、乡广大科技人员与高明乡干部、民众一起努力办成多项实事，基本达到试点预期目标。1990年2月5～11日，举办首届科普宣传周，全县各乡镇共有240多个单位、约123万人(次)参加各类科普活动，普及面占全县总人口82%，同年12月10～16日，以“科技兴县，科技兴农”为主题举办第二届科普宣传周。此后每年一届科普周，集中围绕一个主题，举办专题农技广播讲座，印发农技宣传资料，举办科技画廊和图片展览，开展技术竞赛。1997年7月，市花木盆景协会组织科技人员至城西、大明、邓园等乡开展花木生产技术现场咨询和解答难题。2001年2月7日，市科协、科委、农业局等部门共100多名工作人员，开展“三下乡”活动。2009年开展“百名专家兴百村”(117个村、101名专家、100个项目)小康工程，落实村、专家和项目的对接。至2010年共举办科普宣传周22届，累计全市有214万多人(次)参与各类活动，科普宣传面达到76%。

3. 实用技术培训

1990年5月10日，省技术培训委员会将如皋科协评为培训工作先进单位。1995年11月27日，省委组织部、省科协联合决定将城西乡顾庄村列为省实用技术培训花木栽培教学示范点。1997年全市农村建立实用技术教学示范点20个，后每年举办各层次实用技术培训班，至2010年，全市累计举办各类实用技术培训近千场(次)。

4. 农民技术职称评定

1997年下半年，市科协建立农民技术职称评定工作委员会。1998年9月3日全市首次评出农民技师5人、农民助理技师23人、农民技术员57人。2000年9月4日，下发《关于开展农民技术职称评定工作的实施意见》，明确规定农民技术职称评定的对象、条件、程序、手续以及获得职称的农民技术人员享有的权利和义务。2003年，全市评出农民技术职称人员2416名，其中农民技师823名，助理农民技师853名，农民技术员740名。至2010年，全市有农民技术职称人员2295人，其中农民技师832人，农民助理技师782人，农民技术员681人。

5. 创建省和全国科普示范市

2005年12月和2007年2月，市委、市政府决定开展创建江苏省和全国科普示范市活动，两级同创，同时启动，分步实施，有序推进。2006年12月13～14日通过江苏省科普示范市检查验收。2007年1月17日，江苏省科协发文命名如皋市为“江苏省科普示范市”。2007年10月15～16日，江苏省科协受中国科协委托，对如皋创建工作进行考核、验收，当年11月21日，中国科协命名如皋市为全国第三批科普示范县(市、区)。市科协多次被评为“江苏省科协系统先进集体”、连续8年获“江苏省科普宣传先进集体”等荣誉。

五、工商联

（一）机构沿革

1946年（民国35年）春，中共如皋县委、县政府筹建如皋县工商联合会，团结和带领广大工商业者发展生产和经营。1946年7月，县党政机关撤至西乡根据地，工商联合会活动中止。1952年9月24日，县委、县政府建立由29人组成的如皋县工商业联合会筹备委员会，具体负责县工商联合会的筹备事宜。1953年1月13日，如皋县工商联合会正式建立。“文化大革命”期间，组织瘫痪。1985年12月10日建立县工商联筹备委员会，1986年4月，如皋县工商业联合会恢复成立，1991年6月，更名为如皋市工商业联合会。1993年5月10日，市工商业联合会增挂“如皋市商会”牌子。至2010年，市工商联合会共有工商联（商会）会员3021家，其中工商直属会员785家，同业商会会员2132家，1984年以前入会的老会员104人。

（二）主要活动

1986年恢复建立后，发展和健全基层各级工商联组织机构。1990年组织全县工商企业分赴福州和南京参加华东6省1市工商联交易会和全国名、特、优产品博览会，先后与美国、韩国、德国、伊朗、沙特阿拉伯、马来西亚等15个国家和地区工商界建立联系。1994年，组织6家企业参加海峡两岸商贸洽谈会。

进入21世纪后，组织发动60家企业在“如皋工商网”发布经济信息。一家企业被推荐为第九届世界华商大会的代表。2006年后，中共中央候补委员、全国工商联党组书记、第一副主席全哲珠、副主席张近东一行和全国政协副主席、中华全国工商联合会主席黄孟复、全国工商联经济部部长欧阳晓明一行先后考察如皋熔盛重工、神马电力、中国肠衣城、如皋沿江开发规划模型等。2010年，如皋市工商联在江苏省率先成立中共如皋市工商联委员会。

六、侨联

（一）历史沿革

1984年9月，县政府召开全县归侨侨眷代表大会，成立“如皋县归国华侨联合会”，选举产生委员会和主席、副主席。1989年11月11日，县侨联召开代表大会，换届改选，产生新的“如皋县归侨侨眷联合会”第二届委员会及主席、副主席。1991年6月，更名“如皋市归侨侨眷联合会”。

（二）主要活动

1987~1994年，共接待探亲、观光、考察、洽谈的华人、华侨、港澳同胞361人（次），接收捐赠（款、物）520.76万元，累计兴办侨、港企业183家，合同利用侨、港资金4033.06万美元。1991~1996年接受加拿大籍华人顾尘洁父子捐款20余万美元兴建尘洁医院；接待华人、华侨、港澳同胞319人（次），接受捐赠30余次。2003年4月9日中国侨联副主席林丽韫到如皋视察。2006~2010年，引进侨界人士200多人（次），资金近3亿美元，介绍引进智能人才30多人；如城镇“归侨侨眷活动中心”被南通市侨联授予“归侨侨眷活动中心样板基地”称号；全市共有侨资企业123家，在南通市范围内，率先成立“（如皋市）华侨、港澳投资者和归侨侨眷维权工作站”。2010年年底，全市旅居海外的华人华侨和港澳同胞及归侨、侨眷共6000余人。市侨联先后被江苏省侨联授予基层组织建设先进单位、抗震救灾先进集体等荣誉。

七、文联

（一）历史沿革

1950年10月，县委、县政府决定建立如皋县文学艺术工作者协会，有会员200余人，其中文学工作者43人。1954年7月撤销。1958年12月恢复建立如皋县文学艺术工作者联合会，1962年精简机构撤销。1983年12月恢复重建如皋县文学艺术工作者联合会，正常开展文学艺术传承、创作、发展、交流活动，并着手筹建下属各艺术门类的协会组织。1986年，在县政府2楼设固定办公室，配备专职驻会办公人员。1989年9月，如皋县文学艺术工作者联合会，更名如皋县文学艺术界联合会，1991年6月，更名如皋市文学艺术界联合会。

（二）主要活动

1949年，文化艺术活动由文化局及文化馆出面组织居多，文联工作重头放在艺术创作上。20世纪80年代恢复重建后，每年“5·23”依据作者本人申报评奖，至20世纪末，在市（地、厅）级以上发表、出版、参展、参演、参评、参赛的文艺作品近万件，其中文学作品3000多件，戏剧创作近百件，音乐舞蹈（包括歌词）3000多件，理论文章近百篇，民间故事、人物传奇、灯谜、剪纸等2000件，美术、书法、摄影作品2000件，数十人在国内外获奖。

2001～2008年，如皋市文联会员共创作各类作品16，700余件，在市（厅）级以上发表、展、演，获省级奖励298件，国家级奖79件，出版专著15部，34人参加全国新人大赛，获省级奖9人，国家级奖3人。2004年12月举行的中日韩国际少儿艺术展示大赛中，徐伟艺、韩晏、施慈分获少儿A、B组和少年B组竹笛演奏金奖。2007年8月在首届中日青少年书法交流活动中，缪纯、周楚凡、刘天慈分获金、银、铜奖。创作歌词《枫叶的秋天》获国家级“晨钟”奖。全国少儿拉丁舞比赛中，余佳循、管萧获金奖。2008年10月10日，在南京举行的全国亿万老年人健身活动展示大会上，如皋男子群舞“莲湘秧歌”获金奖。

2009年，如皋市文联组织《目击如皋60年，我的老城故事——老照片征集》系列活动；协助辅导建立的“江苏新空间民族乐团”，多次参加全市重大演出；庆祝新中国成立60周年期间，组织开展文化艺术活动走进校园、军营、镇村、社区、企业活动，《中国文艺报》就如皋文联“五走进”活动发表评论和报道；全年210余件各类作品在省市级以上发表和展、演、评并获奖。

2010年，市文联组织江苏新空间民族乐团赴香港参加国际“江南丝竹”比赛，共9个专业组和30个非专业组参赛，新空间乐团获非专业组金奖；在市委宣传部领导下，会同8家单位联合主办如皋市首届社区优秀文艺节目调演；4月下旬组队代表江苏省参加“相约浦东,走进世博”首届中老年艺术节,荣获3个金奖,10～11月组织43人的代表队参加2010年大韩民国国际老年文化艺术节,开如皋业余文艺团体走出国门参加交流之先河,获3块金牌和1块银牌。

八、私营个体经济协会

(一)历史沿革

1984年1月23～24日经工商局筹备,报县人民政府批准,在工人文化宫召开全县个体工商户代表大会,成立如皋县个体劳动者协会。1991年更名如皋市个体劳动者协会,2001年1月,与市私营企业协会合并,建立如皋市私营个体经济协会。经市工商局筹备,市人民政府批准,1993年6月29日,于市政府招待所召开全市私营企业主代表大会,成立如皋市私营企业协会,2001年1月,与市个体劳动者协会合并,建立如皋市私营个体经济协会。改革开放后,个体经济和私营经济同为非公经济,隶属关系的同一性和主体活动近似甚至相同性,经报请南通和如皋相关主管部门批准并注册登记,于2001年1月29日假座如皋工商局会议室召开会员代表大会,宣告“如皋市个体劳动者协会”和“如皋市私营企业协会”合并,成立“如皋市私营个体经济协会”,业务上接受如皋工商行政管理局、南通市私营个体经济协会双重指导和如皋市民政局监督管理。

(二)主要活动

1984年,县个协成立之初,委员们分头至全县各区、乡筹建分会和小组,开展文明个协创建活动,1990年有20个乡(镇)被评为文明个协称号,占总数37%。1993年,私营企业协会建立后,大力发展私营企业和个体工商户,至11月底,在册工商户20,074户,私营企业78户,其中中外合资企业2户,开如皋私营企业吸收利用外资之先河。1997年,取消文明个协“终身制”,对不合标准者,给予“摘牌”。年底,50个乡镇个协中,有34家一直保持文明个协称号,占总数68%。全市个体工商户22,118户,从业人员25,214人,注册资金13,976万元;私营企业514户,从业人员4490人,注册资金21,580万元。2001年私营个体协会成立后,对私营、个体经济环境深入调研,积极向市委、市政府建言献策,市领导采纳私个协建议,改革、清理、废除行政审批项目217个,并进一步明确规范与发展私营个体经济密切相关的12个主要部门的服务职能、内容和要求,同意私个协对有加速发展潜力的50家私营企业和个体大户加强联系、重点扶持。2003年,协会开展“送温暖、献爱心”活动,在南通市私营个体经济工作会议上,如皋市3家“纳税大户”和7家“投入大户”受到南通市委、市政府表彰。私个协借助媒体力量,深入宣传这10户的事迹。对努力开拓、艰苦创业、勤劳致富、科技创新的36家私营企业和108家个体工商户予以表彰,并评定和授予9家“光彩之星”私营企业、5户“先进个体工商户”称号,由南通市工商行政管理局和南通市个体私营经济协会联合给予表彰;另有80户“光彩之星”私营企业、68户“文明工商户”和24户“无假货示范点”由如皋市政府给予表彰。当年协会还与有关方面联手,提供68个工种的2210个岗位给下岗职工选择。2006年指导商标注册98件,指导实施商标战略

39家,有35家申报“无假货示范点”,60家申报“光彩之星”私营企业,80家申报“文明工商户”。2007年协会举办5期培训班,发挥协会团结、教育、扶助、引导个体工商户、私营企业主爱国、敬业、守法,更好地为社会主义三个文明建设服务的作用。乡镇分会、村组干部和民营企业负责人共700余人受训,使新的工商法律法规得到及时贯彻。全年有6家私营企业和2家个体工商户被评为南通市级“光彩之星”,2家经营企业被评为南通市“青年文明号”。

2008年,全市共100名会员受到表彰并获铜牌,12家私营企业被评为南通市级“光彩之星”,12家个体工商户被评为南通市级“文明诚信经营户”。2010年,江苏如皋钢铁有限公司关工委和江苏江中集团有限公司关工委被评为全省民营关工委先进单位。至2010年年底,私营个体经济协会拥有会员39,600人(户),其中民营企业6800家,注册资金1,877,283.21万元,个体工商户32,800家,注册资金104,376.57万元。

第五节　地方社会组织

一、地方社会组织概况

近20年来,随着如皋市经济社会各项事业的快速发展,社会组织也进入了一个较快发展的时期。据对全市登记造册社会组织的调查统计,全市共有注册登记的社会组织1243个(其中,城乡社区社会组织950个,社会团体199个),2015年新注册登记的社会组织634家(已办理组织机构代码的410家),按全市142万人计算,每万人拥有社会组织登记数为9.54个,这些社会组织涉及商业、科技、教育、卫生、公益慈善、社区服务等行业。初步形成了发展有序、门类齐全、层次不同、覆盖广泛的社会组织新格局。如皋市社会组织登记起步于20世纪90年代初,1991年9月6日成立了首家社会团体——如皋市畜牧兽医协会,10年后,2001年成立注册登记了第一家民办非企业单位——如皋博爱医院。在社会组织发展初期,如皋市社会组织筹备成立主要依靠政府推动,在政府相关部门的大力推动下,1991年年底,成立登记社会团体达到50个,但是由于缺乏社会组织自身发展的内在动力,以及广大群众对社会组织概念缺乏理解,社会组织发展进入低潮期,2001年以后,通过对医院的改制,如皋市社会组织进入较快发展时期,以民办医院为代表的民办非企业单位开始发展起来,仅2001年、2002年成立民办医院31家,至此,各类教育培训、职业技术培训机构相继发展起来,随着各类社会组织在社会逐渐被认可,如皋市各类行业协会商会发展也加快步伐,如皋市老年人体育协会,如皋博爱医院、如皋市东方智能培训中心,如皋市浙江商会、如皋市花木盆景协会等社会组织先后成立注册登记,成为引领如皋市国民经济各行业规范健康运动,推动全市经济发展发挥了重要作用。

近几年来,为积极推进社会组织管理体制改革,引导社会组织健康有序发展,按照《江苏省民政厅关于对四类社会组织试行直接登记的通知》(苏社管〔2013〕62号)文件要求，2014年如皋市民政局出台了《关于推进城乡社区志愿者服务队、居家养老服务站社会组织直接登记的通知》（皋民发〔2014〕74号）通过采取申办资金不作要求、住所条件适当放宽、人员要求适当降低、取消业务主管单位审批等措施，组织进行直接登记试点，组织全市城乡村（居）志愿者服务队、居家养老服务站两类社区服务类社会组织。2014年年底直接登记城乡类社会组织689家。2015年如皋市社区建设协调领导小组办公室出台了《关于推进"城乡社区综合服务站"直接注册登记的通知》（皋社协办〔2015〕4号），组织要求各镇（街道）村、社区成立登记"城乡社区综合服务站"。截至目前，已有345家社区综合服务站完成登记。

二、社会组织的发展举措

一是着力培育发展社区社会组织。为积极落实《江苏省四类社会组织直接登记管理暂行办法》（苏民规〔2014〕1号）的通知要求，着力培育发展城乡社区服务类社会组织，拟发了《关于社区综合服务站直接登记的通知》，通过采取申办资金不作要求、住所条件适当放宽、人员要求适当降低、取消业务主管单位审批等措施，组织进行直接登记试点。

二是强化社会组织年检评估工作。强化社会组织年检。为做好全市社会组织年度检查工作，2014年3月组织召开了社会组织年检暨社会组织评估工作部署会，拟发了《年检与评估会议资料汇编》，对年检与评估的时间、要求等进行了明确，对社会组织等级评估进行了业务辅导，会上四家优秀的社会组织作了经验交流。采取委托审计的办法，委托三家具有审计资质的会计事务所，对社会团体和民非企业单位进行审计，确保了年检实效。目前，已对325家社会组织进行了年检（应参加188民非企业、166家社会团体，共354家），年检率达到91.8%，年检合格的单位在如皋市社会组织网上及时进行公示，促进了社会组织规范化管理。组织开展等级评定。根据省、市有关要求，结合如皋市实际，对2A以下社会组织，采取与年检同步推进的方式进行，目前，已有182家社会组织申报参评1A、2A、3A的社会组织，占应评总数的51.4%。有1家社会组织申报5A级、3家申报4A级社会组织，正组织对照标准、完善相关申报资料。学习外地先进经验。为筹划建设如皋市社会组织服务指导中心，组织人员先后到苏州太仓、海门等地学习社会组织服务指导中心建设先进经验，拟定了社会组织服务指导中心建设方案，正在协调相关场所，争取早日建成市级社会组织服务指导中心，以推动如皋市社会组织快速健康发展。

三是加强社会组织监督管理。为强化对社会组织的监督管理，同年7~8月，结合社会组织评估，对教育培育、技能培训、医疗卫生类部分社会组织的管理、财务等制度落实及运行状况进行了抽查，对发现的管理制度不规范、财务制度不健全等问题，采取跟踪问效的方式限期整改，推动了社会组织健康发展。

四是建立政府向社区社会组织购买服务制度。如皋市逐步建立了向社区社会组织购买专业服务，有效地推进了社区社会组织服务社区能力建设，提升了服务质量。典型的有社区卫生服务站、居家养老服务中心和服务站、民办养老机构等。

三、地方社会组织现状

(一)绿叶义工志愿者服务队

如皋市绿叶义工从2010年创建至今,常态化开展各项服务,其中以“给我一双翅膀”大型圆梦助学活动,“衣旧情深”大型公益旧衣物回收再利用活动,“关爱孤残”“公益顺风车”“无偿献血”以及定期组织具有专业技能的义工到各个社区送服务等活动收到了良好的社会效果。

“衣旧情深”项目2014年以前是阶段性的开展,联合如皋的各个学校,每年开展1~2次的旧衣回收,2014年下半年,经绿叶理事会会议决定,常态化日常化开展旧衣回收项目,义工联合城区的广大爱心商家,设置“闲置衣物捐赠点”,目前已在城南、城北、城中设置了将近20个点,既解决了市民闲置衣物无处可去的苦恼,又为公益活动做了良好的宣传。

“给我一双翅膀”大型圆梦助学行动已持续开展了四年,每年暑假从7月15日到8月15日,一个月的时间,服务队组织义工在文峰大世界门口、安定广场、大润发门口义卖爱心人士捐赠的各类物品,将义卖所得捐给如皋的求学困难的孩子们,目前服务队的捐赠标准是小学生每年1000元,初中生每年1200元,高中生每年1500元,大学生每年3000元,截至2014年年底,他们联合广大社会爱心人士,共资助孩子150人次。

(二)老年人体育协会

如皋市老年人体育协会成立于1994年5月17日,由时任市人大常委会副主任的汪如一同志担任主席至今。建会以来,广泛动员和组织老年人开展各项体育健身活动。至2011年年底,市、镇、村三级都建立了老年体协组织,市老年体协建立了44个文体团队,发展会员1万多人。全市33万老年人中常年参加体育健身活动的有18.1万人,参与率55%。

2003年,市老年体协被中国老年人体育协会评为“全国老年体育先进集体”;2008年,中国老年人体协表彰如皋市为“全国亿万老年人健步走向北京奥运会活动先进区”。如皋市先后8次获江苏省老年人体育协会授予的“先进县市”或“先进集体”和“信息工作先进单位”称号。从2004年起,如皋市连年被南通市老年体协评为“先进集体”“优胜单位”。从1995年起,市老年体协连年被如皋市人民政府、市老龄办、市体育局评为“群众体育先进集体”“市老龄工作先进集体”“体育工作突出贡献单位”。

市老年体协每年初都要举办“健步行启动仪式”“体育节启动仪式”“长跑邀请赛”等活动,广泛动员城乡老年人以“走”起来的形式快乐健身。1999年1月,开展了“奔向21世纪长跑活动”;2000年9月举办了“第16届团结杯全国友好城市长跑邀请赛”;2005年12月举行“走向十运”健步行;2007年组织“如皋—北京千里行”活动;2008年8月推行了“江苏百万老年人走向北京奥运”的活动,并在2009年1月举办的“全国亿万老年人健步走向北京奥运会”活动中,获中国老年人体育协会嘉奖。通过这一系列活动,把健步行渗透到镇村社区,覆盖到城乡广大老年朋友。每年参加健步行的老年人都保持在16万人次以上,2008年达到21万人次。2011年,举办江苏省老年体育节暨“迎党庆、颂党恩、跟党走”百万老年人健步行如皋分会场启动仪式，全市20个镇统一行动，当天5万多老年人参加了健步行活动。

如皋市老年体育协会在普及体育理念的同时，力求塑造品牌，打造精品，并获得了巨大的成功。2007年，九鼎艺术团在武夷山参加“全国亿万老年人健身活动展示大会”，《挂红灯》获优秀表演奖，《山路十八弯》获表演奖和优秀组织奖；2008年，参加省老年文艺汇演，《长寿之乡的新传说》获一等奖；2009年8月，四个节目去北京参加全国中老年文艺汇演，获得了三个凤凰金奖、一个孔雀金奖，其中两个节目在首都人民大会堂进行了公演；2010年5月，参加在上海举行的全国中老年艺术节，两个节目均获金奖。2010年4月，在上海首届中国中老年艺术节上，《挂红灯》《众人划桨开大船》《杏花春雨》和《家乡变了》4个节目从全国参演的80多个节目中脱颖而出，获得三金一银。同年10月，应韩国文化部的邀请，上述4个节目又在韩国国际中老年艺术节中全部获得了金奖。2011年10月，在第4届中华全国社区文艺汇演中，《挂红灯》和《亮剑》拔得头筹，获得2个金奖。同年11月，在江苏省舞蹈大赛“莲花奖”的角逐中，女子舞蹈《晚霞英姿》又喜中银奖。2011年11月，我市《长寿健美操》和《红色娘子军》在南通市第三届健美操大赛中双双获得特等奖。健身球舞《红色娘子军》还被全国《畅享和谐》中老年电视联欢晚会推荐为中央电视台录制节目，并于2010年12月10日赴京参加录制。

如皋市老年体育协会长跑队连续参加了十二届全国老将田径运动会，累计获得44枚金牌、52枚银牌、61枚铜牌，合计157枚奖牌，高居全国县级市的榜首。2011年7月，市老年体协长跑队队长邹鹏德在美国萨拉门托市举行的世界老将田径运动会获4×100m、4×400m赛第6名、第8名，中国田径运动会专门致函我会感谢邹鹏德为国争光的壮举。2011年，组队参加东丽杯上海国际马拉松赛和鉴真杯扬州国际马拉松赛，共获得4个奖项。80高龄的施秀英是历届全国老将田径运动会上女子年龄最高的运动员，2009年5月在第9届全国老将田径运动会上获得5000米金奖和1500米铜奖；在历次全国老将运动会上，她累计获得二金六银三铜共11块奖牌，中央电视台和江苏电视台对她进行了深度采访，拍摄了“施秀英传奇”上下集在全国播放。

（三）学雷锋义工站

如皋市学雷锋义工站简介如皋市学雷锋义工站是由如皋市文明办业务主管，在如皋市民政局登记注册的志愿者公益性组织（登记证号为：皋社证字第0649号）。雷锋是一个名字，更是一种精神。雷锋曾说过，“人的生命是有限的，可是，为人民服务是无限的，我要把有限的生命，投入到无限的为人民服务之中去”。学雷锋义工站的目的就是，更好地宣传和发扬雷锋精神，传承中华民族的传统美德；更好地营造群策群力的正能量氛围，弘扬时代主旋律；更好地团结如皋更多的爱心人士，为老、弱、病、残等弱势群体服务。积极开展各项社会公益活动，诚心助人、踏实做事、帮助别人、快乐自己！

如皋市学雷锋义工站的志愿者们来自各行各业，他们都是利用休息日、节假日去做一些公益志愿服务理念的宣传,以及开展一些公益性、群众性的学雷锋志愿服务活动。学雷锋义工站热忱欢迎社会更多的爱心人士能加入到这样的关爱队伍中来！为如皋的文明城市创建汇聚更多的正能量!

如皋市学雷锋义工站活动多年来,围绕我市经济社会发展需要,学雷锋义工站积极开展了一批较具特色的志愿服务项目,形成了不少具有社会影响力的公益品牌。活动:如皋市学雷锋义工站活动多年来,围绕我市经济社会发展需要,学雷锋义工站积极开展了一批较具特色的志愿服务项目,形成了不少具有社会影响力的公益品牌。比如,2015 年 5 月组织百人捡烟头以宣传世界无烟日主题;8 月的慰问抗战老兵系列活动;9 月 3 日的邀请抗战老兵及特困残疾人集中观看 9 · 3 阅兵式及聚餐活动;10 月 18 日举办如皋市首届残疾人相亲交友联谊会;12 月 5 日组织留守儿童水绘园游玩、图书馆看书等。这些活动的开展都获得了强大的正能量,产生了较大的社会反响。学雷锋义工站的特色品牌“扶残助残”活动也是开展得风生水起,每年必做的一季度“工作就业季”,二季度“外出旅游季”,三季度“相亲交友季”,四季度“合家聚餐季”。正如一股巨大的幸福漩涡时刻将残疾人朋友们紧紧包围。他们开展的这一系列公益活动更是深层次的解决了残疾人最直接也是最贴心的问题。

如皋市学雷锋义工站自成立以来,不断践行雷锋精神,团结如皋众多的爱心人士,为老、弱、病、残等弱势群体开展各项关爱活动。当前登记义工已达 300 多人,遍布如皋各个乡镇,他们来自各行各业,有公务员、教师、律师、企事业单位职工和私营业主等,他们都是利用休息日、节假日、业余时间去做一些公益志愿服务理念的宣传,以及开展一些公益性、群众性的学雷锋志愿服务活动。在纪念抗战胜利 70 年周年之际,组织义工们上门慰问抗战老战士,并邀请抗战老战士收看阅兵式并集体聚餐、观看文艺节目等。这些义工们还结队关爱了自家周围的特困残疾人,不定期地到这些残疾人家里进行卫生打扫、亲情陪护、身体保健、衣被晾晒等关爱服务。为更好地解决残疾人的婚姻问题,2015 年 10 月举办残疾人相亲交友联谊会,有来自如皋、如东、海安、海门、南通、常州等地的未婚残疾人 100 多人,现场促成两对成功,并于 2015 年 11 月到民政部门领取了结婚证书。2015 年 12 月组织高新区留守儿童游水绘园、图书馆看书等,让留守儿童的远方父母安心在外,让他们少一份操心,多一份安心。学雷锋义工站 2015 年度组织开展各项关爱活动达 30 多次,在用自己的实际行动践行着雷锋精神。

(四)浙江商会

如皋市浙江商会于 2005 年 1 月 6 日成立。商会成立之初会员 75 家,其中理事 21 家,副会长 9 家,投资总额 10 多亿元。会长由南通金威置业有限公司的黄鸿鸣担任。第二任会长由亿丰商贸城总经理周祖岳担任,第三届至今会长由南通联合轻纺市场总经理陈大明担任。目前商会会员单位达 1000 多家,其中,在如皋的浙商企业有限公司 196 家、外资企业 16 家、个体浙商 792 家,浙商在如皋总投资人民币 210 多亿元、美元 21.6 亿。

如皋市浙江商会从小到大的发展是有目共睹的,几年来浙商来如皋投资的规模越来越大,浙商企业也越来越多,商会秘书处到工商局将在如皋投资兴业的浙商进行调查摸底,了解到浙商在如皋投资的基本情况。现投资在亿元以上的企业20多家,5000多万元的28家,1000多万元的48家,500多万元的63家。浙商企业也由原来的70多家发展到现在的865家。但商会队伍建设与浙商企业的发展已不相适应。为了更好地充分发挥浙商在如皋经济建设中和招商引资等作用,树立起浙商的良好形象。2014年10月24日市委常委、市纪委蔡忠书记调研商会时明确指示。市委、市政府有关领导和市工商联也很关心和支持。要求浙江商会要加强商会领导班子建设,要将企业上规模、政治素质好的考察加入到商会队伍中来,而且要进入商会的领导班子。要不断地壮大会员队伍,继续发扬浙商抱团的传统精神。要求商会尽快按程序进行换届选举,要将优秀的浙商企业通过选举加入到商会队伍中来,重塑浙商新形象。如皋市浙江商会成立以来,先后被南通市工商联(总商会)评为先进基层组织、先进集体、先进商会,十多次被如皋市工商联(总商会)评为先进商会。商会在新一届领导班子的领导下,注重外塑形象,内强素质的教育,重视制度规范行为,创新制定了"会长轮值制度""财务管理制度"等十多项,并打印装订成册,理事以上商会领导人手一册,供平时认真学习、加深印象,制度的建立,规范了商会内部管理,增强了商会的履职能力。

(五)冒辟疆文化研究会

如皋城乡最为人所乐道者莫过于冒辟疆,究其原因,一是乡土情结。冒襄(字辟疆)本蒙古贵胄,世居如城数百年之久,冒氏遗迹比比皆在,多为古邑精典。二是礼贤品性。冒襄为明末清初江左硕彦,风义才识,名满天下,传世翰墨更为皋人敬若神品。三是传奇心态。冒襄夫人董小宛乃秦淮名伎,其结局有诸多误传,尤以香消紫禁之说最为曲折动人。冒襄其事早已沉淀为如皋人世代珍藏的文化遗产,冒襄其人还将鲜活在如皋人口碑相传的记忆中。1978年12月18日党中央十一届三中全会隆重召开,开启了我国改革开放的历史新时期。全会有力推动我国经济建设的发展与繁荣的同时,带动全国自然科学、社会科学与文学艺术的发展。省委宣传部、社联、文联与在宁高校迅速行动,制订了全省百位历史人物研究计划,冒襄就在其中。

冒辟疆先生,才华横溢,忧国忧民,是明末清初文学家,著述颇丰,精于音律,长于书法。明季他又以风节文章领导复社,主盟文坛,名列"明末四公子"之目。毛泽东和田家英谈话时曾说:"所谓明末四公子中,真正具有民族气节的要算冒辟疆,冒辟疆是比较着重实际的,清兵入关后,他就隐居山林,不事清朝,全节而终。"对冒氏风骨给予充分肯定。冒辟疆先生的人生、人品和文章,为如皋留下了丰富的文化财富,三十多年来,在如皋市委、市政府、市人大、市政协的领导与关怀下,冒襄故里各界人士对此课题献出了巨大热情与心血,出现了不少研究成果,有些在全省、全国产生影响。这些年研究会成员通过不懈的努力,创办冒辟疆文化研究会会刊成为如皋文化对外交流的载体,成为推动如皋经济发展的又一大动力。

(六)慈善会

勤劳、淳朴、友善、好客的如皋人民,素有安老、扶孤、助残、济困的民风。早在明嘉靖年间,如皋始建“善堂”,至1938年,如皋善堂总数达到50多所,其中位于如城镇的养济院和育婴堂,时有义田6500多亩及房屋店铺百余间,年养弃婴最多时达1500多人。

新中国成立后,人民群众的基本生活有了保障,尤其是改革开放以来,我市的经济建设有了快速的发展,人民的物质、文化生活水平日益提高。但是,由于孤寡、疾病、天灾人祸等多种原因,社会上仍有一部分群众生活在贫困线上,他们亟须政府的帮助和社会的扶助。

在中共如皋市委、如皋市人民政府的直接关心和支持下,2002年5月20日,如皋市慈善会宣告成立。2007年8月27日,经江苏省民政厅批准,如皋市慈善基金会注册登记,并于同年12月23日正式成立。如皋市慈善基金会成立后,与如皋市慈善会合署办公。如皋市慈善会(基金会)的成立,使如皋市有了一个依法成立并有组织地开展慈善活动的机构,它既为规范如皋市的捐赠活动奠定了基础,也为慈善家帮扶弱势群众构筑了一个平台,得到了市内外不少机关、团体、企事业单位及社会各界人士的热情关心和支持。九年来,已有数万名孤寡老人、孤儿、贫困学生和特困家庭重大疾病患者得到了慈善资助。

第三章　执法与司法(上)

第一节　行政执法

一、行政执法机构

(一)行政执法主体概况

如皋市行政执法主体总体上有两类。其一为行政机关,包括监察局、物价局、残联、发改委、粮食局、司法局、港口局、档案局、旅游局、财政局、商务局、安监局、环保局、统计局、市场监管局、人社局、民宗局、审计局、科技局、卫计委、教育局、公安局、民政局、住建局、城管局、交通局、水务局、盐务局、农发局、农机局、烟草局、建工局、国税局、地税局、体育局、气象局、国土局、文广新局、保密局、农委、编办、公管办、人防办、人民银行如皋支行、如皋边防检查站、如皋海关、如皋海事局、如皋出入境检验检疫局。其二为法律法规授权的组织,有公路站、运管处、海事处、航道站、农机安全监理所、农委动监所、农委水产站、农委林业站、农委植保站、出入境管理大队、交通巡逻警察大队、消防大队、经济技术开发区分局、迎春派出所、丰乐派出所、东陈派出所、雪岸派出所、柴湾派出所、丁堰派出所、白蒲派出所、林梓派出所、九华派出所、下原派出所、郭园派出所、石庄派出所、江安派出所、高明派出所、搬经派出所、袁桥派出所、磨头派出所、皋南派出所、吴窑派出所、如皋港派出所、锦绣派出所、高新技术产业开发区派出所、如皋市国家税务局稽查局、如皋市国家税务局第一税务分局、第二税务分局、第三税务分局、第四税务分局、第五税务分局、第六税务分局、第七税务分局、如皋地方税务局稽查局、如皋地方税务局第一税务分局、第二税务分局、第三税务分局、第四税务分局、第五税务分局、第六税务分局、第七税务分局。

(二)行政执法机构的改革

如皋撤县设市后,市政府下设政府办公室等36个工作部门和经济技术协作委员会等6个政府直属机构的各中层机构,办理“股”改“科”更名工作。1996年再次调整政府机构设置,市政府工作机构调为33个,另设部门管理机构2个。1997年,市政府出台对机关各部门定职能、定编制、定岗位,并分批开展公务员过渡培训、考试,对全市拟予过渡的1992人在定岗、定责的基础上,进行资格认定和职位分类。共核定50家部门的“三定”方案,其中市级党政机关39家(含合署机构),赋予行政管理职能的直属事业单位11家,共加强职能44项,下放权力25项,调整职能28项,减少审批事项

673 项,撤销机构 4 个,合并机构 3 个,转体机构 2 个,比改革前减少机构 6 个,编制由 909 人减为 773 人,精简 15%。

2010 年 1 月,如皋市级机关又一次较大规模施行机构调整,设置政府办公室等 29 个工作部门和合署、挂牌、直属事业、部门管理机构 20 个。

(三)行政机构演变情况

表 3-1-1　1968 年 4 月至 1976 年 4 月如皋县直行政机构演变情况

单位名称	建立年月	撤销年月	撤销去处	备注
秘书组	1968.4.24	1968.12.22	县革会内机构调整	
组织组	1968.4.24	1968.12.22	县革会内机构调整	
政宣组	1968.4.24	1968.12.22	县革会内机构调整	
政法组	1968.4.24	1968.12.22	县革会内机构调整	
农村组	1968.4.24	1968.12.22	县革会内机构调整	
工交组	1968.4.24	1968.12.22	县革会内机构调整	
财贸组	1968.4.24	1968.12.22	县革会内机构调整	
经济计划组	1968.4.24	1968.12.22	县革会内机构调整	
教卫组	1968.4.24	1968.12.22	县革会内机构调整	
农林局革命委员会	1968.4.30	1969.3.19	与水利局合建农水革命委员会	
商业局革命委员会	1968.4.30	1969.3.18	并入生活资料公司革命委员会	
水利局革命委员会	1968.5.9	1969.3.19	与农林局合建农水革命委员会	
卫生科革命委员会	1968.5.11	1969.9.10	并入生产指挥组为卫生组	
文教局革命委员会	1968.5.13	1969.8	并入政工组为教育组	
供销合作社革命委员会	1968.6.18	1969.3.18	并入生产资料公司革命委员会	
财税局革命委员会	1968.6.24	1969.9.10	并入生产指挥组财贸组	
粮油公司革命委员会	1968.9.22	1974.2.1	撤销	
交通管理革命领导组	1968.9.23	1969.9.10	并入生产指挥组	
工业手工业革命领导组	1968.9.27	1969.9.10	并入生产指挥组	
办事组	1968.12.22	1974.2.28	撤销	
政治工作组	1968.12.22	1974.2.28	撤销	
政法组	1968.12.22	1973.11.15	撤销	
抓革命促生产指挥组	1968.12.22	1970.12.29	简称生产指挥组	
知识青年上山下乡办公室	1969.1.15			续后

续表

单位名称	建立年月	撤销年月	撤销去处	备注
生产资料革命委员会	1969.3.18	1970.12.29	并入商业局	
生活资料革命委员会	1969.3.18	1970.12.29	并入商业局	
农水革命委员会	1969.3.19	1969.9.10	并入生产指挥组	
五·七干校革命委员会	1969.5.7	1970.1.1	迁入县农科所	续后
生产指挥组	1969.12.29	1976.1.22	撤销	
水电局	1970.12.29	1976.4.19	划建为水利局和供电局	
文教局	1970.12.29	1974.4.9	改称教育局	
卫生局	1970.12.29			续后
财税局	1970.12.29	1974.4.9	改称财政局	
商业局	1970.12.29			续后
民政局	1970.12.29			续后
物资局	1970.12.29			续后
工业局	1970.12.29			续后
交通局	1970.12.29			续后
农林局	1970.12.29	1974.4.9	改称农业局	
计划生育领导小组办公室	1971.8.6			续后
公安局	1973.11.15			续后
粮食局	1974.2.1			续后
办公室	1974.2.28			与县委办公室合署办公续后
农业局	1974.4.9			续后
教育局	1974.4.9			续后
财政局	1974.4.9			续后
体育运动委员会	1974.5.18			续后
农业机械管理局	1974.10.9			续后
社镇工业局	1975.12.3	1976.2.24	改称第二工业局	
计划委员会	1976.1.22			续后
工交财贸办公室	1976.1.22			续后
农水办公室	1976.1.22			续后

续表

单位名称	建立年月	撤销年月	撤销去处	备注
工商行政管理局	1976.2.21			续后
第二工业局	1976.2.24			续后
水利局	1976.4.19			续后
供电局	1976.4.19			续后

表3-1-2　1976年5月至1991年5月如皋县直行政机构演变情况

单位名称	建立年月	撤销年月	撤销去处	备注
办公室	继前			续后,1981.5.19之前与县委办公室合署办公
卫生局	继前			续后
商业局	继前			续后
民政局	继前			续后
物资局	继前			续后
交通局	继前			续后
农业局	继前			续后
公安局	继前			续后
粮食局	继前			续后
教育局	继前			续后
财政局	继前			续后
体育运动委员会	继前			续后
计划委员会	继前			续后
工商行政管理局	继前			续后
水利局	继前			续后
五·七干校革命委员会	继前	1977.6.24	撤销	
知识青年上山下乡办公室	继前	1979.9.6	并入劳动局	
工业局	继前	1980.2.28	建立5大公司代行行业管理	1979.7~1980.2与第二工业局合署
计划生育领导小组办公室	继前	1979.3.3	改称计划生育办公室	

续表

单位名称	建立年月	撤销年月	撤销去处	备注
农业机械管理局	继前	1984.1.21	并入水利局	
工交财贸办公室	继前	1978.4.14	划建为工交、财贸两个办公室	
农水办公室	继前	1981.4.11	改建为农业委员会	
第二工业局	继前	1979.9	与工业局合署办公	
供电局	继前	1976.10	改为系统垂直单位	
爱国卫生运动委员会	1977.8.4	1978.4.8	设立专门办公室	
对外贸易公司	1978.1.29			续后
工业交通办公室	1978.4.14	1979.7.13	撤销改建为经济委员会	
财贸办公室	1978.4.14	1984.1.21	撤销	
多种经营管理局	1978.4.14			续后
爱国卫生运动委员会办公室	1978.4.18	1984.1.21	与卫生局合署办公	
科学技术委员会	1978.5.31			续后
基本建设局	1979.2.22	1984.1.21	改称建筑工程总公司	
计划生育办公室	1979.3.7	1984.1.21	改称计划生育委员会	
人事局	1979.4.15			续后
物价委员会	1979.6.21	1989.10.10	建立物价局	与计划委员会合署办公
经济委员会	1979.7.3			续后
供销合作社	1979.9.5	1983.9.29	改称供销合作联社	
劳动局	1979.9.6			续后
续编县志领导组	1980.2.27	1981.6.1	改称编史修志领导组	
机械工业公司	1980.2.28	1984.3.5	改为企业主管单位	
电子化学工业公司	1980.2.28	1984.3.5	改为企业主管单位	
纺织工业公司	1980.2.28	1984.3.5	更名纺织丝绸工业公司	
纺织丝绸工业公司	1984.3.5	1984.3.5	改为企业主管单位	
工艺美术服装工业公司	1980.2.28	1984.3.5	改为企业主管单位	

续表

单位名称	建立年月	撤销年月	撤销去处	备注
轻手工业公司	1980.2.28	1983.7.29	对外更名建筑材料工业公司	
编制委员会	1980.3.17			下设办公室与人事局合署办公
环境保护办公室	1980.6.28	1981.5.21	改建为城乡建设环境保护局	
统计局	1980.8.20			续后
老干部管理局	1980.8.20	1981.5.23	更名老干部局	
司法局	1981.2.12			续后
农业委员会	1981.4.11	1984.1.21	改建为县委农村工作部	
侨务办公室	1981.5.21			续后 1984.1.21～1987.6.19 划归县委统战部
老干部局	1981.5.23	1986.7.17	转为县委直属单位	
编史修志领导小组	1981.6.1	1983.5.31	改建为编史修志委员会	
文化局	1981.8.30			续后
气象局	1982.1.16	1984.1.21	改系统垂直单位称气象局	
信访办公室	1982.6.28	1989.10	更名信访局	1982.6.28～1984.3.5 兼为县委信访办公室
编史修志委员会	1983.5.31	1987.3.11	更名地方志编纂委员会办公室	
供销合作联社	1983.9.29	1984.3.5	列为企业主管单位	
税务局	1983.10.10			续后
审计局	1983.10.10			续后
建筑工程总公司	1984.1.21	1990.12	列为企业主管单位	亦称建筑工程局
城乡建设环境保护局	1984.1.21	1985.4.10	复名环境保护局	
计划生育委员会	1984.1.21		俗称“计生委”	续后
财贸领导小组	1984.1.23	1988.8	建立财贸办公室	

续表

单位名称	建立年月	撤销年月	撤销去处	备注
轻工建材公司	1984.3.5		列为企业主管单位	1985.7.29~1984.6.6对外称建筑材料工业公司
纺织丝绸工业公司	1984.3.5		列为企业主管单位	
烟草专卖局(公司)	1984.3		政企合一专卖单位	
外事组	1984.11.29	1987.2.3	改建外事办公室	
乡镇企业管理局	1985.1.3			续后
环境保护局	1985.4.10			续后
城乡建设委员会	1985.4.10			续后
档案局	1985.5.21			续后
老龄委员会办公室	1985.11.2			续后
外事办公室	1987.2.3			续后
地方志编纂委员会办公室	1987.3.11		与县委党史办一套班子	续后
广播电视局	1987.6.15			续后
土地管理局	1987.7.1			续后
经济体制改革委员会办公室	1987.7.18			续后
监察局	1988.1.20			续后
对外经济贸易委员会	1988.2.4			续后
标准计量局	1988.3.24			续后
财贸办公室	1988.8			续后
物价局	1989.10.10			续后
信访局	1989.10			续后
经济技术协作委员会	1989.12.27			续后
法制局	1990.5			续后
建筑工程管理局	1990.12		在建筑工程总公司增挂牌子	续后

表3-1-3　1991年6月至2010年年末如皋市直行政机构演变情况

机构名称	建立时间	变更时间	变更状况	2010年年末情况
政府办公室	继前	1996.11 1999.5 2001.9 2008.12 2010.1	法制局并入合署办公,增挂"政府外事侨务办公室"牌子 外事、侨务分开,政府办公室增挂两块牌子 法制局更名法制办公室,信访局与市政府合署办公,挂"市外事办公室"和"市政府侨务办公室"牌子,政府办公室内设"外事侨务科" "外事""侨务"合并 政府办公室增挂"外事侨务办公室""法制办公室""市级机关事务管理局""政府金融工作办公室""市人民防空办公室"牌子	运转正常
卫生局	继前	1996.11 2010.1	增挂"爱国卫生运动委员会办公室"牌子 不再挂"爱国卫生运动委员会办公室"牌子	运转正常
商业局	继前	1996.11	不再列入政府工作机构	已撤销
民政局	继前	2001.9 2010.1	增挂"老龄委员会办公室"牌子,老龄办与其合署办公 不再挂"老龄委员会办公室"牌子	运转正常
物资局	继前	1996.11	不再列入政府工作机构	已撤销
交通局	继前	2001.9 2010.1	撤销铁路建设指挥部办公室 更名"交通运输局"	已撤销
农业局	继前	1996.11 2001.9	增挂"多种经营管理局"牌子 更名农林局,撤销"多种经营管理局"牌子	已撤销
公安局	继前			运转正常
粮食局	继前	2004.12 2010.1	与经贸委合署,后在发展和改革委员会挂牌	市发改委员会挂牌机构
教育局	继前			运转正常
财政局	继前	1996.11 2001.9 2010.1	增挂"国有资产管理局"牌子 牌子更为"国有资产管理委员会办公室" 牌子更为"政府国有资产监督管理办公室"	运转正常

续表

机构名称	建立时间	变更时间	变更状况	2010年年末情况
体育运动委员会	继前	2001.9	更名“体育局”为政府直属事业单位	已撤销
计划委员会	继前	1996.11	并入“计划与经济委员会”	已撤销
经济委员会	继前	1996.11	并入“计划与经济委员会”	已撤销
对外贸易公司	继前	1996.11	不再列入政府工作机构	已撤销
工商行政管理局	继前	1999.6.3	改为垂直,更名“南通市如皋工商局”	条管
水利局	继前	2001.9	更名“水务局”	已撤销
多种经营管理局	继前	1996.11 2010.1	保留其名称,并入农业局	已撤销
科学技术委员会	继前	2001.9	更名“科学技术局”	已撤销
人事局	继前	1996.11 2001.9 2010.1	“机构编制委员会办公室”与其合署 机构编制委员会办公室列为市委序列,仍与其合署,增挂“事业单位登记管理局”牌子 并入“人力资源与社会保障局”	已撤销
劳动局	继前	2001.9	更名“劳动与社会保障局”	已撤销
统计局	继前			运转正常
司法局	继前	2010.1	增挂“市社会矛盾调解中心”牌子	运转正常
侨务办公室	继前	1996.11 1999.5 2008.12	政府办公室挂“政府外事侨务办公室”牌子 “外事”“侨务”分开,同在政府办公室各自挂牌 “外事”“侨务”合并	已撤销
文化局	继前	2005.4 2009.12	增挂“新闻出版局”和“版权局”牌子 连同“新”“版”二局一起不再保留	已撤销
信访局	继前	1996.11 2001.9 2010.1	增挂“人民建议征集办公室”牌子 与市政府办公室合署办公 独立建制	运转正常

续表

机构名称	建立时间	变更时间	变更状况	2010年年末情况
税务局	继前	1994.9	析建为“国税局”和“地税局”	已撤销
审计局	继前			运转正常
计生委员会	继前	2005.1	更名为“人口与计划生育委员会”	已撤销
财贸办公室	继前	1996.11	划入“财经贸易委员会”	已撤销
外事办公室	继前	1996.11 1999.5.4 2008.12.8	政府办公室挂“政府外事侨务办公室”牌子 “外事”“侨务”分开，同在政府办公室各自挂牌 “外事”“侨务”合并	已撤销
乡镇企业管理局	继前	2001.9 2004.1	并入“发展计划与经济贸易委员会”挂“乡镇企业管理局”牌子 更名“民营经济发展局”	已撤销
环境保护局	继前			运转正常
城乡建设委员会	继前	1996.11 2001.9	增挂“城市管理局”牌子 更名“建设局”	已撤销
档案局	继前	1996.11	列入市委直属工作机构	市委序列
老龄委员会办公室	继前	2001.9 2010.1	列于民政局内，为老龄委员会常设机构，对外挂“老龄委员会办公室”牌子 调整为非常设机构，民政局不再挂其牌子	已撤销
地方志办公室	继前	1996.11	与市委党史办两块牌子，一套班，以“市委党史办”名称对外	列入市委序列
广播电视局	继前	2001.9 2009.12	改为政府直属事业机构 机构改革不再保留	已撤销
土地管理局	继前	1996.11	更名“国土规划管理局”	已撤销
经济体制改革委员会	继前	2001.9	并入“发展计划与经济贸易委员会”挂“经济体制改革办公室”牌子	已撤销

续表

机构名称	建立时间	变更时间	变更状况	2010年年末情况
监察局	继前	1993.3 2005.1	与市纪律检查委员会合署办公 列政府序列，不计政府机构个数	运转正常（不计政府机构数）
对外经济贸易委员会	继前	1996.11 1998.1 2001.9	更设“对外经济贸易局”，增挂“招商局”牌子 复名“对外经济贸易委员会” 改建为“对外贸易经济合作局”	已撤销
经济技术协作委员会	继前	1996.11	不再列入政府直属工作机构	已撤销
法制局	继前	1996.11 2001.9.3	与政府办公室合署办公 改称“政府法制办公室”	已撤销
标准计量局	继前	1996.11 2001.9	更名为“质量技术监督局” 不再列入政府直属工作机构改为条管部门	条管
物价局	继前			运转正常
建管工程管理局	继前	2001.9	与建设局合署	住房城乡建设局挂牌机构
人民防空办公室	1994.4.15	1996.11 2001.9.3 2010.1.6	列为部门管理机构 与市政府办公室合署 职责划入政府办公室	市政府办公室挂牌机构
国税局	1994.9.		实行垂直管理体制	条管
地税局	1994.9	1996.11 2001.9	列为政府直属工作机构 实行垂直，不再列入政府工作机构	条管
政府教育督导室	1994.11	2007.6	升格为正科级	市政府直属事业单位
农业机械管理局	1996.1	1996.11 2001.9 2010.1	不再列入政府直属工作机构 复列为政府直属事业单位 调整为农业委员会管理	部门管理机构
国土规划管理局	1996.11	2001.11	更名“国土资源局”	已撤销
财经（经济）贸易委员会	1996.11.18	2004.12 2007.12 2010.1	与发展和改革委员会合署办公 撤销党组，改为挂牌机构 不再保留	已撤销

续表

机构名称	建立时间	变更时间	变更状况	2010年年末情况
计划与经济委员会	1996.11.18	1996.11 2001.9.3	挂"经济体制改革委员会"牌子 撤销组建发展计划与经济贸易委员会	已撤销
城市管理局	1996.11.18	2001.9 2006.4 2010.1	开始在建设委员会挂牌,建设局挂"城市管理局"牌子 重新成立"城市管理行政执法局" 复名"城市管理局"为政府工作部门	运转正常
地震局	1998.3	2001.9	市政府直属事业单位	与科技局合署
民族宗教事务局	2001.9.3	1999年前 2001.9 2003.2 2004.12	市委统战部一个科 统战部内设立民族宗教事务局 与市委统战部合署 不计政府机构个数	市委序列
农林局	2001.9.3	2010.1	职责划入农业委员会,机构不再保留	已撤销
体育局	2001.9.3	2001.9 2010.1	市政府直属事业单位 调整为市政府工作部门	运转正常
发展计划与经济贸委员会	2001.9.3	2005.12	改组为发展和改革委员会	已撤销
水务局	2001.9.3			运转正常
法制办公室	2001.9.3	2010.1	职责划入政府办公室	市政府办公室挂牌机构
科学技术局	2001.9.3	2001.9 2005.7	地震局与其合署 增挂"知识产权保护局"牌子	运转正常
劳动与社会保障局	2001.9.3	2010.1	职责划入"人力资源和社会保障局",机构不再保留	已撤销
安全生产监督管理局	2001.9.3	2001.9 2005.1	开始在经贸委挂牌 列为政府直属工作机构	运转正常
建设局	2001.9.3	2001.9 2010.1	建筑工程局与其合署,增挂"城市管理局"牌子 职责划入"住房和城乡建设局" 机构不再保留	已撤销
国土资源局	2001.9.3			运转正常

续表

机构名称	建立时间	变更时间	变更状况	2010年年末情况
农业资源开发局	2001.9.3	2001.9 2010.1	政府直属事业机构 调整为农业委员会管理	部门管理机构
事业单位登记管理局	2001.9.3	2001.9 2010.1	人事局挂牌机构 随人事局撤销	已撤销
经济体制改革办	2001.9.3	2005.12	并入发展和改革委员会	已撤销
对外贸易经济合作局	2001.9.3	2010.1	职责划入“商务局”,机构不再保留	已撤销
旅游局	2001.9.3	2001.9 2010.1	委托建设局管理,市政府直属事业单位 调整为市政府工作部门	运转正常
行政审批中心	2001.9.3	2001.9 2006.12 2010.10	市政府直属事业机构 更名“行政服务中心” 更名“市民服务中心”	已更名
市民服务中心	2010.10		正式举行新址入住仪式	市政府直属事业机构
招标投标管理办公室	2001.9.3	2001.4 2001.9	成立招投标中心,随后设立招标投标管理委员会,正式定名招标投标办公室 政府直属正科级事业单位下辖招投标中心	市政府直属事业机构
接待办公室	2001.9.3		市委、市政府双重领导	市直事业机构
民营经济发展局	2004.1.3	2007.12	更名“中小企业局”	已撤销
人才交流中心	2004	2004		不作政府直属机构
发展和改革委员会	2004.12.28	2004.12 2010.1.6	挂乡镇企业管理局牌子 挂“经济和信息委员会”“粮食局”“服务业办公室”“中小企业局”牌子	运转正常

续表

机构名称	建立时间	变更时间	变更状况	2010年年末情况
人口与计划生育委员会	2005.1.12			运转正常
新闻出版局	2005.4	2009.12	原为文化局挂牌机构,随文化局不再存在	已撤销
版权局	2005.4	2009.12	原为文化局挂牌机构,随文化局不再存在	已撤销
知识产权保护局	2005.7.4		不另设编,在科学技术局挂牌	市科学技术局挂牌机构
第三产业办公室	2004.12	2008 2010.1	发改委下属部门管理机构 不再保留	已撤销
城市管理行政执法局	2006.4.7	2010.1	更名城市管理局仍挂原局牌子	城市管理局挂牌机构
中小企业局	2007.7	2007.7 2010.1	由民营经济发展局更名改建 发展和改革委员会挂“市中小企业局”牌子	发展和改革委员会挂牌机构
机关事务管理局	2007.7.25	2010.1	职责划入政府办公室	市政府办公室挂牌机构
社会矛盾调解中心	2007.12.12	2010.1	司法局挂“社会矛盾调解中心”牌子	司法局挂牌机构
畜牧兽医局	2007.12.12	2009.12	不再保留	已撤销
政府外事侨务办公室	2008.12.28		正科级建制	市政府办公室挂牌机构
政府金融工作办公室	2008.12.28		正科级建制	市政府办公室挂牌机构
信息网络管理中心	2009.5.27			市政府直属事业单位

续表

机构名称	建立时间	变更时间	变更状况	2010年年末情况
人力资源和社会保障局	2010.1.6			运转正常
住房和城乡建设局	2010.1.6		挂市“建筑工程局”和“规划局”牌子	运转正常
交通运输局	2010.1.6		原“交通局”更名新建	运转正常
农业委员会	2010.1.6		挂市“林业局”牌子	运转正常
商务局	2010.1.6			运转正常
文化广电新闻出版局	2010.1.6		挂市文物局牌子	
食品药品监督管理局	2010.1.6		原由省垂直管理的“药品食品监督局” 改为市政府工作部门,并更为现名	运转正常
口岸和港务管理局	2010.1.6			运转正常
经济和信息化委员会	2010.1.6			市发改委挂牌机构
服务业办公室	2010.1.6			市发改委挂牌机构
政府国有资产监督管理局	2010.1.6			市财政局挂牌机构
规划局	2010.1.6			市住房和城乡建设局挂牌机构
文物局	2010.1.6			市文化广电新闻出版局挂牌机构
林业局	2010.1.6			市农业委员会挂牌机构

二、行政执法机构作出抽象行政行为概况

(一)出台行政规范性文件

表 3-1-4　政府发布的行政规范性文件,共 69 件

序号	文号	文件名称
1	政府令第 5 号〔2003〕	如皋市城市公共广场管理试行办法
2	政府令第 8 号〔2003〕	如皋市城市河道管理试行办法
3	政府令第 9 号〔2003〕	如皋市市政设施管理试行办法
4	政府令第 10 号〔2003〕	如皋市城市道路临时占用、挖掘管理试行办法
5	政府令第 14 号〔2003〕	如皋市城镇退役士兵安置暂行办法
6	政府令第 16 号〔2004〕	如皋市行政执法责任制暂行办法
7	政府令第 17 号〔2005〕	如皋市审计机关公布审计结果暂行办法
8	政府令第 18 号〔2005〕	如皋市国家建设项目审计监督办法
9	政府令第 19 号〔2005〕	如皋市城市地下水资源管理暂行办法
10	皋政规〔2010〕1 号	市政府关于印发《如皋市经营性用地容积率管理办法》的通知
11	皋政规〔2010〕2 号	市政府关于印发《如皋市物业管理暂行办法》的通知
12	皋政规〔2010〕3 号	市政府关于印发《如皋市城镇居民基本医疗保险实施办法》的通知
13	皋政规〔2010〕4 号	市政府关于印发《如皋市城镇职工基本医疗保险实施办法》的通知
14	皋政规〔2010〕5 号	市政府关于印发《如皋市城镇老年居民基础养老金实施办法》的通知
15	皋政规〔2011〕1 号	关于贯彻执行《国有土地上房屋征收与补偿条例》规范征收补偿程序的通知
16	皋政规〔2011〕3 号	关于印发如皋市特困失业人员爱心助保实施办法的通知
17	皋政规〔2011〕4 号	市政府关于印发《如皋市水利工程管理实施办法》的通知
18	皋政规〔2011〕5 号	如皋市公共租赁住房管理办法
19	皋政规〔2011〕6 号	如皋市经济适用住房管理实施细则
20	皋政规〔2011〕7 号	如皋市廉租住房保障实施细则
21	皋政规〔2012〕1 号	关于印发《如皋市国有土地上房屋征收与补偿办法》的通知
22	皋政规〔2012〕2 号	关于印发《如皋市国有土地上房屋征收范围内房屋调查认定和处理办法》的通知

续表

序号	文号	文件名称
23	皋政规〔2012〕3号	关于印发《如皋市国有土地上房屋征收补偿补助和奖励办法》的通知
24	皋政规〔2012〕4号	如皋市公路安全保护规定
25	皋政规〔2012〕5号	关于印发《如皋市企业国有资产监督管理暂行办法》的通知
26	皋政规〔2012〕6号	市政府关于修改《如皋市城乡困难群众医疗救助办法》的决定
27	皋政规〔2012〕8号	市政府关于印发《如皋市户外广告设施设置管理办法》的通知
28	皋政发〔2000〕127号	如皋市建设工程抗震设防管理办法
29	皋政发〔2001〕152号	如皋市城市污水处理管理办法
30	皋政发〔2002〕65号	如皋市城乡居民最低生活保障实施办法
31	皋政发〔2004〕8号	市政府关于印发《如皋市地名管理办法》的通知
32	皋政发〔2004〕20号	市政府关于印发《如皋市新型农村合作医疗管理办法(试行)》的通知
33	皋政发〔2004〕49号	市政府关于印发《如皋市民营医院管理办法》的通知
34	皋政发〔2006〕97号	市政府关于印发《如皋市农村五保供养工作暂行办法》的通知
35	皋政发〔2006〕104号	市政府关于印发《如皋市饮用水源保护区划定办法》的通知
36	皋政发〔2007〕96号	关于印发《如皋市政府采购管理办法》的通知
37	皋政发〔2007〕107号	关于印发《如皋市征地补偿和被征地农民基本生活保障实施办法》的通知
38	皋政发〔2008〕65号	关于印发《如皋市市区城市绿线管理暂行办法》的通知
39	皋政发〔2008〕69号	关于印发《如皋市职工生育保险暂行办法》的通知
40	皋政发〔2008〕152号	关于印发《如皋市文物保护管理暂行办法》的通知
41	皋政发〔2008〕153号	关于印发《如皋市非物质文化遗产保护管理暂行办法》的通知
42	皋政发〔2008〕166号	关于印发《如皋市饮食服务业油烟油水污染防治管理暂行办法》的通知
43	皋政发〔2009〕55号	关于被征地农民基本生活保障工作的补充意见
44	皋政发〔2009〕79号	关于印发《如皋市预拌混凝土管理规定》的通知
45	皋政发〔2009〕145号	如皋市水绘园风景区、东大街历史文化街区管理暂行办法
46	皋政发〔2009〕181号	关于印发《如皋市科技种子资金管理办法》的通知
47	皋政发〔2010〕95号	关于印发《如皋市新型农村社会养老保险制度实施办法》的通知

续表

序号	文号	文件名称
48	皋政发〔2011〕25 号	市政府关于印发如皋市基本药物制度实施办法(试行)的通知
49	皋政发〔2012〕53 号	关于印发《如皋市安置房建设安置管理办法》(试行)的通知
50	皋政发〔2012〕57 号	关于印发《如皋市城乡居民社会养老保险制度实施办法》的通知
51	皋政发〔2012〕179 号	关于修改《如皋市兵役工作管理办法》的决定
52	皋政办发〔2003〕114 号	关于印发《如皋市药品及一次性医疗用品集中采购实施办法》的通知
53	皋政办发〔2004〕21 号	市政府办公室关于印发《如皋市新型农村合作医疗管理办法(试行)配套文件》的通知
54	皋政办发〔2004〕34 号	市政府办公室关于规范残疾人就业保障金征收办法的通知
55	皋政办发〔2005〕83 号	市政府办公室关于印发《如皋市古树名木保护管理办法》的通知
56	皋政办发〔2006〕119 号	市政府办公室关于印发《如皋市有偿使用地名暂行办法》的通知
57	皋政办发〔2007〕152 号	关于印发《如皋市关于界定农村集体经济组织成员的试行办法》的通知
58	皋政办发〔2007〕155 号	关于印发《如皋市小企业贷款风险补偿基金试行办法》的通知
59	皋政办发〔2008〕111 号	关于印发《如皋市规范户外广告和标志收费实施意见》的通知
60	皋政办发〔2009〕48 号	关于印发《如皋市饮用水水源地保护区管理办法》的通知
61	皋政办发〔2009〕65 号	关于印发《如皋市村村通公交工程实施意见》的通知
62	皋政办发〔2009〕167 号	关于印发《如皋市烟花爆竹安全管理办法》的通知
63	皋政办发〔2009〕168 号	关于印发《如皋市乡村医生养老保险实施意见(试行)》的通知
64	皋政办发〔2010〕152 号	关于征收镇(区)污水处理费的通知
65	皋政办发〔2010〕220 号	关于印发《如皋市贫困家庭儿童重大疾病慈善救助办法(暂行)》的通知
66	皋政办发〔2011〕32 号	市政府办公室关于印发如皋市基本药物集中采购与配送管理办法(试行)的通知
67	皋政办发〔2012〕25 号	关于印发《如皋市房地产评估机构管理办法》的通知
68	皋政办发〔2012〕26 号	关于印发《如皋市国有土地上房屋征收与补偿评估技术规范》的通知
69	皋政办发〔2012〕130 号	关于印发《如皋市流动人口居住登记和居住证发放实施细则(试行)》的通知

（二）出台行政管理性文件

表 3-1-5 政府发布的行政管理性文件，共 258 件

序号	文号	文件名称
1	皋政发〔2000〕116 号	如皋市房改房上市交易暂行办法
2	皋政发〔2000〕118 号	如皋市重大行政处罚决定备案审查办法
3	皋政发〔2001〕79 号	关于进一步深化完善粮食企业改革的实施意见
4	皋政发〔2001〕239 号	在职革命伤残军人有关问题的处理意见
5	皋政发〔2002〕118 号	如皋市人民政府应诉工作规则
6	皋政发〔2002〕136 号	如皋市行政机关工作人员行政过错责任追究暂行办法
7	皋政发〔2002〕151 号	关于妥善处理原乡镇农具厂大集体人员养老生活保障问题的意见
8	皋政发〔2004〕91 号	市政府关于印发《如皋市离休干部医药费统筹管理补充规定》的通知
9	皋政发〔2005〕7 号	市政府关于深化"收支两条线"管理改革的意见
10	皋政发〔2005〕19 号	市政府关于进一步做好城镇企业职工社会保险工作的意见
11	皋政发〔2005〕31 号	市政府关于印发《如皋市除四害工作管理办法》的通知
12	皋政发〔2005〕32 号	市政府关于印发《如皋市爱国卫生工作管理规定》的通知
13	皋政发〔2005〕60 号	市政府关于印发如皋市人民政府法律事务咨询委员会工作规则的通知
14	皋政发〔2005〕76 号	关于公布如皋集贤里明代建筑群保护范围和建设控制地带的通知
15	皋政发〔2005〕90 号	市政府关于印发《如皋市在乡一级至六级革命残疾军人医疗保障统筹实施办法》的通知
16	皋政发〔2005〕94 号	市政府关于进一步加强国有企业职务犯罪预防工作的决定
17	皋政发〔2005〕95 号	市政府关于加强金融系统职务犯罪预防工作的决定
18	皋政发〔2006〕43 号	市政府关于进一步推进企业工资集体协商工作的意见
19	皋政发〔2006〕79 号	市政府关于在建设领域建立农民工工资保障金制度的意见
20	皋政发〔2006〕85 号	市政府关于印发《如皋市相对集中行政处罚权试行办法》的通知
21	皋政发〔2006〕87 号	市政府关于建立与市人大代表政协委员沟通联系制度的意见
22	皋政发〔2006〕120 号	市政府关于进一步加强就业再就业工作的意见
23	皋政发〔2007〕49 号	关于印发《如皋市行政监察机构执法监察工作暂行办法》的通知
24	皋政发〔2007〕79 号	关于完善城乡居民生活保障标准农村五保供养标准自然增长机制进一步加强社会救助工作的通知
25	皋政发〔2007〕83 号	如皋市政府关于节能减排工作的实施意见

续表

序号	文号	文件名称
26	皋政发〔2007〕91 号	市政府关于深化完善政务公开工作的意见
27	皋政发〔2007〕92 号	关于进一步加强行政复议工作的意见
28	皋政发〔2007〕113 号	关于颁布实施《如皋市生态建设规划》的通知
29	皋政发〔2007〕116 号	关于印发《如皋市行政诉讼、行政复议案件过错责任追究暂行办法》的通知
30	皋政发〔2007〕117 号	关于印发《关于规范行政处罚自由裁量权的指导意见》的通知
31	皋政发〔2007〕118 号	关于印发《如皋市行政听证程序规定》的通知
32	皋政发〔2007〕134 号	市政府关于公布首批如皋市非物质文化遗产代表作保护名录的通知
33	皋政发〔2007〕179 号	市政府办公室关于印发《如皋市农村公路管理与养护体制改革实施方案》的通知
34	皋政发〔2008〕13 号	关于印发《如皋市行政复议委员会工作规则》的通知
35	皋政发〔2008〕23 号	市政府关于进一步强化财政预算管理的意见
36	皋政发〔2008〕29 号	如皋市“依法行政示范单位”创建活动实施意见
37	皋政发〔2008〕45 号	关于加强城市生活无着的流浪乞讨人员救助管理工作的意见
38	皋政发〔2008〕59 号	关于印发《如皋市政府任命领导干部任前法律知识考试办法》的通知
39	皋政发〔2008〕62 号	市政府关于推进“三级便民服务网络”建设的实施意见
40	皋政发〔2008〕70 号	关于加强国有土地使用权出让收支管理的意见
41	皋政发〔2008〕79 号	关于印发《如皋市农副市场升级改造实施方案》的通知
42	皋政发〔2008〕137 号	关于印发《如皋市行政执法协调办法(试行)》的通知
43	皋政发〔2008〕142 号	关于印发《如皋市行政首长问责暂行办法》的通知
44	皋政发〔2008〕154 号	市政府关于进一步加强社区卫生服务站建设的意见
45	皋政发〔2008〕158 号	关于印发《如皋市现代花卉、苗木科技园区建设总体规划》的通知
46	皋政发〔2008〕194 号	关于调整企业基本养老保险费缴费比例的通知
47	皋政发〔2008〕195 号	关于加强区域供水工程运行管理的实施办法
48	皋政发〔2009〕21 号	关于贯彻《江苏省地方税收征管保障办法》深入推进综合治税工作的实施意见
49	皋政发〔2009〕40 号	关于印发如皋市政府投资建设项目代建管理试行办法的通知
50	皋政发〔2009〕62 号	关于印发《如皋市人民政府领导干部学法制度》的通知

续表

序号	文号	文件名称
51	皋政发〔2009〕68 号	关于加快科技企业孵化器建设的意见
52	皋政发〔2009〕69 号	关于引进高新技术产业的若干意见
53	皋政发〔2009〕70 号	关于建设如皋软件园的实施意见
54	皋政发〔2009〕82 号	关于进一步规范政府投资工程建设项目招标投标管理的意见
55	皋政发〔2009〕87 号	关于公布如皋市第二批非物质文化遗产名录的通知
56	皋政发〔2009〕89 号	市政府贯彻国务院关于加强市县政府依法行政决定的实施意见
57	皋政发〔2009〕104 号	关于禁止机动车(含电动)三轮车无牌无证上路行驶和整治如城交通秩序的通告
58	皋政发〔2009〕122 号	关于印发如皋市城区市容环境卫生责任区管理办法的通知
59	皋政发〔2009〕133 号	如皋市村级公益事业建设一事一议财政奖补试行办法
60	皋政发〔2009〕134 号	关于调整原乡镇农具厂大集体人员养老生活费标准的意见
61	皋政发〔2009〕151 号	关于印发《如皋市规范性文件管理办法》的通知
62	皋政发〔2009〕161 号	关于明确食品生产经营相关环节监管职责的规定
63	皋政发〔2009〕166 号	关于加快全市水运发展的意见
64	皋政发〔2009〕178 号	关于进一步促进旅游业发展的意见
65	皋政发〔2010〕14 号	关于进一步加强流动人口计划生育工作的意见
66	皋政发〔2010〕41 号	关于进一步促进农民自主创业工作的意见
67	皋政发〔2010〕46 号	关于进一步加强农村集体财务审计的意见
68	皋政发〔2010〕59 号	关于扶持发展和规范管理福利企业的意见
69	皋政发〔2010〕65 号	关于建立如皋市政府新闻发言人制度的实施意见
70	皋政发〔2010〕80 号	关于明确挂牌机构行政主体资格的通知
71	皋政发〔2010〕90 号	关于加强全市个体及零散税收社会化征管的实施意见
72	皋政发〔2010〕113 号	关于进一步加强新型农村合作医疗管理工作的通知
73	皋政发〔2010〕127 号	市政府关于减免城乡低保、农村五保、城镇“三无”对象、重点优抚对象殡葬基本服务费的通知
74	皋政发〔2010〕148 号	市政府关于印发《如皋市人民政府关于进一步规范完善政府投资项目管理的意见》的通知
75	皋政发〔2010〕172 号	关于印发《如皋市“十二五”住房保障规划》的通知
76	皋政发〔2010〕197 号	关于执行区域供水水价的公告
77	皋政发〔2011〕9 号	关于印发如皋市安全生产工作职责的通知

续表

序号	文号	文件名称
78	皋政发〔2011〕11 号	市政府关于逐步推进退役士兵安置城乡一体化的通知
79	皋政发〔2011〕33 号	关于加强农村环境保护工作的意见
80	皋政发〔2011〕38 号	关于进一步规范兵役行政处罚工作的通知
81	皋政发〔2011〕39 号	关于进一步加强行政机关负责人行政诉讼出庭应诉工作的通知
82	皋政发〔2011〕55 号	关于进一步规范建设用地规划审批与执行的意见
83	皋政发〔2011〕77 号	市政府关于划转城市管理领域相关行政处罚职能的通知
84	皋政发〔2011〕81 号	关于加快科技金融服务体系建设的意见
85	皋政发〔2011〕91 号	关于进一步改革和创新全市流动人口服务和管理工作的意见
86	皋政发〔2011〕93 号	关于加快发展社会养老服务事业的意见
87	皋政发〔2011〕103 号	关于实施质量强市战略的意见
88	皋政发〔2011〕121 号	关于进一步促进现代港口物流业发展的若干意见
89	皋政发〔2011〕158 号	关于加强港口岸线管理提高资源利用效率的意见
90	皋政发〔2011〕163 号	关于印发《如皋市安全生产约谈制度》的通知
91	皋政发〔2011〕168 号	如皋市人民政府关于依法加强肠衣加工用盐市场管理的通告
92	皋政发〔2011〕172 号	关于贯彻《南通市政府关于扶持集体经济薄弱村发展的意见》实施办法
93	皋政发〔2011〕173 号	关于改善中小企业经营环境促进经济健康发展的意见
94	皋政发〔2011〕175 号	市政府关于印发如皋市医疗机构设置规划(2011～2015 年)的通知
95	皋政发〔2011〕191 号	关于加快电子商务发展的实施意见(试行)
96	皋政发〔2011〕254 号	关于明确连申线航道整治工程如皋段征地搬迁补偿标准的通知
97	皋政发〔2012〕2 号	关于进一步完善政府工作推进、协调、督查体系的意见
98	皋政发〔2012〕3 号	关于印发《如皋市人民政府工作规则》的通知
99	皋政发〔2012〕8 号	关于印发《如皋市行政调解办法》的通知
100	皋政发〔2012〕26 号	关于如皋市数字化城市综合管理监督考评实施办法的通知
101	皋政发〔2012〕38 号	关于进一步治理规范涉企收费支持企业发展的意见
102	皋政发〔2012〕47 号	市政府关于印发《如皋市突发事件应对办法》的通知
103	皋政发〔2012〕55 号	关于推进“菜篮子”工程建设的实施意见
104	皋政发〔2012〕60 号	关于加快推进农村困难群众住房改造提升工程的实施意见
105	皋政发〔2012〕71 号	关于建立健全土地执法监管共同责任机制的意见
106	皋政发〔2012〕78 号	关于印发《如皋市政府投资项目财政管理暂行办法》的通知

续表

序号	文号	文件名称
107	皋政发〔2012〕84 号	关于建立独生子女父母光荣证退休企业职工一次性奖励长效发放机制的通知
108	皋政发〔2012〕92 号	关于建立普通高中学校经费保障机制的意见
109	皋政发〔2012〕99 号	关于进一步做好预防和解决农民工工资问题的通知
110	皋政发〔2012〕122 号	关于印发如皋市住宅老小区、安置房居住区实施基本物业服务考核管理办法的通知
111	皋政发〔2012〕141 号	关于公布如皋市第三批非物质文化遗产名录的通知
112	皋政发〔2012〕163 号	关于印发《如皋市行政机关实施代履行若干规定》的通知
113	皋政发〔2012〕171 号	关于调整城镇居民基本医疗保险筹资标准的通知
114	皋政发〔2012〕173 号	关于赋予长江镇部分经济社会管理权限的决定
115	皋政办发〔2001〕138 号	关于市政府行政复议案件处理程序若干问题的通知
116	皋政办发〔2002〕21 号	如皋市建筑安全生产监督管理办法
117	皋政办发〔2002〕48 号	市政府办公室关于印发如皋市农村社区卫生服务站筹建方案的通知
118	皋政办发〔2003〕42 号	市政府办公室关于市域主要河道水环境功能区划分的通知
119	皋政办发〔2004〕23 号	市政府办公室转发市房改办关于调整如皋市房改有关政策意见的通知
120	皋政办发〔2004〕29 号	市政府办公室转发市民政局农林局《关于加强农村专业经济协会培育发展和登记管理工作的通知》的通知
121	皋政办发〔2004〕59 号	市政府办公室关于公布第二批文物保护单位的通知
122	皋政办发〔2004〕79 号	市政府办公室转发《如皋市教育局关于 2004 年中小学教职工离岗退养的意见》的通知
123	皋政办发〔2004〕91 号	转发市财政局等部门《如皋市社会综合治税委托代征管理暂行办法》的通知
124	皋政办发〔2004〕136 号	关于加强长江江滩湿地保护管理的通知
125	皋政办发〔2005〕63 号	市政府办公室转发市建设局关于如皋市二次供水安全卫生管理规定的通知
126	皋政办发〔2005〕79 号	市政府办公室关于转发如皋市民政局财政局卫生局《关于进一步完善重点优抚对象医疗保障的意见》的通知
127	皋政办发〔2005〕126 号	市政府办公室印发《关于吸引留学人员来如皋创业的实施细则》的通知

续表

序号	文号	文件名称
128	皋政办发〔2005〕138 号	关于对未按规定参加社会保险的用人单位依法实行核定征收的通知
129	皋政办发〔2006〕33 号	关于转发市长公开电话管理中心关于《如皋市市长公开电话受理办理工作目标责任制考核办法》的通知
130	皋政办发〔2006〕35 号	关于进一步做好基本农田保护工作的意见
131	皋政办发〔2006〕38 号	市政府办公室转发市绿化委员会财政局地税局关于绿化收费试行统一征收的意见的通知
132	皋政办发〔2006〕46 号	市政府办公室关于印发《如皋市建筑工程安全文明施工措施费用管理实施细则》的通知
133	皋政办发〔2006〕93 号	市政府办公室关于印发《如皋市镇食品安全工作综合评价暂行办法》的通知
134	皋政办发〔2006〕94 号	市政府办公室关于进一步做好军队转业干部随军家属安置工作的意见
135	皋政办发〔2006〕96 号	市政府办公室转发市人口计生委市财政局《关于切实做好计划生育手术并发症人员生活补助发放工作的意见》的通知
136	皋政办发〔2006〕107 号	市政府办公室关于印发《如皋市信访事项复查工作规程》的通知
137	皋政办发〔2006〕109 号	市政府办公室关于印发《如皋市资助家庭经济困难学生实施意见》的通知
138	皋政办发〔2006〕117 号	关于将部分土地出让金用于农业土地开发的实施意见
139	皋政办发〔2006〕131 号	市政府办公室关于进一步明确市域文物保护单位责任主体部门(单位)的通知
140	皋政办发〔2006〕134 号	市政府办公室关于进一步加强机电排灌工作的意见
141	皋政办发〔2006〕139 号	市政府办公室关于进一步完善机关事业单位社会保险工作的意见
142	皋政办发〔2006〕147 号	关于进一步加强工程建设领域预防职务犯罪工作的决定
143	皋政办发〔2006〕148 号	关于进一步加强国土系统预防职务犯罪工作的决定
144	皋政办发〔2006〕149 号	关于进一步加强教育系统预防职务犯罪工作的决定
145	皋政办发〔2006〕150 号	关于进一步加强农村基层干部预防职务犯罪工作的决定
146	皋政办发〔2006〕155 号	市政府办公室关于印发《如皋市镇级政府耕地保护责任目标考核办法》的通知
147	皋政办发〔2006〕160 号	关于进一步规范村级财政转移支付资金管理的通知

续表

序号	文号	文件名称
148	皋政办发〔2007〕19 号	市政府办公室关于完善请示事项办理工作的通知
149	皋政办发〔2007〕83 号	关于进一步规范城市生活垃圾处理费征收管理的通知
150	皋政办发〔2007〕116 号	关于加强企业应急管理工作的通知
151	皋政办发〔2007〕121 号	关于印发《信访事项移送行政复议受理审查规定》的通知
152	皋政办发〔2007〕130 号	关于转发市农村工作办公室《如皋市村集体经济组织财务管理制度》的通知
153	皋政办发〔2007〕134 号	市政府办公室关于印发如皋市城市社区卫生服务机构设置规划的通知
154	皋政办发〔2007〕142 号	转发市委老干部局市财政局市劳动和社会保障局《关于将已故离休干部无工作、无固定收入配偶纳入城镇职工基本医疗保险意见》的通知
155	皋政办发〔2007〕151 号	市政府办公室关于印发《关于建立农村集体土地面积和农村集体经济组织成员两个数据库的实施意见》的通知
156	皋政办发〔2007〕156 号	关于印发《关于简化企业抵押登记手续、降低抵押登记收费的意见》的通知
157	皋政办发〔2007〕180 号	关于加强农村公路交通安全建设的意见
158	皋政办发〔2007〕187 号	关于印发《如皋市节能减排及发展循环经济专项资金管理暂行办法》的通知
159	皋政办发〔2008〕24 号	关于印发如皋市企业安全生产风险抵押金管理实施意见的通知
160	皋政办发〔2008〕73 号	关于印发《如皋市农作物重大病虫害防控工作意见》的通知
161	皋政办发〔2008〕99 号	如皋市人民政府办公室关于印发《如皋市旅游资源保护和开发管理暂行规定》的通知
162	皋政办发〔2008〕118 号	市政府办公室关于进城进镇居住农民参照被征地农民实行基本生活保障的实施办法(试行)
163	皋政办发〔2008〕120 号	关于转发市民政局《关于加快全市社会福利社会化进程的意见》的通知
164	皋政办发〔2008〕125 号	关于人防结建工程项目易地建设费先征后退的通知
165	皋政办发〔2008〕131 号	市政府办公室转发民政局、财政局《关于建设农村社会福利中心实施方案》的通知
166	皋政办发〔2008〕134 号	市政府办公室关于建立如皋市行政决策听证代表库的通知
167	皋政办发〔2008〕144 号	关于印发《关于加快我市农村客运站建设实施意见》的通知

续表

序号	文号	文件名称
168	皋政办发〔2008〕152 号	市政府办公室关于加强会计诚信建设开展争创会计工作优良单位的意见
169	皋政办发〔2008〕155 号	市政府办公室关于对市政府交办事项进一步加强督办查办的意见
170	皋政办发〔2008〕163 号	市政府办公室关于进一步做好农村五保供养工作的意见
171	皋政办发〔2008〕165 号	《如皋市城乡无固定收入重残人员生活救助实施办法》
172	皋政办发〔2008〕166 号	市政府办公室关于调整社会医疗保险有关待遇的通知
173	皋政办发〔2008〕178 号	关于严格执行罚缴分离制度的通知
174	皋政办发〔2009〕27 号	关于加强基本农田管护工作的通知
175	皋政办发〔2009〕28 号	关于进一步加强全市专职保安联防队伍建设的意见
176	皋政办发〔2009〕56 号	关于切实加强我市履行禁止化学武器公约工作的意见
177	皋政办发〔2009〕69 号	关于对农村通公交沥青路实施改造的意见
178	皋政办发〔2009〕99 号	关于加强突发公共事件信息报送工作的通知
179	皋政办发〔2009〕100 号	关于印发《如皋市甲型 H1N1 流感防控工作预案(试行)》的通知
180	皋政办发〔2009〕106 号	印发《关于进一步加强我市农村危桥改造工程管理工作的意见》的通知
181	皋政办发〔2009〕131 号	关于切实加强房地产开发经营税收管理的意见
182	皋政办发〔2009〕141 号	关于调整政策性生猪保险相关政策和运行机制的通知
183	皋政办发〔2009〕143 号	关于印发《如皋市农村自办宴席食品安全管理暂行办法》的通知
184	皋政办发〔2009〕150 号	关于印发《如皋市党政干部因公出国(境)管理暂行办法》的通知
185	皋政办发〔2009〕151 号	关于转发市清理整顿对外劳务市场秩序领导小组《如皋市对外劳务纠纷处理工作制度》的通知
186	皋政办发〔2009〕152 号	关于进一步加强社区教育工作的意见
187	皋政办发〔2009〕153 号	关于进一步做好被征地农民基本生活保障工作的通知
188	皋政办发〔2009〕160 号	转发市人事局财政局教育局《关于进一步加强义务教育阶段(幼儿园)教师均衡配置工作的意见》的通知
189	皋政办发〔2009〕164 号	转发市总工会等部门《关于对如皋市特困职工实行特殊照顾的办法》的通知
190	皋政办发〔2009〕179 号	市政府办公室关于制定房地产二级市场交易最低计税价格的通知
191	皋政办发〔2009〕182 号	关于调整 2010 年新型农村合作医疗有关政策的通知
192	皋政办发〔2009〕183 号	关于印发《如皋市公共企事业单位信息公开实施办法》的通知

续表

序号	文号	文件名称
193	皋政办发〔2009〕188 号	关于深入推进镇(区)污水处理的意见
194	皋政办发〔2010〕30 号	关于规范委托代征政府性基金费征收业务费的意见
195	皋政办发〔2010〕49 号	关于增补新型农村合作医疗特殊病种补助范围的通知
196	皋政办发〔2010〕64 号	关于进一步深化殡葬改革促进殡葬事业科学发展的意见
197	皋政办发〔2010〕106 号	关于印发《如皋市固定资产投资项目节能审查评估和审查管理暂行办法》的通知
198	皋政办发〔2010〕132 号	关于印发《如皋市普通住宅公告物业服务等级标准(试行)》和《如皋市普通住宅公告物业服务收费标准(试行)》的通知
199	皋政办发〔2010〕181 号	市政府办公室关于进一步加强机电排灌安全管理工作的通知
200	皋政办发〔2010〕182 号	转发市财政局教育局《关于进一步加强中小学校财政财务管理的意见》的通知
201	皋政办发〔2010〕198 号	关于加强村组公路建设管理的实施意见
202	皋政办发〔2010〕211 号	关于转发南通市国土资源局等部门南通市征地项目实行社会稳定风险评估的试行意见的通知
203	皋政办发〔2010〕230 号	关于教育系统社会捐赠款管理的意见
204	皋政办发〔2010〕234 号	关于转发市住建局物价局国土局《关于拆迁安置房指导价外相关费用的处理意见》的通知
205	皋政办发〔2011〕12 号	关于印发如皋市土地卫片执法检查问责规定(试行)的通知
206	皋政办发〔2011〕18 号	关于印发如皋市劳动保障群体性突发事件应急处置预案的通知
207	皋政办发〔2011〕33 号	市政府办公室关于印发如皋市实施基本药物制度补偿考核细则(试行)的通知
208	皋政办发〔2011〕55 号	关于加强为农服务社长效管理的实施意见
209	皋政办发〔2011〕59 号	关于印发如皋市政府性投资工程建设项目标后监管暂行办法的通知
210	皋政办发〔2011〕65 号	关于进一步加强基层法制办公室建设的意见
211	皋政办发〔2011〕66 号	关于印发如皋市重大行政争议预警机制若干规定的通知
212	皋政办发〔2011〕71 号	关于印发如皋市旅游业发展引导奖励办法的通知
213	皋政办发〔2011〕81 号	关于开展全市农村环境“四位一体”长效管理创建工作的实施意见
214	皋政办发〔2011〕94 号	关于印发如皋市澄清虚假信息或不完整信息实施细则的通知
215	皋政办发〔2011〕95 号	关于印发如皋市主动公开政府信息移送管理实施细则的通知

续表

序号	文号	文件名称
216	皋政办发〔2011〕106 号	关于印发如皋市粮食应急供应预案的通知
217	皋政办发〔2011〕117 号	关于加强特殊人群管理服务的意见
218	皋政办发〔2011〕122 号	关于印发如皋市市级储备粮管理暂行办法的通知
219	皋政办发〔2011〕170 号	关于完善全市农村环境四位一体长效管理创建工作的实施意见的通知
220	皋政办发〔2011〕137 号	关于规范完善工业企业办理房屋产权证相关手续的通知
221	皋政办发〔2011〕149 号	关于进一步规范征地报批前有关程序的通知
222	皋政办发〔2011〕156 号	关于我市被征地农民基本生活保障与农保企保重复参保及重复享受待遇的处理意见
223	皋政办发〔2011〕159 号	关于开展养蚕政策性农业保险工作的通知
224	皋政办发〔2011〕168 号	关于印发如皋市免费孕前优生健康检查项目专项资金管理办法(试行)的通知
225	皋政办发〔2011〕201 号	关于印发《如皋市流动人口计划生育基本公共服务均等化实施意见》的通知
226	皋政办发〔2011〕204 号	关于落实殡葬惠民政策和推进公益性公墓规范化建设工作的意见
227	皋政办发〔2011〕216 号	关于印发如皋市打击非法行医和非法采供血工作衔接配合暂行规定的通知
228	皋政办发〔2011〕220 号	关于印发《如皋市消防安全委员会工作规则》和《如皋市消防安全委员会成员单位工作职责》的通知
229	皋政办发〔2012〕7 号	关于建立市长公开电话二级网络成员单位直接交办制度的通知
230	皋政办发〔2012〕23 号	关于印发《如皋市优秀高技能人才选拔管理办法》的通知
231	皋政办发〔2012〕35 号	关于加强新时期侨务工作的实施意见
232	皋政办发〔2012〕39 号	关于调整天然气销售价格的通知
233	皋政办发〔2012〕40 号	关于实施财政保费补贴农机保险工作的通知
234	皋政办发〔2012〕54 号	关于进一步创新全市实有人口服务管理工作的意见
235	皋政办发〔2012〕58 号	关于进一步加强财政统发工资管理的通知
236	皋政办发〔2012〕59 号	关于加强机关事业单位办公设备采购管理规定
237	皋政办发〔2012〕62 号	市政府办公室关于印发如皋市基本药物制度补偿考核细则补充意见的通知
238	皋政办发〔2012〕63 号	关于印发《如皋市路域环境长效管理实施方案》的通知

续表

序号	文号	文件名称
239	皋政办发〔2012〕70 号	市政府办公室关于加强存量房交易税收征管工作的实施意见
240	皋政办发〔2012〕72 号	关于印发如皋市特种设备使用安全管理标准化和分类分级监管实施方案的通知
241	皋政办发〔2012〕75 号	关于印发《如皋市服务业发展专项引导资金管理使用办法》的通知
242	皋政办发〔2012〕104 号	关于转发市财政局《如皋市政府投资工程建设项目财政投资评审管理暂行办法》的通知
243	皋政办发〔2012〕113 号	关于印发《如皋市农村小型污水处理设施长效管理暂行办法》的通知
244	皋政办发〔2012〕122 号	关于印发如皋市深入推进商标战略工作部门职责及任务分解落实方案的通知
245	皋政办发〔2012〕131 号	关于印发《如皋市高龄老人尊老金发放管理办法》的通知
246	皋政办发〔2012〕145 号	关于加强“12345”便民服务大超市效能建设的意见
247	皋政办发〔2012〕148 号	关于进一步推进全市政策性农业保险工作的意见
248	皋政办发〔2012〕150 号	关于建立中小企业金融顾问制度的意见
249	皋政办发〔2012〕154 号	关于建立收费单位诚信等级评价管理制度的通知
250	皋政办发〔2012〕158 号	关于进一步加强建筑市场监管工作的意见
251	皋政办发〔2012〕164 号	关于印发《如皋市物业服务企业退出项目管理办法》的通知
252	皋政办发〔2012〕168 号	关于印发《如皋市人口信息数据共建共享实施方案》的通知
253	皋政办发〔2012〕169 号	市政府办公室关于印发《如皋市免费婚前医学检查实施办法》的通知
254	皋政办发〔2012〕171 号	关于进一步规范农业项目审批程序的通知
255	皋政办发〔2012〕179 号	关于城区污水处理费标准调整的通知
256	皋政办发〔2012〕182 号	关于进一步加强中小学撤并学校资产管理的意见
257	皋政办发〔2012〕183 号	关于转发市卫生局等部门关于《如皋市残疾预防行动计划（2010～2020 年）》的通知
258	皋政规〔2012〕7 号	市政府关于印发如皋市城管辅助执法人员管理办法的通知

三、行政执法机构作出具体行政行为概况

（一）行政执法概况（市行政机构作出行政许可包括审批等、行政执行包括强制、征收等和行政处罚情况）

2003 年 8 月 27 日全国人大常委会通过《行政许可法》以来，加之随着新《行政诉讼法》的颁布，如皋市政府大力规范行政执法行为，打造有序的行政权力运行环境。

2011 年如皋市政府深入推进行政执法责任制。结合全市政府机构改革后各部门“三定”方案中的机构变动和职能调整情况以及新的法律法规颁布实施情况,重新核定行政执法主体资格。清理确认市政府、镇政府行政权力事项。有序推进“扩权强镇”改革试点。将采取下放、委托给主功能区行政许可、行政审批和公共服务事项,试行综合行政执法等系列措施,创新管理体制、扩大管理权限、强化公共服务和增强发展活力,探索出一条适应经济发展的新镇行政权力运行模式。同时积极开展执法监督检查活动。严格执行重大行政处罚决定、重大行政许可决定的备案审查及行政执法案卷的评查制度。认真落实新法实施周年情况报告及检查制度。

2012 年如皋市政府继续健全行政执法责任制。科学设定执法岗位,严格规范内部流程,坚持做到以法定权,以事定岗,以岗定责,减少执法层次,适当下移执法重心。健全行政执法争议协调机制,指导部门完善内部行政执法评议考核机制和执法过错责任追究机制,使行政执法权力与行政执法责任真正挂钩,实现权力与责任相统一。全面推行行政指导。坚持以人为本、执政为民,把行政指导贯穿于行政管理工作全过程,综合运用重大项目辅导、服务发展建议、政策指引、规劝提示、奖励引导、示范推荐、信用公示、信息披露、警示告诫、案件回访、行政建议等方式开展行政指导工作,创新监管模式,提高行政管理效能,提升服务企业、服务基层、服务发展的能力。同年,如皋市行政服务中心在市委、市政府的正确领导和各进驻部门的大力支持配合下,以科学发展观为指导,以迎接十八大、学习贯彻十八大精神为契机,认真履行市委、市政府赋予的行政审批协调、管理、监督、服务职能,紧扣“服务经济、方便群众”宗旨,全力推进行政审批“三集中三到位”改革工作,强化内部管理,推进行政服务文化,规范完善行政许可和收费行为,以更加优质高效的行政服务全力策应全市中心工作,服务全市经济社会发展,关心关注民生工程,“中心”服务大局、服务发展、服务基层的意识得到不断强化,办事效率和服务水平得到显著提升,各项工作都取得明显成效,“阳光民生政务超市”大服务格局已然形成。2012 年,“中心”共受理各类许可服务事项 238,836 件,其中即办件 177,428 件,承诺件 61,408 件,即办件占比约 74.28%,事项到期办结率 100%,收取各类规费 5.42 亿元,主持或参与协调市领导交办及服务对象请求协调事项 85 件,召集各类评审会、协调会、现场踏勘 93 次,接待上级领导及外地“中心”参观考察 22 批次,受到省、市、县三级新闻媒体表扬 48 次,收到服务对象锦旗 39 面、各类表扬信 540 多封,累计收到服务对象纸质评议表 1600 多份,窗口办件电子评议接受服务对象评议 5500 多次,综合评议满意率 99.5%。“中心”行政服务效能不断提升,为如皋经济社会快速发展创造了良好的外部环境。

推进行政审批“三集中三到位”改革。行政审批“三集中三到位”,是指部门行政审批职能(行政许可、行政审批、行政服务,下同)向一个科室集中、承担审批职能的科室整建制向行政服务中心集中、行政审批事项向电子政务平台集中,切实做到审批事项进驻落实到位、授权到位、电子监察到位。自 2012 年 5 月起,按照如皋市委、市政府的统一部署,在市监察局、市政府法制办、市编办等部门大力支持下,“中心”会同相关职能部门依法对全市所有行政审批事项进行了全面梳理和审核；对各职能部门的"机构设置、职能归并""流程优化、收费标准""事项进驻、窗口授权"等方案进行了催办、督办、集中审查；建立健全了各项工作制度，出台了《如皋市行政服务中心综合绩效考核办法（试行）》等系列规章制度；合理调整窗口布局，完善硬件配套，实施新一轮扩容改造工程；严格执行窗口服务绩效考核办法及相关服务规范，动真碰硬，狠抓窗口部门、"分中心"及综合窗口"三集中三到位"推进工作，促进"中心""分中心"和综合窗口管理规范化。6月28日前，硬软件建设同步推进到位，6月30日各相关部门根据行政审批"三集中三到位"实施方案要求集中进驻完毕。除9个"分中心"外，进驻"中心"的政府职能部门43个，窗口工作人员185人，办理事项597个，"中心"集中、便民优势得到进一步放大。

如皋市政府一直致力于加强行政审批制度改革，依法实施行政许可事项。2015年为深化行政审批制度改革，提高行政审批效率，进一步激发市场和社会活力，根据《江苏省委办公厅、省政府办公厅关于南通市相对集中行政许可权改革试点方案的批复》（苏办〔2015〕20号）、《南通市委办公室、市政府办公室关于如皋市相对集中行政许可权改革试点方案的批复》（通办发〔2015〕66号）的要求，如皋市政府将相关部门行政许可等权力事项划转至市行政审批局，划转行政权力事项的范围如下：将如皋市发改委（粮食局）、商务局、规划局、国土局、住建局（建工局）、环保局、地震局、安监局、人防办、市场监管局、文广新局等部门（以下简称原部门）行使的全部行政许可事项（国土局为部分行政许可事项）及部分其他行政权力事项划转至市行政审批局，编制市行政审批局权力清单。如皋市行政审批局对所承受的76项行政许可事项、49项其他行政权力事项，依法履行职责，承担相应法律责任。对部分区域的农民专业合作社登记、个体工商户登记两项行政许可事项由市行政审批局委托市市场监督管理局进行审批。

在上述基础上，如皋市行政执法单位自2012～2015年作出的具体行政行为概况如表3－1－6、表3－1－7、表3－1－8、表3－1－9（2012～2015年统计数据）所示。

表3－1－6　2012年权力事项办件统计结果　　单位：件

部门名称	许可	处罚	征收	强制	审批	确认	其他	合计
如皋市政府	9142	1344	31	84	1192	0	16，622	28，415
如皋市财政局	12	0	0	0	0	0	40	52
如皋市国土资源局	73	1	0	0	0	0	10，878	10，952
如皋市环境保护局	707	6	0	0	0	0	0	713
如皋市教育局	510	0	0	0	561	0	590	1661
如皋市粮食局	2	0	0	0	0	0	0	2
如皋市旅游局	0	2	0	0	0	0	1	3

续表

部门名称	许可	处罚	征收	强制	审批	确认	其他	合计
如皋市民政局	24	0	0	0	0	0	229	253
如皋市人社局	39	0	0	0	0	0	637	676
如皋市司法局	0	0	0	0	126	0	0	126
如皋市审计局	0	0	0	0	0	0	0	0
如皋市体育局	0	0	0	0	8	0	0	8
如皋市物价局	0	0	0	0	203	0	0	203
如皋市港口局	0	0	0	0	0	0	0	0
如皋市地税局	0	0	0	0	0	0	0	0
如皋市国税局	0	0	0	0	0	0	0	0
如皋市水务局	17	11	0	0	0	0	0	28
如皋市农机局	564	0	0	0	0	0	1439	2003

表 3-1-7　2013 年权力事项办件统计结果　　单位:件

部门名称	许可	处罚	征收	强制	审批	确认	其他	合计
如皋市政府	11,981	1337	57	89	2755	0	12,939	29,158
如皋市财政局	0	0	0	0	0	0	115	115
如皋市国土资源局	57	2	0	0	0	0	4756	4815
如皋市环境保护局	595	25	0	0	0	0	0	620
如皋市教育局	380	0	0	0	1221	0	1214	2815
如皋市粮食局	0	1	0	0	0	0	0	1
如皋市旅游局	0	4	0	0	0	0	0	4
如皋市民政局	26	0	0	0	0	0	494	520
如皋市人社局	53	0	0	0	0	0	973	1026
如皋市司法局	0	0	0	0	122	0	0	122
如皋市审计局	0	0	0	0	0	0	0	0
如皋市体育局	0	0	0	0	4	0	0	4
如皋市物价局	0	7	0	0	203	0	0	210
如皋市港口局	68	0	0	0	0	0	0	68
如皋市地税局	0	0	0	0	0	0	0	0
如皋市国税局	0	0	0	0	0	0	0	0
如皋市水务局	11	11	0	0	0	0	0	22
如皋市农机局	717	0	0	0	0	0	1386	2103

表3－1－8　2014年权力事项办件统计结果

单位：件

部门名称	许可	处罚	征收	强制	审批	确认	其他	合计
如皋市政府	10, 616	1423	10, 989	35	3608	60	240, 806	267, 537
如皋市财政局	0	0	0	0	0	0	98	98
如皋市国土资源局	58	0	0	0	0	0	3129	3187
如皋市环境保护局	404	13	0	0	0	0	0	417
如皋市教育局	615	0	0	0	1478	0	640	2733
如皋市粮食局	0	1	0	0	0	0	0	1
如皋市旅游局	0	3	0	0	0	0	0	3
如皋市民政局	5	0	0	0	1	0	125	131
如皋市人社局	66	0	0	0	0	0	231, 212	231, 278
如皋市司法局	0	0	0	0	124	0	0	124
如皋市审计局	0	0	0	0	0	0	0	0
如皋市体育局	0	0	0	0	10	0	0	10
如皋市物价局	0	4	0	0	269	0	0	273
如皋市港口局	54	0	0	0	0	0	0	0
如皋市地税局	0	0	9783	0	0	0	0	9783
如皋市国税局	0	0	1011	0	665	0	0	1676
如皋市水务局	17	6	0	0	0	0	0	23
如皋市农机局	959	0	0	0	0	0	1374	2333

表3－1－9　2015年权力事项办件统计结果

单位：件

部门名称	许可	处罚	征收	强制	审批	确认	其他	合计
如皋市政府	7450	1506	58, 205	0	6341	23	2, 062, 896	2, 136, 421
如皋市财政局	0	0	0	0	0	0	167	167
如皋市国土资源局	0	2	0	0	0	0	0	2
如皋市环境保护局	252	19	0	0	0	0	0	271
如皋市教育局	472	0	0	0	1678	0	517	2667
如皋市粮食局	14	0	0	0	0	0	0	0
如皋市旅游局	0	0	0	0	0	0	0	0
如皋市民政局	20	0	0	0	0	0	57	77
如皋市人社局	53	0	0	0	0	0	2, 056, 310	2, 056, 363
如皋市司法局	0	0	0	0	124	0	0	124

续表

部门名称	许可	处罚	征收	强制	审批	确认	其他	合计
如皋市审计局	0	0	0	0	0	0	0	0
如皋市体育局	4	0	0	0	0	0	0	4
如皋市物价局	0	11	0	0	51	0	0	62
如皋市港口局	38	0	0	0	0	0	25	63
如皋市地税局	0	0	48,237	0	0	0	0	48,237
如皋市国税局	0	0	9913	0	4173	0	0	14,086
如皋市水务局	14	4	0	0	0	0	0	18
如皋市农机局	930	0	0	0	0	0	1530	2460

(二)行政复议、行政诉讼情况

1.2012 年概况

行政复议:市政府共收到行政复议申请 138 件,其中有 15 件不符受理条件,直接驳回。在符合受理条件的 123 件中,案件处理状况,涉及类型及承办部门如表 3－1－10 所示。

表 3－1－10　　单位:件

部门	案件总计	维持	驳回申请	改变撤回	主动撤回	案前协调成功	未结(含受理、案前协调)
公安局	57	4	1		6	42	4
国土局	12	6			6		
住建局	9	1	1		1	4	2
人保局	10	4	1		4	1	
盐务局	5	1				4	
安监局	2	1			1		
发改委	2	1			1		
卫生局	1				1		
环保局	1						1

续表

部门		案件总计	维持	驳回申请	改变撤回	主动撤回	案前协调成功	未结（含受理、案前协调）
镇区	如城	9	3	1	3			2
	吴窑	4				3		1
	开发区	3		1		1		1
	丁堰	3				2		1
	磨头	2		1				1
	搬经	1		1				
	江安	1		1				
	郭园	1				1		
合计		123	21	8	3	27	51	13

行政诉讼：如皋市法院新收行政诉讼案件94件，其中：立案受理并结案67件，案前协调成功25件，案前协调未结42件，涉及类型及承办部门如表3－1－11所示。

表3－1－11

单位：件

部门	案件总计	维持	原告主动撤诉	驳回	败诉	案前协调成功	未结
市政府（土地证）	2		1	1			
市政府（房产证）	2		1	1			
市政府（土地承包证）	2		1	1			1
市政府（其他）	3						3
公安	55	1	28	2		23	1
人保	30		12	10			8
住建	14		6	3		1	4
卫生	6		3				3
国土	4		1	2			1
民政	4			1			3
城管局	4		1	3			
交通局	3						3
如城镇	10	1	2		4		3
磨头镇	4		2				2
开发区	4	1		1		1	1

续表

部门	案件总计	维持	原告主动撤诉	驳回	败诉	案前协调成功	未结
桃园镇(软件园)	2	1					1
丁堰镇	2						1
石庄镇	1		1				
长江镇	1						1
常青镇	1		1				
合计	154	4	60	25	4	25	36

如皋市政府作被告:以市政府为被告提起行政复议或行政诉讼 10 件如表 3－1－12 所示(南通市政府受理复议案件 2 件,南通市中级人民法院 1 件,如皋市法院 7 件)。

表 3－1－12　　单位:件

部门	案件总计	维持	原告主动撤诉	驳回	确认违法	案前协调成功	未结
土地确权、收回土地	3		1	1	1		
房屋登记	2		1	1			
土地承包证	2		1	1			
其他	3		1	1			1
合计	10		4	4	1		1

2.2013 年概况

行政复议:市政府共收到行政复议申请 56 件,其中受理行政复议案件 48 件,案前协调成功 8 件,不予受理 12 件。涉及类型及承办部门如表 3－1－13 所示。

表 3－1－13　　单位:件

部门	案件总计	维持	驳回申请	改变撤回	主动撤回	案前协调成功	撤销、确认违法	中止	未结
政府办	1							1	
公安局	16	9			1	2		1	3
住建局	8	2	1		3	1			1
国土局	6	3			1		1		1
人社局	3	2				1			
城管局	4				3			1	

续表

部门		案件总计	维持	驳回申请	改变撤回	主动撤回	案前协调成功	撤销、确认违法	中止	未结
环保局		2					1			1
民政局		2				1	1			
镇区街道	如城街道	3				2	1			
	城北街道（开发区）	3		1			1	1		
	城南街道	5						4		1
	吴窑镇	2				1		1		
	东陈镇	1		1						
合计		56	16	3		12	8	7	3	11
注：有一起案件，公安局、如城街道同为被申请人，合计数据未重复统计。										

行政诉讼：如皋市法院办理行政诉讼案件101件，如东县法院办理如皋市行政诉讼案件43件，涉及类型及承办部门如表3－1－14所示。

表3－1－14

单位：件

部门	案件总计	维持	原告主动撤诉	败诉	驳回	未结
市政府（房产证）	28		28			
市政府（土地承包）	1		1			
法制办	1				1	
公安局	35		27		6	2
住建局	11		6		5	
国土局	10	4	3	1	2	
民政局	3	2	1			
物价局	1			1		
人社局	19	4	9		4	2
城管局	4		3			1
安监局	3				3	
卫生局	3		3			
盐务局	2		1			1
丁堰镇	3		1		2	
长江镇	1		1			

续表

部门	案件总计	维持	原告主动撤诉	败诉	驳回	未结
吴窑镇	4		2	1	1	
江安镇	1		1			
东陈镇	2		1			1
白蒲镇	1			1		
如城街道	11	2	6	1		2
搬经镇	4	1	2		1	
磨头镇	8		6	2		
合计	144	13	100	7	25	9

政府作被告：以市政府为被告提起行政复议或行政诉讼37件，涉及类型及处理结果如表3－1－15所示(南通市政府受理行政复议案件8件，南通市中院受理行政诉讼案件6件，如皋市法院受理行政诉讼案件22件、海安县法院受理行政诉讼案件1件)。

表3－1－15　　单位：件

部门	案件总计	维持	原告主动撤诉	改变撤回	败诉	未结
行政复议	2	2				
土地确权	1	1				
土地承包证	1	1				
信息公开	7	7				
房屋登记	26		26			
合计	37	11	26			

3.2014年概况

行政复议：市政府共收到行政复议申请119件，其中，受理行政复议案件103件，不予受理14件，转送2件。受理的103件案件所涉类型及部门如表3－1－16所示。

表3－1－16　　单位：件

部门	案件总计	维持	驳回申请	改变撤回	主动撤回	撤销、确认违法	中止	未结
盐务局	1				1			
公安局	14	11			2			1
住建局	6	1	1		1			3
国土局	13	9	2		1			1
人社局	23	8		1	8		1	5

续表

部门	案件总计	维持	驳回申请	改变撤回	主动撤回	撤销、确认违法	中止	未结
卫生局	2							2
质监局	3	2				1		
财政局	1	1						
城管局	2	1	1					
环保局	4		1		1			2
地税局	2		1		1			
安监局	1					1		
物价局	2				2			
农委	2	1						1
如城街道	10	7				2		1
城北街道	7	5	2					
城南街道	6				2	2		2
吴窑镇	1	1						
九华镇	1	1						
搬经镇	3	1	1		1			
合计	103	49	8	1	20	6	1	18
注：有一件案件，住建局、国土局同为被申请人，合计数据未重复统计。								

行政诉讼：如东县法院办理如皋市行政诉讼案件137件，海安县法院办理如皋市行政诉讼案件12件，涉及类型及部门如表3－1－17所示。

表3－1－17

单位：件

部门	案件总计	维持	原告主动撤诉	败诉	驳回	未结
市政府（房产证）	4		1		2	1
市政府（土地承包）	1				1	
农委	3		1	2		
公安局	33		10	1	14	8
住建局	6		4			2
国土局	22		3	5	8	6
物价局	2		1			1
人社局	22	1	11	1	3	6

续表

部门	案件总计	维持	原告主动撤诉	败诉	驳回	未结
城管局	6		1	1	2	2
质监局	1		1			
卫生局	3			3		
环保局	6	2	2			2
工商局	3				1	2
盐务局	2				1	1
发改委	3				1	2
地税局	1					1
港口局	1					1
丁堰镇	4			2		2
吴窑镇	2					2
江安镇	1				1	
石庄镇	2		2			
下原镇	2			1	1	
白蒲镇	2				2	
如城街道	7		1	1		5
九华镇	3				1	2
城南街道	7		1	3		3
合计	149	3	39	20	38	49

政府作被告:以市政府为被申请人(被告)提起行政复议和行政诉讼76件,涉及类型及部门如表3-1-18所示(南通市政府办理38件,南通市中院办理32件,如东县法院办理6件)。

表3-1-18　　单位:件

部门	案件总计	维持	驳回	主动撤诉	败诉	其他	未结
行政复议	1						1
土地承包证	1		1				
房屋证	4		2	1			1
房屋拆迁	3		1				2
土地管理	2		1				1
信息公开	45	20	1	5		2	17
其他	20		2			15	3
合计	76	20	8	6	2	15	25

4. 2015 年概况

行政复议：市政府共收到行政复议申请 139 件，其中，受理行政复议案件 125 件，不予受理 14 件。受理的 125 件案件所涉类型及部门如表 3－1－19 所示。

表 3－1－19

单位：件

部门	案件总计	维持	驳回申请	改变撤回	主动撤回	撤销、确认违法	中止	未结
国土局	23	13	1		2	7		
公安局	17	6	4		7			
人社局	30	23			6			1
卫计委	5	1	3		1			
城管局	6	1	3		1		1	
环保局	7		2		1	2		2
市场监督局	3	1	1		1			
如城街道	12	8	1			1		2
城北街道	6	1			3	2		
丁堰镇	7	2		1		4		
磨头镇	9	9						
合计	125	65	15	1	22	16	1	5

行政诉讼：如东县法院办理我市行政诉讼案件 369 件，海安县法院办理我市行政诉讼案件 35 件，合计 404 件。涉及类型及部门如表 3－1－20 所示。

表 3－1－20

单位：件

部门	案件总计	驳回诉讼请求	原告主动撤诉	败诉	驳回起诉	未结
市政府（房产证）	1		1			
市政府（土地确权）	1					1
市政府（土地登记）	1	1				
法制办	1		1			
审计局	3	1				2
公安局	59	32	7	1	5	14
住建局	22	8	4		3	7
国土局	90	9	23	22	5	31
建工局	4		1			3
交通局	2		1			1

续表

部门	案件总计	驳回诉讼请求	原告主动撤诉	败诉	驳回起诉	未结
规划局	32		3		1	28
物价局	3		2			1
人社局	49	19	9		3	18
市场监管局	4				1	3
城管局	6			1	2	3
安监局	2			1		1
卫计委	5	1	1			3
环保局	11	4	6	1		
水务局	5		3	1	1	
财政局	8	3	2			3
港口局	5	1	1			3
民宗局	1		1			
丁堰镇	22	4	1	1	1	15
江安镇	2	1				1
长江镇	5	1			1	3
如城街道	27	6	3	4	3	11
搬经镇	7	3	3			1
九华镇	8	1	2	2	1	2
城南街道	14	2	1		4	7
城北街道	4	1	1		1	1
合计	404	98	77	34	32	163

政府作被告:以市政府为被申请人(被告)提起行政复议和行政诉讼104件,涉及类型及部门如表3-1-21所示(南通市政府办理63件,南通市中院办理38件,如东法院办理3件)。

表3-1-21 单位:件

部门	案件总计	维持	驳回	主动撤诉	败诉	未结
市政府(房产登记)	1			1		
市政府(土地确权)	1					1
市政府(土地登记)	1		1			
行政复议	6		5			1

续表

部门	案件总计	维持	驳回	主动撤诉	败诉	未结
土地承包证	3	1	1			1
行政处罚	1		1			
行政赔偿	2		1			1
房屋征收	9	1	5	1		2
土地管理	50		47	2		1
责令履职	4		3	1		
信息公开	25	16	6	1		2
其他	1		1			
合计	104	18	71	6		9

第二节　公安机关

一、公安机关概况

(一)工作属性

(1)贯彻执行党和国家的方针、政策、法律、规章,围绕市委、市政府和上级公安机关的中心任务,部署和落实全市公安工作。

(2)分析研究全市的敌情和社会治安状况,为上级公安机关和市委、市政府提供敌情和社会治安方面的重要信息,并提出对策。

(3)负责全市公安民警队伍的管理和教育,指导、检查、监督全市基层公安机关的执法活动。

(4)根据社会治安情况,提出打击违法犯罪活动措施和办法,依法预防、制止和侦查违法犯罪活动,制止危害社会治安秩序的行为,维护社会治安稳定。

(5)依法管理社会治安、户口、居民身份证以及公安机关承担的出入境事务和外国人在本市境内居留、旅行的有关事务。

(6)根据有关法律规定,负责枪支弹药、刀具和易燃、易爆、剧毒、放射性等危险物品以及特种行业的管理。

(7)依法管理本市集会、游行、示威活动,制止危害社会治安秩序的行为,维护全市政治稳定和治安稳定。

(8)保卫本市重要场所和设施安全,负责有关警卫工作的组织实施。

(9)负责全市车辆、机动车驾驶员和道路交通秩序、治安秩序的管理,处理交通事故。

(10)负责对判处管制、拘役、剥夺政治权利的罪犯和监外执行的罪犯执行刑罚,对被宣告缓刑、假释的罪犯监督、考察。

(11)监督管理计算机信息系统的安全保卫工作。

(12)指导和监督全市各机关、社会团体、企事业单位和重点建设工程的治安保卫工作,指导群众性保卫组织的治安防范工作。

(13)指导和协调全市公安、消防、武警系统的工作。

(14)承办市委、市政府和上级公安机关交办的其他事项。

(二)内设机构与人员结构

1949年1月,如皋县公安局进城后设于县政府大院内,随着形势发展和对敌斗争需要,不断改组、增扩内设和派出机构。1955年,区公安股长改称公安特派员,1958年人民公社设公安员,1959年区特派员撤销,公社公安员一律改称公社公安特派员。"文化大革命"期间,全县公安机关瘫痪。1967年4月中国人民解放军江苏省如皋县公检法军事管制委员会成立,公安局被实行军管,建制消失。1973年11月15日恢复建立如皋县公安局。1981年11月,全县42名公社公安特派员列入公安行政编制。1998年,设3个指挥管理机构、1个纪检机构、7个直属机构、10个分局和56个派出所。2005年底除局机关指挥系统外,基层共辖11个分局、34个派出所、7个责任区刑侦中队、10个交巡警中队、5个查报站。

此后,如皋市公安机关内设机构不断调整。2008年如皋市公安局内设机构设置为:执法勤务机构、综合管理机构和监管所。

执法勤务机构设有:(1)指挥中心(加挂办公室牌子),负责接报警和指挥处警工作;负责公安情报的收集、汇总和研判工作;负责调查研究和起草重要文件工作;负责机要、档案工作;负责信息通信工作。指挥中心内设秘书科、指挥调度科、信息调研科(加挂信息中心牌子)。(2)国内安全保卫大队,负责国内安全保卫、反邪教工作;负责对维权活动、非政府组织进行调查工作;负责民族、宗教、意识形态领域等方面维护国家安全工作。国内安全保卫大队内设综合室、侦察中队。(3)治安管理大队(增挂经济文化保卫大队、水上警察大队牌子)负责公共场所、特种行业、危险品治安管理工作;负责治安案件查处和指导工作;负责办理治安部门管辖的刑事案件;负责大型活动安全保卫工作;负责常住人口、暂住人口、居民身份证管理和指导工作;负责派出所工作指导;负责防控体系的规划、建设、指导工作;负责党政机关、企事业单位、学校安全保卫工作指导;负责辖区水上治安管理工作。(4)经济文化保卫大队,依法监督指导全市经济文化单位的安全保卫工作,加强内部治安管理,保卫重点单位和要害部位的安全,管辖重大责任事故等9类案件,直接监督管理重点单位的安全保卫工作。(5)水上警察大队,负责全市长江、内河水域的治安管理、水上案件的查处。(6)交通巡逻警察大队,负责全市城乡道路交通管理和治安秩序管理,开展交通安全宣传,规范机动车辆、非机动车辆管理和驾驶员的管理,维护全市道路交通、治安秩序,处理交通事故,先期处置发生在道路上的治安、刑事案件和突发性事件。(7)刑事侦查大队,负责刑事案件的侦查、起诉、刑侦技术等工作。(8)经济犯罪侦查大队,负责《刑法》规定的经济类案件受理、侦查、起诉等工作,开展经常性预防经济犯罪的宣传、检查活动。(9)出入境管理大队,负责辖区公民因私出境和境外人员出境及居留管理。(10)网络安全监察大队,负责信息通信、科技管理工作;负责网络违法犯罪案件侦查工作;负责技防体系规划、指导、验收工作;负责网吧等公共信息网络安全监察管理;协助有关警种部门破案追逃。(11)巡防大队,负责辖区社会面的巡逻防控工作;负责全市技防设施建设、维护工作;负责城区治安卡口、查报站工作;负责全市群体性事件、突发事件处置等工作。

综合管理机构设有:(1)政工监督室(增挂政治处、督察大队牌子),负责公安政治工作;负责公安监察、督察工作;负责维护民警合法权益工作。(2)警务保障室,负责财务工作,车辆、服装物资等装备管理,以及机关日常行政管理、基建等工作。(3)法制室,负责监视居住、取保候审案件的审核;负责执法检查指导、办案把关、复议和受理赔偿;以及法制宣传教育工作。

监管场所设有:(1)看守所,依据国家法律,负责对被羁押的犯罪嫌疑人和犯罪分子实行自管,保障安全,进行教育,管理其生活和卫生,保障侦查、起诉和审判工作顺利进行。(2)行政拘留所,负责对行政拘留、司法拘留人员的看管和教育工作。2008年如皋市公安局派出机构设有如皋市公安局如城中心派出所、如皋市公安局东陈中心派出所、如皋市公安局丁堰中心派出所、如皋市公安局白蒲中心派出所、如皋市公安局九华中心派出所、如皋市公安局石庄中心派出所、如皋市公安局江安中心派出所、如皋市公安局搬经中心派出所、如皋市公安局磨头中心派出所、如皋市公安局经济开发区中心派出所、如皋市公安局如皋港中心派出所11个中心派出所,均为副科级建制。其主要职责是:负责本片所辖派出所的日常管理、中心派出所范围内民警的思想政治工作、队伍管理、治安管理、社区防范等警务工作,协调指挥本片各警种处置重大治安案件和治安事件。同时,设有如皋市公安局迎春派出所、如皋市公安局丰乐派出所、如皋市公安局锦绣派出所(与如城中心派出所合署办公)、如皋市公安局皋南派出所、如皋市公安局雪岸派出所、如皋市公安局桃园派出所、如皋市公安局林梓派出所、如皋市公安局下原派出所、如皋市公安局郭园派出所、如皋市公安局高明派出所、如皋市公安局常青派出所、如皋市公安局袁桥派出所、如皋市公安局吴窑派出所、如皋市公安局机场派出所(与磨头中心派出所合署办公)、如皋市公安局柴湾派出所、如皋市公安局内河水上派出所(与水警大队合署办公)、如皋市公安局沿江水上派出所(与如皋港中心派出所合署办公)17个派出所,均为股级建制。其主要职责是:负责社区防范,掌握敌社情动态、预防各类案件和治安事件的发生,减少违法犯罪;负责社区人口管理,对特种行业、公共复杂场所、枪支弹药、危险物品的治安管理,接受"110"的指令和群众报警处置等工作。

2010年6月2日,如皋市公安局部分机构设置作出调整:指挥中心增设信通科,股级建制,负责公安信通、科技管理工作;治安管理大队增设防暴中队,股级建制,负责全市群体性事件、突发事件处置等工作;网络安全监察大队一中队职能调整为负责公共信息网络安全管理;巡防大队三中队职能调整为对全市社会面巡防工作指导、督查、检查;增设桃园、雪岸、林梓、下原、高明、吴窑6个交巡警中队,股级建制;柴湾交巡警中队更名为经济开发区交巡警中队。同年如皋市公安局办公地址移至惠政路,年底,除“110”报警服务台及相关指挥系统外,局下辖派出所24个,刑事侦查大队责任区刑侦中队5个,交通巡逻警察大队交巡警中队12个;全系统共有干警991名,其中具有硕士研究生学历5名,大学本科学历559名,大学专科学历378名,中专及以下学历49名。

2012年2月9日,如皋市公安局派出机构设置迎来新一轮调整:如皋市公安局如城中心派出所、如皋市公安局丰乐派出所、如皋市公安局东陈中心派出所、如皋市公安局雪岸派出所、如皋市公安局丁堰中心派出所、如皋市公安局桃园派出所、如皋市公安局白蒲中心派出所、如皋市公安局林梓派出所、如皋市公安局九华中心派出所、如皋市公安局下原派出所、如皋市公安局郭园派出所、如皋市公安局石庄中心派出所、如皋市公安局江安中心派出所、如皋市公安局高明派出所、如皋市公安局搬经中心派出所、如皋市公安局常青派出所、如皋市公安局袁桥派出所、如皋市公安局磨头中心派出所、如皋市公安局吴窑派出所、如皋市公安局开发区中心派出所、如皋市公安局柴湾派出所、如皋市公安局如皋港中心派出所22个派出所升格为副科级建制。上述机构升格后,如皋市公安局派出机构领导职数调整为:22个副科级派出所所长、教导员44名(副科级),副所长、副教导员66名(正股级);其他37个派出机构所长、指导员、中队长74名(正股级),副所长、副指导员、副中队长74名(副股级)。同年8月,如皋市公安局根据实际需要,对部分机构再次作出调整:(1)法制室由综合管理机构调整为执法勤务机构,更名为法制大队,内设机构审核一科、审核二科、审核三科分别更名为一中队、二中队、三中队,综合室增挂行政服务科牌子,不再挂行政许可科牌子。如皋市公安局有关行政审批职能从其他内设机构划出,由行政服务科依法履行。增加执法勤务机构领导职数:大队长1名、教导员1名(副科级),核减综合管理机构领导职数:主任1名(副科级)。(2)网络安全监察大队更名为网络安全保卫大队,增设内设机构:三中队、四中队。(3)政工监督室内设机构宣传教育科增挂人民警察培训学校牌子。

2016年如皋市公安局再次进行机构调整:政治处宣传教育科增挂舆情引导处置中心牌子,对外称如皋市公安局新闻中心;治安管理大队四中队增挂食品药品环境犯罪侦查中队牌子,职能调整为:掌握辖区食品药品和环境犯罪动态,主动分析、研究犯罪活动规律并拟定预防、打击对策措施;直接组织、侦办上级交办、行政部门移送以及社会反映强烈的食品药品环境犯罪案件;配合相关部门开展区域性食品药品环境安全专项整治活动;负责全市食品药品和环境领域的公安行政处罚工作,建立与市场监督管理、环保等部门的联动机制,维护辖区相关行业领域正常秩序。

二、公安机关执法

(一)安全保卫执法

1949年1月,如皋县公安机关担负政治安全保卫工作的职能部门称侦察课,1950

年更名政保股，1967年，公检法军管会下设侦破组，政治保卫和刑事侦察合一。1973年重建县公安局后，恢复政保股，1980年增加出入境管理职能，对外挂政保股和出入境管理股两块牌子。1998年7月建立政治保卫大队，下设侦察中队、经文保中队、出入境管理科、综合室4个机构，对外挂政治保卫大队、出入境管理科两块牌子。2002年1月，政治保卫大队更名为国内安全保卫大队，经文保中队析出，升格为经济文化保卫大队。该部门自建立至今，各项工作成绩突出。

1. 取缔反动道会门

抗日战争和解放战争期间，如皋东乡有反动道会门组织“大刀会”（又名“红头”，会内称“龙华坛”），西乡有“一贯道”“西乾道”“先天道”“皇吉道”等10多个反动道会门组织，这些道会门组织散布反动谣言，从事破坏活动。1949年1月，如皋全境解放，吴某羊、蒋某洲等为首的反动道会门骨干转入地下继续从事罪恶活动，妖言惑众，攻击政府，奸淫妇女，破坏生产，甚至残害地方干部和无辜群众。1952年，全县开展取缔反动道会门运动，对罪大恶极的6名道首判处死刑，12名骨干分子判处徒刑，依法取缔各类坛、堂，全县102名小道首向政府投案登记，1784名道徒宣布与道会门断绝关系。

1983年，如皋公安机关取缔“红三教”“一贯道”“先天道”“皇极道”4个反动道会门。1995年破获“先天道”反革命复辟案件；当年5月，抓获1名外地流窜至如皋的非法传教人员；取缔非法宗教组织在如皋的聚会点，抓获“门徒会”骨干成员19人和外地流窜至如皋的骨干分子5人。1999～2002年，共查禁取缔白蒲、林梓、下原等处非法宗教聚会点13个，搜缴非法宣传品198,026件；查获“观音法门”宣传品89件；破获非法宗教案件4起，抓获经营非法宣传制品嫌疑人4名；教育、挽救非法“练功”者457人。2004年，如皋破获“9·15”散发非法宗教宣传品案件，查处25名非法宗教人员，直至2010年底，再未发生跨地区从事非法活动或公开聚集滋事事件。

2. 镇压反革命与剿匪肃特

1930年（民国19年）6月，中共如皋县委于营防港召开大会，公开镇压破坏土地革命的大地主陆某。1943年10月，如西县政府在江安地区召开宣判大会，处决汉奸姚某祖。1945年秋，新四军收复如皋城，成立县惩奸运动委员会，处决汉奸赵某玉、晏某善、黄某。1946年1月，县惩奸运动委员会在如城召开两万余人的群众大会，公审并处决汉奸孔某五、孟某平。1948年如皋解放前夕，一批反动骨干潜回如皋，昼伏夜出，从事破坏活动。1950年，县委根据中共中央指示，建立保卫委员会，乡（镇）建立镇压反革命宣传委员会。1951年收到群众检举材料5000余份。1952～1953年上半年执行“专门工作与群众运动相结合、镇压与宽大相结合”和“首恶必办，胁从不问，立功受奖”的政策，收到群众检举揭发反革命线索材料数万份，破获一批反革命案件，惩处反革命分子16名。1955年12月，县委成立“审干”和“五人小组”办公室，开展干部内部审查和肃反运动，确定专案18件，另有14名肃反重点对象主动坦白交代。

1950年3～5月，如皋全县侦破9股武装残匪，缉获匪徒72人。当年6月，建立县剿匪委员会，先后抓获残匪30余人。在白蒲地区破获以陈某华为首的“国民党东南人民反共救国军”武装特务组织;在小李港查获海匪船1艘,捕获海匪3人,潜伏特务2人;在马塘区捕获潜伏特务6人;在江防区捕获土匪5人;在城区擒获武装匪特14人。共缴获轻机枪1挺、步枪167支、短枪138支、电台5部和弹药一批。判处梅书、徐某、徐某、徐某华、王某庆等7名匪特死刑,判处26名匪特无期和有期徒刑。

3. 清理登记汪伪和国民党人员

1949年1月,如皋全境解放,县政府宣布解散一切反动组织,限令汪伪和国民党党、政、军、警、宪、特人员主动到公安局投诚。仅3天时间,即有国民政府秘书、科长、电台台长等115人到公安局登记自新。1949~1950年,全县各级公安机关接受登记的汪伪政权和国民党县党部、县政府及下属科、局、室公职人员、旧军官、旧警察、乡保长及国民党员、三青团员等1335人,收缴枪支109支、子弹1874发、文件1箱、电话机3部。

1959年,肃反和审干工作告一段落后,按全国统一部署,县委从五人小组办公室和审干办公室留下一部分骨干,组建“中共如皋县委‘整档’办公室”,业务归属公安局领导和指挥。对从国民政府缴获和肃反、审干中发现的各类档案材料按敌伪旧组织系统逐一进行整理。1960年秋,又抽调20余人组成“中共如皋县委清理敌特组织领导小组办公室”,由公安局政保股具体负责,在“整档”的基础上,对“国民党中央调查统计局”(俗称“中统”)及各类涉特(含外围)组织情况进行清理和追查,按“组织见底,对号入座,一个不漏,下落明白”的要求,至1962年,对“中统如皋县室”及下属各组织系统200多名特务一一查明下落,弄清面目,并挖出该县室行动队长郭某秋等潜伏特务、叛徒多人。

4. 加强出入境管理

如皋对外开放始于1981年,1981~2000年出入境资料无完整记载。2001~2002年,全市出入境人数为6147人,境外人员申请办理入境签证502人。2003~2005年,出入境管理科受理上报公民因私出国(境)申请材料13,742件,新办护照10,291人,换发护照97人,遗失申请补发护照48人,办理出境证件4079件,(其中赴台46人次,赴港、澳1809人次),办理往来港、澳通行证1245本,办理大陆居民往来台湾通行证23本。2006~2010年,受理中国公民因私出国(境)44,437人(次),新办护照22,621人,(其中补发护照52人,换发护照45人),办理往来港、澳通行证5673件,办理大陆居民往来台、港通行证156件,办理台湾居民签证127件,办理外国人签证居留许可747件,办理临时入境到如皋的境外人员证件7396件(其中外国人6032人次,华侨43人次,香港居民202人次,台湾居民1119人次),近年来,如皋市全市仅有一个出入境服务窗口、群众办证不便,针对此问题,2015年如皋市公安局着力打造出入境办证15分钟便民圈,积极构建以公安局出入境窗口为龙头、3个派出所分理点为支撑的“1+3”受理网,群众办证车程从1小时减至15分钟、从排队等候变为随到随办,形成了“一刻钟到点、一条龙受理、一站式服务、一体化规范”的15分钟便民办证圈。根据办证量大、人口密度大的实际情况,分别在如皋东南部白蒲镇、西部搬经镇两个全国重点镇及地处南部的国家一类开放口岸如皋港区建立三个派出所分理点,加上地处北部的公安局出入境窗口，确保形成覆盖全市的15分钟车程快捷服务圈。同时对派出所窗口进行席位扩容、位置调整、功能整合，增加出入境服务窗口，按照受理流程设置导服区、填表区、照相区、等待区、受理区等；统一配置服务设施。每个分理点统一配置一台自助填表机、两台指纹采集仪、两只电子港澳证读卡器、三台专用电脑、三支条形码扫描枪、两台刷卡收费POS机。

5. 经济、文化保卫

1987年前，经济保卫以工厂、银行、仓库、电力及建筑设施等要害部位为重点。1987年始，随着乡镇企业迅猛发展，经济保卫工作开始向乡镇延伸。1997年开始，将大型民营企业、三资企业列为保卫对象。2002年全市确定经济保卫监督指导单位860家，其中重点单位46家，水、电、气、金融、邮政、电信等要害部门213处。2006年在"全省银行业金融机构安全防范百日"整治专项行动中，检查营业场所175个，金库6个，运钞车13辆，查出各种治安隐患306处，发出"责令限期整改通知书"1份。至2010年，全市列入经济保卫范围的共1400余家单位。

2002年，确定电台、电视台为如皋文化保卫监督指导单位。2004年，大力整治学校周边安全环境，先后破获抢劫、盗窃、寻衅滋事等涉校刑事案件和治安案件35起，抓获犯罪嫌疑人26名。2005年，市公安局调查登记包括医院、学校、幼儿园在内的各类单位1152家，确定其中115家为重点保卫单位。2006～2010年，市公安局每年都会同工商、城管、文化等部门，有重点地整治学校周边环境，先后办理机关文卫团体的行政案件14起，重点检查非法营业网点352家（次），收缴赌博机164台、游戏机6台，查处非法网吧74家，整治违法校车165辆（次）。

2010年，为了进一步落实校园安全保卫工作措施，切实维护学校（幼儿园）及周边秩序，全力保障在校师生人身财产安全，如皋市公安局决定组建如皋市校园保安大队。由市局成立校园安全保卫工作领导组，副市长、公安局长杜松华同志任组长，副局长刘兴林、马向东同志任副组长，治安、经文保、交巡警、政治处、消防、刑侦等部门主要负责人为成员。如皋市校园保安大队设在市局治安管理大队，各镇（区）专职保安联防中队增设校园保安分队，由镇（区）专职保安联防中队一名副中队长兼任分队长。校园保安分队按以下标准配备人员：每所寄宿制学校（幼儿园）不少于4名，每所非寄宿制学校（幼儿园）不少于2名，未撤并前在校（园）学生、幼儿人数在50人以下的分校、办学点或民办幼儿园每校（点、园）不少于1名，50个学生以上的每校（点、园）不少于2名。校园保安工作时间必须按规定着制式保安制服，戴制式头盔，佩戴武装带，配备PC长棍、伸缩警棍、催泪喷射器、防割手套、防刺背心、强光手电筒和手持盾牌。如皋师范学院、10所完中、3所职教学校、2所技工学校、如皋初中以及各镇（区）民办教学点自行承担校园保安经费，其他校园保安的经费由市财政承担60%、镇（区）财政承担40%。校园保安大队主要职责是：（1）开展隐患排查。协助社区民警开展"四防"安全宣传，排查学校（幼儿园）安全隐患并及时向社区民警和学校（幼儿园）领导报告，协助民警督促学校（幼儿园）及时整改安全隐患。（2）确保出入安全。对出入学校（幼儿园)的人员、车辆、物品进行查验、登记,制止无关人员进入学校(幼儿园),维护学校(幼儿园)出入口治安秩序,确保师生出入安全。(3)维护校区秩序。负责学校(幼儿园)内部报警监控值守,在学校(幼儿园)内和周边进行治安巡逻、安全检查,维护学校(幼儿园)及周边秩序。(4)制止不法侵害。及时制止侵害师生人身财产安全以及其他发生在校(园)区内的违法犯罪行为,采取有效措施保护师生安全并立即报警,同时协助民警保护涉及校(园)的案件、事件现场。(5)收集情报信息。收集掌握涉及学校(幼儿园)安全稳定的情报信息、了解治安动态并及时向民警报告,重要情况及时报告单位领导。

(二)刑事执法工作

1. 刑事侦查

1958 年,县公安局从治安股析出部分人员成立刑事侦察股(简称刑侦股),主要任务是打击刑事犯罪。"文化大革命"期间,公检法军管会下成立侦破组,负责刑事案件侦破和政治保卫。1973 年恢复刑侦股,专事刑事案件的侦破工作。1981 年 8 月,更名刑警队。1994 年 1 月,升格为刑警大队,1998 年 7 月,更名刑事侦察大队。下设 2 个直属侦察中队和技术中队、防范中队、综合办公室等机构,1998 年 12 月增设法医鉴定所。2000 年 3 月,各分局刑侦中队划归刑事侦察大队直接领导和管理,统称"如皋市公安局刑事侦察大队××责任区中队"。进入 21 世纪后,责任区中队时有调整撤并,至 2010 年共有"责任区刑侦中队"5 个。如皋市公安局自 1992 年起,至 2010 年年底,杀人、抢劫、强奸、放火、爆炸、伤害、绑架、劫持"八类"主要刑事案件,破案率为 98.81%,1992~2008 年,19 年杀人案件破案率 100%,2005 年起,如皋连年被评为江苏省最安全县(市)和江苏省平安县(市)。2006 年国务院法制办牵头,新华社等 8 家中央新闻媒体联合组团到如皋,对如皋公安采访报道,称"如皋公安是全国行政执法的一杆标尺"。2009~2010 年未有杀人案件发生;2012 年以来,如皋公安进一步加强专业化队伍建设,建立打黑、禁毒、打击侵财犯罪以及专兼职技术员四支专业队,搭建"刑侦、技侦、网侦、图侦"和情报研判一体化作战平台。近三年,如皋八类案件破案率持续保持在 97% 以上,公众安全感和满意度达 98%。2012 年 1 月至 7 月,共立"八类"案件 23 起,破案率 100%;被江苏省委省政府表彰为打击犯罪工作先进集体;开门大接访工作经验在全国公安厅局长会议上作介绍;"110"报警服务台被评为"全国巾帼文明岗";公安部"内部督查通报"以系列报道形式推广介绍如皋公安命案侦破、执法工作、防控体系、信息破判、教育培训等工作经验;先后被评为全省、全国公安机关"三基"工程建设先进典型、江苏省文明行业、江苏省优秀公安局、平安创建先进公安局、执法质量优秀单位、绩效考评优胜单位。

(1)严厉打击刑事犯罪

在市委政法委统一安排下,根据中央部署和平时掌控情况,1983 年 8 月,如皋开始实施"严厉打击刑事犯罪活动"(简称"严打")。至 9 月 15 日,严打第一战役第一仗告一段落。1984 年 1 月,开始"严打"第一战役第二仗,随后又开展第三仗,至 1984 年

6月底，“严打”第一战役宣告结束。1984年6月，开始“严打”第二战役第一仗，1985年1月、8月和1986年1月，开展“严打”第二仗、第三仗、第四仗。1986年2月，开始“严打”第三战役，持续至1987年2月底结束，此后严打斗争转入正常化。每次“严打”斗争，市公安局都担任主角，冲锋陷阵在第一线，并把“严打”和各类“集中整治”“专项斗争”紧密结合进行。直至2010年，如皋公安在刑事侦查工作中，对各类现行刑事犯罪一直保持“严打”的高压态势（参见《党派社团》第六节“政法工作·打击严重刑事犯罪”）。

（2）专项斗争

破大案。20世纪50~60年代，如皋县公安局一直保持杀人案件100%的破案率，多次受到江苏省公安厅和南通专署公安处的表彰和奖励，在省内是最早获得摩托车和警犬配置的少数县级公安局之一。“文化大革命”期间，破案率有所下降。1981年开始开展“破大案”百日竞赛活动以后，如皋的“杀人、放火、抢劫、强奸、爆炸、伤害、绑架、劫持”等重大案件的破案率由80%提高到2010年的98.81%。

1998年3月，用近一星期时间，侦破场南乡连续11起特大系列投毒杀人案，群众原误以为发生“人瘟”而产生恐慌，直到破案，将投毒犯谢某奇抓获，揭破“人瘟”谜团。

1998年6月16日，丁堰镇高场村一家4人被害、2人重伤的特大杀人案，案发21小时后，即将凶犯陈某擒获。

2000年6月30日凌晨，市农机公司2名退休人员被杀案，接报后40小时告破。在无锡将凶犯贲某峰擒获。

2001年5月26日，九华镇郭李村境内发现一人体尸块，属一起杀人分尸“无头案”。在省公安厅协调下，如皋警方与苏州、南通、常熟警方协同作战，8天告破。凶手系被害人之子、上海市人苍某国。

2004年5月21日下午5时许，如城镇海宁苑2人被杀，4昼夜告破。将凶犯邹某青（张家港人）、徐某（如城镇人）抓获。

2005年2月16日凌晨，柴湾镇一猪皮加工点老板范某夫妇被杀，5昼夜侦破，在高邮将凶手、死者生前生意合伙人郭某基（高邮人）抓获。

2007年7月13日晚，一出租车驾驶员被杀害于九华镇境内，7小时侦破。将已分散逃跑的3名凶犯浙江人张某峰、王某云和如城镇人秦杰全部抓获。

2008年12月11日，长江镇永建村17组一妇女被杀害，3天后案破，在河北省雄县城关镇将凶手李某发抓获。

1992~2008年，全市共发生杀人案件193起，全部告破。2009年、2010年未有命案发生，创造了连续19年“命案100%全破”的纪录。

①挖团伙。1990年5月20日参加全国严打专项整治，抓获一批犯罪分子，捣毁团伙24个，抓获作案成员118人。1991~2010年，市公安局共捣毁各类黑恶团伙613个，抓获团伙成员2650人。其中1991~1995年在“破大案，挖团伙百日竞赛”和“打黑扫恶”“治乱除霸”等专项斗争中，共捣毁团伙184个，抓获团伙成员1022人；

1997～1999 年的“反盗窃为重点”的严打整治攻势中，捣毁一批抢劫、盗窃、暴力犯罪团伙 129 个，成员 578 人；2003～2005 年的“夏季治安集中整治”和“夏季攻势斗争中捣毁团伙 141 个，成员 587 人。其中，2004 年，先后捣毁赵某强、马某强特大流氓杀人、盗窃、抢劫犯罪团伙(涉案 210 起，案值 30 余万元)，孟某考盗窃缝纫机头犯罪团伙(涉案 16 起，案值 170 余万元)等 28 个犯罪团伙，抓获团伙成员 172 人。

③追逃犯。1994 年年初，开始“追逃”专项行动。1995 年通过清理房屋出租户，查出暂住人口中，负案在逃人员 6 人。1998～1999 年，通过“百日追逃会战”和追逃专项斗争缉获逃犯 376 人，其中在册逃犯 246 人，外地逃犯 46 人。2000 年，建立信息员队伍，根据提供的信息，缉获在逃犯 12 人。2003 年抓获逃犯 104 人，其中网上逃犯 28 人，通过户口信息比对抓获逃犯 6 人，往年逃犯追回率 32.7%，当年内逃犯追回率 94.4%。2004 年在经济领域斗争中，抓获经济负案在逃人员 29 人，追回赃款 713.9 万元。1994～2010 年，先后共缉获逃犯 2000 余人。

④缉毒。1997 年前，缉毒案件未专门列载。1997 年 11 月 9 日，破获如皋首例特大贩毒案件，当场缴获海洛因 114 克，抓获犯罪嫌疑人 5 名，并派员赴云南调查取证，查明贩毒总量 800 余克。2004 年，抓获涉毒人员 34 名，破获涉毒案件 31 起，缴获海洛因 9.8 克，铲除罂粟 648 株。2006～2010 年，推进“无毒社区”创建，健全吸毒人员动态管理机制，加强易制毒化学品源头管理，查破涉毒案件 251 起，抓获犯罪嫌疑人 324 名，其中涉(吸)毒人员 183 名，缴获海洛因 149.6 克，冰毒 157.54 克，K 粉 2280 克，摇头丸 5.5 粒，大麻 0.44 克。2011 年，如皋市警方成功侦破“6·8”特大贩毒案。该起由江苏省公安厅督办的特大贩毒案的成功破获，创造了南通缉毒史上的三个第一：缴获毒品数量最大、抓获吸贩毒人员最多、首次缴获“神仙水”“奶茶”等新型毒品。该案缴获冰毒 174 克，“奶茶”100 袋 1688 克，“神仙水”67 瓶 850 克，摇头丸 8 粒 2.68 克，K 粉 1536 克，毒品净重：4250.68 克。抓获吸贩毒人员 30 人，其中贩毒 13 人，吸毒 17 人。

⑤打黑扫恶治乱除霸。1999 年 1 月，如皋中学门前有两伙流氓黑恶势力成员准备械斗，市公安局迅速行动，逮捕 7 人，拘留 14 人，劳动教养 16 人，治安处罚 23 人。同年抓捕高井乡哄抢集体资产和殴打公安干警的 15 名黑恶骨干分子。

2006 年市公安局抽调 17 名干警，成立“打黑除恶”专业队后，重点打击如城地区欺行霸市、寻衅滋事、横行乡里的黑恶势力，共摧毁涉黑涉恶犯罪团伙 41 个，抓获团伙成员 322 人，其中具有黑社会性质的组织 2 个。

2008 年，市公安局摧毁新疆籍人员绑架勒索等恶势力犯罪团伙 10 个，抓获团伙成员 87 人，破获涉恶案件 73 起。

⑥打击恶性犯罪。1988 年 9～12 月，市公安局组织打击拦路抢劫、强奸、流氓专项斗争，共破获案件 8 起，逮捕 12 人。1999～2007 年，先后破获如城拦路强奸后杀人案，如城地区 6 起持刀片、驾车尾随划伤单身妇女恶性流氓案，如城镇大殷村妇女孙某被抢强暴案，南通挂牌督办的如城系列“白日闯”案和飞车抢夺、诈骗、盗窃等恶性案件。2008 年后，全市拦路抢劫、强奸、流氓滋事等恶性案件，呈逐年下降趋势。

⑦反盗车。1994～1998年,市公安局先后开展打击盗窃机动车专项斗争,全年缴获被窃摩托车148辆,价值118万余元。1999年,开展机动车专项整治,共清理登记各类机动车93,632辆,查破涉车案件215起,抓获涉车犯罪分子166名。2004年先后破获如城地区系列盗窃摩托车案52起。2005年4～7月,破获如城地区"系列盗窃电动自行车案件"、搬经地区"系列盗窃拖拉机案件"等南通挂牌督办案件2串100余起,追回被盗摩托车、电动自行车210余辆。2006年,查获涉嫌盗抢机动车32辆。2007年摧毁李某盗窃摩托车团伙。2008年完善堵控防线,查获嫌疑盗抢机动车15辆,假牌假证646件。至2010年如皋全市盗车和盗窃车内财物案件均有下降。2014年以来,如皋开展两盗一骗犯罪专项行动。自3月起,如皋警方针对入室盗窃、电动车盗窃、电信网络诈骗犯罪,开展了打击治理"两盗一骗"犯罪专项行动。4个月内,全市共破获各类刑事案件142起,省厅、市局挂牌督办的案件全部成功侦破。专项行动开始后,如皋市公安局先后多次召开专题会议研究部署,成立"专项办"并结合实际制定了行动方案。"编程"设计、"联合会诊"的破案模式水到渠成——由专家领导和专业精英根据犯罪规律特点编制打击方案,科学决策,以信息引领实战,对各类犯罪行为实施精确打击。如皋市公安局在专项行动中先后部署设计了"夜查行动""防电信诈骗集中宣传活动""清理赃车行动"等若干小行动,成功破解了"两盗一骗"犯罪手段升级、行动效果不集中等难题。为了提升破案能力,如皋警方还聘请了通信、医学、金融、车辆识别等行业具有技能特长的8名专业人才作为"侦查顾问",为公安侦查破案提供专业指导意见。

表3-2-1　1983～1986年县公安局刑事案件侦查情况表

年度	破案(起)	查获(人)		年度	破案(起)	查获(人)	
		作案成员	依法逮捕			作案成员	依法逮捕
1983	210	245	245	1987	364	228	84
1984	161	292	292	1988	7	9	9
1985	103	126	126	1989	627	384	175
1986	398	85	85	1990	1027	1418	209

表3-2-2　1991～1994年市公安局刑事案件侦查情况表

年度	破案(起)		查处(人)				
	合计	其中重特大案件	查获总人数	依法逮捕	刑事拘留	收容教养	其他处罚
1991	1442	166	1214	162		1	349
1992	1082	61	857	221		101	535
1993	612		314	56	23	142	112
1994	977	237	675	287		71	

表 3-2-3 1995~2010 年市公安局刑事案件侦查情况表

年度	发案(起)		破案(起)			查处(人)					追缴赃款和赃物折款(万元)	挽回经济损失(万元)
	合计	其中重特大案件	合计	其中重特大案件		抓获作案成员	依法逮捕	刑事拘留	劳动教养	移送起诉		
				小计	破案率							
1995	922	317	767	233	73.5%	588	303		64		438	600 余
1996	712	283	607	228	80.57%	410	282		30		124.86	400 余
1997	1037	449	691	247	94%	474	214			295	210 余	269
1998	1556	530	1599	296	87.8%	748	194	557		348	1144.5	924
1999	1363	470	208	119	79%	858	243	692		531	331.48	791.1
2000	2235	103	2125	91	88.5%	1038	297	724		446		
2001	2384	84	3773	74	88%	1403	408			715		
2002	1692	109	2075	102	93.58%	719	285	574		708		
2003	1597	96	1033	92	95.8%	649	235	432	17	599	18	369
2004	1656	89	2237	85	95.5%	581	231	472		491		
2005	2662	90	3065	88	97.8%	750	346	503		641		
2006	2624	82	2863	80	97.6%	615	348			613		
2007	2736		1651	86	98.8%	887	318	670	25	775		953
2008	2876		1595	84	98.81%	871	325	583	4	845		2353.09
2009	3019		1795		100%	1818	386	703		941		4404.12
2010	3156		1364		100%	1152	371	926	9	923		7858

表 3-2-4 公安工作基本情况(2005~2014 年)

项目	单位	2005	2006	2007	2008	2009	2010	2011	2012	2013	2014
全年接处警	起	37,536	38,089	58,567	56,790	56,799	60,251	70,292	80,008	83,443	105,292
社会治安案件	起	4522	6024	6551	5705	7054	114,559	66,038	79,531	60,500	56,322
刑事案件发案数	起	2662	2624	2736	2876	3550	4210	5066	5081	4641	4163
八类案件数	起	49	42	41	31	39	29	37	31	21	38
交通和火灾事故	起	10,456	11,691	17,629	18,601	19,053	20,036	26,653	28,856	32,586	40,920

续表

项目	单位	2005	2006	2007	2008	2009	2010	2011	2012	2013	2014
技防乡镇、村（社区）	%	20%	30%	40%	50%	60%	64%	64%	64%	64%	64%
社会治安防控卡口检查站	个	1	2	2	3	3	4	4	4	4	4
在职民警数量	名	807	851	866	942	942	1032	1021	1028	1049	1035
公安派出所	个	34	34	34	28	28	24	24	24	24	23
社区（村）民警	人	132	134	135	135	139	139	174	174	174	149
专职保安	人	1071	1470	1409	1234	1305	1400	1053	1068	1203	1022
化解矛盾纠纷	起	9876	10,031	11,409	12,236	15,060	19,754	21,030	28,672	32,063	33,762

2. 经济侦查

根据中共江苏省委、省政府1996年决定，如皋市公安局于1997年6月26日，从刑事侦察大队中抽出部分人员，新建经济案件侦察大队。下设综合室、侦查一中队、侦查二中队及公安驻国税办公室、公安驻地税办公室5个下属机构。1998年3月，如皋市经济案件侦察大队正式对外挂牌办公。

（1）重大经济案件侦查。如皋对重大经济案件进行专项侦查始于1982年。1998年，全市共受理各类经济案件93起，侦破75起，涉案金额2197.4万元，其中重大案件57起，侦破48起，为企事业单位挽回经济损失924万余元。

2000～2005年，共受理经济案件457起，立案406起，侦破405起，抓获作案人员420人，逮捕139人，刑事拘留230人，移送起诉353人，挽回经济损失5115.8万元。

2006～2010年，组织经侦民警与全市61家重点企业和税前50强企业挂钩联系，共受理经济案件435起，立案425起，侦破417起，破案率98.12%。抓获经济犯罪嫌疑人258人，逮捕90人，刑事拘留99人，移送起诉227人，挽回直接经济损失8197.84万元。

（2）严重职务侵吞案件侦查。1997年查处首例特大职务侵吞、挪用资金案件，案值117万元，挽回全部经济损失。2000年开展“打击违反公司法犯罪”“追缉经济犯罪逃犯”等专项行动，侦破一批有影响的经济大案。2003年经侦大队以夏季治安整治行动及百日破案竞赛为契机，破获一起职务侵吞案，案值112万元。

（3）侵权制假案件侦查。2005年1月，接江苏省公安厅批转线索称：南通三联科技发展公司郭某自2000年以来,大量生产假冒“阿米西达”“雷多米耳”等品种农药,并在上海、深圳、广州等地高尔夫球场销售,金额在数百万元以上。被公安部列为全国十大侵犯知识产权案,如皋市公安局及时组织侦破,当月10日将郭某抓获。同时侦破磨头镇场南制售假酒案。

3. 刑事强制工作

(1)羁押看守。晚清和国民党统治时期,如皋监狱署和看守所常常人满为患。1928年(民国17年),如皋西乡“五一”农民暴动失败后,大批共产党人、进步人士和无辜群众遭到国民政府逮捕关押,高峰时被羁押人数有七八百人。看守所容纳不下,于县政府西侧巷口设立看守分所(自此人们将此巷称之为申冤巷,1949年后改称菜场巷)。2001~2003年共收押人犯4071名,处理4200名。2004年收押各类人犯1002名,其中拘留逮捕454名、劳教少教15名、行政拘留533名。是年,共处理羁押人1034名,其中拘留转捕470名、劳教少教13名、行政拘留到期释放551人。2005年共收押各类人犯1616名,其中拘留转捕564名、劳教少教27名;行政拘留所(单列)拘留人犯1025名。2006~2010年,收押各类人犯5640名,其中拘留、逮捕(含拘留转捕)5967人,劳教少教187人;拘留所收押拘留人犯7488人,其中行政拘留6402人,司法拘留1086人。

(2)思想教育。1912年(民国元年),县监狱署设教诲课,并有“教诲堂”负责教育“人犯”悔过自新。北洋军阀政府时期,由江苏省监狱管化会派员专事“教诲”工作,通常以佛教人生格言和因果报应关系为主要教化内容。国民政府向人犯灌输“三民主义”“绥靖主义”和反共思想。汪伪统治时期,主要宣扬“大东亚共荣”等奴化教育。人民政府接管后,主要进行人生观、价值观和伦理道德教育,组织学习讨论,使其深刻了解共产党的方针政策,促使其遵守监规,服从管教,认罪服法,重新做人。

(3)生活管理。1912年(民国元年),如皋县监狱署设“供给课”,负责管理在押人犯伙食。人民政府接管后,实施人道主义管理。不断建立健全各项管理规章,看守所内配设专职财会人员,专管人犯待遇,并有内部审计制度,所内设有狱医医务室,负责检查治疗在押人犯的常见病,进行卫生防疫保健。患有重大疾病的人犯送医院治疗,必要时给予住院,慢性疾病人犯符合政策规定者可准予保外就医。

(三)公共安全监管执法

1. 治安管理

1943年,如西县抗日民主政府试行新乡制,设乡治安委员会,村或大庄建立秘密或半公开治保小组。1949年1月,如皋县公安局在县城建立以分段民警为主任的治保委员会12个,居委会、企事业单位建立治保小组35个,农村也以村为单位建立治保组织。1973年,恢复各级治保组织,并不断加强。1990年全县有单位治保委员会1056个,基层治保小组5249个,成员15918人,专业治安消防队156个,成员650人,兼职治安消防员477人。当年获得各类影响治安的线索521条,制止违法犯罪573起,抓获违法犯罪人员958名,缴获赃款和赃物折款79,864元;调解各类矛盾纠纷

2330起,为群众排忧解难1934起。

1948年至1949年年初,为严防特务破坏,在中共如皋地下党组织领导下组织建立护厂队和护校队。1993年重新整组护厂队、护校队364个,1679人;联防队53个,队员321人。1996年全市基层村(居)90%建有联防队,队员总数2940余人。1998年整顿重组,单位内保组织护厂队、护校队共44个,建立治安联防队156个,队员605人,其中专职联防队56个,队员264人,由公安派出所直接管理。2003年,农村通过市场化运作组建一支633人的保安联防队伍,在各村组巡逻。2006年后,治安联防工作列入社会治安综合治理工作范围。

1951年,县公安局设立治安股,负责治安行政、侦察破案、安全防范、消防、交通、户政管理等业务。1958年侦察破案职能析出,1974年消防管理职能析出,1987年,交通管理职能析出,1989年,户政管理职能析出。1991年6月,治安股更名治安科。1998年7月,治安科拓建为治安大队,户政科再度并入,内设综合室、治安一中队、治安二中队及户政科。2002年1月,增设治安三中队,"110"处警中队亦由指挥中心划归治安大队管辖。

当今,如皋公安以"闭合型"设防城市为目标,深化防控体系建设,实现了技防全时空覆盖,卡口全天候闭合、人防全方位设防、打防一体化运作。以技防为主导的现代防控体系,正在成为守护如皋稳定平安、保护百姓幸福安宁的"天罗地网"。如皋全市分层设置了50个治安卡口,构建起"5分钟闭合城区出入口,15分钟闭合区域出入口、全天候闭合市际出入口"三道闭合防线。成立了图像监控中心,建立了覆盖全市范围的监控系统综合管理平台,形成全天候、全覆盖、不眨眼的"天网"。同时,如皋公安还完善了全市13个镇与外县市交界处的主要路口监控点位建设,进一步强调了织密外围防线。

并且,如皋公安还以专业巡防为全市加上了"双保险"。从2008年起,如皋公安在如皋市委市政府的支持下,建立了专职保安联防队伍,在主城区建立150人的巡防大队,实行统一管理、统一调度、统一布防。2012年上半年,巡防大队就抓获违法犯罪人员286人,其中刑拘96人,网上逃犯6人,有力震慑了犯罪。同时,针对社会治安形势,如皋市公安局适时开展一系列"春季攻势""雷霆"行动等严打整治专项行动,屯兵街面,网格布警,整体联动,打压了违法犯罪活动空间。在警方严打态势下,2012年,如皋八类案件下降45.8%,杀人案件下降50%,抢夺案件下降25.1%,上半年仅发生4起杀人案件。

(1)专职保安。1993年,市公安局治安科筹建保安公司。此后大型企业、学校、医院、机关等开始雇聘保安。2003年,公安局公开招聘40名保安人员,组成一支公安辅警队伍,负责城区大街小巷夜间巡逻。2006年保安实行派驻制,全市机关、企事业单位共派驻保安800人,全市168家金融网点全部实行保安武装押运。2006年,保安公司与公安局脱钩,并允许民营保安公司并存。2010年,全市有保安公司5家,专职保安1400人。

(2)禁烟肃毒。1851～1861 年(清咸丰年间),如皋地方官员、地主豪绅、殷商富贾,开始有人吸食鸦片,后逐步扩散。民国年间,吸毒成瘾者众多。1927 年(民国 16 年)10 月,国民政府如皋县政府明令禁止吸食鸦片,并于如皋北门设立“禁烟办公室”。1934 年成立县“禁烟委员会”,次年破获烟毒案件 119 起,查获吸、贩毒犯 205 人。但国民政府一边设立禁烟机构,查处吸毒贩毒案件,一边又开办专卖公司,发放购“烟”证券,只要缴税领证,即可公开经营毒品,致使吸毒现象在全县“合法”蔓延,距县城较远的张黄、黄市及平西、江防等沿江乡镇尤甚。张黄镇总共只有 270 余户,其中 250 余户不吸即贩。1940 年如皋抗日民主政府张贴告示,明令禁烟肃毒,投靠日伪的搬经芹湖大毒枭刘某英被公开处决。

1949 年,县公安局和县政府民政科等部门联合实施戒烟计划,全县登记在册的 230 名吸毒人员中,强制戒毒成功 130 余人。对少数顽固的吸毒、贩毒分子依法给予惩处。1952 年,县人民政府成立肃毒委员会,开展声势浩大的肃毒运动,召开动员大会 120 余次,收到群众检举揭发材料 4391 份,集中训诫涉毒人员 70 余人,依法逮捕 42 人,处决大毒枭张圣丰,对其他吸毒犯游街示众。如皋吸毒祸害根绝了几十年。

20 世纪 90 年代,吸毒现象在如皋死灰复燃。1995 年 8～11 月,全市开展禁毒专项斗争。1998 年,举办“珍爱生命,远离毒品”宣传教育活动。1995～2010 年,全市共强制铲除罂粟 64,450 株,查获罂粟干果 500 克。对私植罂粟和阻挠铲除的 31 名违法人员予以治安处罚。2013 年,如皋警方推禁毒公益微电影《毒殇》,该电影由市公安局刑侦大队主创,通过现实案例原形加工而成。如皋警方希望通过禁毒公益微电影,以容易让年轻人接受的方式,扩大宣传效果,告诫人们要远离毒品。

(3)查禁赌博。1949 年之前,如皋县城和各集镇茶馆多半设有赌场,各式各样的抽头聚赌成为社会公害。1949 年后,明令禁止赌博,打击赌头赌棍,赌博现象明显减少。20 世纪 70 年代后期,赌风又有抬头,1988 年 1 月 11 日至 3 月 10 日,全县开展 477 次集中抓赌行动,抓获参赌人员 1859 人(次),缴获赌资 25,194.30 元,依法刑事处罚惯赌 8 人,治安处罚 174 人。此后,持续组织禁赌专项整治。1989 年抓获参赌人员 1859 人(次),依法逮捕 8 人。1990 年查处赌博案件 53 起,治安处罚 223 人,其中拘留 88 人,罚款处理 135 人。1999 年查获参赌人员 2704 人。2008～2010 年,摧毁赌博团伙 5 个,抓获违法犯罪人员 367 人,刑事拘留 36 人,治安拘留 115 人,劳动教养 16 人,缴获赌资 85 万元,搜缴赌博游戏机 561 台,对讲机 16 部。

(4)取缔娼妓。民国时期,如皋县城及部分集镇开设妓院 30 余家,国民政府由县警察局征收“花捐”,允许公开卖淫。1949 年 1 月,如皋全境解放后,县政府严令取缔娼妓,在如城成立游民习艺所,由县公安局负责对娼妓教育挽救和改造,使其成为自食其力的劳动者,同时严惩逼良为娼的鸨儿和坏人,娼妓现象很快绝迹。20 世纪 80 年代初,卖淫嫖娼沉渣泛起。1989 年,开展“除六害”专项整治,责令卖淫嫖娼人员向公安机关投案登记。1996 年开展突击行动 11 次,捣毁部分卖淫窝点,对卖淫女及嫖客依法作出刑事和治安处罚。1990～2010 年,大规模组织打击卖淫嫖娼专门行动 50 余次，共捣毁卖淫窝点63处，抓获涉娼人员1262人，依法逮捕12人，刑事拘留68人，劳动教养8人，其余给予治安处罚。

（5）搜缴枪支和爆炸物品。1981年，开展搜缴枪支和爆炸物品集中行动。1990年9月至2010年年底，全市（县）开展大规模治爆、缉枪、搜缴管制刀具等专项行动50余次，共搜缴废旧炮弹9枚、各式枪支490支、仿真和土制枪支891支、手榴弹38枚、雷管1103枚、导火索20根、各式管制刀具1913把、炸（火）药157公斤、各式子弹13071发。取缔烟花爆竹非法生产销售点948处（次），没收非法运输和销售烟花爆竹成品91.85万只、半成品300余箱、各类火药原料1200余公斤。

（6）扫黄打非。1996～2000年，公安、文化、工商部门，先后联合组织大规模清查行动46次，共搜缴黄色淫秽物品（录像带、拍克等）687件、非法出版物6190种（件）、非法录像带1378盒、非法激光唱片55张、非法VCD片50张、非法录音磁带150盒，集中公开销毁。2001～2005年，查缴淫秽光盘428张。2006～2010年，社会治安综合治理办公室、公安局、工商局、文化局4部门联合进行大规模行动30余次，取缔黑网吧29家，处罚违规经营的网吧4家，查封非法游戏厅6家，同时对全市40家网吧，21家歌舞娱乐场所，86家宾馆、浴室等安装视频监控系统，其中网吧、宾馆、浴室监控系统与市公安局监控中心联网。2015年专项治理活动中，如皋公安机关对城区的舞厅、KTV、酒吧、演艺吧、旅馆等行业场所进行了清查，共清查舞厅、KTV、酒吧、演艺吧35家，旅馆160家，洗浴场所150家，网吧55家，游戏机室1家，休闲场所5家，发现存在问题84处，责令当场改正33处，限期整改29处，拟消防处罚22家。

（7）水上治安秩序整顿。1990年9月至2005年年底，如皋境内共清查水上杂船3062条（次），查破刑事案件36起，治安案件37起，行政案件669起，抓获逃犯2人，刑事拘留13人，逮捕5人，收容劳教2人，治安处罚319人，行政处罚401人，遣送回原籍6人。协助破获长江水域长青沙东风滩流尸隐案1起。2006～2010年，共处理水上碰撞沉船事故43起，突击检查杂船639条，侦破刑事案件60起，逮捕10人，刑事拘留11人，直接起诉5人；查处治安、行政案件175起，治安、行政处罚194人。全市水上秩序混乱状况大有改观。

表3-2-5　1997～2010年市公安局治安案件查处情况表

年度	案件受理（起）	查处					
		合计（起）	拘留（人）	罚款（人）	警告（人）	收容教养（人）	治安处罚（人）
1997	1133	1073	267	2523	15	26	3051
1998	1366	1366				64	3162
1999	2235	2235	258	3927	16	88	45722
2000	2123	2123	272	3809		125	4124
2001	2130	2130	382			90	5169

续表

年度	案件受理(起)	查处					
		合计(起)	拘留(人)	罚款(人)	警告(人)	收容教养(人)	治安处罚(人)
2002	2255	2190	448			88	5179
2003	2135	2095	223			33	4340
2004	2553	2553	319				3536
2005	4522	4522	885				5896
2006	6502	6502	1597				2799
2007	6551	6551	1605	4038	24		5667
2008	5705	5702	1313	2775	69		4319
2009	30, 408	30, 408	1296	24, 627	430		26, 353
2010	12, 358	12, 358	690	3850	2259	8	6799

2. 户政管理

清光绪年间开始户籍管理,当时主要以“保正”(又称地保)、“乡约”具体负责。国民政府如皋县政府以区、乡、保、甲行政系统管理。1951 年,户政管理归属县公安局治安股。1989 年 5 月,户政管理从治安股析出,建立如皋县公安局户政股。1991 年 6 月,户政股更名户政科。1998 年 7 月,户政科保留原名,整体划入市公安局治安大队。

(1)户籍制度

1940 年秋,如皋县抗日民主政府在卢港建立,推行新乡制,改“保”为“村”,改“甲”为“组”。1949 年 1 月,县政府进驻如皋城办公,沿用村组户口管理办法。10 月,根据《苏北区户口管理暂行办法》,先城镇后农村全面进行户口登记,颁行出生、死亡、迁出、迁入 4 项户口申报制度。

1951 年全县进行户口登记,普查核对人口、职业、成分等情况。1954 年 12 月 16 日,全县集训户政人员,建立户政制度。在城镇建立集体户口簿和居民户口簿,作为个人身份证明之用。农村自 1964 年第二次全国人口普查后,公社、大队分别建立户口登记簿册。1987 ~ 1989 年,对年满 16 周岁的公民,首次颁发居民身份证,作为最具权威的个人身份证明。2005 年后,分批全面换发具有防伪功能的第二代居民身份证。

1955 年 9 月 1 日起,全县根据国务院《市镇粮食定量供应暂行办法》,机关、团体、学校、工厂、国营商业等单位实行口粮分等定量供应。从此户籍分为“城镇户口”(亦称“定量户口”)和“农业户口”,或“农业户口”和“非农业户口”,“农”转“非”受到严格限制。1992 年 8 月 1 日,如皋市人民政府办公室发出第 21 期《会议纪要》,鼓励农民进城兴办第三产业,对进如皋市区和农村集镇的农民交纳增容费后即可转为定量户口,在城镇落户,农民称其为“买户口”。此后两年中,先后有市城建资金管理委员会、市第三产业办公室、市公安局、市劳动局、市技工学校、市电大、市职教中心、市第一职业高级中学、市教师进修学校9家单位经办过此类“农转非”业务，全市通过此途径实现“农转非”近2万人。2003年5月1日，江苏省实行户籍制度改革，废除“城市定量户口”和“农业户口”二元户籍，统一改成居民户和集体户，建立以合法固定住所或稳定生活来源为户口准迁条件的新型户籍制度。

（2）户籍管理

常住户口管理。1949年10月，如皋开始执行户口“4项申报制度”和“外来人员临时申报制度”。1951年城镇建立集体户口簿和居民户口簿。1954年结合普选进行常住户口详细登记。1964年第二次全国人口普查，公社、大队建立常住户口登记簿册。1973年，公安工作恢复正常秩序后，户口管理趋于完善。根据江苏省人民政府部署，从1987年开始发放居民身份证，1988年，全县共建人口卡片1，094，893份，下半年开始并完成1，415，868人的人口基本信息微机编码工作。1989年共制作居民身份证底卡1，051，000余份，发放居民身份证1，010，000份。1997年，实现户口信息网络管理。

2001～2005年，常住人口变动维护率95%以上，居民身份证16周岁到龄和10年期满及时发证、换证，办结率98%。5年制作身份证229，173份，接受三峡移民58户222人，办理户口准迁证2751人；新登记入网常住人口9783人，登记在网总人口1，426，118人，提供户口咨询25000余人（次），出具户籍证明19，700余份，换发新户口簿1万余本；编制各类门牌338，920块，其中楼栋牌551块，大门牌404块，居户小门牌334，551块，室号牌3158块。

2006～2010年，办理户口迁移1.1万件，变更人口信息1.5万件，换发补发二代身份证186万张，办理临时身份证9458张。2010年结合第六次全国人口普查，入户核对455，171户1，407，270人，登记人户分离56，962人。

暂住户口管理。改革开放后，大量农民和外来人员，进入如皋城区务工、经商、兴办第三产业。根据上级规定，对临时暂住人员，实行立卡登记，办理临时户口，申领暂住证。1988年，全县在17个乡镇进行调查登记暂住人口试点，发放暂住证。1992年在邓园和张黄港两乡开展暂住人口和资料台账建设试点，1993年开始清理登记私房出租户。1995年针对暂住人口急剧增加的实际，开展暂住人口、房屋出租户清理整顿工作，重新登记暂住人口。对房屋出租户，开始发放房屋出租许可证，领取暂住证和领取出租许可证分别为92%和92.51%。2000～2005年清理中介机构48家，处罚房屋违法出租19户，取缔非法出租3户，梳理各类违法线索542条，查处外来违法犯罪分子296人，破获各类案件663起。通过暂住人口信息研究比对，直接抓获网上公布的在逃犯8人，治安拘留13人。2006年，建立市、镇（开发区）两级外来人口管理服务中心，为外来人员提供登记办证、房屋租赁、就业介绍、法律咨询、权益维护、计划生育等多种服务。2006～2010年，每年网上新登记暂住人口2万～4万人，注销1万～2万人，登记私房出租户1万～1.5万户，通过暂住人口网上比对和清查重点流动人口10，356人，破获刑事、治安案件4591起，抓获各类违法犯罪嫌疑人员500余人，其中网上公布的在逃犯 26 人。至 2010 年年底,登记在册的外来暂住人口 74,306 人,私房出租户 18,002 户,寄住 54,006 人。

水上户口管理。1937 年(民国 26 年)春,国民政府如皋县政府在东门外设派出所,专事水上户口管理,盘查过往船只。1951 年,县公安局在如城设水上派出所,1966 年合并于如城派出所。1980 年恢复如城水上派出所,1989 年升格并更名为如皋水上派出所。2002 年,共登记水上暂住人口 168 人,全部发给暂住证,换发临时船民证 1829 张,审验户口簿 865 本,新发船户牌 82 块,户口簿 86 本。2006 ~ 2010 年,共换发临时船民证 5021 张,审验户口簿 2189 本,新发船户牌 86 块,户口簿 86 本,登记喷号 145 条;核对和采集水上信息 501 户,其中核销 23 条计 38 人,有 1359 人从水上迁回陆上居住。

表 3 - 2 - 6 2000 ~ 2010 年市公安局暂住户口管理情况表

年度	暂住人口			私房出租户				水上暂住人口	
	登记数	发暂住证人数	发证率	登记数	发证数	发证率	签订治安责任书户数	登记数	发证数
2000	14,620	7324	50.1%	2761					
2001	11,036	5753	52.13%	1634	1634	100%	1634		
2002	13,267	12,863	96.96%	1644	1401	85.22%	1644	168	168
2003	14,198	14,001	98.61%	2336	2011	86.09%	2336	354	350
2004	57,046	19,373	33.96%	3767	3767	100%	3767	1500	1500
2005	25,552	23,159	90.63%	9950	9950	100%	9950	1440	1440
2006	38,481	28,875	75.04%	13,484	13,484	100%	13,484	1440	1440
2007	51,302	27,301	53.22%	无记载				1450	1450
2008	56,428	54,006	95.7%					613	613
2009	64,951	54,595	84.1%					356	356
2010	74,306	74,306	100%	18,002	18,002	100%	18,002	561	561

3. 交通管理

1949 年新中国成立后,如皋县政府直接管理交通。1954 年 12 月,县人民政府设交通科,1956 年 8 月交通科升格为县交通局,下设各职能股和区交通管理站。"文化大革命"中,全县交通管理机构瘫痪,1981 年县交通局恢复建立,下设监理股,具体负责水陆交通管理,县公安局协助处理交通事故。1976 年 5 月,县公安局治安股设交通警察 4 人,负责如城地区主干道交通管理,为如皋交通警察之始。1987 年 8 月,根据国务院决定,县交通局下属交通监理(含区交管所、站)整建制移交公安部门,县公安局增设交警队,下辖车管所和如城交警分队。1988 年 5 月,增设丁西、城西、杨庄、搬经交通管理所和白蒲、磨头、葛市交通管理站。1989 年 12 月,县交警队更名交通警察大队，设址于今惠政路。1992 年 1 月交警大队下属交管所、站更名为交警中队，计有丁西、白蒲、杨庄、葛市、搬经、城西、磨头 7 个中队。1994 年 4 月，新设东陈、九华两个中队，1997 年 6 月 16 日，县交警大队增挂县公路巡逻民警大队牌子。1998 年如皋市公安局交通巡逻警察大队成立。内设政秘科（后改称综合室）、车管所、秩序科、事故调处科，下辖 10 个交巡警中队，2002 年增设交通查控科，2008 年新增东陈、郭园、如皋港、常青、袁桥 5 个交巡警中队，原东陈、丁西、杨庄、葛市、城西交巡警中队分别更名为城东、丁堰、石庄、江安、柴湾交巡警中队。2010 年，全市交巡警中队撤并为 12 个。

（1）交通安全管理

①宣传交通法规。20 世纪 50 年代起，公安与交通部门经常结合各种会议和中心运动，广泛开展交通法规宣传教育。1995～2010 年，市交巡警大队派员到公路沿线中小学上交通法规课，在境内悬挂和张贴宣传标语、更新宣传橱窗、召开交通安全会议、印发宣传资料，并与如皋电视台联合开办《交通长廊》专题节目，宣传交通法规。

②添置安全设施。1977 年在如城西门汽车站十字路口（今中山路与益寿路交会处）设置交通岗亭，装置交通红绿灯，此为如皋交通指挥灯之始。1997～2010 年，全市交通要道新增各类警示标牌 3166 块；划设和刷新如城和近郊交通标线 450.85 公里；新装安全护栏 25374.50 米，减速坡 1639.80 米；在国道、省道和城区特别繁忙路段安装电子监控系统和电子警察 26 处；开放停车场 10 处，施划车辆临时停靠点 5852 个；在城乡主干道增设多相位红绿灯 91 组，添置可移动应急红绿灯 5 台，安装太阳能曝闪灯 88 盏。在 47 处危险路段，2 座危险桥梁，11 处事故多发地点，安装警示标志、警示柱 821 个。

③查纠违章。1987 年以前，交通违章，由交通监理部门查处，1987 年 8 月，县公安局增设“交（通）警（察）队”，交通肇事违章由县公安局交警队处理。1989 年 12 月，县交警队升格为“县交警大队”，内设机构亦逐步完善。1989～2010 年，共查处各类违章 4,392,691 万起。对违章者法制教育 16,011 人（次），记证（扣分）329,944 人（次），暂扣证照 4992 件（次），暂扣车牌 164 辆（次），暂时扣车 25,359 辆（次），吊扣执照 567 人（次），拘留 1138 人（次），直接起诉 174 人（次），其他予以治安处罚。

④查处交通事故。1987 年前交通事故由交通监理部门查处，公安部门协助处理重大交通事故。1989 年交通警察大队成立后于 1991 年建立事故调处科，专门负责交通事故查处工作。1989～2005 年（缺 1992 年和 1995 年两年资料），立案上报交通事故 14,912 起，死亡 1727 人，受伤 8166 人（次），直接经济损失 1766.86 万元。

2006 年以后，事故发生、死亡、受伤人数和直接经济损失都呈下降趋势。未有死亡 3 人以上的重大交通事故发生。至 2010 年，立案上报交通事故 4816 起，死亡 713 人，受伤 2962 人，直接经济损失 665.3 万元。交巡警大队适用一般程序处理交通行政案件 5469 起，一般程序处理道路交通事故 943 起，简易程序处理事故 8043 起。

1998～2008 年（2009 年和 2010 年未发生），发生在如皋境内的汽车肇事逃逸案件 329 起，侦破 250 起，侦破率 75.99%，抓获交通犯罪嫌疑人 144 人、肇事嫌疑人 90 人，截获肇事逃逸车45辆。

表3-2-7　1989~2010年市(县)交通违章查处情况表

年度	纠违章总数(起)	处罚情况							
		拘留(人)	起诉(人)	吊销证照(本)	扣车(辆)	记证(次)	暂扣证件(件)	法制教育(人)	扣车牌(张)
1989	152,590						31		
1990	65,961								
1991	48,520								
1992	43,951	11			924	178			
1993	109,767								
1994	169,456								
1995	174,486	13							
1996	115,792								
1997	153,672								
1998	135,471	6		67	7199				
1999	158,800	2	90	100		478	134	16,011	
2000	128,323		84	124	6627	11,593			164
2001	220,369	107				22,273			
2002	287,165	106							
2003	441,076	23				24,762			
2004	241,792	23		97		164,014			
2005	140,000	131		91	674	9746			
2006	190,000	131			674		436		
2007	343,000	225		87			1043		
2008	332,600	360				30,900			
2009	289,900			1		66,000	731		
2010	463,600				9261		2617		

表 3-2-8　1989~2010 年市(县)交通事故统计表

年度	发生交通事故				肇事逃逸			
	共发生(起)	死亡(人)	创伤(人)	直接损失(万元)	共发生(起)	死亡(人)	侦破(起)	侦破率(%)
1989	149	56	70	7.83				
1990	126							
1991	130	57	63	9.92				
1992	资料缺载							
1993	159	65	68	45				
1994	280	124	132	128.79				
1995	资料缺载							
1996	115	96	22	39.9				
1997	97	96	37	41.95				
1998	1904	179	1384	179.07	56	30	39	69.64
1999	2542	175		212.23	27	25	17	70.8
2000	611	152	596	262.2	110		77	70
2001	2163	132	1584	178.3	26		21	80.8
2002	2003	130	1420	189.52	12		12	100
2003	1585	127	1011	143.9	9		8	88.9
2004	1005	171	518	155.17	12		10	83
2005	2043	167	1261	173.08	14		14	100
2006	989	165	601	155.9	16		13	81.25
2007	978	151	592	139.9	24		20	83.3
2008	973	144	578	127.6	23		19	82.6
2009	972	143	599	126.2				
2010	904	110	592	115.7				

(2)交通安全专项整治

公路沿线交通环境专项整治。1989~1997 年,市交警大队集中对全市主要公路沿线尤其是城镇地区和城乡接合部进行 20 余次交通环境专项整治,共清除占道障碍物 14,094 处,迁移路边堆积物 41,086 处,搬迁路边农贸、小商品市场 23 处,拆除违章搭建 2266 间,关闭路边违章营业摊点 40,305 个,取缔公路临时晒场、打谷场 20,169 处(次),拆除非交通标志牌 1462 块,封闭高危路段的出入口 42 处。

城区交通秩序专项整治。2001 年,市交巡警大队对如皋市区开始实行"机动车和非机动车分道行驶”,如城海阳路和跃进路(今中山路)禁止拖拉机和货车通行,封闭车流频繁路段路侧道口。2002年实施“畅通工程”。2003年3月始,禁止机动三轮车在如城主干道行驶。2004年7~8月,开展取缔三轮机动车非法改装营运载客,整顿出租汽车营运秩序,规范人力三轮车营运行为的专项整治行动,共查扣违法改装营运载客机动三轮车396辆,查处出租车交通违章1055起,查处人力三轮车交通违规行为1354起,吊扣驾驶证13本,责令出租车停业整顿11人(次)。2005年,配合“六城同创”,先后3次大规模开展城区交通秩序整顿,查纠交通违规违法行为为59,916起。2006~2010年,随着交通法规深入宣传,道路通行条件不断改善,指示灯具、标牌、提示性标线铺设等日益齐全,道路交通秩序明显好转。2015年为进一步强化对客运市场的监管,维护运输行业秩序,保障广大从业人员和群众的合法权益,如皋运管部门联合交巡警大队自3月下旬开始至6月下旬止在该市范围内展开了打黑“百日会战”专项整治活动,拉开了2015年打击非法营运车辆的序幕。本次整治活动的重点为汽车站、火车站、乡镇客源集散点等重点部位和公路主干道,长期未经许可从事道路班线客运“黑车”“黑线”,外地反包车辆未经许可在该市从事班车、包车客运等非法经营行为。整治行动共分调查摸底、集中整治和总结提升三个阶段。专项行动开展以来,如皋运管根据市局统一部署,积极行动,采用便车,组织力量在全市公路主干道、客源集散地等重点领域对涉嫌无证经营的“黑车”进行为期一个月的暗访跟踪和摄像取证进行摸底调查,重点摸清从事“黑班线”运营的车辆的运行线路、运营时点等规律。根据调查摸底情况,如皋市运管部门集体会商,落实具体打击措施,已查扣多辆非法营运车辆,取得了“打黑”工作的初步成效,收到了良好的社会效果。

(3)车辆检验和驾驶员检训

①车辆检验。1991年,市交警大队完成机动车辆检测线和微机房的建筑安装、调试工作。1996年,年检各类机动车7820辆。1998年共检测各类机动车24,581辆。2001~2005年检(审)各类机动车辆204,177辆,其中大型货车、客车12,516辆,特检车辆10,775辆,强制报废汽车及其他机动车2879辆,强制报废二轮摩托车757辆,强制纠正“大吨小标”机动车450辆,426台车辆被强行拆除私自改装部件629件,查获假牌照278件。2006~2010年共办二轮摩托注册上牌、领证换证、年检289,980辆(次),检验汽车和“五小”机动车辆216,873辆(次),汽车注册登记9516辆,为23,942辆汽车和100,603辆摩托车核发检验合格标志,依法强制报废机动车17,281辆。

②驾驶员检、训。1989~2010年,如皋市交警大队共培训、考测摩托驾驶员42.5万人(次)、汽车和“五小”机动车驾驶员29.49万人(次),培训、核发毒化物品准驾资格383人。2010年年底,全市共有机动车驾驶员培训学校12家,其中AAA级信誉驾校1家、AA级信誉驾校3家、A级信誉驾校5家,拥有教练车576辆,教练员693人,具有年培训驾驶员3.1万人的能力。

4. 消防管理

1949年,城区人民政府统一筹划全城安全防火工作,成立城区救火总会,下辖15

个分会，共有水龙46具，义务救火员276人。1951年，城区救火总会升格为如皋县消防委员会。1964年，如皋县公安局成立消防队，人员从县属各单位临时借调，购发统一服装，在公安局集中食宿和训练。1966年"文化大革命"爆发解散。1974年7月，公安局增设消防股，具体负责全县消防工作。1972年正式成立如皋消防中队，地址中山西路，编制14人，来自现役义务兵。1974年，归县公安局消防股领导，配置消防车。1983年，消防股及消防中队划入武警序列，归属中国人民武装警察部队南通消防大队建制，业务上受如皋县公安局指导。1994年，如皋消防中队升格为中国人民武装警察部队如皋消防大队，直接隶属南通消防支队领导，正营级建制，下设如皋、如皋港两个消防中队。2006年后，建成消防指挥中心。2010年年末，如皋市消防大队下辖如皋市消防中队、如皋港区联合特种消防队和5个企业专职消防队，全市有义务消防队318个，兼职消防队1055个。

（1）消防安全管理。1951年，县消防委员会贯彻"预防为主，防消结合"的方针，在全县范围内宣传普及防火知识，发动企事业单位和居民签订防火爱国公约，制定各项消防规章制度。1990年基层公安派出所明确消防监督员，全年共开展10次防火专项检查，查出火险隐患655处。1998年《中华人民共和国消防法》颁布后，先后3次对80余家消防重点单位专门开展消防安全检查，发现隐患253处，实施消防执法监督，逐一督促整改。1999年，加大消防监督检查和处罚力度，查处消防违法行为39起，拘留3人，警告10人，行政处罚23起，收缴手榴弹、雷管、导火索等一批违禁品。2002年开始，新建的企事业单位申报时，要求消防设施一步到位，消防验收通不过的单位不允许开业。2004年年初，在丁堰镇皋南村开展农村消防工作试点。建立消防工作"以厂包村，十户联防"管理模式。2006～2010年，加强消防执法，出动检查人员3698人（次），检查单位5860家（次），发出整改通知书694份，行政处罚单位48家、1559人，责令停业整改430家（次）。

（2）灭火救援。1935年（民国24年）前，如皋灭火救灾，主要靠人力压杠式水龙，水龙队出动，则以乱棒锣声在前开道，并向人们告知火灾发生方位。1935年如皋县警察局开始配置"洋龙"（机动水泵）。1974年开始使用"消防车"。2001～2010年，共接报火警6033次，出动车辆10,291辆（次），出动消防警力4.17万人（次），扑灭大火2130次，挽回经济损失近2亿元；参加救援抢险114次，救出受灾群众121人。

（3）消防工作联勤协作机制。2011年年底，为进一步加强公安消防监督管理工作，建立完善公安机关多警联勤消防工作机制，深入推进"清剿火患"战役工作，根据《中华人民共和国消防法》，公安部《建筑工程消防监督管理规定》（第106号令）、《消防监督检查规定》（第107号令）、《火灾事故调查规定》（第108号令），省厅《关于贯彻执行公安部〈消防监督检查规定〉若干问题的意见》（苏公厅〔2009〕432号）、《关于印发修订的〈江苏省公安派出所消防监督管理工作规定〉的通知》（苏公厅〔2009〕433号）、南通市局《关于贯彻〈江苏省公安派出所消防监督管理工作规〉的实施意见》（通公发〔2009〕133号）等文件要求，如皋市公安局就有关警种消防工作联勤协作作出明确规定：

①单位消防安全监管协作机制。派出所负责对居民住宅区的物业服务企业、村(居)民委员会,日常消防监督检查范围内的单位和三级消防安全重点单位开展日常消防安全监督检查工作。其中日常消防监督检查范围内的单位和三级消防安全重点单位每年1月30日前由消防大队上报市局发文明确,消防大队不得将火灾隐患严重、日常管理难度大的单位交由派出所监管。治安、经文保等部门要以治安保卫重点单位以及"三合一"场所为重点,督促列管单位加强消防安全管理工作。交巡警部门负责建筑周边公共道路堵点排查整治和街、路面消防安全巡防和火灾隐患排查整治工作。

②大型群众性活动检查协作机制。治安部门在受理大型群众性活动安全许可申请后,应要求活动承办者提供消防安全管理的有关资料,并及时填写《大型群众性活动举办前消防安全检查通知书》,通知消防大队。消防大队接到治安部门书面通知之日起3个工作日内进行检查,填写《大型群众性活动举办前消防安全检查意见书》送交治安部门。需要延期实施现场消防安全检查的,消防大队应及时告知治安部门延期检查的时间和理由。消防大队在大型活动举办前,发现活动承办者未落实消防安全相关要求、不具备安全举办条件的,应当书面告知治安部门,并撤销原《大型群众性活动举办前消防安全检查意见书》,由治安部门依法撤销原准予举办大型群众性活动的行政许可。

③火灾处置调查协作机制。火灾事故发生后,交巡警部门应迅速组织力量保障路面畅通。派出所要在第一时间参与辖区内火灾事故调查,协助火灾现场保护,开展调查访问,负责无人员伤亡的、直接财产损失10万元以下的、不涉及两方及以上当事人的一般火灾事故调查。对于应由刑侦部门参与调查的火灾事故,指挥中心要立即通知刑侦部门派员赶赴火灾现场参加调查。消防和刑侦部门到达火灾现场后,应当协作配合,共同开展现场勘验、调查访问、分析起火原因等,并作记录。消防大队要发挥对火灾现场痕迹物证的鉴识优势,对《火灾事故调查规定》第4条所列的放火嫌疑情形要及时取证固定,认真分析。刑侦部门要利用痕迹、法医、理化、DNA、照相等专业优势和调查走访、审讯等业务特长,对消防大队提出的嫌疑情形进行认真研究分析、逐一甄别。消防、刑侦部门在火灾调查过程中形成的笔录、照片和视频资料等信息要充分共享。消防、刑侦部门共同侦办的火灾,要严格按规定进行移交,经调查,排除放火嫌疑的,刑侦部门应当形成结论并向消防部门移交全部调查、检验鉴定等案卷材料。经调查,涉嫌放火犯罪的,经消防大队负责人批准,制作案件移送通知书,将全部调查、检验鉴定等案卷材料连同火灾现场一并移交刑侦部门,并根据需要积极协助刑侦部门开展工作。

④消防违法行为查处协作机制。派出所负责《江苏省公安派出所消防监督管理工作规定》第20条规定的违法行为的查处工作。派出所、治安、经文保等部门对发现被检查单位的建筑物未依法通过消防审核、验收,擅自投入使用的,或者进行消防设计备案、竣工验收备案;公众聚集场所未依法通过使用、营业前的消防安全检查,擅自使用、营业的,应当在检查之日起五个工作日内填写《消防安全违法行为移交单》书面移

交消防大队处理。

⑤旅馆行业行政许可协作机制。根据省、市政府关于建立政府部门消防工作协调机制的意见,治安部门在实施旅馆业登记许可时,对未获得公安消防部门消防安全检查合格意见的旅馆不予核发旅馆业登记许可证。

⑥督察协作机制。消防、治安、督察等警种,每两个月要对辖区派出所开展消防监督工作情况进行一次面对面的业务指导,要适时组成联合督查组,进行督导检查。督察部门要将各警种履行消防监督管理职责情况纳入日常督察的范围,在各类消防安全专项整治活动中要与消防部门联合开展跟踪督察问效工作,并定期通报督察情况。

(四)保卫工作

1.110 接处警

1997 年 9 月 28 日,如皋 110 报警服务台正式开通运行,实行 24 小时工作制,全天候接受社会各界电话报警和求助。2002 年,公安局研究开发接处警反馈软件。2003 年,相继开通经济 110、英语接处警服务和受理家庭暴力投诉举报服务。2004 年投资 50 余万元,完成 110 报警、122 交通事故报警和 119 火警三台合一,同时完成 110 报警系统升级改造。2005 年投资 100 多万元,购买 5 辆多功能警务车,车上全都安装 GPS 卫星定位系统,专用于如城地区的接、处警和巡防工作。2008 年将 350 兆指挥调度系统与 110 接、处警系统对接整合,开通 12110 短信报警平台,建成接、处警同步录音录像存储系统。110 接处警系统,1997 年开通至 2010 年年底,共接警 50.13 万次,其中有效接警 33.47 万次,占 66.77%;群众求助 8.87 万次,占有效接警四分之一以上,110 为民排忧解难出警率 100%。

2. 信息通讯

有线通讯。1993 年前,公安信息通讯主要依靠人工电话接转、传真收发。1993 年 11 月,公安通讯设备升级,原有的 50 门供电式总机升级为 250 门程控交换机,市话中继升级到 10 对。2002 年 5 月,程控交换机升级到 1200 门,30 对中继至电信网,30 对中继至移动网。公安系统内部开通覆盖各基层所队的内线电话,每单位 8 部。

无线通讯。20 世纪 80 年代,公安出警常使用无线对讲机。1998 年 10 月,开通公安寻呼台,并与南通市及南通地区各县市公安寻呼台联网。2000 年 4 月,如皋在南通市公安系统率先建立覆盖全市的 350 兆无线集群系统。2002 年 8 月,建成覆盖全市公安系统各基层所队的公安四级网络,所有单位均用二兆宽带接入,局域网从十兆集线式交换升级为主干千兆、桌面百兆的三层交换。公安局通信科研发成功“执法质量考评”系统软件、被留置人员网上实时报备及留置室网上实时监控软件、110 网上接、处警反馈软件、五类基础台账软件以及嫌疑人员、嫌疑物品、嫌疑线索、嫌疑失窃车辆管理系统并得到广泛运用。建成夜巡盘查人员数据库、高危人群数据库、工作对象数据库。2003 年 9 月,建成延伸公安系统各基层所队的四级网电视电话会议系统和网上办公自动化系统。

3. 防范、监控

从1996年开始,实施"人防、技防、设备防"三位一体建设,重点单位重点部位安装报警器37套。1997年全市重点地区、路段、部位建立治安岗亭32个,民警值班室和治安卡口,配备足够的守卡力量和交通、通讯设备。1998年全市各学校、金融网点及重要部位建立CK区域报警防范系统。2002年,从市区开始,向重点集镇延伸辐射,全市机关、学校、企事业单位安装CK报警系统439只,国道省道及城镇临街,特别是城郊接合部的路边商店、经营网点,安装远红外区域报警和机动车辆防盗报警器8882只,监控探头2628个,"电子狗"报警器6217只,建成区域报警网28个,装置防盗锁28,258只,居民住宅楼安装防盗钢叉倒刺10,056只,初步形成"技防"网络。2003年,以构建"110"一级指挥为龙头,信息侦破、预警管制、"三防"网络、"警种联动、矛盾缓冲"等治安防控体系为主线,实施警务区治安板块承包制度,警务区服务点965家,安装报警系统466只,新安装远红外报警装置578处,探头5958个,建成区域报警网41个。2004~2005年,安装CK报警系统935家,区域报警网145个,安装远红外探头24,597只,防盗钢叉、倒刺11,027只。12所市直学校和9所省级重点中学安装电视视频监控系统,重点内保单位实现全覆盖。后又投入1860万元,建设"技防镇"16个,"技防街"29条,"技防小区"8个。2006~2010年,各工业园区建成区域报警室31个,新安装CK区域防范报警系统390家,安装视频主机918台,摄像头10,353只,远红外报警主机2710台,探头20,835只。老小区安装楼寓防盗对讲系统1221套,监控系统12套152只摄像头,建成封闭小区4个。2008年警车安装GPS系统,并将GPS系统向出租车、租赁车及高档轿车延伸。2009年,新增探头和社会面监控摄像头365只,所有监控全部安装辅助光源,图像均实时传输到市公安局监控中心。是年10月,如皋市被江苏省公安厅、科技厅授予江苏省科技强警示范区县称号。2010年,主城区监控系统加密升级,实施道路监控网工程,新增治安监控系统328套,"平安E家"电话报警系统16万户。

4. 加强科技装备

20世纪60年代,刑侦股主要配备照相、化验、痕迹提取等装备。1994年,如皋市公安局刑警大队设立技术中队和法医鉴定所,增加刑侦科技仪器设备,运用刑事痕迹比对、鉴识、查证以及根据头骨特征作人体面貌复原、电脑成像等,辅助重大刑事案件侦破,受到江苏省公安厅表彰,并在江苏省首次单指纹管理工作会议上作经验介绍,随后,刑侦技术室通过公安部一级示范点验收。

在安装自动控制红绿灯、太阳能曝闪灯、测速仪、电子警察、自动报警装置、摄像头的基础上。为严格禁止酒后驾驶,除制定苛严的酒后驾车的处罚政策法规外,逐步完善并普遍使用酒精度现场测定器,保证对酒后驾车的准确认定。2010年9月,市交巡警大队整合城区和主干道监控系统,建立集成区交通绿波控制、国道道路监控系统以及卡口查控系统于一体的智能监控中心。

2002年,建立如城地区各金融部门、社会治安复杂场所等重点部位电视监控系统,同时建成覆盖全市各基层所、队的公安四级网络,程控交换机升级,对内开通覆盖各基层派出所的内线电话。2004 年,如皋以"技防镇"建设为主线,在全市强化科技防控网络建设。如城海阳路和宁海路建成电子防控一条街和区域报警系统。全市建成派出所视频监控中心 24 个,镇区区域报警室 27 个。2005 年后,各派出所从自身实际出发,不断改革和科技创新,形成自己的特色:锦绣派出所的"丛越工作法"(电子技防一条街管理、操作和使用)向全省推广;皋南派出所在辖区内重要经济部位,安装探头直通警务巡逻车电台,与市公安局指挥中心联网;迎春派出所宏坝警务区的信息采集室、物证室、监控中心、监控室等,经省公安厅长视察并亲自操作后给予肯定;丰乐派出所自筹资金建成以派出所为中心覆盖全辖区沿街路边店的网络监控系统正常运转;白蒲派出所被公安部、科技部联合表彰为全国第一批科技强警示范城市建设先进集体。

5. 升级个警装备

2005 年,投入 600 余万元,公安干警 95% 以上装备电脑、打印、自动成像等成套设备,每名一线民警配备防弹背心、录音笔、数码高清便携摄像机、活体指纹自动搜集仪、测速仪等随身设备。2008 年给一线民警全部配备警务包,内含现场勘测、笔录、痕迹搜取、GPS 定位系统和必需的救急物品等。

(五)公安法制

公安机构法制工作概况(包括执法公开事项、制定出台制度规范、推行警务运行机制改革等)如表 3-2-9 所示。

表 3-2-9 公安法制工作汇总(2005~2014 年)

项目	单位	2005	2006	2007	2008	2009	2010	2011	2012	2013	2014
执法公开事项	个	134	136	138	140	146	201	221	289	354	380
制定出台制度规范	个	12	13	14	14	16	15	15	16	18	20
采取行政拘留措施	人	1257	1302	1486	1547	1414	1529	1771	1799	1701	1202
采取刑事拘留措施	人	509	512	633	570	641	940	797	580	443	443
提请批准逮捕	人	362	339	401	392	229	487	397	310	235	235
受理行政复议案件	件	10	12	13	14	12	13	15	18	19	44
撤销下级行政决定	件	12	11	11	10	15	17	18	17	19	20
推行警务运行机制改革	项	4	5	3	3	8	6	7	7	5	4

三、公安队伍建设

(一)队伍建设概况

近年来,如皋市公安局坚持把服务发展作为首要任务,把文明单位创建作为加强队伍正规化建设的有效载体,通过"四三"举措,促进了队伍整体素质的提高,赢得了党委政府和人民群众的充分肯定。自文明创建活动开展以来,连年被评为如皋市文明行业,90%以上的基层单位被评为市文明单位,出入境窗口通过“全国文明窗口”部级审核验收。2007年6月如皋市公安局获2006年度“全省优秀公安局”称号,2013年如皋市公安局被公安部授予“全国优秀公安局”称号、命名为全国公安机关执法示范单位,连续15年被评为南通市、连续11年被评为江苏省文明行业。

1. 着力推进“三项保障”,不断提升创建工作能力

如皋市公安局将创建工作列入绩效考评,通过三项保障,促进创建工作富有成效。一是推进组织保障。如皋市公安局党委多次召开党委会专题研究,成立了由局长任组长,政委任常务副组长,其他局领导任副组长,部门大队主要负责人为成员的创建工作领导组。在公安局政治处设立办公室,政委兼任主任,抽调专人集中办公,有力保障了创建工作强势推进。二是推进人员保障。明确各单位一把手为创建第一责任人,政工干部为牵头负责人,其他民警为直接责任人,形成上下齐抓共管的创建体系。将窗口服务列入每月大督查内容,不定期进行现场督察;全面实行“三个报告评议”制度,促进民警主动履职,取得了良好的社会效果。三是推进思想保障。开展警察核心价值观教育实践等系列活动,组织诚信建设看窗口百日竞赛,征集“我身边的道德诚信故事”,开设道德讲堂,先后有5名民警、2个集体被评为如皋市文明新风典型,全局被评为如皋市“爱心团队”,治安户政工作被评为全市十大“爱心品牌”之一。

2. 着力推进“三项服务”,不断提升创建工作水平

深入开展群众工作创新工程,三年来,始终保持市级机关政府部门政风行风测评优秀。一是推进窗口服务爱民。实行“一评五制”,促进窗口服务评价器和“一机双屏”的规范使用;率先启动出入境窗口银行驻点收费模式,压缩出国境申请时间,建立全省首家外派规模企业双马集团服务站;在交巡警中队和派出所开展五小车辆检审和驾驶证申领业务,在摩托车销售点及部分汽车销售点设立车管业务服务站和上牌服务点。二是推进上门服务亲民。深化“平安企业”创建,坚持企业发生企群矛盾必到、规模裁员必到、封门堵路必到、发生案件事故必到,为群众挽回经济损失12,838.77万元。开展“千警进村居”等活动,在各派出所建立“呼救通”老年人援助中心,为564名无户口人员在实际居住地落户;对985家规模以上企业落实“一企一警”挂钩联系,发放交通管理服务企业联系卡312份,办理“三超通行证”1.2万余份,刑事科学技术室被省厅命名为全省群众工作随岗培训点。三是推进执法服务护民。全面推进执法规范化建设,倾力维护群众合法权益,实施网上执法告知服务、案件全程同步录音录像等制度。三年来群众投诉明显减少,未发生一起行政复议撤销或行政诉讼败诉案件,执法质量连续省优。

3. 着力推进“三项引领”,不断提升创建工作动力

把群众满意作为衡量标准,通过三项引领,不断提升了全警投身创建工作的内动力。一是推进文化引领增强队伍凝聚力。推进警察文化建设全覆盖,首批命名5个“警察文化建设示范点”,陈列馆、篮球场、心灵家园等文化场所投入使用;举办首届警察文化节,组队参加全省第九套广播体操比赛获优秀奖,参加南通公安警察文化节获优秀组织奖。组织公安文艺小分队开展大走访文艺宣传活动,在潜移默化中提升内在

凝聚力。二是推进典型引领增强队伍内驱力。大力弘扬创先争优主旋律,推出全国先进工作者、公安二级英模卢俊、全省创先争优先进个人郑云娟、南通十大爱民警察李百战等286个先进集体、1201名先进个人典型,公安工作先后一百余次被国家级媒体报道。三是推进素质引领增强队伍实战力。举办道德讲堂11期,被南通市委命名为南通首批"学习型党组织建设工作示范点",被如皋市委表彰为学习型机关。建立入警必测、逢训必测、逢晋必测制度,民警警体达标率达83%,被公安部评定为民警体育锻炼达标工作示范点,被省公安厅表彰为警体工作先进集体。

4. 着力推进"三项活动",不断提升创建工作效能

始终将创建工作成效作为第一追求,通过"三项活动",实现创建工作效能提升。一是推进严打整治活动保稳定。严厉打击各类违法犯罪活动,成功处置各类群体性事件,圆满完成重大活动的安保工作,续写了21年225起命案当年全破的辉煌。通过严打涉恶涉毒犯罪,完善防控网络,实施畅通工程,为全市经济社会跨越发展营造了稳定的社会环境。二是推进创建宣传活动造氛围。巩固《如皋警方》报纸、电视宣传阵地,在省市级以上新闻媒体刊登稿件六百余篇,放大了创建宣传效应。大力宣传弘扬见义勇为精神,先后有5人被省人民政府追授为"革命烈士"和"江苏省见义勇为英雄"称号,125人次被各级授予"见义勇为先进分子"称号。三是推进警民共建活动赢民心。组织开展了青年志愿者服务、捐献造血干细胞等活动,引导民警积极参加义务献血,争当文明先锋。局长、政委多次到结对村、居研究"双帮"工作,挤出三十余万元用于村基础建设,得到干群的好评。通过加强对公共娱乐场所和文化出版市场的管理,有力改善了校园周边秩序,为未成年人健康成长营造了良好的社会环境。

(二)公安模范典型

1. 孙健,男,38岁,中共党员,现任市公安局如皋港中心派出所副所长。2011年被如皋市政府嘉奖,2012年被如皋市政府记三等功1次。

他始终以社会治理创新为抓手,以构建和谐警民关系为重点,主动作为、积极履职。他率先垂范,积极开展打黑除恶、迎青奥保平安等系列专项行动,带领治安民警破获秦某等人系列盗窃电动车案,追回赃款38,000余元;破获顾某等人贩毒、朱某、沈某等人开设赌场等案件。2013年以来,他带领治安民警破获刑事案件91起,打击处理67人;办理治安行政案件782起,行政拘留123人;抓获逃犯9人,刑事发案同比下降30%。他牢牢把握"群众称心、企业安心、社会放心"三心工作法,在服务发展中准确定位,定期入户调查、进企走访,及时排查化解涉企矛盾纠纷,参与处置多起突发性事件,得到社会各方的一致好评。

2. 柳红梅,女,44岁,中共党员,现任市公安局吴窑派出所内勤民警。2013年被市公安局表彰为"十佳民警",2014年被评为如皋市三八红旗手。

从警二十四年来,她无怨无悔地坚守在基层派出所第一线,在繁杂琐碎的内勤岗位上,以女性特有的柔韧热心为群众排忧解难,协助调解矛盾纠纷,参与打击违法犯罪,被辖区群众和身边同事称为"红梅姐"。她始终怀着一颗赤诚之心,倾力服务平安

如皋建设,近两年来,主动为辖区孤寡老人、残障、特困群体上门办理证照四十余次,为外出务工人员网上办理手续一千余人,参与办理治安(刑事)案件五十余起,审查嫌疑人二十多人。作为所里唯一的女警,她心怀全所,在认真做好内勤工作的同时,还主动学习治安业务,调处疑难纠纷三十多起,报送重要情报信息三百多条,抓获逃犯2名,成功抓获有重大影响的网上逃犯周某某。

3. 江锋,男,35岁,中共党员,现任市公安局交巡警大队秩序科副科长。多次获省公安厅表彰,2013年被表彰为"全省公安机关优秀共产党员",2012年、2013年受如皋市政府嘉奖。

从警六年来,在交巡警多个岗位工作过,是名副其实的多面手。他先后总结摸索了路面执勤"三步法"、查处酒后驾驶"八字工作法"等一系列工作法在全市公安系统推广,海阳路闸桥岗亭被省交巡警总队命名为"江锋示范标准岗",纠处的万余起交通违法,无一起投诉。他把全部精力投入到交通秩序管理,青奥安保期间,母亲身患绝症需要手术治疗,也是请人代为照料,期间,他指导并参与交通秩序整治32次,治理道路隐患六百三十余个,国省道实现"零隐患",县道以下农村道路隐患治理率达91.7%,为近两年来全市取得交通事故起数和死亡人数"双下降"的好成绩做出了积极贡献。

4. 殷燕军,男,36岁,大学文化,中共党员,现任市公安局刑侦大队一中队中队长。2011年被南通市公安局表彰为"优秀刑警队长"、记个人三等功一次,荣获如皋市"新长征突击手"称号。

近年来,他立足刑侦岗位,以破案打击为己任,不断总结侦破经验,形成了一套独具特色的破案攻坚方法,在开展打"两抢"、反盗窃等专项斗争中取得较好成效。在任如皋港刑侦中队中队长期间,先后侦破了九华镇"老郎"鞋业持刀抢劫案、李某某强奸案及省厅挂牌督办的系列流窜盗窃金店案等一批有影响的案件,摧毁盗窃柴油案团伙2个、系列"白日闯"盗窃团伙1个,辖区八类案件破案率达到100%;2011年8月调任刑侦大队一中队以来,他先后组织破获一系列重大案件,抓获各类犯罪嫌疑人25人,破案29起;协助辖区派出所抓获犯罪嫌疑人四十余人,破案四十余起,有力地打击了刑事犯罪。

5. 陈飞,男,35岁,中共党员,现任市公安局治安大队副大队长。

作为社区民警,他倾力为民,凡事将群众利益放在首位。担任社区民警两年内,他管理的社区可防性案件下降15%,社区民警熟悉率、治安满意率测评在全市均名列前茅。2014年调任治安大队副大队长后,负责案件侦查,他不畏困难,认真钻研,深入研判,带领专案组成功侦破一起生产、销售有毒、有害食品案件,捣毁一食品加工黑窝点,涉案价值一千余万元,依法逮捕2名主要犯罪嫌疑人。除了加大食品领域犯罪行为的查处外,他还将打击的重点瞄准了设置赌博机聚众赌博、组织容留卖淫等群众反映强烈的治安问题,成功抓获涉赌涉娼犯罪人员33人,其中25人已被公诉。2011年以来,先后被南通市公安局评为"十佳优秀民警""优秀社区民警"、记三等功一次,2013年受如皋市政府嘉奖。

第四章　执法与司法(下)

第一节　法　　院

一、法院组织形态

(一)机构编制

目前,如皋法院现有内设机构24个,院机关设有刑庭、民一庭、民二庭、知识产权庭、行政庭、立案庭、审监庭、执行局、司法鉴定科、司法警察大队、政治处、办公室、研究室、监察室、审判管理办公室、人民陪审员办公室、行政管理科16个部门,下设经济技术开发区、高新技术产业开发区、白蒲、石庄、港区、磨头、搬经7个人民法庭。

全院编制214人,现有200人,其中具有本科及本科以上学历的170人,占85%,正在攻读和已经取得硕士学位的22人,占11%。院机关现有9359平方米的五层审判大楼和10192平方米的十二层办公大楼各一幢,基层法庭均建起了办公、审判、生活综合楼,初步实现了办公自动化、管理现代化、安防科技化、庭院园林化的目标。

(二)人员结构

1. 法院人员核定编制及实有人数统计表

表4-1-1　法院人员核定编制统计表　　单位:人

年份	总编制数	政法编制(或行政编制)		事业编制				行政附属编制
		中央政法专项编制	地方行政编制	全国法院干部业余法律大学编制(中央事业编)	地方全额事业编制	地方差额事业编制	自筹自支事业编制	
2015		218	218					
2014		214	214					
2013		214	214					
2012		214	214					
2011		202	202					

表4-1-2　法院实有在编人员统计表

单位:人

年份	实有在编人员总数	政法编制(或行政编制)实有人数		事业编制实有人数				行政附属编制实有人数
		中央政法专项编制实有人数	地方行政编制实有人数	全国法院干部业余法律大学编制(中央事业编)实有人数	地方全额事业编制实有人数	地方差额事业编制实有人数	自筹自支事业编制实有人数	
2015	203	203						
2014	200	200						
2013	198	198						
2012	189	189						
2011	188	188						

2. 法院人员统计表

表4-1-3　法院在编在岗人员统计表

单位:人

年份	实有在编在岗人数	法官	审判辅助人员					司法行政人员(具有法官身份的归入法官统计)		
			书记员	执行员(具有法官身份的归入法官统计)	法官助理(要求在法官助理岗位工作的)	司法法警	司法鉴定技术人员(具有法官身份的归入法官统计)	司法政务(办公室等)	政工党务(政治部门、纪检监察、机关党委等)	后勤保障(行政装备管理部门等)
2015	202	101	70	5		20	1	1	2	2
2014	200	98	67	7		20	1	4	1	2
2013	198	96	7718	1	3	1	2			
2012	189	96	6719	1	3	1	2			
2011	188	101	65			17	1	1	1	2

表 4－1－4　法院编制外人员统计表　　单位:人

年份	编制外人员总数	公益性岗位				合同制(与法院签订合同)人员				劳务派遣性质人员			
		书记员	法官助理	法警	从事司法行政工作	书记员	法官助理	法警	从事司法行政工作	书记员	法官助理	法警	从事司法行政工作
2015	56					21	7		28				
2014	57					8	8			11			30
2013	43									12			31
2012	43									12			31
2011	42									11			31

填表人:　　　　　填表日期:　　　　　电话:

表 4－1－5　法官年龄、学历分布统计表　　单位:人

年份	法官总数	年龄分布				学历分布				
		35 岁及以下	36～45 岁	46～55 岁	56 岁及以上	博士研究生	硕士研究生	大学本科	大专	高中及以下(含中专)
2015	101	24	19	48	10		9	89	3	
2014	98	17	23	50	8		4	88	6	
2013	96	11	28	47	10		4	83	9	
2012	96	10	29	46	11		3	81	12	
2011	101	8	36	42	15		1	83	17	

二、审判制度

(一)刑事审判程序制度

民国时期,尤其在如皋西乡“五一”农民暴动失败后,国民政府多以“危害民国罪”,审判迫害共产党人和进步人士。虽也有所谓司法程序,但十分烦琐,且不依照执行。审判中,实行“自由心证”原则,法官有自由取舍证据决定被告人有罪或无罪的权力,实施法外之法和法外之刑。

1941 年(民国 30 年)5 月,如西县政府成立司法科,开始实施代表人民行使审判的制度。民事案件通常由当事人起诉,提交诉状,并提供作为证据的证明材料。重大刑事案件由公安保卫机关立案侦查、拘捕、审讯,向司法科起诉。1945 年 9 月,县政府进驻如皋城,组建县惩奸委员会(临时机构),对已经司法科审结的重大敌伪、汉奸罪犯晏某善、黄某、赵某玉、孔某五、孟某平等,邀请地方绅士和群众团体代表陪审。召开万人大会,组织人民公审,发动群众揭发控诉,最后宣判死刑,不得上诉,并立即执行。

1948年后,仍沿用抗战期间的一般简易诉讼和审判程序:反革命政治案件和重大刑事犯罪由公安机关立案、侦查、起诉,县府司法科收案后审核案卷、开庭审理、合议、判决、执行、结案、归档。

在审级设置上,采取两级终审制,县司法科为第一审。苏中三分区法院(1949年后为专区中级人民法院)为第二审。刑事案件上诉期为10天。

1954年始,对刑民案件的审判实行起诉、陪审、辩护、合议4项制度。在庭审辩论后,听取旁听人发言,最后宣判。1956年2月始,实行公判、陪审、合议、辩护、上诉制度。1958~1960年,"大跃进"和"改造三类地区"运动中,采用一员三代(既是预审员,又是检察员,还是审判员)的方法,携卷下乡,分片包干,就地办案,迅速完成审判任务。1961年6月,公安、检察、法院分开办公,法院独立行使审判职权。1979年7月1日《中华人民共和国刑法》《中华人民共和国刑事诉讼法》实施后,严格执行刑事诉讼程序制度。2010年至今,现行刑事诉讼程序制度主要包括刑事审判制度和刑事审判程序,刑事审判制度是指刑事审判必须遵循的规则,是指刑事审判的基本原则和制度;刑事审判程序包括第一审程序、第二审程序、死刑复核程序、未成年人刑事案件审判程序、涉外刑事案件的审理程序及刑事司法协助、执行等。

(二)民事诉讼程序制度

1941年(民国30年)5月开始,民、刑事案件由如西县政府司法科统一审理。对于民间纠纷,先由乡调解委员会调处,无效的转区司法股。司法股可传讯双方当事人到场答辩,亦可由代理人、答辩人到场。未经乡调处的案件区司法股不受理,同样,未经区司法股调处的案件县司法科不收理。在审级设置上,亦采取两级终审制,县司法科为第一审。苏中三分区法院(1949年后为专区中级人民法院)为第二审。民事案件上诉期为15天。1949年后,审判程序、诉讼手续以便利诉讼为原则,受理人民群众的诉讼,口头申诉或书面起诉具有同等效力。以调解为主,判决为辅,1956年始实施律师辩护制。1958~1960年,公、检、法三部门合署办公,统审民、刑案件,1979年后,按《中华人民共和国民事诉讼法(试行)》规定审理民事案件。1981年8月1日《中华人民共和国民法通则》正式实施。1991年4月9日,《中华人民共和国民事诉讼法》颁布实施,如皋民事审判程序制度依《民法通则》《民事诉讼法》执行。

(三)行政诉讼程序制度

如皋的行政诉讼案件按《中华人民共和国行政诉讼法》实施。法院审理行政案件实行合议制,除涉及机密或法律另有规定的一律公开审理,并在开庭审理前3天通知当事人和诉讼人,同时公告群众。有时限规定的案件在规定时限内结案,附带赔偿诉讼的案件分开立案,可合并审理。除附带赔偿诉讼部分外,不适用调解原则,必须依法作出判决或裁定。

三、案件审理

（一）案件受理情况和案件审理情况

表4-1-6 案件情况总表

年度	刑事、民事、执行案件/件					民事案件诉讼标的总金额（万元）	申请执行标的总金额（万元）	执结标的总金额（万元）
	受理数/件	新收/件	审结/件	结案率%	未结/件			
2015	23, 368	19, 514	19, 137	81.89	4235	180, 289.22	157, 511.88	151, 744.41
2014	20, 938	17, 069	17, 080	81.57	3854	129, 274.10	101, 172.30	96, 394.94
2013	19, 024	18, 790	15, 153	79.65	3869	83, 431.26	58, 462.63	56, 084.27
2012	13, 209	13, 029	12, 975	98.23	234	64, 632.40	46, 211.30	43, 265.10
2011	15, 860	15, 644	15, 680	98.87	180	73, 651.30	51, 061.12	48, 331.60

1. 刑事案件审理情况

民国以前的刑事审判，以维护封建统治阶级利益为目的。抗日战争期间，如西县政府司法科审判重点是严厉镇压日伪汉奸、惩办抢劫、涉毒等破坏社会秩序的刑事犯罪分子。对被判处徒刑而执行有困难的交当地群众监督，称为坐“人民牢”。解放战争期间，如皋西乡革命根据地审判工作主要是惩办破坏军婚犯、贪污犯和社会其他刑事犯罪分子。

1949 年 1 月，如皋县人民法院建立后，依据中央人民政府颁布的各项法律、命令和条例，配合历次政治运动，适时审理判处一批反革命分子和各类现行犯罪分子。1979 年 7 月 1 日，《刑法》《刑事诉讼法》颁布后，刑事审判工作进入“有法可依、有法必依、执法必严、违法必究”的新阶段。20 世纪 80 年代，人民法院与公安、检察、司法联合办公，在“严厉打击现行刑事犯罪”活动中，注意发挥法院的审判职能，及时严惩一批严重危害社会治安的刑事犯罪分子。

据 1949～1985 年（缺 1966～1968 年）的不完全统计，如皋市（县）人民法院共受理各类刑事案件 17, 862 起，审结 16, 821 起：判处死刑 699 人，给予其他刑事处罚 16, 122 人。

1991 年，中共如皋市委统一组织整治如城地区社会治安秩序，人民法院在 10 多天时间内，选择犯罪情节恶劣、社会影响强烈的刑事犯罪案件，连续两次召开公判大会。

1986～1997 年，共受理各类刑事案件 2460 件，审理结案 2432 件 3925 人：判处 10 年以上有期徒刑 125 人，判处 5 年以上不满 10 年 802 人，给予缓刑、拘役、管制等其他刑事处罚 2998 人。

1998 年，《刑法》和《刑事诉讼法》修改后，法院选择非法集资、涉及“三农”等一批新型犯罪案件集中公判，案犯被判处 9～15 年徒刑。

2005 年，如皋市人民法院制定出台《常见刑事案件量刑规则》，对 21 种常见犯罪量刑条件、幅度作出明确规定,统一量刑标准。审案中将一般案件交由基层人民法庭,薛窑、石庄、白蒲、城东、磨头、如城等法庭都曾开展过自诉刑事案件的审理。

1998～2010年,如皋市人民法院刑事审判庭共受理各类刑事案件5797件7914人。其中:交通肇事等危害公共安全罪1135案1153人,虚开增值税发票、假冒注册商标等破坏社会主义市场经济秩序罪271案526人,杀人、强奸、故意伤害等侵犯公民人身权利、民主权利罪1003案1177人,抢劫、盗窃、诈骗等侵犯财产罪2531案3825人,寻衅滋事、聚众斗殴等妨害社会管理罪572案1011人,贪污受贿罪204案222人。审理结案5778案7851人,其中:处10年以上有期徒刑223人,处5年以上不满10年有期徒刑621人,处5年以下有期徒刑2541人,判处徒刑缓期执行3259人,给予拘役、管制、罚金等其他处罚1207人。2009年4月,一审判决最高人民法院指定管辖的横跨6省市、涉案枪支多达21支、有16名被告的特大贩卖枪支案,如皋市人民法院刑事审判庭被南通中级人民法院给记集体三等功。

表4-1-7　2011～2015年刑事案件一审审理情况　　单位:件

年度	受理	收案	结案	再审结案件中							结案率(%)	未结
				判决	调解	撤诉	驳回自诉	移送	终止	当庭宣判		
2015	890	859	829	829							93.15	61
2014	814	766	783	783							96.19	31
2013	747	747	699	699							93.57	48
2012	831	828	831	831							100	0
2011	623	623	620	620							99.52	3

表4-1-8　罪犯身份情况表(一)

年度	本期生效判决刑事罪犯总数	其中							其中				其中	
		学生	工人	农民	国家工作人员	离退休人员	无业人员	其他	14周岁至16周岁	16周岁至18周岁	18周岁至25周岁	60周岁以上	累犯	女性
2011	815	1	112	492	18		152			8	125	25	25	45
2012	1090	9	169	502	21		183	49		35	97	27	29	77
2013	854	0	176	350	8		153	54		14	109	21	17	55
2014	925	4	160	252	24		274	119		32	93	16	23	58
2015	974	4	200	241	12		252	166		18	82	11	19	41

表4-1-9 罪犯身份情况表(二)

年度	共同犯罪		其中		涉枪案件	涉黑案件	涉毒案件	减刑案件(人)	假释案件(人)	经济罪犯大要案		判决挽回经济损失(万元)
			犯罪集团							犯罪所得在50万元以上(人)	案件案值在50万元以上(件)	
	件	人	件	人								
2011	79	198			2		30			15	9	
2012	89	204			2	1	24			24	15	
2013	65	178			7		26			22	6	
2014	66	202			2		41			7	5	
2015	69	196			6		39			15	9	

2. 民事案件审理情况

表4-1-10 各类民商事一审案件情况总表

年度	受理数/件	新收/件	审结/件	结案率%	调解率%	撤诉率%	未结/件
2015	14,576	12,729	12,090	82.94	47.91	14.01	2486
2014	12,808	11,070	10,961	85.58	55.18	13.28	1847
2013	12,141	11,948	10,407	85.68	62.45	14.05	1738
2012	8273	8093	8080	97.63	54.64	16.84	193
2011	9019	8813	8839	98.0	58.66	20.42	180

表4-1-11 合同纠纷一审案件情况表 单位:件

年度	受理数	新收	审结	其中								诉讼标的(万元)	结案率%	未结
				判决	驳回起诉	撤诉	终结	其他	调解	移送	当庭宣判			
2015	7602	6710	6309	3243	66	1172	0	38	1756	34	4067	157,619.71	82.99	1288
2014	6027	5133	5230	2332	82	806	4	58	1913	35	3162	96,570.11	86.78	892
2013	5361	5211	4467	2019	38	883	0	27	1500	0	3897	73,195.23	83.32	894
2012	4048	3899	3898	1700	43	632	6	19	1490	8	3023	53,994.67	96.29	150
2011	4209	4139	4060	1812	34	588	9	13	1601	3	3900	56,734.52	96.46	149

表 4－1－12　权属、侵权纠纷及其他民事一审纠纷案件情况表　　单位:件

年度	受理数	新收	审结	其中								诉讼标的（万元）	结案率%	未结
				判决	驳回起诉	撤诉	终结	其他	调解	移送	当庭宣判			
2015	3775	3036	3174	929	52	422	1	85	1684	1	2114	22,670.51	84.08	607
2014	4005	3389	3266	850	20	428	3	52	1913	0	1097	32,703.99	81.55	739
2013	4646	4603	4030	860	7	390	1	82	2690	0	3720	31,651.22	86.74	616
2012	3018	2987	2975	635	4	280	2	50	2003	1	2630	30,003.29	98.58	43
2011	4058	4039	4027	773	6	334	1	27	2884	2	3793	40,123.55	99.23	31

表 4－1－13　知识产权一审案件情况表　　单位:件

年度	受理数	新收	其中						审结		结案率%	未结
			著作权	商标权	专利权	技术	不正当竞争	其他	件	当庭宣判		
2015	72	29		29					64	64	88.89	8
2014	132	108		108					89	89	67.42	43
2013	27	27		27					3	3	11.11	24

3.行政案件审理情况

表 4－1－14　法院行政一审案件类型表　　单位:件

年度	受理数	新收	结案	其中															结案率	未结
				维持	撤销	变更	履行法定职责	确认合法或有效	确认违法或无效	驳回诉讼请求	赔偿	不予赔偿	驳回起诉	撤诉	移送	终结	其他	行政赔偿调解		
2015	1																			1
2014	39	5	38							2		2		28			6		97.44	1
2013	140	136	106							40				73			3		75.71	34
2012	103	103	99							30				64			5		96.12	4
2011	70	70	70							3				65			2		100	

4. 申诉、再审及执行案件情况

表 4-1-15　申诉、申请再审案件情况表　　单位:件

年度	申诉、申请再审案件						来信来访情况					
	受理数	新收	审结	其中	结案率	未结	来信(件)	来访(人)	其中(人)			
				决定再审					上访老户	集体上访	遣返来访	院长接待
2015		8	8	2	100							
2014		33	33	5	100							
2013		3	3	1	100							
2012		7	7	4	100							
2011		7	7	1	100							

表 4-1-16　执行案件执行情况表　　单位:件

年度	受理数	新收	执结	不予执行	其中					执结率%	执结标的(万元)	未结	其中
					自动履行	和解	强制执行	终结	其他				中止
2015	7781	5846	6138							78.88	151,744.41	1643	
2014	7131	5146	5195							72.85	96,394.94	1935	
2013	5886	5886	3900							66.26	56,084.27	1986	
2012	0	2725	2725							100	43,265.10	0	
2011	11	5696	5707							100	48,331.60	0	

5. 未成年人案件审理情况

2002 年起,法院对在实施犯罪时未满 18 周岁的少年被告开展"圆桌审判"。由女法官、女检察官、女书记员、女陪审员组成"少年犯合议庭",与被告及法定代理人、辩护人等同坐一圆桌周边,以严肃而又充满关爱的大家庭氛围取代威严的法庭气氛,从家庭、亲情、友谊、伦理道德等方面晓之以理,动之以情,着重法制教育、感化和挽救,多起案例中的少年被告心灵受到震撼而当庭痛哭流涕,决心重新做人。

1980~2010 年,共审理未成年案犯 545 人。审理时,注意查明实施犯罪的主、客观原因。确定有罪,而被告及辩护人未作无罪辩护的,继续对被告人给予认罪服法法庭教育,并明确告知被告人上诉权利,特别阐明上诉不加刑的法律规定。对于已经宣判的未成年案犯,法院商请公安、检察、司法、共青团、妇联、教育等部门及家长共同参与加强判后帮教。对于判处管制或者拘役、有期徒刑宣告缓期执行、免予刑事处罚的少年罪犯,法院主动协助公安机关同罪犯原在学校、单位、街道、居民委员会、村民委员会、监护人等共同制定落实帮教措施,并进行必要的回访考察。

2003~2010年,如皋市人民法院刑事审判庭,先后5次被评为“江苏省优秀青少年维权岗”。

(二)涉诉信访的处理

1. 基本概况

近年来,如皋法院认真落实全国、省、市信访工作会议精神和上级政法委、上级法院关于涉诉信访工作的要求,立足信访工作实际,强化责任落实,加强部门协调配合,营造信访大格局,将涉诉信访工作作为法院工作的重中之重,与审判工作同布置,与审判管理同步调,有效地遏制了集体上访、越级上访、重复上访、缠访闹访的势头,我院信访工作取得了明显阶段性成果。近年以来,如皋法院没有发生一起赴京、赴省、赴市三级集体访案件;有效化解信访老案18件、依法导诉12件;近年来三级访个案呈逐级减少趋势;该院圆满完成了市联席办布置的三次赴京接访任务,基本实现了“人要回去、事要解决”的目的。

2. 主要举措

主要做法是:第一,统一思想提高信访工作认识。面对严峻的涉诉涉法信访形势,如皋法院领导班子主动审时度势,积极在提高认识、统一思想上下功夫。特别是要求干警算好一笔信访细账,即是算好信访工作好坏的得失账,从身边上访老户给法院造成的人、财、物损失,及巨大精力损失、形象、声誉损失诸方面加以分析和评价,从而引起了干警对信访工作重视的共鸣,做到从思想上解决问题,实现信访工作人人有责、人人有担子。第二,落实信访工作组织保障。一是如皋法院成立了由党组书记、院长吴存银担任组长、其他院领导为领导小组成员的信访工作领导小组,统一协调信访工作,信访日常工作由党组成员、副院长郭朝晖负责。二是对重要信访事项,党组书记、院长吴存银坚持亲自接待、亲自处理、亲自督办。三是充实立案庭信访工作人员,目前我院信访接待人员共三人均是政治素质强、业务能力强、工作水平高的资深审判人员。第三,建立健全信访工作机制。一是实行立案庭庭长列席每周一院长办公会制度,由立案庭庭长向院长办公会报告上周信访日常工作、部署下周信访工作;二是坚持周三院长接待日制度,从未间断,并实行随时接待、随时转办,及时处理了一大批初信初访案件;三是制定了该院信访工作考核细则和处理突发事件预案,从人力、物力、财力上给以保证;四是落实错案责任追究制度,规范司法行为,从源头上控制信访事件发生,上述机制的建立,有力地促进了该院信访工作的有序开展。第四,重点工作措施落实到位。对“百日攻坚活动”交办的信访老案,以“控制信访总量减少信访存量”为目标,抓落实举实效,一案一策有序推进,完全信访老案化解9件,其中与公安部门合作化解常某成信访案、与地方党委政府合作化解刘某成信访案、与联席办、信访局等部门合作化解汤某俊信访案三案经验值得总结,那就是多部门合作机制、多元化纠纷解决机制在化解信访案件中作用大。第五,日常信访工作有序开展。至2015年10月20日止该院院长信访件160件、人大信访督办室交办23件、市长电话中心交办30件、信访局转3件、信访接待室接待涉诉信访300人次,对人大信访督办室交办的和市长公开热线交办的案件均全部办理反馈。对日常交办的160件信访件分别情况跟办督办并及时回复相关部门。第六,做好国家重点时间节点矛盾纠纷排查工作。在国家重点时间节点、省市重要会议期间,如皋法院均超前做好矛盾纠纷排查化解稳控工作,针对一些活跃信访人事前做好工作预案,有效防范突发事件及非进京上访事件的发生。

目前涉法诉信访形势更加严峻,任务更加繁重,三方面的压力将会增大。一是信访老案依法化解难度加大的压力,未化解成功的信访案均是老信访户,信访要求高,化解难度大,例如李某国、马某兰、王某辉、周某凤、陈某华等信访户,均是多年来一直上访。二是真正成功化解量相对较少,信访化解力度要加强,但真正有效落实到实处的化解方案少。三是重点敏感时期维稳工作的压力任务重。四是引入律师参与化解信访矛盾的效果不明显。

四、法院建设

(一)司法改革

1. 审判权运行机制改革的任务

2014年10月,江苏省高级人民法院在全省进行的审判权运行机制改革试点过程中,将如皋法院经济技术开发区法庭作为省级试点单位,试图通过建立"主审法官+法官助理+书记员"审判团队的形式,实现审判工作的专业化、规范化,进而提高审判工作质量和效率。

2. 改革的主要成果

一是"让审理者裁判"原则得到落实。对案件质量负责的现实要求客观上增强了主审法官的责任意识,对于各种疑难复杂案件讨论会所形成的指导意见不再照单全收,而是仅供参考,主审法官仍然会根据自己对于案件的理解和把握作出最终裁判结论。让审理者裁判并未导致案件质量下降,自审判权运行机制改革试点以来,发改案件数量未呈上升趋势。

二是团队专业化与案件类型化相适应。经济开发区法庭案件由庭长负责审查立案,按照案件类型对案件实行分类管理。庭长根据各审判团队案件数量及审理情况,适时调整人员,以保持人案比的动态平衡。在改革试点初期,开发区法庭的两个审判团队分别负责审理侵权类案件与合同类、婚姻家庭类案件。在2015年4月后,法庭将两个团队调整为分别负责审理婚姻家庭类、民间借贷类与侵权类、其他合同类案件。人员与案件的有效整合提高了审判效率,各审判团队可以做到"四个统一",即统一送达、统一调解、统一保全、统一裁判尺度。而且,通过案件类型化审理,有助于对类案相关法律问题进行调研,去年至今,马跃审判团队的法官助理张蓉蓉撰写申报的课题《民间借贷纠纷中夫妻共同债务认定问题研究》被省法学会立项,在我院尚属首例,现已提交结项成果;章杰审判团队的法官助理陈思航撰写申报的课题《小区物业管理法治化研究》不仅通过了南通法学会的结项,获得资金奖励,而且被南通中院评为全市法院重点调研课题三等奖。各个审判团队的案件类型、人员配置、流程节点责任人及联系方式及时向社会公示,便于当事人可以根据自身案件的类型直接找到案件流程节点的具体经办人。

三是法庭人员回归各自的本位角色。庭长腾出精力加强法庭党建、宣传、调研等非审判业务工作协调管理,主审法官专注于审理裁判,法官助理负责案件的庭前准备、调解及文书草拟,书记员负责开庭记录、案件报结与卷宗整理。以2014年假日广场法庭案件为例,首先庭长要求两个审判团队各提出一个适合的案件备选,通过主审法官会议讨论后确定。法官助理负责庭前的调查取证及开庭准备的具体事项,庭长负责联络邀请相关职能部门和民意代表参加旁听以及案件相关的宣传报道。主审法官负责案件开庭审理,并与法官助理共同进行庭后现场调解。书记员负责现场的记录和调解成功后款物交接。角色定位清晰,根据各自的岗位职责查找不足,快速成长,某种程度上也建立起法院人才培养的新路径。

3. 改革试点的具体做法

(1)探索审判团队运行模式

一是建立两个"1+2+3"模式的审判团队。根据"让审理者裁判,让裁判者负责"的总体要求,我们尝试建立审判团队,通过团队的运行,改革审判权运行模式。当时建立由副庭长常雪萍及审判员、庭长助理章杰担任主审法官的审判团队,其余具备审判资格的助审员及见习助审员4人则分别编入两个审判团队任法官助理,形成1名主审法官+2名法官助理+3名书记员的两个团队;庭长与内勤书记员保留了传统的"1+1"审判组合模式。

二是实行案件类型化审判。自2014年10月1日起新收的案件,按照案件类型进行划分,由常雪萍审判团队负责审理侵权类案件;章杰审判团队负责合同类及婚姻家事类等。庭长顾雪红以"1+1"审判团队模式,负责立案审查及案件审理。2015年3月,因内部人事变动,由副庭长马跃接替常雪萍任审判团队的主审法官,后调整由马跃团队负责审理婚姻家事类及民间借贷案件,其余类型案件由章杰团队负责审理。

三是赋予主审法官裁判文书签发权。审判团队承办案件的裁判文书全部由各审判团队的主审法官自行签发。院、庭长对审判工作的监督以事后监督为主、事中监督为辅,赋予主审法官对于案件结果的最终决定权和裁判文书签发权。

四是适度进行繁简分流。改革试点过程中,针对完全由主审法官一人开庭而导致的审判效率大幅下降的情况,适时进行适当调整,即对团队承办的案件进行繁简分流,让已经任命助理审判员的两名法官助理孙俊驹、冒丽对所在团队中的争议不大的简易案件进行开庭审理,在主审法官指导下进行审判。

(2)及时发现问题、分析成因

在审判团队推进过程中,担任法官助理的人员并未能实际发挥预期的调解效用,导致主审法官每天被无休止的庭审所累,根本没有足够的时间与精力自己研究、制作或指导法官助理制作文书,法庭的审判绩效逐渐呈现下滑趋势,在收案未有明显增幅的情况下,法庭未结案件数逐月攀升,曾一度达到最高值475件,比试点初期未结案346件多出129件。办案周期明显增加,法定正常审限内结案率下降,当事人或代理人常以此为由向庭长反映或投诉。两名主审法官均觉得虽然事务性工作有所减少,但是开庭压力前所未有,不堪重负,办案成效明显与其付出的辛苦程度不成正比,从每月公布的结案数据不难看出,团队办案并未带来审判效率的提升,甚至不如从前的“1+1”模式。对此,我们进行了认真的调研,分析问题的成因:

一是审判团队运行磨合不够。审判团队组建带来的人与人、人与案的集合,一切都是全新的事物,需要磨合期与适应期,这是必然经历的过程与阶段。

二是主审法官管理未能到位。开发区法庭设立的“1+2+3”模式的审判团队,规模较大,是缩小版的法庭,这势必对主审法官的组织协调与管理能力提出更高要求。法庭先后产生了3名主审法官(常雪萍、章杰、马跃),从各自带领团队的情况来看,马跃副庭长富有近30年的办案经验以及具有一定的管理能力,其在担任主审法官时,能够有计划、有目标、有步骤地管理,使得团队的成员职责分明,步调一致,有序推进。而其余两名主审法官总体上以办案为主,没有发挥有效的管理作用,成员间更多的是自我管理、自发配合的状态。由于管理不到位,工作效率下降在所难免。

三是法官助理积极性受挫。审判团队中的法官助理孙俊驹、冒丽在试点前早已经单独办案1~2年,每年结案均超200件。转变身份后,法官助理们总觉得是打打下手,顿感失去昔日的尊荣感,又恐改革对其不利,失去干劲与动力,心理失衡与种种顾虑并存。同时,年轻人在调解工作中的先天不足,缺乏社会经验与持久耐心,导致案件调解成功率较低,有时也因没有硬性指标的约束,缺少压力与动力,调解也只是走走过场,由此带来主审法官庭审工作量加剧。

(3)适时调整改革思路

一是明确改革的根本目标。审判权运行机制改革的目的是通过改革提高审判质量与效率,规范审判行为,提升主审法官的司法能力,培养年轻法官,以便与将来的全面深化司法改革接轨,因此,所有的改革必须始终围绕这一目标进行,切不可置基层法院化解矛盾纠纷、维护公平正义的职能于不顾,为了改革而改革。

二是缩小审判团队规模。2015年4月,经过充分论证,经济开发区法庭将两个“1+2+3”审判团队均拆分成两个“1+1+2”与两个“1+1”审判团队,小团队由已经任命为助理审判员的年轻法官带领,赋予其案件的开庭审理权。即由孙俊驹主要负责民间借贷类案件的审理工作,由冒丽主要负责侵权类案件中的交通事故赔偿案件的审理工作,

三是明确大小团队之间的关系。主审法官与小团队的助理审判员是指导与被指导的关系,合议庭审理案件时,由主审法官担任审判长,助理审判员所办理案件的裁判文书均由所在团队主审法官负责签发。

4. 审判团队结构的调整,效果十分明显

一是法庭的月结案数明显上升,积案逐月消化。团队结构调整前的5个月,全庭每月平均结案110.8件;而调整后的7个月,全庭每月平均结案144.9件,比调整前上

升30.74%。未结案件数也从最高的475件逐月下降至2015年12月的225件。

二是年轻法官工作活力得到激发。自2015年4月享有庭审权后,至12月的九个月内,法庭共结案1336件,而孙俊驹、冒丽两位助审员共审结案件514件,占全庭结案总数近四成。

三是年轻法官的办案件质量能够保证。9个月中,两位助理审判员在各自的主审法官的指导下,共判决案件237件,仅上诉9件,其中1件被发回重审,原因为一审审理中被告因其他执行案件被司法拘留,承办人因不知情而缺席审判。

(二)司法民主建设

1.人民陪审员工作情况

中华人民共和国成立初期,如皋县人民法院邀请机关、团体派代表陪审。在组建选举法庭和巡回法庭时,由人民代表推选人民陪审员57人参加巡回法庭陪审。1953年结合全县首届普选,产生人民陪审员101名。1954年9月,在全县普选中,正式选举产生人民陪审员83名,同年11月在如城依法选举产生人民陪审员28名。法院审理案件时,正式邀请人民陪审员出庭参加陪审。

1956~1957年,全县共选举产生人民陪审员187人,以各庭为单位统一编制轮流陪审表,陪审员每次陪审时间一般为5~10天。法院对新当选的人民陪审员适时培训。"文化大革命"中,人民陪审制度废止。1980年全县重新选举产生人民陪审员204名,人民陪审制度恢复正常。2002年,经基层推荐,法院考察,人民代表大会正式选举30名妇女干部和妇女代表为陪审员。2005年,法院培训12名女陪审员,专门在审理未成年人犯罪和涉及妇女权益的案件中,发挥女性特有作用。"十一五"期间根据全国人大常委会关于选任人民陪审员决定精神,2006年在《南通日报》发布如皋市选任人民陪审员公告,共有35人报名。经法院初审、复审、再审,报市人大常委会审议通过,确认其中21人具备人民陪审员任职资格,由如皋市人民法院举行仪式,郑重颁发任命书。2014年2月,如皋法院发布《如皋市人民法院增补选任人民陪审员公告》。经过推荐报名、资格审查、政审考察等程序,最终确定82名候选人,分别报南通中院、市人大常委会审核。2014年6月,如皋市人大常委会对新增选的82名人民陪审员进行了任命,如皋法院人民陪审员总数达到160人。

表4-1-17　人民陪审员基本情况统计表(2012~2015年)

单位:人

年份	陪审员	基层法院法官总数	性别分布		少数民族	学历情况			政治面貌			职业分布								地区分布		年龄分布情况					来源	
			男	女		大学以上	大专	高中以下(含中专)	中共党员	民主党派	群众	党政机关	企事业单位	科研院校	离退休人员	城市普通居民	进城务工人员	农村普通村民	其他	城镇人口	农村人口	30岁以下	31~40岁	41~50岁	51~60岁	61岁以上	组织推荐	个人申请
	1	2	3	4	5	6	7	8	9	10	11	12	13	14	15	16	17	18	19	20	21	22	23	24	25	26	27	28
2011	59	101	37	22	0	26	33	0	46	0	13	31	13	0	2	2	2	2	7	45	14	18	21	11	8	1	54	5
2012	80	96	53	27	0	35	36	9	63	0	17	29	16	0	4	2	2	1	6	64	16	20	22	20	10	8	65	15
2013	80	96	53	27	0	35	36	9	63	0	17	29	16	0	4	2	2	1	6	64	16	20	22	20	10	8	65	15
2014	160	98	93	67	0	96	48	16	121	0	39	76	22	5	13	17	12	6	9	144	16	42	42	41	24	11	141	19
2015	157	101	91	66	0	95	46	16	119	0	38	74	22	5	13	16	12	6	9	141	16	40	42	41	23	11	139	18

注:上表计算方法:列:1-3+4-6+至8-9+至11-12+至19-20+21-22+至26-27+28

填表时间:2016年1月15日

表4-1-18　人民陪审员近年来参审情况统计表

单位:人

起止时间	普通程序一审案件总数	参与案件范围						陪审情况				
		普通程序一审案件数	简易程序案件数	调解案件数	执行案件数	信访案件数	其他	参审20件以下人数	参审21~50件人数	参审51~99件人数	参审100件以上人数	从未参审的人数
2011年12月21日至2012年12月20日	1697	1696						34	5	7	6	7
2011年12月21日至2012年12月20日	1999	1976		84	8			66	4	3	7	0
2012年12月21日至2013年12月20日	2077	2072		130	2			50	12	10	8	0
2013年12月21日至2014年12月20日	3286	3286		180	15			141	11	12	16	0
2014年12月21日至2015年12月20日	3829	3823		220	20			100	20	15	22	0

2. 人大代表、政协委员旁听、评议庭审情况(见表4-1-19)

表4-1-19　2011~2015年度法院邀请人大代表、政协委员旁听评议庭审情况统计表

单位:人

年度	人大代表	政协委员	案件类别及案件数						是否评议	备注
			民事	商事	刑事	行政	执行	知产		
2011	59	6	7	1	1	1	1	0	是	无
2012	87	7	7	1	1	1	1	0	是	无
2013	163	5	7	1	1	1	2	0	是	无
2014	181	6	8	1	1	0	2	1	是	无
2015	152	5	8	1	1	0	3	1	是	无

(三)司法公开建设

加大司法公开力度,着力构建更加开放、透明的阳光司法机制,真正实现“看得见的正义”。

一是发挥司法公开平台作用。推进审判流程公开、裁判文书公开、执行信息公开

“三大平台”建设。将案件在立案、庭审、程序转换、承办人变更、案件中止、审限变更、鉴定、结案等8个阶段的审判流程节点信息，由“12368”诉讼服务短信平台自动采集发送给当事人，发送率达90%以上，对缺席审判或其他因素的案件，则单独书面发送。裁判文书坚持以公开为原则，将文书上网纳入审判管理考核，2015年度在“中国裁判文书网”公开生效裁判文书11,834件，排名全省第五。

二是拓展群众参与司法机制。依法保障人民群众有序参与司法调解、司法听证、公开庭审等活动，使群众在参与中感受法治、信赖法治、守护法治。加强司法与社会的沟通交流，开展法院公众开放日活动4次，开展农民工学法周、法润校园等送法“五进”活动30余次。将审判执行中的典型案例拍摄成微电影，《冬日暖阳》点击浏览37万多人次，受到市领导和网民的好评，并被省高院推荐到最高法院参赛。

三是加快推进司法信息化建设。着眼提升司法公开、便民诉讼等工作水平，重视建设和用好网上办案系统、网上执行曝光台、对外委托鉴定机构电子信息平台等。严格执行随机抽取鉴定机构制度，受理司法鉴定案件1133件，办结992件。推进诉讼档案数字化工程，投入100余万元推行卷宗同步数字化和部分室藏档案扫描。坚持以视频、音频、图文、微博等方式公开庭审过程，同步录音录像庭审7256次，网络直播庭审23次，召开打击食品犯罪等新闻发布会3次。依法及时公开与人民群众生产、生活密切相关的审判信息，让社会了解和监督司法，提升司法公信。

（四）司法便民举措

1. 诉讼服务中心建设

如皋法院党组一直对诉讼服务中心建设高度重视，将审判大楼一楼全部划归诉讼服务中心使用，使用面积约1200平方米，并就该院诉讼服务中心建立了一系列的考核、接待规范、多元化调解、诉调对接等工作制度。2012年顺利通过了全省诉讼服务中心示范单位的考核验收。本院诉讼服务中心现有正式人员12人+外聘1人，现有立案服务大厅、信访接待中心、公益律师服务站和“12368”诉讼服务热线四个服务区域。其中涉群众诉前的法律咨询、诉前保全、诉前鉴定、立案审查、案件分流以及材料收转、案件查询、收诉讼费用、司法救助等司法需求，能在立案服务大厅得到解决；对于案件的判后答疑、信访接待则由信访接待中心办理；对于当事人的法律咨询、文书写作，能在公益律师服务站得到帮助处理；对于案件的电话查询、相关法律的咨询，能通过“12368”热线得到处理。整个诉讼服务中心为涉诉群众提供集律师咨询、诉讼服务、诉前保全、立案受理、案件查询、信访接待等职能为一体的“门诊式”综合服务，使诉讼服务中心诉讼服务、纠纷分流和矛盾化解三大功能得到充分发挥。还在细微之处显示了对人民群众的尊重，如在立案大厅设置写作台、诉状文书样式、电话、免费WiFi、饮水机、配备电脑、扫描仪、POS机等人性化设施，便利当事人；实行院领导或庭长值班总协调。

如皋法院目前尽可能将审判执行辅助性事务从各个业务庭和办案法官手中剥离出来，靠前配置到诉讼服务中心，实行一岗多能，逐步形成：诉讼引导、诉前释明、便民服务、立案审查、网上立案、“12368”热线、诉讼费收取、执行款支付、司法求助、查询咨询、材料收转、信访接待、诉前保全、领导接访等 14 项功能,以期实现"一站式"服务,当事人走进一个厅,事情全办清,切实便民、利民。

2. 司法救助

如皋法院近年来一直重视司法救助工作,5 年内为确有困难的当事人办理司法救助 423 件、金额达 312.55 万余元,同时为困难当事人减缓免诉讼费用 3,460,912.5 元,把党和政府的关怀落到实处。

(五)法院文化建设

近几年来,如皋法院坚持以党的十八大、十八届三中、四中、五中全会精神,牢固树立科学发展观,大力加强法院文化建设,倡导"团结敬业、博学审慎、创新卓越、清廉公正"的如皋法院精神,通过几年的努力,营造了积极向上、催人奋进的法院文化氛围,推动了各项工作的顺利开展,全院收案数、结案数、人均结案数连续多年位于南通法院系统第一,先后被省委、省政府命名表彰为省精神文明建设工作先进单位,被省纪委等 5 家单位联合表彰为廉政文化建设示范点,港区人民法庭被表彰为第二批省级文化建设示范点,2014 年搬经人民法庭被授予全省优秀人民法庭称号,全国优秀法官顾雪红再获江苏优秀法官、南通十大法治人物和最美基层法官称号。相关经验做法在最高院《政工通讯》推介。

一是提炼如皋法院精神。把"团结敬业、博学审慎、创新卓越、清廉公正"作为新时期如皋法院精神,并通过 LED 大屏显示、创办法院文化专栏等多种形式广泛宣传,切实用"如皋法院精神"凝心聚力。

二是发挥典型引路作用。开展向全国优秀法官顾雪红同志、丁建涛同志学习的热潮。通过举行事迹报告会、召开军转干部座谈会以及年轻干警专题论坛等形式,进行广泛宣传。

三是举办系列文化活动。围绕建院 60 周年等重大节庆多次组织专场文艺活动;定期组织各种文化体育活动,如书画摄影比赛、演讲比赛、中秋联谊活动、元旦趣味体育比赛等;倡导"快乐工作、健康生活",组建太极拳等 6 个文体兴趣小组;2013 年以来,坚持每月在当地法治广场和文化广场举办"假日广场法庭",融合学习邹碧华精神、"七一建党节""八一建军节"等为契机,开展演讲比赛、法制宣传、法律咨询、道德讲坛、志愿服务、爱心捐助等系列活动,打造有影响力的法治文化品牌,社会反响好,得到宣传、政法、文化等主管部门的肯定。

(六)先进模范

1. 法院获得的主要荣誉

经过多年努力,如皋市人民法院建设硕果累累,取得多项奖励和表彰。2006 年被评为江苏省文明单位、受省高院记集体三等功。2007 年受理案件突破 1 万件,被省高院记集体二等功,磨头人民法庭被评为全省"最佳人民法庭",被南通中院记集体三等功,搬经法庭被省高院、省司法厅评为"全省指导人民调解工作"先进集体。市人民法院受省委、省政府授予 2005 ~ 2006 年度文明创建先进单位称号。2009 年,被授予全省法院信息化促进司法规范化工作示范点、南通市廉政文化示范点称号，刑庭被表彰为全省法院系统优秀“青少年维权岗”。2010 年获江苏省委、省政府表彰为省精神文明建设工作先进单位、被评为省园林单位、省高院评为信息化工作、人民陪审员工作、新闻宣传工作先进集体(单位)。2013 年，如皋法院共受理各类案件近两万件，审结 1 万 5 千余件，收案数、结案数、人均结案数均位于南通基层法院第一，被省高院荣记集体一等功，并被评为省文明单位。2014 年高达 19,884 件，收案数、结案数、法官人均结案数仍一直位居南通市法院系统首位，全院共有 11 个集体、75 人次受到市委、市政府以上表彰，其中搬经法庭被授予全省优秀人民法庭称号，经济技术开发区法庭庭长顾雪红先后获全国优秀法官、江苏优秀法官、南通十大法治人物和南通最美基层法官荣誉称号。2015 年，江苏省高级人民法院作出决定，命名如皋市人民法院等 8 家法院为第三批全省法院“文化建设示范单位”。截至 2016 年，如皋法院被表彰为“信访工作先进集体”，院党组成员、副院长郭朝晖获评“信访工作先进个人”。此外档案管理被树为省“特一级”，通过“五星级”复核验收，行政审判、执行工作、新闻宣传、司法警察等多项工作受到省高院表彰，荣获南通政法工作创新奖。

表 4－1－20　2011 年以来市人民法院获得荣誉一览表

先进集体名称	荣誉名称	表彰机关	文号或证号	成文日期	备注
如皋法院	2010 年度全市法院集体三等功	中院	通中法〔2011〕14 号	20110301	地市级
如皋法院	“下午开庭”获南通法院廉政短剧观摩评比三等奖	中院	通中法〔2011〕75 号	20110513	地市级
如皋法院党总支	全市法院系统先进基层党组织	中院	通中法〔2011〕95 号	20110623	地市级
如皋法院	2010 年度全市法院信息工作先进集体	中院	通中法〔2011〕105 号	20110712	地市级
如皋法院	全省法院信息化工作先进单位	省高院	苏高法〔2011〕199 号	20110422	省级
如皋法院	第五批省级廉政文化建设示范点	省纪委等	苏纪发〔2011〕29 号	20111103	省级
如皋法院	2008～2010 年度保密工作先进集体	南通保密委	通委密〔2011〕4 号	20111114	地市级
如皋法院	2011 年度全省法官协会工作先进集体	省法官协会	苏法协〔2011〕9 号	20111229	省级

续表

先进集体名称	荣誉名称	表彰机关	文号或证号	成文日期	备注
如皋法院	2009～2010年度南通市文明单位	南通市委、市政府	通委〔2011〕78号	20111230	地市级
如皋法院	2011年度审判绩效先进集体	中院	通中法〔2012〕9号	20120131	地市级
如皋法院	2011年度全省法院审判绩效先进集体	省高院	苏高法〔2012〕39号	20120222	省级
如皋法院	2011年度信息工作先进集体	中院	通中法〔2012〕35号	20120313	地市级
如皋法院	南通市"未成年人零犯罪社区(村)"创建工作先进集体	南能综治办、预犯小组、机关工委	证书	20120301	地市级
如皋法院	2011年度社会管理创新最佳创新贡献奖	中院	通中法〔2012〕44号	20120322	地市级
如皋法院	2011年度社会管理创新最佳创新项目奖	中院	通中法〔2012〕44号	20120322	地市级
如皋法院	2011年度全市法院涉诉矛盾化解基层法院先进集体	中院	通中法〔2012〕12号	20120203	地市级
如皋法院	2011年度全市法院优秀司法建议	优秀司法建议	通中法〔2012〕64号	20120514	地市级
如皋法院	南通法院"政法干警核心价值观"主题教育实践活动辩论赛团体三等到奖	中院	通中法电〔2012〕110号	20120530	地市级
如皋法院	全省法院基层基础建设示范点	省高院	苏高法〔2012〕165号	20120426	省级
如皋法院	第二批全省法院诉讼服务中心示范单位	省高院	苏高法〔2012〕306号	20120724	省级
如皋法院	全市法院书画摄影比赛优秀组织奖	中院	通中法电〔2012〕190号	20120928	地市级

续表

先进集体名称	荣誉名称	表彰机关	文号或证号	成文日期	备注
如皋法院	2012年度全市法院“审判绩效先进集体”	中院	通中法〔2013〕5号	20130115	地市级
如皋法院	全市法院司法警察技能集训队列训练一等奖	队列一等奖	通中法电〔2013〕51号	20130402	地市级
如皋法院	南通法院“法官清正、法院清廉、司法清明”主题演讲比赛第二名	中院	荣誉证书	20130510	地市级
如皋法院	2012年度全省法院系统集体一等功	省高院	苏高法〔2013〕89号	20130407	省级
如皋法院党总支	南通市党建工作示范点	南通市委组织部	铜牌	20130630	地市级
如皋法院	2010～2012年度江苏省文明单位	省文明单位	证书、铜牌	20131015	省级
如皋法院	关于公布2013年度通过江苏省档案工作星级测评(复查)单位名单的通知	南通市档案局转发	通档发〔2013〕123号	20131220	省级
如皋法院	2011～2012年度南通市文明单位	南通市委市政府	如皋文明办转发文、铜牌	20131015	地市级
如皋法院	南通市“六五”普法中期先进集体	南通市法宣领导小组	通法宣〔2014〕1号	20141031	地市级
如皋法院	全市法院“践行三严三实,争做邹碧华式好法官好干部”演讲比赛优秀组织奖	中院	通中法电〔2015〕44号	20150630	地市级
如皋法院	第三批全省文化建设示范单位	省高院	苏高法〔2015〕228号	20151116	省级
如皋法院	全市法院“天平之光,美丽南通”书画摄影比赛优秀组织奖	中院	荣誉证书	20151118	地市级
如皋法院	南通市2013～2014年度文明单位	南通市委、市政府	通委〔2015〕49号	20151221	地市级

2. 先进模范人物

(1)薛专,男,50 岁,中共党员,现任市法院审判委员会委员、研究室主任。

到法院工作 20 年来,无论在什么岗位,始终以化解矛盾、促进和谐为己任。2010～2012 年,他任庭长的石庄法庭调撤率超过 78%。他在江安、石庄两个镇建立 6 个村居法官工作站,诉前化解民事纠纷。2012 年,如皋市庭所共建现场会在石庄召开,石庄法庭被江苏省高院评为全省法院社会矛盾化解先进集体。他刚正不阿,不唯上、不唯权,只唯法,明法析理,胜败皆服。2012 年,石庄法庭审结各类民事案件 554 件,无一件上诉,案件质量在全省基层法庭名列前茅。他不畏艰险,即使头部被暴力抗法分子砸伤也毫无惧色。到研究室后,他参与审理多起疑难复杂案件。2011 年以来,先后被评为如皋市级机关和南通法院系统优秀党员,两次受如皋市政府嘉奖,被南通中院荣记个人三等功 1 次。

(2)李斯武,男,45 岁,现任市法院审判委员会委员,行政庭庭长、高新技术产业开发区人民法庭庭长。2010 年至 2013 年,连年获如皋市政府嘉奖,2011 年、2012 年分别被南通中院和如皋市委表彰为优秀党务工作者,2012 年获如皋市"五一劳动奖章"并荣立个人三等功。

他牢固树立案结事了、定分止争的审判工作理念,严把事实与证据关,妥善化解了一大批矛盾激化的民事、行政疑难复杂案件。2013 年任行政庭庭长后,进社区、到现场,寻找解决问题的最佳途径,全年办结各类行政案件 52 件,成功协调司法搬迁案件 7 件,行政庭办结各类行政案件 528 件。2014 年,他兼任高新区法庭庭长,经常放弃休息调处纠纷、审核法律文书。2014 年 2～10 月,高新区法庭共受理各类民商事案件 1665 件,审结 1145 件,结案总数在南通法院基层法庭中名列前茅。

第二节 检 察 院

一、组织形态

1952 年 8 月 20 日,如皋县成立人民检察署,1954 年 12 月 14 日更名为如皋县人民检察院。1966 年,"文化大革命"爆发,检察院机构瘫痪。1967 年 4 月 8 日实行军管,检察院建制消失。1978 年 10 月 27 日,如皋县人民检察院恢复建立。1991 年 6 月,更名如皋市人民检察院。

如皋市人民检察院现人员编制 117 名,有干警 110 人,其中,院班子成员 10 人(纪检组长为市纪委派驻)、检察员 61 人、助理检察员 18 人、书记员 20 人、司法警察 9 人、职工 2 人。如皋市人民检察院内设机构 19 个,分别为:反贪污贿赂局、反渎职侵权检察局、侦查监督科、公诉科、控告申诉检察科、民事行政检察科、监所检察科、职务犯罪预防科、检调对接案件办理中心、未成年人刑事检察科、政治处、办公室、案件监督管理中心、检察技术科、司法警察大队、监察室、人民监督员办公室、派驻长江镇检察室、派驻如皋经济技术开发区检察室。

二、刑事检察

(一)对公安移送批捕、起诉案件的审查

1.审查批捕

“文化大革命”前,如皋县人民检察院无档案室,档案由公安局档案室统一保管,“文化大革命”中,多有散失。1978年11月检察院恢复重建,与公安局、法院既相互制约,又紧密配合,共同打击各类犯罪活动。1980年7月开始,刑事检察科对重大案件提前介入侦查、预审和复核。1991年提前介入72件重大刑事案件侦办,审查批捕的时间由原来至少7~10天平均缩短为2.8天。1998年,面对犯罪嫌疑人翻供、证人翻证案件增多的新情况,适时介入案件侦查,刑事检察第一科因此受到省检察院荣记集体二等功。2004年起,一般案件适时介入,重大案件全程介入,重点案件审查批捕不超过2天,重特大案件当日提请,当日批捕。2006年,对公安机关报捕“销售假冒注册高标的商品案”,犯罪嫌疑人姚钧拒不供认的一例“零口供”案件,检察院派员介入侦查,确认证据链完善后,依法作出批准逮捕的决定,并进一步扩大战果,将另3名同案犯罪嫌疑人抓捕归案,确保案件质量,有效防止检察环节出现打击不力的现象,此做法《检察日报》在头版作专题报道。在公安报捕案件审查中,检察院掌握宽严相济的刑事司法政策,对故意杀人、抢劫、绑架、强奸等直接危害社会稳定的暴力犯罪贯彻从重、从严、从快方针坚决打击。对未成年人犯罪、初犯、偶犯和轻微犯罪案件依法从宽处理。1978~2010年,公安局共报捕8836人,经审查批准逮捕7664人,不予逮捕986人,增加逮捕99人,退回侦查190人,公安撤案16人。未有错捕漏捕发生。2011~2015年,公安局共报捕1129件1449人,经审查批准逮捕945件1221人,不予逮捕194件287人,纠正漏捕56件64人,刑事案件退回补充侦查率降至9.72%,未有错捕漏捕发生。

表4-2-1 1978~2015年市(县)检察院审查公安报捕案件情况表 单位:件

年份	公安提请批准逮捕	审批结果				
		批准逮捕	不予逮捕	增加逮捕	退回侦查	公安撤回
1978、1979	95	70	18		5	
1980	209	177	23		11	
1981	172	141	15		12	
1982	142	121	3		11	7
1983	380	368	8		8	4
1984	400	381	19			
1985	160	120	25			
1986	152	113	24		11	

续表

年份	公安提请批准逮捕	审批结果				
		批准逮捕	不予逮捕	增加逮捕	退回侦查	公安撤回
1987	104	87	17			
1988	156	134	21		3	1
1989	193	174	14			
1990	222	196	17		9	
1991	186	167	13		1	
1992	266	228	37			1
1993	267	225	24		18	
1994	390	301	76	5	13	
1995	352	303	36	5	13	
1996	338	280	39		19	
1997	272	214	58			
1998	275	193	80			2
1999	305	246	59	3		
2000	350	310	40			
2001	429	401	25	3	3	
2002	280	275	4			1
2003	247	240	7	1		
2004	237	235	2	10		
2005	326	317	9	4	4	
2006	344	314	20			
2007	304	288	16	7		
2008	405	357	49	25	13	
2009	400	321	78	13	9	
2010	478	367	110	23	27	
2011	306	258	43			0
2012	232	194	42			0
2013	209	177	36			0
2014	179	143	30			0
2015	203	173	33			0

2. 审查起诉

1991 年,检察院提前介入 72 件重大刑事案件的预审,审查起诉的时间由原来至少 15～20 天,平均缩短为 10.9 天。2003 年检察院推行普通程序简化审理,庭前证据展示,提高庭审效率,降低诉讼成本,对办理的案件进行全程“过堂会诊”,挑出 21 类常见瑕疵,提出以完善监控机制为重点的综合“治疗”方案。1978～2010 年,共受理审查起诉案件 9474 案 13,848 人,办结 9197 案 13,112 人,其中向法院起诉 8172 案 11,500 人,移送南通和其他法院 155 案 178 人,免诉 115 案 221 人,不诉 255 案 350 人,退回公安局补查 354 案 629 人,公安局撤案 146 案 234 人,无一错诉。2011～2015 年,共受理审查起诉案件 4181 案 5367 人,办结 3995 案 5036 人,其中向法院起诉 3694 案 4709 人,移送南通和其他法院 16 案 22 人,不诉 298 案 322 人,退回公安局补查 526 案 1166 人,公安局撤案 99 案 182 人,无一错诉。

(二)自办案件移送批捕、起诉的审查

如皋县人民检察院自行立案侦查的贪污、贿赂、渎职、侵权等职务犯罪案件,一般由经济检察科、反贪污贿赂局或法纪检察科、反渎职侵权局自行侦办。20 世纪 80 年代前,这类自侦案件侦查、逮捕、起诉等,均由经济检察科、法纪检察科“一竿子”办到底。1987 年后,根据最高人民检察院要求,检察院自办刑事案件实行侦、诉分开,经济检察科和法纪检察科自行立案侦查的案件移送刑事检察部门审查批捕和起诉。

1989～2010 年,检察院自侦移送批捕 240 人,批准逮捕 207 人,移送起诉 544 案 719 人,审结 508 案 666 人。其中起诉 398 案 485 人,免予起诉 55 案 107 人,不予起诉 27 案 33 人,退查 21 案 28 人,撤案 7 案 13 人。未有错诉案件发生。

2011～2015 年,移送起诉 89 案 114 人,审结 87 案 108 人。其中起诉 83 案 98 人,不予起诉 4 案 8 人,退查 20 案 36 人,未有错诉案件发生。

(三)提起公诉

20 世纪 50 年代起,对重大或特别有影响的案件,人民检察院派员以国家公诉人身份出席法庭支持公诉,包括宣读起诉书,论述诉讼主张,指控犯罪;询问被告人、证人、被害人、鉴定人或出示物证,宣读证词、证言、证据文书,进一步揭露犯罪;对被告和辩护人的辩护意见进行答辩和反驳;依法对诉讼参与人的合法权益予以维护;对法庭审判活动予以法律监督。1997 年,《中华人民共和国刑事诉讼法》施行,法庭庭审方式形成控、辩、审三方相互制约的新格局,出庭公诉更加注重有理有据,有法可依,实事求是,以理服人,既揭露犯罪,又注重法制宣传。进入 21 世纪,对青少年罪犯的审判坚持定员、定岗、定期回报和开展对当事人、家长、学校的访问,建议法院采取圆桌审理。1955～2010(缺 1966～1977)年,检察院共出庭支持公诉 7290 次 9287 人。2011～2015 年出庭支持公诉 3694 次 4709 人。

(四)侦查监督

1984 年,人民检察院审查批捕时发现公安机关将沈如祥盗窃案的一名同案人沈细华错定为名字相近的另一人沈征华,及时避免一起错捕事件。1986 年,审查批捕黄某如案件时,发现黄神志不够正常,经司法鉴定,其患有精神病,遂作出不批准逮捕决定。1989年审查公安报捕陈某、王某流氓犯罪案时,增加逮捕同案犯蔡某彬。1991年后对公安机关收容审查人员只收不审、对案件赃款收缴处理发还不规范、对刑事拘留人员讯问过于简单、办案中证据不及时转换、与未成年人谈话不通知法定监护人到场等12类共性问题书面向公安机关提出纠正整改意见。

1978~2010年,检察院在报捕案件审查中,共决定不捕1015人,增加逮捕100人,退回补查194人,建议增加列为犯罪嫌疑人27人。在移送起诉方面,共建议增加罪名73人,增列被告46人,增加起诉18人,免予起诉268人,不予起诉343人,退回补查657人,更改定性65人,建议撤案247人,要求补充不立案理由70人。在纠正违纪方面,口头通知纠正违纪违法错误行为221人(次),书面通知纠正违法违纪和错误行为143人(次),向公安机关发出"提供法庭执法意见书"22份,开展立案监督18人。

(五)刑事审判监督

1954年,人民检察院依照《中华人民共和国人民检察院组织法》,开始结合出庭公诉对法院刑事审判实施监督。20世纪50年代末,检察院参与上级公安政法部门组织案件复查,发现法院判决不当,依法建议改判。1967~1978年,检察院建制撤销,刑事审判监督工作被迫中止。1980年,检察院建立刑事检察科,刑事审判监督工作恢复正常。1996年起,根据修订后的《中华人民共和国刑事诉讼法》和最高人民检察院制定的《中华人民共和国刑事诉讼法规则》,检察院将法律监督贯穿于刑事审判的各个环节。对某些有争议的案件,院内先形成统一意见后,在起诉前主动与审判机关联系,共同进行法理探讨,审判中及时提出建议,庭审后及时交换意见,遇有重大原则问题发出书面建议或纠正意见。1980~2006年检察院先后正式向法院提出纠正意见41次,都得到法院采纳。公诉过程中向法院提出量刑建议2691人,法院采纳2676人,采纳率为99.44%。

(六)案件监督管理

2008年3月,如皋市人民检察院在南通率先成立市(县)级"案件监督管理中心",制定案件动态管理制度、重点案件评查制度和案件回访制度,完善办案质量与流程管理监督制约机制。推进办公、办案软件运用管理,实行信息资源共享、网上流程管理、网上审批和监督、网上执法质量考评通报等。运用侦查指挥系统、审讯及监管场所监控、自动举报系统等科技手段,实现全面、全程、实时、动态监督管理执法工作,按年发布网上《案件质量监督管理简报》。

三、职务犯罪案件检察

(一)机构沿革

1.经济检察科·自行侦查科·反贪污贿赂局

1980年7月,如皋县人民检察院内设"经济检察科"。1984年5月,经济检察科与法纪检察科合并为"自行侦查科"。1986年3月,自行侦查科撤销,仍析为经济检察科和法纪检察科。1987年5月25日,县委将建于1983年的经济案件办公室并入经济检察科。1994年10月,经济检察科升格为“反贪污贿赂工作局”,1996年6月,更名为“反贪污贿赂局”,副科级建制。反贪污贿赂局下设侦查一科、侦查二科及综合科等职能机构,主要负责检察院直接立案侦查国家工作人员贪污贿赂等经济犯罪案件,参与跨地区重特大经济犯罪案件侦办和协查,并与职务犯罪预防科及其他相关部门配合,共同开展法制宣传、经济犯罪预防工作。

2. 法纪检察科·自行侦查科·渎职侵权检察科·反渎职侵权局

1980年7月,如皋县人民检察院内设“法纪检察科”,具体负责渎职侵权案件检察。1984年5月,法纪检察科与经济检察科合并为“自行侦查科”。1986年3月,自行侦查科撤销,仍析为法纪检察科和经济检察科。2002年4月,法纪检察科更名为“渎职侵权检察科”,2006年7月,升格为“反渎职侵权局”,副科级建制。主要负责检察院直接立案侦查国家机关工作人员利用职权实施非法拘禁、刑讯逼供、报复陷害、非法搜查、侵犯公民人身权利和民主权利等犯罪案件,参与跨地区重、特、大渎职、侵权案件侦办和协查工作。

(二)职务犯罪案件受理

如皋人民检察院直接受理立案侦查的职务犯罪案件分为“经济犯罪”和“法纪犯罪”两大类。“经济犯罪”包括贪污罪、挪用公款罪、受贿罪、行贿罪、对单位行贿罪、介绍贿赂罪、单位受贿罪、单位行贿罪、巨额财产来源不明罪、隐瞒境外存款罪、私分国有资产罪、私分罚没财产罪。1989年年初,增加受理涉税案件。1997年偷税、抗税等破坏经济秩序犯罪案件划归公安机关管辖。“法纪犯罪”分渎职犯罪和侵权犯罪,包括滥用职权、玩忽职守、泄露国家机密、徇私舞弊、非法拘禁、非法搜查、刑讯逼供、暴力取证、报复陷害等犯罪。1979~2010年,共受理职务犯罪线索3581件,经初查,确定立案989案1166人,其中:贪污贿赂834案971人,渎职侵权155案195人。2011~2015年,共受理职务犯罪线索228件273人,经初查,确定立案91案126人,其中:贪污贿赂73案100人,渎职侵权18案26人。

(三)职务犯罪案件侦查

1. 贪污贿赂案件侦查

1982年,按全国统一部署,如皋开展严厉打击严重经济犯罪活动,当年立案侦查22案31人,逮捕10人。1985年立案侦查贪污贿赂案件24件28人,其中万元以上大案3案5人。1987年10月下旬,仅用两天时间,侦破原新民乡工业公司副经理杨某华和乡管电站电工蒋明心多次从搬运站开具现金支票套取大量现金的一起万元大案。1988年8月25日接到举报,如皋纺织厂与素无业务联系的场南继忠制品厂有转汇万元巨款往来,经10天侦查,侦破一起万元贪污大案,将陈某、刘某撰两人逮捕为案。20世纪90年代后,贪污贿赂案件成为职务犯罪侦查重点,一批中学校长、乡科级干部、司法干警贪污受贿“串”案、“窝”案和百万元大案连续被侦破。1979~2010年,共查结贪污贿赂案件629案739人,为国家挽回经济损失10,220.81万元,未有撤诉、不诉、无罪判决和缠访缠诉的事件发生。如皋反贪工作经验被省检察院《反贪动态》《检察日报》等报纸专题报道。2011～2015年,共查结贪污贿赂案件77案101人,为国家挽回经济损失2127.3147万元。

2.渎职侵权案件侦查

1979年,县人民检察院开始自行查处渎职侵权案件。1986年,立案侦查重大责任事故案件3案5人,玩忽职守案件2案5人,重婚案件2案3人,起诉3案6人,免诉2案2人。1990年开始,法纪检察科广泛向社会宣传渎职侵权案件受理范围,重点查处刑讯逼供、非法拘禁、玩忽职守、重大责任事故、徇私舞弊5类案件,并号召举报。对情节恶劣,社会影响大,群众反映强烈的案件,突击查处,快侦快结。此后陆续侦办徇私包庇放纵犯罪的张黄港派出所原所长、非法拘禁他人的桃园派出所联防队员、滥用职权违法办理二胎出生证的夏堡镇计划生育指导站长、滥用职权包庇纵容销售假冒伪劣卷烟的市烟草专卖局稽查队员等一系列渎职侵权案。1979～2010年,共侦查终结渎职侵权案件158案220人。2011～2015年,共侦查终结渎职侵权案件18案26人。

四、监所检察

(一)机构沿革

1952年,如皋县人民检察署成立,将监所检察列入正常工作范围,但无专门的职能科室和专职工作人员。1980年"刑事检察科"建立后,兼职监所检察工作。1984年5月,设立"监所检察科",具体负责对刑事案件判决、裁定的执行和看守所执法活动实行监督;承办监管人员职务犯罪案件侦查及被监管人员重新犯罪案件批捕、起诉;负责受理被监管改造人员控告、申诉;查办服刑罪犯不服人民法院复查驳回仍有错误可能的申诉案件等。1993年3月,在看守所内设置"驻所检察室",为检察院监所检察科下属具体工作机构。

(二)监所法律监督

1.认罪服法教育监督

中华人民共和国成立至1979年,如皋监所教育监督主要通过检察院与公安局联合组织教育活动实施。1979年5月起,根据最高人民检察院关于加强看守所检察工作的通知精神,重点检察在押人犯认罪服法、遵守监规等情况,及时发现并纠正监所教育方面的问题。1980年起,刑事检察科每月与看守所方面汇合一次人犯动态和服法表现。1982年后,根据所内关押经济罪犯、团伙罪犯、大案罪犯、留所服刑人员较多、人犯思想复杂的新情况和新特点,监所教育科主要监督看守所每年上好8～10次集中教育课,并及时对重点对象开展个别谈话教育。

2.监所安全看管监督

1955年,如皋县检察院发现县公安局劳改队人犯管理混乱,及时通告公安机关和县中队加强看管,此后经常不定期在看守所内组织查监,先后搜查出刀片、带子、火柴、香烟、打火机、铁丝、铁钉等危禁品。1980年,诈骗犯陈某才公然煽动同监犯人静坐抗拒管教,蛊惑已判死刑的罪犯汤某礼自杀,驻所检察室发现苗头后,立即督促看守所给予严肃处理。2006年后,开展夜间突击巡查21次,与看守所共同"清监"15次,对看守所日常管理和安全防范方面存在的问题，及时提出口头检察建议。

3. 依法关押监督

20世纪50年代初，如皋人犯关押主要由公安部门负责，对人犯关押监督不够正常。1954年后，如皋县人民检察院开始加强人犯关押监督，是年，检察发现县劳改队有4名犯人年事已高，建议改为保外人民管制。1956年检察发现伪县长夏震已关押3年尚未判决，另有5名在押犯一年多未接受提审，向办案单位提出后得到及时纠正。1983年，如皋县人民检察院组织办案单位执行法定期限专项检察，发现侦查阶段超期关押5起，起诉阶段超期关押2起，审判阶段超期关押2起，及时督促看守所通知办案单位采取纠正措施。1997～1998年，组织开展假释、减刑、保外就医专项检查整治行动。2005年制定完善《如皋市人民检察院减刑、假释工作制度》《保外就医工作制度》《监所监察部门与看守所联席会议制度》等，实行期满前7日提示制度，形成监所监督长效机制。2007年，向办案部门发出超期羁押预警提示函二十余份。2008年后，共审查监督判刑10人，审批留所服刑6人，纠正刑期计算错误5人。

4. 人犯生活管理监督

1981年起，检察部门经常深入号房了解人犯生活状况，督促看守所坚持每天定时放风，白天供应开水，晚上供应女犯热水，夏季监房经常灭蚊灭蝇，冬季人犯床铺铺垫稻草，对衣服单薄且家庭经济困难的人犯冬天发给棉衣棉被。加强看守所财务监督和囚粮囚款专项检察，就在押人犯的劳动提成、供应人犯的生活用品价格、人犯伙食的适当调济、疾病预防、大病救治以及人犯家属所送钱物管理等具体问题，经常与看守所交换意见。

5. 违法行为查处

1987年，发现并纠正个别公安干警违反规定给人犯戴戒具问题。1991年和1995年查处办案干警违规单人提审人犯问题。1995年，查处1名武警战士帮助在押人犯传递信息。2001年8月3日，查处两名律师擅自带人犯的父亲和女儿与人犯见面谈话的违法行为。2004年，查处看守所个别干警对严重违犯监规的人犯变相肉刑体罚等违法现象。

（三）监外执行检察监督

1982年之前，监外执行监督主要依靠社会力量进行。1983年，如皋县人民检察院先后派出7批人员，组成3个小组分赴全县10个乡镇和3个工厂，召开座谈会12次，走访干部群众53人（次），对监外执行人员中生活确有困难者，会同基层组织共同解决。1984年起，每年对监外执行罪犯逐人检查考察，对脱管、漏管现象及时检察纠正。对被判管制、缓刑已经到期和即将到期的，督促公安机关及时办理解除手续，对监管组织不健全，监管措施不落实的罪犯，整顿重建监管组织，落实监管措施。2005年开始实施“社区矫正”工程，安置帮教和社区矫正工作并入司法行政统一主管。

（四）监所案件办理

1988～2007年，监所检察科共办理各类监所案件135人（件），其中，审查批捕34

人,审查起诉55人,涉财申诉35人,刑期申诉11人。其中初查3人,复查5人,转办2人,服刑犯又重新犯罪2人,领导交办12人。凡经审查起诉的案件,法院均作有罪判决,凡受理关于涉财和刑期方面的申诉案件,都及时办结,并追回财产7万余元,刑期计算有误的,法院均作出更正。1999年,公安机关移送的袁文建监外执行期间重新犯罪案件,由监所检察科审查批捕、审查起诉和出庭支持公诉,首开如皋市人民检察院监所检察科批捕、起诉、出庭公诉之先河。2008年后,办理监所涉财案件30件,追回财产近8万元。2008~2015年,监所检察科共办理各类监所案件297人(件),其中,审查批捕1人,审查起诉1人,涉财申诉132人,刑期申诉8人。其中初查292人,复查283人,转办14人,服刑犯又重新犯罪1人,领导交办4人,其中涉财涉刑期申诉数从2011年9月开始。

五、控告申诉工作

(一)机构沿革

20世纪50年代,如皋县人民检察院(署)建立初期,接待控告申诉案件由检察院秘书兼理。1979年,检察院恢复重建后,接待控告申诉由办公室兼理。1984年5月23日,检察院设立“控告申诉检察科”,负责统一受理公民的报案、举报、控告和申诉,对举报线索进行分流,对检察机关管辖的性质不明、难以归口处理的举报线索进行初查,对转办的控告申诉信件督促检察处理结果,综合反映控告申诉和举报情况,承办由检察院管辖的刑事赔偿案件。1990年1月开始,对于被害人不告而由人民群众、社会团体或有关单位提出控告的重婚案件,由法纪检察科移交控告申诉检察科查处。1988年7月,检察院建立“经济案件举报室”,1993年9月更名“如皋市人民检察院举报中心”,与控告申诉科合署办公,同时挂“如皋市人民检察院刑事赔偿办公室”牌子,统一受理人民群众对经济、法纪犯罪的举报和投诉。2007年控申举报室被命名为“全国文明接待示范窗口”“全国文明接待室”。2013年,成立“雉水检爰”专项救助基金与协作联盟,救助17名刑事被害人、特困未成年人。

(二)控告举报案件的接受与办理

1952年,如皋县人民检察署在城区各街道、车站、轮船码头、剧场及县政府前等公共场所和交通要道口设置检举箱18只,接受人民群众检举。群众来信办结或转办后,将办理结果函复来信人。1965年之前,共接待来信来访5421件,转各有关部门处理4914件,自行查处416件。1984年,县检察院设立控告申诉检察科后,建立信访联系点,定期巡访,与县信访局加强横向联系,互通信访情况,尽可能把人民群众控告、申诉的问题解决在基层。如皋县人民检察院制定的《控告申诉检察工作补充细则》,被南通市和江苏省两级检察院转发。2002年后,推行和落实“首问责任制”,开展检察“企业行”“村镇行”等活动。1965~2010年,共受理各类信访18377件,其中移送其他部门8121件。

(三)刑事申诉案件的接受与办理

随着《刑法》《刑事诉讼法》的修订,最高人民检察院、江苏省人民检察院、江苏省公安厅出台一系列政策法规，凡不涉及国家秘密且又无不便于答复的申诉案件，一律公开审查，公开答复。1987～2010年，共受理各类信访8824件，其中举报类信访6153件，初查1483件，移送自侦立案569件，移送其他部门4101件。受理刑事申诉116件，复查纠错或部分纠正改错37件，维持原处理决定49件，驳回16件，申诉人息诉13件，其他1件。2011～2015年，共受理各类信访990件，其中举报类信访219件，初核案件29件，移送自侦部门149件，移送其他单位47件。受理刑事申诉67件，提抗或提出再审检察建议案件34件。

六、民事行政检察

（一）机构沿革

1991年8月，如皋市人民检察院成立"民事行政检察科"，开始履行民事行政检察工作职能，承担对民事经济审判、行政诉讼活动的法律监督，对人民法院已经发生法律效力、确有错误的民事、经济行政判决和裁定，按审判监督程序向上级人民检察院提出抗诉建议，并逐渐趋向规范化。

（二）抗诉与息诉的统一

1992～2010年，共受理各类民事、行政申诉案件796件，决定立案审查371件，提请抗诉和建议提请抗诉149件，发出再审检察建议33件，出庭支持公诉37次。

1996年，如皋市手套厂不服法院关于许某和于某等15人追索劳动报酬一案的判决提起申诉，经查确属法院判决认定主体错误，民事行政检察科依法提请抗诉，法院改判。2005年，申诉人黄某在高空作业坠地受伤，对一审判决给付赔偿金不服提出申诉，经检察建议移送法院再审，改判各类赔偿金比原判决多出109,645元，赔偿总额是原判赔偿金的174%。2006年葛某向检察院提起申诉，检察院在审查中发现原判时，法院有冒充当事人签字、不依法送达法律文书等违反法定程序的行为，依法向法院发出再审建议，法院纪检组介入查明真相后，责令当事人向申诉人道歉，并向检察院复函，作出案件处理说明。

1993年始，检察院与市人大常委会、法院、司法局、律师事务所和社会矛盾大调解机构联合建立"息诉平台"，帮助民事案件原、被告双方协商、和解、息诉。2001～2004年，根据《人民检察院民事行政抗诉案件办案规则》的有关规定，把检察建议与抗诉摆在同等重要位置，首先考虑与法院协调，取得共识，然后再向法院发出检察建议，在提出抗诉的同时，努力探索并试行以"检察建议结案"促成和解，动员息诉56件，执行和解5件。2005～2007年，检察院探索民事行政检察适用检察建议和息诉工作的做法被南通市人民检察院转发。息诉75件，和解23件。2007年，如皋通过"检察院工作与社会矛盾纠纷大调解机制对接"，开展民事行政息诉工作的经验被《江苏政法》《检察日报》《正义网》等推介。2008～2010年，共息诉311件。2011～2015年，共息诉240件。

（三）"检""调"对接

2009年，检察院深化"检调对接"专业化建设，9月设立"检调对接案件办理中心”，配备4名检察干部，以中心为窗口，集中办理交通肇事、故意伤害致人轻伤、和发生在亲友、同学、同事之间的未成年人、在校学生4类轻微刑事案件，并开展法律监督，融刑事、民事申诉执行、涉检信访息诉三种和解为一体，探索钝化矛盾、和谐司法新路子。全年累计办理轻微刑事犯罪和解案件36件、民生诉求和解案件8件、民事申诉执行和解案件9件。2010年，在县级市中，如皋率先成立全国首家以检察官个人名字命名的“玉山检调对接工作室”，推行有心理学理论支撑的“玉山工作四法：情感交融法、认知重构法、结果分析法、乡情俗礼法”，建立、完善多向释法说理机制，化解纠纷，钝化矛盾。全年共办理轻微刑事犯罪和解案件191件、民生诉求罢访和解案件38件、民事申诉息诉和解案件45件，调处成功率90%以上，协议履行率100%。具体做法被《检察日报》等多家媒体报道。2011～2015年，全年共办理轻微刑事犯罪和解案件887件。

七、犯罪预防

(一)机构沿革

1997年6月，经市编制委员会同意，如皋市人民检察院增挂“如皋市人民检察院经济犯罪预防中心”牌子。经筹备，于当年9月20日，正式挂牌办公。2002年4月，更名为“职务犯罪预防科”。主要承担职务犯罪预防工作，及时向有关方面提出意见和建议。通过开展“青少年维权岗”，对有违法行为的未成年人加强全方位的监控，切实做好青少年的犯罪预防工作。

(二)职务犯罪预防

根据个案预防工作流程，对犯罪个案预防作出具体规定，建立个案预防立项审核、统一编号把关、检察建议督查、适时回访等各项制度。1997年11月12～13日，针对全市金融系统发案情况，举办首期金融法律知识培训班，100余人受训。1998年6月，财政系统邀请南通市反贪局长作专题讲座，全市180多名财政干部受训。1998年12月，全市粮食系统一百多名干部接受法律知识培训。1999年3月，供电系统二百余人接受法律培训。此后相继在国土、审计、建设、工商、国税、金融证券、技术监督、交通、邮政、海事等部门和英田、南天集团等企业以及柴湾、东陈、如城西郊等镇区开展警示教育。2000年后，如皋开始采取重大建设工程项目签订廉政协议的职务犯罪预防措施，如皋市邮电综合大楼、经济开发区月亮桥、如皋中学综合教学楼、市行政中心大楼、中医院大楼、烟草专卖局大楼、熔盛造船等工程项目签订廉政协议，检察院作为监督方在协议上签字，开展同步预防，这些项目均未发现问题。2002年职务犯罪预防科制定并出台《如皋市人民检察院个案预防工作流程》。2003年4月，如皋市预防职务犯罪指导委员会建立。2007年10月，南通市预防职务犯罪工作指导委员会成员会议暨现场会在如皋召开，如皋“检企联防”的做法和经验向全南通市推介，个案预防工作经验被江苏省人民检察院向全省转发。2009年6月16日，《检察日报》头版头条以《南通如皋监察农村饮水工程建设》为题，报道关于如皋市人民检察院查办和预防涉农职务犯罪工作经验。2010年对如皋港港池、农村公路通达工程等省市重点投资项目以及涉及群众切身利益的四十余个重大项目开展同步监督。2013年,在长江镇建成职务犯罪预防警示教育基地。

(三)未成年人犯罪预防

根据国家未成年人保护和预防未成年人犯罪等一系列政策法规,2002年,如皋市人民检察院建立“未成年人保护工作领导小组”,先后制定和修正8项维护青少年权益的制度。

2002年至2003年4月,检察院共受理公安机关报捕直接侵犯未成年人权益的犯罪案件13案16人,批准逮捕12案15人。受理公安机关移送起诉的此类案件62案74人,经审查决定起诉58案66人。建议公安机关撤回报捕的未成年人犯罪案件6案8人,决定不起诉未成年人犯罪案件9件9人。已起诉至法院的未成年人犯罪案件34件36人中,建议适用缓刑判决31件32人,均被法院采纳。

2003年至2015年,检察院共受理公安机关报捕直接侵犯未成年人权益的犯罪案件14案19人,批准逮捕14案17人。受理公安机关移送起诉的此类案件77案106人,经审查决定起诉61案81人。决定不起诉未成年人犯罪案件5件5人。

八、检察队伍建设

(一)队伍建设举措

1.推行全员办理公诉案件机制

如皋检察院推行全员办理公诉案件机制要求凡在45岁以下,具有检察官资格的人员每年都要到公诉部门至少办理2件刑事公诉案件,参与公诉案件从阅卷、审查案件、撰写案件审查报告、起诉书、公诉词到出庭支持公诉的全过程。在全员办理公诉案件过程中,还将成立以分管检察长牵头的案件审查小组,对参与公诉的办案人员所办理的刑事案件进行集体把关,确保办案质量。推行全员办理刑事案件机制,让非公诉部门具有检察官资格的干警办理公诉案件,旨在培养干警对法律的理解和运用能力、对案件事实、证据的把握能力、对文字的驾驭能力和在公诉庭上的语言表达能力,从而培养一专多能、规范执法的检察官。该机制标志着如皋检察院在丰富岗位练兵载体,创新岗位练兵形式,提高干警职业素质,强化干警办案技能方面迈出了坚实的一步。

2.人民监督员监督制度

为了进一步增强检察工作透明度,保障人民监督员全程参与监督,如皋市检察院邀请部分人民监督员旁听庭审,并向人民监督员发放公诉人出庭质量星级评价表,请他们针对庭审中,公诉人讯问示证效果、法律文书质量、履行法律监督情况、法语规范度、出庭仪表等方面对公诉人出庭质量进行综合评价,主动接受人民监督员监督,受到人民监督员的高度评价。同时,为进一步提升执法办案的透明度和公信力,更好地接受社会各界对检察工作的监督与支持,如皋市检察院在继续向当地工作的人民监督员寄送检察简报、情况反映等基础上,开通了微博、微信群等新媒体平台,并邀请所有人民监督员加入了微信群。在微信群中,各科室的专职联络员会即时公布执法办案动态情况,提前预告执法办案行为,方便人民监督员自主选择监督的时间和环节进行监督。

3.“四通报”信息高速联通机制

“四通报”信息高速联通机制即社区矫正机构发现有应当收监执行的社区矫正人员,须当日向检察、公安机关相关部门通报;公安机关发现被行政处罚的违法人员处于缓刑、假释考验期内,须当日向检察机关监所部门通报;公安机关发现入所的被拘留人员处于缓刑、假释考验期内,须当日向检察机关监所部门通报;检察机关发现有应当收监而未收监的社区矫正人员,须当日向公安机关、社区矫正机构和法院通报。此机制建立后,如皋市检察院不仅依法监督相关部门严格执法,而且积极联系相关部门搞好每个环节的衔接,确保收监“眼明手快”。

4.派驻检察室参与基层管理

如皋市检察机关探索性设置了派驻检察室制度,着眼于新形势下围绕“三项重点工作”,更好地向乡镇、社区延伸检察职能,开展服务大局、服务基层工作,实现“重心下移、检力下沉,把法律监督触角延伸到广大农村”的重要改革举措,对解决矛盾纠纷、调控社会秩序、参与综合治理、维护社会稳定、创新工作机制、整合社会资源、加强监督调研、预警社会风险起到了重要的作用。设立派驻检察室要求必须从实际需要出发,立足于法律监督职能,紧紧围绕当前社会管理创新这一主题,大力加强自身基础工作,妥善处理好与当地党委政府的关系,保证检察室制度健康发展。

5.“掌上微课堂”建设

“皋检之家”微信群是市检察院干警自发组建起来的微信群,至今已有110名成员,基本实现全覆盖。据了解,为进一步提升干警的综合素质,自2015年6月以来,市检察院充分利用手机微信平台,在8小时工作时间外集中发布精心挑选的大政方针解读、时事热点播报、业务探索介绍等微信链接,供干警们各取所需,自由点击阅读学习,将“皋检之家”打造成干警学习交流的“掌上微课堂”。为系统化组织学习,最大限度地提升学习效果,管理员每周六下午都会组织干警统一向身边的达人在线学习取经,这就是“掌上微课堂”的“明星课堂”栏目。由该院每月评选的“明星干警”在群内与其他干警互动,或分享办案经验,或传授写作技巧,或讲解新法变化,通过在线问答,达到共同学习提高的目的。

(二)建设成果

1.荣誉与表彰

1999年,如皋市检察院被评为全国首批“五好检察院”。2001年,被确认为“江苏省人民满意五好检察院”。2004年,被评为“江苏省检察机关先进集体”“江苏省文明单位”。如皋市人民检察院连续多年在基层检察院综合考评中居南通前列,连续多年被评为全省先进检察院、江苏省文明单位,并获得全省检察机关先进集体、全省检察机关“严格规范执法、确保司法公正”先进集体、江苏省园林式单位、江苏省五星级档案室、江苏省“巾帼文明示范岗”等荣誉。连续三届被最高人民检察院评为全国检察机关“文明接待示范窗口”;2009年,被最高人民检察院、共青团中央授予“全国优秀青少年维权岗”称号;2010年,被最高人民检察院荣记集体一等功,连续十六年保持“赴省进京上访零纪录”和“队伍违纪零纪录”;2011年,被最高人民检察院评为全国先进基层检察院，驻看守所检察室被最高人民检察院评为一级规范化检察室，同年，如皋市人民检察院被江苏省委政法委授予首批“公正司法”示范点称号，2013 年又通过复查；2014 年，再次被最高人民检察院荣记集体一等功，连续被评为“江苏省先进基层检察院”和“江苏省文明单位”，2015 年，连续几年南通市检察机关考核评比中名列前茅，在地方考核考评中均跻身优秀行列，在全省内被表彰为“2013～2015 年度全省先进基层检察院”“如皋市维护妇女权益先进集体”“全省检察机关减刑、假释、暂予监外执行专项检察活动先进集体”，获“中国调解论坛优秀事例奖”。2016 年 3 月，获市级机关先进基层党组织称号。

2. 先进个人

(1)刘兰，女，45 岁，现任市检察院侦查监督科科长。2011 年被如皋市政府记个人三等功，2012 年被如皋市政府嘉奖，2013 年被评为如皋市级机关优秀共产党员，2014 年被南通市检察院评为执法规范优秀个人。

她是检察职业道德的践行者，始终将民生利益、法律尊严放在首位。她是百姓餐桌安全的守护者，将打击危害食品安全作为工作的重中之重，开通“食品安全绿色联盟”微信群，创新做法被《检察日报》头版头条予以报道，先后办理了毒狗肉、毒鸭肉等一批有影响的大案、要案，有力地震慑了犯罪。她是法律实施的捍卫者，不枉不纵，忠实履行侦查监督职责，2013 年办理的黄某某诈骗案被江苏省检察院评为“全省十佳精品监督案例”，以本案为题材拍摄的法制宣传片《跑路新娘》先后在“法治中国网络电视”、江苏电视台等 13 家国家级、省市级电视台播放。

(2)刘明旭，男，36 岁，现任市检察院反贪局侦查二科科长。先后被如皋市政府嘉奖两次、记三等功一次，被南通市人民检察院记三等功一次，被江苏省人民检察院评为全省检察机关“检察岗位能手”。

自 2007 年 9 月到市检察院工作以来，他一直坚持奋战在反贪办案第一线。工作中，他认真思考侦查策略，仔细斟酌犯罪证据，辩证研判犯罪事实，创新工作思路，敢于探索，敢于实践，积极拓宽案源渠道，提升自身发现线索和独立办案能力。几年来，他成功办理职务犯罪案件二十余件三十余人，全部为有罪判决，为国家挽回经济损失数千万元，收到了良好的法律效果与社会效果。生活中，他自觉遵守党纪、政纪、检纪，严守“忠诚、公正、清廉、文明”的检察职业道德，保证公正、规范、廉洁办好每一起案件，以良好的自身素质和较高的人格魅力赢得领导及社会的广泛认同。

第三节　司法行政部门

一、基本概况

(一)机构沿革

清朝以前，司法和审判合一，由县令掌管。1912 年(民国元年)，如皋始设地方审检厅,统管司法和审判。1927 年如皋县法院成立,1936 年改称如皋县地方法院,由法院兼理司法。1937 年汪伪政权恢复旧制,由伪县知事(伪县长)掌管司法。1946 年秋,如皋地方法院恢复,仍兼理司法。

1940 年(民国 29 年)8 月,新四军东进抗日至如皋西乡,建立抗日民主政权,1941 年 3 月如西县政府设立司法科,司法行政与审判合一。1945 年 9 月,随新四军进如皋城办公,更名如皋县政府司法科。1946 年秋,转移西乡根据地坚持游击斗争。1949 年 7 月司法科奉命撤销,建立如皋县人民法院,司法行政事务交由人民法院兼理。

1981 年 2 月,从县公安局、检察院、法院 3 家共抽调 8 名工作人员,于如城丰乐桥东北河边 24 号,组建如皋县司法局,正科级建制。1988 年 10 月 25 日,迁址如城环城南路(今福寿路)305 号司法大楼。1991 年更名如皋市司法局,1997 年受省司法厅授予"先进集体二等奖",2003 年获江苏省司法厅记集体二等功。2008 年 1 月 19 日,司法局迁入市行政中心办公,2010 年司法局被省人保厅和省司法厅联合评为"全省司法系统先进集体"、省司法厅表彰为"江苏省司法行政系统勤廉示范单位"。年底,司法局内设办公室、政工科、法制宣传科、公证律师科、法律援助科、基层工作科 6 个科室,在编 37 人。另下辖公证处和法律援助中心 2 个直属股级单位。

(二)司法局基本情况

1. 主要职责及机构设置

市司法局是主管全市司法行政工作的政府工作部门,挂市社会矛盾调解中心牌子。其主要职责是:

贯彻中央和省、市司法行政工作的方针、政策、法律、法规,制定全市司法行政工作的规范性文件,编制全市司法行政工作的中长期规划、年度计划并组织实施。

制定全市法制宣传教育规划并组织实施,指导各镇(区)、各部门、各行业的法制宣传工作。

指导、管理和监督全市的法律服务工作,指导、监督全市公证处、律师事务所、基层法律服务所、社会法律咨询机构和企业法律顾问工作。

管理和指导全市法律援助工作。

管理和指导全市人民调解和全市社会矛盾纠纷调解工作,参与社会治安综合治理工作;管理、指导基层司法所建设。

协调指导全市刑满释放人员安置帮教工作。

协调指导全市社区矫正工作,承担市社区矫正工作领导小组办公室的日常工作。

归口管理如皋市律师协会、如皋市基层法律工作者协会。

负责全市司法行政系统的法制工作和行政措施的制定,参与行政执法监督工作。

指导全市司法行政系统的思想政治工作、党的建设和干部队伍建设;管理局机关、司法所和直属单位的人事编制工作。

承办市政府交办的其他事项。

根据上述职责,市司法局设办公室、政工科(行政许可科)、法制宣传科、公证律师科、基层工作科、法律援助科、社区矫正工作科7个内设机构,另按规定设置监察室,直属机构如皋市公证处。

2.部门编制的范围

司法局包括司法局机关、社会矛盾调处中心、公证处共计三家单位。纳入预算的在职人员63人,其中:公务员29人、行政附属编制3人、事业人员6人;离休人员2人;退休人员23人。29名公务员中,正科职1人、主任科员副科职7人、副主任科员5人、正股职8人、副股职9人、其他人员8人。

3.全市司法行政工作的主要目标任务

全市司法行政和大调解工作的主要任务是:以党的十八大和十八届三中全会精神为指引,紧紧围绕全市发展大局,以队伍素能提升为重点,构建社会矛盾排查调处、公共法律服务、法制宣传教育、特殊人群服务管理四项全覆盖体系,奋力开创人民满意的司法行政暨大调解工作新局面,为全市勇当苏中全面小康"领头雁"作出积极贡献。

以开展党的群众路线教育实践活动为契机,如皋市司法局将进一步推进机关作风效能建设,加强执法执业、群众工作、信息化应用、基层建设"四大能力"建设,开展"学习刘荣贵,践行党的群众路线"主题教育活动,打造人民满意型司法行政队伍,为实施"四民行动"、推进"四个全覆盖"提供人才支持和组织保证。

二、社会矛盾纠纷调处

(一)推行纠纷排查报告制度

如皋实行一般时期市级调处中心月排查、镇级调处中心半月排查、村级调解组织日排查周报告的三级联排制度,敏感时期、特殊时点"日排查、零报告"制度,实时掌握各镇、各部门、各重点领域矛盾纠纷发生、分布情况。突出党政干部、专职调解员、纠纷信息员的主体作用,运用"矛盾纠纷排查十法",针对民生问题突出、矛盾纠纷易发多发的区域,落实专门人员重点关注,真正做到早发现、早处置、早预防。完善纠纷研判工作,依托市大调解信息管理系统,建立电子台账,对重大矛盾纠纷、重点信访问题、群体性事件等影响社会稳定的苗头性、倾向性问题和重要信息,定期开展分析研判,及时准确地向领导提供决策依据。

2015年,如皋先后开展"元旦、春节、两会""纪念抗战胜利70周年"期间、"大调解宣传月"等专项排查活动5次,形成分析研判报告19份,预防群体性事件23起982人,防民转刑案件4件5人、防越级上访事件45件86人,防纠纷激化2569起。

(二)加强专业调解队伍建设

2012年如皋司法行政全力实施六项行动,提神司法行政科学化水平。司法机关实施清源疏航行动,在化解矛盾纠纷中促进社会和谐稳定。抓矛盾纠纷源头治理的多元化,推行服务一键通、业务一卡通、联络一本通,畅通诉求表达机制;健全网格化排查机制,充分发挥楼长、村民代表、专职调解员的作用;推广专职调解员选任、以案定补等机制,提升调解员的专业化、职业化水平。

如皋市全面落实上级要求,全市现配备专职调解员2442名,其中市级调处中心9

名,镇村调解组织1959名,其他调解组织474名。落实专职调解员队伍建设正规化、专业化、职业化要求,加强调解队伍建设。一是构建"三个规范",推动队伍正规化建设。编印下发《如皋市专职调解员"三化"建设文件汇编》,收集21个规范性文件,以制度规范提升正规化建设的内在水准。调解员统一配备"八个一"装备和调解员小马甲,以装备规范提升正规化建设的外在形象。创新建立法治内审员制度、调解协议法律适用备注制度,规范调解工作流程,以执法规范提升正规化建设的综合绩效。二是完善"三种结合",推动队伍专业化建设。将日常学习与学分考核相结合制定《调解员专业知识学分制考核管理办法》,规定市、镇、村三级调解员年度总学,连续三年达不到学分要求的在选聘时予以淘汰。将动态管理与清单考核相结合,严把进口,守住关口,畅通出口,细化内部分工,考核指标项目化、清单化。将常态监督与开放管理相结合,构建五位一体的监督网络,推进调解员与警察、法官、陪审员之间的协作配合,建立如皋市人民调解协会。三是落实"三个到位",推动队伍职业化建设。每两年组织一次助理调解师职业水平考试和评价实行年度晋升制度,对排查、调处不力责任人,实施责任追究,职业资格考评制度落实到位。全面构建专职调解员基础补贴+个案补贴+奖励的职业保障机制,多元职业保障制度落实到位,2015年全年发放个案补贴30万元。借鉴仲裁程序,建立调解员声明书制度,市调处中心通过定期调取监控录像、视频在线指导等方式加强监督,职业道德承诺制度落实到位。

(三)调解对接模式的立体化

如皋市在巩固和提升公调、诉调、检调对接成果的基础上,不断拓展和完善对接调处组织建设,并将对接组织向镇级层面延伸,形成"1+7"的对接调处格局。

公调对接创新"五三模式"被省司法厅领导定格为"如皋模式"在全省推广;大力开展"庭所共建"活动,人民法庭与司法所(调处中心)密切配合协作,把共建工作向村居、社区延伸,共建工作的开展收到了"1+1>2"的实际效果;检调对接"玉山工作室"成立以来,成功调解792余起轻微刑事案件,成为化解矛盾、提高服务群众水平的全新平台和检调对接的示范窗口。

2015年,全市通过公调对接调处矛盾纠纷23,761起;诉调对接调解纠纷1211起;检调对接办理轻微刑事和解案件和民事申诉息诉和解案件69件;网调对接平台受理化解网上矛盾纠纷58起;交调对接成功调处交通事故纠纷16,329起,各对接调解组织高效运作。

(四)发挥专业调解组织的作用

如皋市以"全覆盖"为要求,大力推进交通事故、消费纠纷等行业性、专业性调解组织建设,落实推进环保纠纷、搬迁纠纷、医患纠纷等专业调解机制,探索创新土地纠纷、价格纠纷等调处新机制,全力化解专业领域的矛盾纠纷。"内聚式、分列式、连动式、外包式"并举,加快企业调解组织建设。全市现有医患、劳资、环保、价格、婚姻、消费、土地征用、房屋征收等专业调解组织14个,企业调解组织397个,调解工作人员474名。各专业调解组织按照"有机构、有阵地、有人员、有制度、有成效、有联动"的

“六有标准”，实体化、规范化、标准化运作，致力于化解涉及发展、民生、稳定等重点领域的矛盾纠纷，有效促进了社会和谐稳定。

市社会矛盾纠纷调处中心常务副主任、市劳动争议调解中心主任卢延林总结的“劳动争议调解六法”被新华社内刊选用；市婚姻纠纷调处中心原常务副主任刘朱建创新建立了婚姻纠纷调处“六二模式”，被《中国社会报》《新华日报》《江苏法制报》等多家媒体宣传报道；市消费纠纷调解中心专职调解员李同生忠实履行“日日315、天天维权日”的服务承诺，其经验做法得到了中消协领导的充分肯定，被评为南通市第四届“十佳调解员”。2015年，劳动纠纷调解中心化解劳动争议201件；婚姻纠纷调处中心成功调处婚姻纠纷124件；红盾调处中心调处工商行政纠纷820起；成功调解搬迁纠纷76起，医患纠纷6起。

（五）社会矛盾调解工作的创新——“四诊式”能动调解运行机制

近年来，江苏省如皋市司法局以矛盾排查全方位、纠纷调处短平快、应急处置高效能为目标，着眼能动调解，强化应急处置，指导全市人民调解组织探索建立坐诊式接待受理、巡诊式排查化解、会诊式分析研判、急诊式应急处置的“四诊式”能动调解运行机制，不断提升服务改革发展稳定大局的能力和水平。

1. 坐诊式接待受理，有案必受、有受必调

如皋市司法局大力加强乡（镇）、村人民调解组织建设、设施建设、队伍建设和制度建设，规范窗口管理，安排力量到位，确保矛盾纠纷第一时间受理，第一时间调解。一是加强组织建设。该市在所属20个乡镇和347个村（居）以及200人以上的企事业单位全部建立了人民调解组织，并在拆迁、环保、劳动、卫生、工商、公安交巡警等部门建立了专业性人民调解组织，累计建立各类人民调解组织643个，基本实现了人民调解组织全覆盖。二是加强设施建设。在基层人民调解组织外围出入口规范设置指示路牌，统一人民调解组织外观标识标牌，便于群众识别；明确要求各乡镇人民调解委员会办公用房面积不得少于150平方米，其中接待室办公用房不得少于20平方米，同时配备饮水、医药等器具，村人民调解委员会必须配齐两间办公室，其中有一间为接待室，方便当事人随时表达诉求。三是加强队伍建设。推行每个乡镇配备两名专职人民调解员、每个200人以上企业配备两名专职人民调解员、每个村配备两名专职老干部人民调解员的“三个二”工程建设；按照通法律、懂政策、熟民俗的要求，全市共聘任专职人民调解员946名，选聘调解信息员3万余名，所需经费由各级财政提供，每季开展业务培训，使之成为接待受理民间纠纷的行家里手。四是加强制度建设。各调委会普遍建立民间纠纷接待受理调解的“四簿两表一档”制度。市司法局和司法所定期对人民调解组织接待窗口工作人员在岗履职情况进行内部通报。2010年前10个月，如皋市人民调解组织共受理矛盾纠纷3176起，调解成功3166起，调解成功率为99.7%。其中，受理重大疑难纠纷224起，调解成功221起，成功率为98.7%，涉及人数3416人，防激化事件71起，涉及人数1186人，全面提升了人民调解工作的公信力和满意度。

2. 巡诊式排查化解,集中排查、定期回访。如皋市司法局指导各类人民调解组织开展巡

诊式排查化解矛盾纠纷,主动解决群众最关切、企业最需要、党委政府最关心的矛盾纠纷。在巡诊式排查化解矛盾纠纷的过程中,人民调解员致力及早发现矛盾纠纷,控制事态发展,缓和当事人情绪,把握当事人心理,找准矛盾纠纷症结,有针对性地进行调处,取得了良好效果。一是集中排查。如皋市实行村每周排查、镇每半月排查、市每月排查制度,重大节日、敏感时期执行日排查和"零报告"制度。排查活动中,人民调解员在调解信息员的配合下,走村串户、逐户走访,确保矛盾纠纷排查镇不漏村、村不漏组、组不漏户,对发现的苗头隐患提前介入、预警防范,对受理的矛盾纠纷巡回协调、就地化解,确保小事不出村,大事不出镇。二是分片包干。市司法局领导班子成员和职能科室挂钩包干到具体镇(区),保证每月抽出 5 个工作日到挂钩镇(区)协调化解重大矛盾纠纷;镇(区)党政领导和人民调解员分片包案,贴近群众,限期协调化解矛盾纠纷;村(居)老干部人民调解员坚持与群众打成一片,在现职干部的分工带领下,巡回到包片区域开展矛盾纠纷排查化解工作。三是定期回访。人民调解员在调解结案后一周内对各方当事人进行回访,重点了解当事人的履约情况、矛盾纠纷化解情况以及当事人对调解工作的满意度,确保纠纷不反弹,案结事了。

3. 会诊式分析研判,集思广益、整体联动

针对新时期矛盾纠纷复杂多发、调解难度大的特点,如皋市各人民调解委员会注重利用外部资源,提升调解效能。一是纠纷会商。每月组织全市各调委会主任集中通报阶段性矛盾纠纷发生的数量、类型、特点,剖析原因,查找根源,对重大、疑难、复杂的矛盾纠纷进行集中会商,集思广益优选调解方案。二是专业调解。在环保、卫生、住建、国土、消协、人力资源和社会保障、公安交通巡警等部门设立人民调解委员会,派驻专职调解员,接受专业部门的业务指导,着力化解专业性、行业性矛盾纠纷。三是专家联调。对个别重大、疑难矛盾纠纷,如皋市司法局组织业务精通、经验丰富的人民调解员,整合律师、法律服务工作者、法律援助工作者、专业社工等各方资源,临时抽调其他镇(区)人民调解业务能手参加,组成特别调解室,异地或跨区域联合调解,既有效化解重大矛盾纠纷,又通过现场观摩,有效地提升了所在地人民调解员的调解水平。

4. 急诊式应急处置,主动出击、能动调解

为了及时有效地化解纠纷,防止矛盾激化,尤其是突发性的矛盾纠纷,如皋市各类人民调解组织采取了两种应急调处措施:一是安装智能服务箱,建立了"调解服务一键通"智能服务制度。智能服务箱安装在各镇(区)人民调解组织办公用房外群众随手可以触及的墙面上,智能服务箱面板上除公示人民调解标识以及人民调解员的姓名、照片外,还设置了两个按钮,按钮可以拨通人民调解组织的调解热线、监督电话并转接其他相关电话或手机,该智能服务箱 24 小时开通,确保人民调解组织在第一时间掌握、第一时间介入、第一时间化解矛盾纠纷。二是聘请民警担任纠纷信息员,建立应急调处联动服务机制。镇、村人民调解组织聘请派出所干警和社区民警担任矛盾纠纷

信息员，由他们将接处警过程中发现的民间纠纷信息及时通报人民调解员，确保人民调解员在最短时间内赶赴现场，掌握矛盾纠纷发生的原始资料，及时调解、控制事态，消除纷争、促进和谐，社区民警负责维持调解现场秩序、应变控稳，联合打造镇、村矛盾纠纷排查调处的联动服务机制。

表4-3-1　市调解工作概况

项目	年份	2005	2006	2007	2008	2009	2010	2011	2012	2013	2014	2015
专职司法助理员（人）		52	52	52	58	58	58	60	60	60	60	60
人民调解委员会（个）		439	439	474	474	486	486	496	519	553	574	574
调解人员（人）		1233	1576	1869	1975	1975	2024	2024	2178	2178	2337	2442
调解民间纠纷（件）	婚姻家庭	578	654	719	768	819	721	1093	1102	960	756	692
	房屋、宅基地	183	206	194	211	225	196	283	256	229	213	182
	邻里	1257	1390	1334	1297	1352	1350	1978	1975	1903	1763	1804
	损害赔偿	178	236	344	261	135	254	383	506	395	311	236
	其他	1172	1467	1523	1318	1564	1723	1888	2149	1674	1192	976

三、公共法律服务

（一）保障经济发展——法律服务148品牌

自2007年设立“7288148”法律服务专线以来，如皋市司法局不断拓宽服务渠道、强化服务功能，将法制宣传教育、人民调解、法律援助等有机整合，统一组织律师、公证、基层法律服务组织和乡镇（街道）司法所，为群众和社会组织提供便捷、高效的法律服务，深入推进优秀服务品牌创建。“司法助企百日行”专项活动为企业挽回损失数亿元；劳动争议“六法调处”被新华社《国内动态清样》刊用，全国总工会领导亲笔批示推广；劳动争议调解“五五工程”推进有力，上半年受理劳资纠纷85起，处置群体性事件20余起，为760多人追回工资488万元；推出领导干部“学法套餐”、打造学法平台的做法得到省委常委、政法委书记林祥国的肯定；以流程重组、节点控制为抓手，总结提炼包括接待、受理、审查、立案、办案、监督、结案、回访在内的法律援助“八步工作法”，受理法律援助案件数，结案率，案件数量和来访咨询数量均居南通市第一、全省前列。

（二）律师法律服务

1. 对律师业务的管理

（1）完善律师管理机制。市司法局依法加强对律师的管理，规范律师的执业行为，依法查处违法违规行为。律师协会充分履行促进行业建设、指导业务发展、规范执业行为、维护行业权益、加强执业监督的职责，提高行业自律管理能力，依法维护律师合法权益。建立行业监管部门协调机制和信息共享机制，定期召开公、检、法等有关单位人员参加的联席会议，交流沟通涉及律师工作的情况，及时发现问题，研究提出解决意见。

（2）健全律师执业准入机制。严格律师执业准入条件和程序，把拥护宪法作为申请律师执业的首要条件，把品行良好作为申请律师执业的基本前提。健全申请律师执业人员实习指导制度，加强对实习人员的管理，严格实习合格条件，严把实习鉴定关。加强对申请律师执业人员的政治表现、个人品行和实习期间表现的调查审核工作，切实把好律师队伍“入口关”，从源头上确保进入律师队伍人员的政治素质、业务素质和职业道德素质。

（3）健全律师执业状况评价机制。市司法局会同律师协会每年对律师事务所上一年度的执业和管理情况进行考核，并作出评价、评定等次，对于考核不合格的律师事务所和不称职的律师，司法局、律师协会将依法、依章程分别给予相应的行政处罚和行业处分。建立科学的行业评价指标体系和评价制度，形成正确的执业导向，引导律师事务所通过不断提高自身素质、服务水平和服务质量来提高行业竞争力。

（4）健全律师执业奖惩机制。加大对律师和律师事务所表彰力度，加强律师行业先进典型的培树、表彰、宣传工作。加大对律师事务所和律师违法违纪行为查处力度，对极个别严重违反法律法规的律师事务所和律师，坚决清理出律师行业。完善监督处罚机制，推动律师事务所建立违规律师辞退和除名制度，市司法局、律师协会建立被处罚、处分律师事务所和律师通报制度。建立律师事务所和律师不良记录制度，将律师不良记录放入执业档案。实行违法违纪行为披露制度，将处罚结果在行业内部通报，必要时在新闻媒体上予以公布，接受社会公众监督。

2. 律师基本工作情况

随着如皋市经济和社会的发展，如皋市的律师行业也呈现欣欣向荣之势，律师行业发展亮点纷呈，律师作为法律服务的主力军之一，为全市经济社会发展做出了重要贡献。对于做好下一步的工作，市领导给予高度评价，并要求：一要增强光荣感和责任感。二要提升服务实效，围绕解决问题做好法律服务工作。三要强化管理智能，有效提升如皋律师的整体形象。四要强化队伍建设，打造高效公正的律师团体。在近几年的如皋律师工作情况展示如表 4 - 3 - 2 所示。

表 4-3-2 律师工作基本情况(2006~2015 年)

项目＼年份	2006	2007	2008	2009	2010	2011	2012	2013	2014	2015
律师事务所(个)	6	6	7	7	8	9	11	11	11	11
律师工作人员(个)	59	60	65	70	77	83	90	102	122	135
专职律师(个)	50	53	54	58	62	67	73	80	91	109
兼职律师(个)	0	0	0	0	0	0	0	0	0	0
法律顾问的单位(家)	740	788	815	930	983	1090	1145	1280	1475	1615
民事诉讼代理(件)	385	433	485	512	588	645	689	769	845	915
经济诉讼代理(件)	235	266	300	345	380	454	498	535	585	645
刑事辩护(件)	190	227	263	295	335	372	410	445	490	530
行政诉讼代理(件)	15	16	22	28	35	41	45	51	55	36
非诉讼法律事务(件)	165	190	225	256	280	321	355	389	420	467
涉外及涉港澳台法律事务(件)	35	40	42	46	51	59	75	88	96	110
解答法律咨询(件)	6300	6880	7560	8225	8550	9345	10, 120	11, 330	12, 562	14, 170
代写法律事务文书(件)	330	375	410	455	520	551	610	668	732	780

(三)公证服务工作情况

如皋市公证处坚持以“群众满意”为目标,积极弘扬英模刘荣贵的无私奉献精神,牢固树立“优化服务,创新发展”理念,提高服务效率、优化服务方式,在工作中做到 12 个“一点”,即上班早一点、嘴巴勤一点、微笑多一点、理由少一点、行动快一点、脑筋活一点、脾气小一点、肚量大一点、说话轻一点、效率高一点、做事细一点、下班晚一点,力争实现公证质量“零投诉、零错证、零事故”,为当事人提供优质诚信高效的公证服务,有效促进经济社会发展,切实维护基层和谐稳定。

近几年如皋公证处办理各项公证,办证准确率达 100%,实现了“零投诉”,无一例错假伪证,避免了诸多经济损失,公证质量位居南通前列,连续十年被评为江苏省文明公证处。2015 年,该公证处被省妇联授予“巾帼文明示范岗”,成为南通唯一获此荣誉的公证处。如皋公证近年来的工作情况如表 4-3-3 所示。

表4-3-3 公证工作情况(2006~2007年)

项目	2006	2007
公证处(个)	1	1
公证人员(人)	6	5
公证员(人)	6	5
公证员助理(人)		
办理公证文书(件)	4696	5083

国内公证文书分类(2006~2007年)

分类	2006		2007	
	办证件数(件)	比重(%)	办证件数(件)	比重(%)
经济公证	2601	44.6	3179	62.5
购销				
联营				
拍卖				
贷款				
担保	24	0.92		
招标、投标				
技术合作				
供用电				
劳务合同				
建筑工程承包				
工商服务业承包				
农林牧副渔业承包				
乡镇企业承包				
财产租赁				
企业租赁				
资产经营协议				
还款协议	2411	92.7	3055	96
土地使用权出让、转让				
其他经济合同	8	0.3	5	0.15
法人(代表人)资格				
法人委托书	121	4.65	91	2.86

续表

分类	2006		2007	
	办证件数(件)	比重(%)	办证件数(件)	比重(%)
公司章程				
执行许可证明				
提存				
抵押登记			1	0.03
公司会议记录				
其他	37	1.42	27	0.85
民事法律关系公证	2095	55.4	1904	37.5
收养				
解除收养				
继承权	43	2.05	76	3.99
遗嘱	7	0.33	10	0.53
产权				
亲属关系	10	0.48	11	0.58
死亡	1	0.05		
房屋买卖	22	1.05		
遗赠抚养协议			1	0.05
委托书	106	5.06	133	6.99
赠与书	3	0.14	12	0.63
声明书	19	0.9	43	2.26
现场监督	23	1.09	15	0.79
签名印鉴属实				
副本等与原本相符	7	0.33		
宅基地使用权				
证据保全	440	21	432	22.7
拆迁协议	592	28.3	165	8.67
计划生育				
赡养协议	1	0.05	1	0.05
合伙协议				
夫妻财产协议	1	0.05	1	0.05
其他民事协议	155	7.4	556	29.2
其他	665	31.7	448	23.5

表4－3－4　公证工作情况(2008～2009年)

项目			2008	2009
公证处(个)			1	1
公证人员(人)			5	5
公证员(人)			5	5
公证员助理(人)				
办理公证文书(件)			4222	5599
国内公证文书分类(2008～2009年)				
分类	2008		2009	
	办证件数(件)	比重(%)	办证件数(件)	比重(%)
经济公证	2572	60.9	4320	77.2
购销				
联营				
拍卖				
贷款				
担保				
招标、投标				
技术合作				
供用电				
劳务合同				
建筑工程承包				
工商服务业承包				
农林牧副渔业承包				
乡镇企业承包				
财产租赁				
企业租赁				
资产经营协议				
还款协议	2448	95.2	4105	95
土地使用权出让、转让			1	0.02
其他经济合同	8	0.31	10	0.23
法人(代表人)资格			4	0.09
法人委托书	70	2.72	81	1.88

续表

分类	2008		2009	
	办证件数(件)	比重(%)	办证件数(件)	比重(%)
公司章程				
执行许可证明			55	1.27
提存				
抵押登记	2	0.08	2	0.05
公司会议记录				
其他	44	1.71	62	1.44
民事法律关系公证	1650	39.1	1279	22.8
收养			2	0.16
解除收养				
继承权	110	6.67	162	12.7
遗嘱	8	0.48	8	0.63
产权				
亲属关系	5	0.3	5	0.39
死亡				
房屋买卖				
遗赠抚养协议	1	0.06	2	0.16
委托书	105	6.36	223	17.4
赠与书	25	1.52	10	0.78
声明书	114	6.9	140	10.9
现场监督	16	0.97	12	0.94
签名印鉴属实	2	0.12	2	0.16
副本等与原本相符			4	0.31
宅基地使用权				
证据保全	305	18.5	168	13.1
拆迁协议	30	1.82	13	1.02
计划生育				
赡养协议	1	0.06	2	0.16
合伙协议			1	0.08
夫妻财产协议	1	0.06		
其他民事协议	339	20.5	442	34.6
其他	588	35.6	83	6.49

表 4－3－5　公证工作情况（2010～2011 年）

项目	2010	2011
公证处（个）	1	1
公证人员（人）	6	5
公证员（人）	6	5
公证员助理（人）		
办理公证文书（件）	6615	5291

国内公证文书分类（2010～2011 年）

分类	2010		2011	
	办证件数（件）	比重（%）	办证件数（件）	比重（%）
经济公证	4999	75.6	3740	70.7
购销				
联营				
拍卖	2	0.04	1	0.03
贷款			2	0.05
担保			1	0.03
招标、投标	1	0.02		
技术合作				
供用电				
劳务合同				
建筑工程承包				
工商服务业承包				
农林牧副渔业承包				
乡镇企业承包				
财产租赁				
企业租赁				
资产经营协议				
还款协议	4560	91.2	3559	95.2
土地使用权出让、转让				
其他经济合同	67	1.34	25	0.67
法人（代表人）资格	3	0.06	7	0.19
法人委托书	108	2.16	77	2.06

续表

分类	2010		2011	
	办证件数(件)	比重(%)	办证件数(件)	比重(%)
公司章程	1	0.02	3	0.08
执行许可证明	19	0.38	26	0.7
提存				
抵押登记	3	0.06	4	0.1
公司会议记录				
其他	235	4.7	35	0.94
民事法律关系公证	1616	24.4	1551	29.3
收养				
解除收养				
继承权	220	13.6	300	19.3
遗嘱	10	0.62	15	0.97
产权				
亲属关系	10	0.62	5	0.32
死亡				
房屋买卖				
遗赠抚养协议	1	0.62	382	24.6
委托书	340	21	19	1.23
赠与书	10	0.62	227	14.6
声明书	233	14.4	3	0.19
现场监督	16	0.99	2	0.13
签名印鉴属实	3	0.19	3	0.19
副本等与原本相符	11	0.68	11	0.7
宅基地使用权			112	7.22
证据保全	228	14.1	228	14.7
拆迁协议				
计划生育				
赡养协议				
合伙协议			2	0.13
夫妻财产协议				
其他民事协议	327	20.2	172	11.09
其他	207	12.8	70	4.51

表 4－3－6　公证工作情况(2012～2013 年)

项目			2012	2013
公证处(个)			1	1
公证人员(人)			5	5
公证员(人)			5	5
公证员助理(人)				
办理公证文书(件)			5661	5115
国内公证文书分类(2012～2013 年)				
分类	2012		2013	
	办证件数(件)	比重(%)	办证件数(件)	比重(%)
经济公证	4093	72.3	3902	76.3
购销				
联营				
拍卖				
贷款	22	0.54	10	0.26
担保	16	0.39	30	0.77
招标、投标				
技术合作				
供用电				
劳务合同	163	3.98	140	3.59
建筑工程承包				
工商服务业承包				
农林牧副渔业承包				
乡镇企业承包				
财产租赁				
企业租赁				
资产经营协议				
还款协议	2988	73	3148	80.7
土地使用权出让、转让				
其他经济合同	531	12.9	211	5.4
法人(代表人)资格	25	0.61		
法人委托书	342	8.36		

续表

分类	2012		2013	
	办证件数(件)	比重(%)	办证件数(件)	比重(%)
公司章程				
执行许可证明			35	0.9
提存				
抵押登记	6	0.15	1	0.03
公司会议记录				
其他			327	8.38
民事法律关系公证	1568	27.7	1213	23.7
收养				
解除收养				
继承权	330	21	300	24.7
遗嘱	17	1.08	18	1.48
产权				
亲属关系	58	3.7	58	4.78
死亡	1	0.06	1	0.82
房屋买卖				
遗赠抚养协议			2	0.16
委托书	562	35.8	415	34.2
赠与书	5	0.32	30	2.47
声明书	25	1.59	300	24.7
现场监督				
签名印鉴属实	3	0.19	20	1.65
副本等与原本相符			10	0.82
宅基地使用权				
证据保全	58	3.7	46	3.79
拆迁协议				
计划生育				
赡养协议				
合伙协议				
夫妻财产协议				
其他民事协议				
其他	509	32.5	13	1.07

表 4－3－7　公证工作情况(2014～2015 年)

项目			2014	2015
公证处(个)			1	1
公证人员(人)			4	5
公证员(人)			4	5
公证员助理(人)				
办理公证文书(件)			4318	4359
国内公证文书分类(2014～2015 年)				
分类	2014		2015	
	办证件数(件)	比重(%)	办证件数(件)	比重(%)
经济公证	2620	60.7	2487	57.1
购销				
联营				
拍卖				
贷款	1	0.04	12	0.48
担保	6	0.23	1	0.04
招标、投标				
技术合作				
供用电				
劳务合同	35	1.34	81	3.26
建筑工程承包				
工商服务业承包				
农林牧副渔业承包				
乡镇企业承包				
财产租赁				
企业租赁				
资产经营协议				
还款协议	2500	95.4	2035	81.8
土地使用权出让、转让				
其他经济合同				
法人(代表人)资格				
法人委托书	15	0.57	3	0.12

续表

分类	2014		2015	
	办证件数(件)	比重(%)	办证件数(件)	比重(%)
公司章程				
执行许可证明	18	0.69	271	10.9
提存				
抵押登记	18	0.69	18	0.72
公司会议记录				
其他	27	1.03	66	2.65
民事法律关系公证	1698	39.3	1872	42.9
收养				
解除收养				
继承权	750	44.1	750	40
遗嘱	2	0.12	48	2.56
产权				
亲属关系	50	2.94	50	2.67
死亡			1	0.05
房屋买卖			3	0.16
遗赠抚养协议	7	0.41		
委托书	350	20.6	647	34.6
赠与书	15	0.88	9	0.48
声明书	400	23.6	17	0.9
现场监督				
签名印鉴属实				
副本等与原本相符				
宅基地使用权				
证据保全	17	1	47	2.51
拆迁协议				
计划生育				
赡养协议				
合伙协议				
夫妻财产协议				
其他民事协议	7	0.41		
其他	100	5.89	300	16.02

(四)法律援助工作

如皋市司法局积极探索法律援助工作新途径,强势推进法律援助工作,为社会弱势群体能打得起官司展开有益的尝试。

如皋市法律援助中心自1999年11月成立以来,全力履行服务社会弱势群体的职责,共办理各类法律援助案件八百余件,为群众避免和挽回经济损失五十万六千元;成立了全省第一家农民工维权工作站,为农民工追要拖欠工资和工伤补贴100余万元。今年以来,对照“让社会弱势群体打得起官司”的工作需要,该市司法行政部门从6个方面继续推进法律援助工作:强化党委政府法律援助工作的责任意识,将法律援助工作列入年度为民办实事工程,将《条例》的贯彻落实情况列入人大、政协每年的执法检查或专题审议计划中;明确法律援助机构性质,争取将市法律援助中心明确为全额拨款事业单位,设置不少于4人的事业编制;政府加大法律援助经费投入,提高法律援助的办案补贴标准——每年核定法律援助经费预算时不仅要考虑办案的成本开支,还应体现适当的劳动报酬;根据标准化创建要求,给法律援助中心配备面积宽敞、位置临街、方便群众寻找的办公场所,配置功能齐全的办公设备,办公面积达600平方米以上;加强与相关部门的沟通协调,深化与公检法等部门的合作,加强与财政、妇联、工会、劳动社会保障部门的协调,明确职责,为法律援助提供快捷优质的服务;加强调研,创新思维,积极探索法律援助工作新领域、新思路,为构建和谐如皋、建设平安如皋做出积极贡献。

实施援弱导航行动,在彰显公平正义中提升民生幸福指数。深化法律原则便民服务,规范镇、村法律援助站(点)建设,构建“半小时法律援助圈”;开展“法律援助乡村行”,选聘村居主任或大学生村干部担任法律援助联络员;实施“情暖夕阳红”工程,加大老年人维权力度;开展“法律援助星火计划”,培育法律援助志愿服务队伍。

积极构建法律维权网络体系,打造以“唱响一首歌,建设两支队伍,确立三种理念,弘扬四种文化,实施八步工作法”(唱响一首歌:《如皋法律援助之歌》;建设两支队伍:加强法律援助队伍职业化建设和志愿者队伍建设;确立宣传是先导,办案是根本,质量是生命三种理念;四种文化:物质文化、制度文化、行为文化和精神文化;“八步工作法”:接待、受理、审查、立案、办案、监督、结案、回访)为主要内容的法律援助“12348”品牌,广泛传唱《如皋法律援助之歌》,启动“法律援助镇村行”活动,着力拓展法律援助覆盖面,法律援助办案数由2006年的136件增加到2011年的1536件,6年增长了11倍多,受援群众达万余人。该市法律援助中心获评全省首批法律援助示范窗口,并申报全国先进集体;法律援助“12348”品牌被市委市政府评为“十一五”期间“十佳优秀服务品牌”。

加强窗口建设,为受援人提供便捷优质的服务,是践行科学发展观的具体行动。2007年底,如皋市将法律援助作为关爱民生、提升司法行政形象的民心工程,提出“南通夺第一,全省争一流,国家创品牌”的工作目标。几年来,如皋以加强法律援助窗口建设为抓手,不断完善和创新便民举措,努力提升服务能力和水平,将法律援助中心打造成为广大群众心中的温馨、便民、文明、效能、爱心五大“窗口”。

(1)以完善服务功能为关键点，建设“温馨窗口”。2008年4月，如皋市投资二十余万元改扩建240平方米的法律援助中心。设有接待大厅、受理室、咨询室、调解室、档案室、微机房等，功能齐全、布局科学。醒目的标识、匾牌，闪亮的电子公示屏幕，在走道墙精心布置了法律援助宣传画和书画作品。在接待大厅，微笑热情的服务、礼貌规范的接待、专业熟练的解答，为来访群众创造了温暖、和谐、舒适的环境。

(2)以服务方便群众为着力点，建设“便民窗口”。在接待大厅两侧墙上分别张贴工作人员、值班律师公示栏和法律援助工作流程，设置电子显示屏，滚动播出法律援助条件、范围、经济困难标准等。此外，从每一个细节都体现出法律援助便民意识——开设无障碍通道和残疾人卫生间，安置座椅、报架和饮水机，配备供来访人员查询法律法规信息的电脑，设有便民服务架，摆放法律援助申请表、宣传资料和纸笔、雨伞、气筒、老花镜等便民用具，药箱里备有救心丸等应急药品。

(3)以加强队伍建设为切入点，建设“文明窗口”。近年来，推行“5名律师+3名公务员”工作模式，加强法律援助队伍专业化建设，每周星期一至星期五5个工作日时，保证有1名公务员和2名律师共3人在中心负责值班接待。同时，强化制度保障，制定出台了《法律援助业务办理程序规则》、质量检查办法、办案补贴发放办法等系列规章制度，要求中心全体人员将“严谨规范、文明友善、学习互助、乐观向上”的行为文化“内化于心、外践于行”，做到微笑热情的举止、礼貌规范的接待、专业熟练的解答、文明高效的服务。

(4)以提高服务能力为支撑点，建设“效能窗口”。通过流程重组、节点控制，总结完善如皋法律援助的“八步工作法”：第一步接待，首接负责、热情周到；第二步受理，一次告知，规范填写；第三步审查，材料齐全、即时登录；第四步立案，及时审批、指派合理；第五步办案，依法办理、尽心履职；第六步监督，加强监控、提升质量；第七步结案，按期结案、及时归档；第八步回访，巩固回访、确保满意。“八步工作法”让工作人员知道在每一个环节做什么、怎么做和达到什么标准，有效提高法律援助专业水平和职业层次，确保受援人满意。

(5)以关心困难群众为立足点，建设“爱心窗口”。积极引导法律援助工作者，确立“心怀仁爱，以人为本，担当责任，守护公平”理念，以受援人为本，在受援人“最急”上抓落实、“最怨”上促整改、“最盼”上动脑筋，努力实现“无偿服务零收费、优质服务零投诉、贴近服务零距离”。去年初，中心设立“爱心簿”，成立“爱心基金”，用于资助贫困受援人吃饭、坐车等。

表4-3-8 2006~2015年法律援助工作概况

项目	单位	2006	2007	2008	2009	2010	2011	2012	2013	2014	2015
一、法律援助机构	个	1	1	1	1	1	1	1	1	1	1
二、工作人员	人	4	4	5	6	7	7	6	6	8	8
其中：法律专业	人	3	3	4	4	5	5	5	4	4	4
三：受理案件	件	136	327	826	1331	1597	1601	1701	1676	1450	1598
其中：民事法律援助	件	123	312	814	1315	1560	1579	1669	1510	1263	1414
刑事法律援助	件	13	15	12	16	19	22	32	166	187	184
行政法律援助	件	0	0	0	0	0	0	0	0	0	0
咨询法律援助	件	97	113	1961	6414	9243	10, 282	16, 563	13, 251	9712	12, 632
四、受援人	人										
其中：残疾人	人	17	43	107	173	208	212	225	217	185	208
老年人	人	68	16	41	66	86	89	93	91	74	82
未成年人	人	19	23	25	28	32	34	37	62	76	85
农民工	人	108	262	661	1065	1278	1305	1385	1343	1145	1279
妇女	人	20	49	124	201	242	258	267	261	224	243
一般贫困者	人	11	16	66	104	128	132	145	137	116	124
五、法律援助经费	万元	10	10	10	50	50	60	60	60	50	50
其中：财政拨款	万元	10	10	10	10	10	20	20	20	10	10

四、特殊人群管理

(一)工作机制建设

安置帮教由市安置帮教工作领导小组办公室负责日常工作,由分管局长担任办公室主任。社区矫正由社区矫正工作领导小组办公室负责日常工作,由分管局长担任办公室主任。司法所负责辖区内安置帮教和社区矫正的日常工作,按1∶50的比例配备安置帮教专职社工,按1∶15的比例配备社区矫正专职社工。2012年以前,由基层科行使其职能。自2012年5月,经皋编〔2012〕52号批复,设立社区矫正工作科,承担市社区矫正工作领导小组和市安置帮教工作领导小组的日常工作。社区矫正工作科设科长(兼大队长)1名、教导员1名(正股级),副科长1名。目前安置帮教对象2869人(监所回归1369人,社区矫正1500人),社区矫正对象478人。

如皋市司法局推进"规范化"特殊人群服务管理体系建设。建立需求互动的教育矫正模式,落实适应性帮扶措施,完善特殊人群的衔接管理工作;明确"1+1+1+N"的矫正和帮教组织模式,构建"中心加基地"的"1+1"布局,推行社区矫正执法人员、专业社工与社区服刑及刑满释放人员结对管控帮扶,总结提炼教育服务、扶业扶技、心理矫治等方法和经验;配备刑罚执行矫务通和执法记录仪等执法装备,建立网上工作巡查机制,提升信息化应用水平。

(二)社区矫正规范化运作

社区矫正的主要工作依据:《社区矫正实施办法》(2012年)、《江苏省社区矫正工作条例》(2014年)、《江苏省社区矫正工作流程》(2012年)、《江苏省社区服刑人员监督管理办法》(2012年)、《江苏省社区服刑人员教育矫正办法》(2012年)。

社区矫正主要设以下功能室:干警办公室、社工办公室、报到接待室、入矫宣告室、训诫谈话室、集中教育室、心理咨询室、图书阅览室。

社区矫正机构主要履行下列职责:开展适用社区矫正的调查评估;办理接收和解除社区矫正手续;组织和实施对社区服刑人员的监督管理;组织和协调对社区服刑人员的教育矫正;组织和协调对社区服刑人员的社会适应性帮扶。

县(市、区)司法局社区矫正刑罚执行权力共17项:适用前调查评估;报到登记;管理等级审批;管理等级调整审批;外出请假审批;居住地变更审批;进入特定场所审批;会客审批;保外就医罪犯参加社会活动审批;社区服务审批;表扬审批;减刑建议;警告审批;治安管理处罚建议;提出撤销缓刑、收监执行建议;对暂予监外执行罪犯收监执行建议;社区服刑人员处境报备。司法所社区矫正刑罚执行权力共12项:适用前调查评估;对社区服刑人员接受监督管理、参加教育学习和社区服务等情况进行考核;等级管理;外出请假审批;居住地变更审核;月度考核;禁止进入场所审核;会客审核;保外就医罪犯参加社会活动审核;社区服务审核;提请警告;对暂予监外执行罪犯收监执行审核。

(三)社区服刑人员管理

1. 基本做法

对社区服刑人员严格实行等级管理:严管、普管、宽管。入矫宣告后的前三个月一律实行严管;受警告处分的,管理等级立即上调为严管。从严审批宽管。

对社区服刑人员的管理严格落实“四统一”(全市统一):每周电话汇报时间统一为每周的星期五;每月书面汇报时间统一为每月的 10 日、25 日;每月集中教育时间统一为每月的 10 日、25 日;每月社区服务时间统一为每月的 15 日、28 日。如遇节假日,则顺延至上班第一天。

严管类社区服刑人员,每周电话报告一次、每月书面报告两次;普管类社区服刑人员,每周电话报告一次、每月书面报告一次;宽管类社区服刑人员,每两周电话报告一次、每月书面报告一次。

定期走访社区服刑人员家庭、所在单位和居住的社区。对严管类社区服刑人员,每月走访两次;对普管类社区服刑人员,每月走访一次;对宽管类社区服刑人员,每一个半月走访一次。

加强对社区服刑人员的定位核查,目前全市在册社区服刑人员全部实行手机定位,前期使用的是电信定位业务,目前使用的是移动定位业务。

实施扬帆启航行动,在强化特殊人群管控中创新社会管理。通过科学化、规范化管理,引导特殊人群向正常人转变;认真学习《社区矫正实施办法》,提升执法规范化水平。将有暴力犯罪前科、重新犯罪风险较高、监管难度较大的高危人员及“顽危犯”“三无三假”等人员纳入重点监控,健全研判、防控、排查、应急处置和责任追究等机制。

2. 构建社区服刑人员虚拟管理服务新机制

如皋市不断推进社区服刑人员管理服务机制创新,通过开发“电子围栏”定位管理软件,建立飞信跟踪反馈系统,开通官方微博服务平台,依托 QQ 号组建单线对话网络,构建社区服刑人员“四位一体”虚拟管理服务新机制,不断提高社区服刑人员管理服务水平。

(1)精确定位。开发“电子围栏”系统。如皋在特殊人群管理软件平台上,嵌入“电子围栏”定位系统,即在软件系统地图上标记活动范围,生成“电子围栏”,将风险评估为严管等级及外出请假的两类社区服刑人员,以定位电话的形式限定在标记的“电子围栏”内,精确度设定为 50 米,同时,将定位电话与矫正工作者电话进行绑定,实行“捆绑式”监督。一旦社区服刑人员越界,社区服刑人员、矫正工作者手机,“电子围栏”系统将同时发出报警信息。对无意或短时间离开限定区域的,及时进行提醒、教育;对故意、多次离开限定区域不予改正的,依照《江苏省社区矫正对象考核奖惩办法》进行处置。截至目前,该市已办理社区服刑人员定位电话 119 人,收到越界报警信息 17 条,对 2 名违规离开限定区域的社区服刑人员进行了处分。

(2)跟踪到位。建立飞信反馈系统。如皋市司法局将全市在册的社区服刑人员手机号码全部纳入该局飞信平台,重点对办理定位电话的 119 名社区服刑人员进行跟踪反馈。对办理定位电话的社区服刑人员,每天随机抽取 20 ~ 30 名社区服刑人员进行群发短信,内容一般为问题式反馈信息,要求进行回复,确保定位手机不弃之他用或关机不用，以此做到实时跟踪、及时反馈，确保不脱、漏管。对全市20个镇（区、园）参加公益劳动的社区服刑人员依序发送提醒短信，于月初群发月度思想汇报和周电话汇报提醒短信，以固定的发送时间提醒社区服刑人员安排好自己的生产生活，督促社区服刑人员服从监督管理规定。以短信形式分类向不同类别的社区服刑人员发送管理规定、法律知识、就业信息。对重点对象发送警示提醒、管理规定信息，强化其服刑意识，对一般对象发送法律宣传知识，强化其改造意识，对帮困对象则发送帮扶信息，强化其社会意识。

（3）服务全方位。开通官方微博平台。依托腾讯微博平台，如皋市司法局开通了官方微博，利用微博优势服务社区服刑人员。社区服刑人员有需求可通过司法局官方微博进行对话、咨询，或申请通过QQ、电话与矫正工作者聊天通话。市司法局以便利的网络服务，最大限度地降低社区服刑人员"面对面的本能提防"心态，促进其敞开心扉表达诉求。微博平台的即时提示、即时回复功能使社区服刑人员、矫正工作者之间的对话进入"秒时代"，可以实现社区服刑人员的问题瞬时答复，在最短的时间内帮助社区服刑人员答疑解惑，走出认识误区。微博信息发出后，尤其是一个法律问题、监管问题提出后，可即时放大并得到多方回复，特别是同级司法行政博友提供的专业回答，为社区服刑人员反馈的问题提供了更科学的解决之道。当前，"雉水寿司"微博已发送信息197条，吸引访客21万余人，发送社区服刑人员管理服务、工作、就业信息71条，答复社区服刑人员、社会公众相关咨询44条。

（4）联系对位化。组建QQ单线网络平台。该市司法局依托QQ平台，建立了司法行政QQ群，以社矫办人员、司法所长、专业社工等为成员。同时，各镇（区）司法所开通司法所长QQ账号，添加社区服刑人员QQ联系人小组，将有QQ号的社区服刑人员加入其中。这样，既方便了社区矫正工作短信息即时交流发布，实现了司法所长QQ账号实时同社区服刑人员单线联系教育，又避免了社区服刑人员网上交叉。如皋市司法局依托QQ群、QQ分组发布信息、进行单线沟通，形成了"上面一条线、下面千根针"的社区矫正虚拟管理服务新机制。当前，该市司法行政QQ群已吸纳司法所长、专业社工等64人加入，20个镇（区、园）司法所QQ也全部组建了社区服刑人员分组，将207名社区服刑人员QQ号加入了各司法所QQ号联系人分组，已发布QQ信息数万条。

（四）刑释人员衔接管理

如皋市司法局以"零犯罪"为第一目标，开展动态风险评估、创新虚拟管理服务、搭建教育帮扶载体，不断拓展特殊人群管理服务领域。他们积极开展对社区服刑人员审前、入矫、请假、续假、解矫的全程动态风险评估，量化重点人员风险因素；实行"百名重点对象千名信息员"制度，拿出10万元经费建立起人防管控网，先后有多名社区服刑人员为公安机关提供破案线索和教育转化其他社区服刑人员。投资150万元建成了社区矫正网上执法平台和矫正执法警务通，市、镇两级系统做到了实时定位监管、信息查询、越界信息处理、走访登记录入、信息交互、点到考核的"六个实时监控"，实现由日常8小时监管向全天候24小时管控的延伸。积极探索以“扶心、扶困、扶技、扶业、扶学、促转变”为内容的“五扶一促”新内涵,在规模企业建立启航之家ARC快捷安置通道(Assistant Rapid Channel)。由司法局牵头协调,组织有用工需求的规模企业深入监狱,对接全省在押的如皋籍罪犯前置就业技能培训,帮助他们在出狱前预订工作,实现“出了监狱门、成了企业人”,搭建刑释解教人员就业扶助、社会保障部门联动平台,最大限度地促进刑释解教人员有业可就。目前,全市共有在册社区服刑人员609人,5年刑释教育人员1211人,未发生一起脱管漏管和重新犯罪。该市创新特殊人群虚拟管理做法被司法部简报录用,“矫正执法警务通”在南通推广,全省刑释解教人员刑释解教前就业培训推介和安置帮教一体化工作在该市启动。

刑释人员的衔接管理全面落实刑“无缝衔接”要求,对刑释人员的衔接,一是网上衔接;二是书面衔接;三是接送衔接。

网上衔接主要指刑释人员信息对接工作。一是外网的人员核实,主要依托司法部刑满释放人员信息管理系统。县(市、区)安置帮教工作机构和司法所在3个工作日内,对监(狱)(看守)所录入的信息进行核实反馈,如发现服刑人员信息有误的,应向监所通知反馈核查情况,遇有“三假”人员(假姓名、假住址、持假身份证)等特殊情形的,可延长至7个工作日,目前核查率达100%。二是外网的衔接。司法所通过信息管理系统及时查看、下载辖区内刑释人员名单,制定衔接方案,并于3个工作日内录入衔接人员、日期和司法所联系电话等相关信息,并向监所发送衔接回执。全市预释放人员衔接回执发送率达100%。

书面衔接主要根据监所寄送的出监鉴定、服刑人员出监综合评估报告,《刑满释放人员预报通知书》及其他相关法律文书材料,由安置帮教机构通知司法所,由司法所进行处置。对一般人员,由司法所通知其所在村(社区)或其家庭,并告知其预释放时间和监所地址,由其家人到监所将其接回。对重点人员,由司法所向镇(区)分管领导汇报,由镇(区)派人将其接回,其费用由镇(区)负责,必要时,所在村(社区)或其家庭成员可以随同。

接送衔接,进一步落实“必接必送”要求。“必接”对象主要指:有明显重新违法犯罪倾向的;“三无”人员;涉黑、涉毒、涉枪的;邪教类犯罪人员;刑释时未满18周岁的;犯危害国家安全罪的,由其户籍所在地司法所组织相关人员接回,参与接回的人员一般包括司法所工作人员、村(居)委会工作人员和刑释人员亲属,必要时可联系协调镇(街道)人民政府(办事处)工作人员和当地公安派出所民警等有关部门人员参与。目前市重点帮教对象政府接回率100%。其余人员由其家人接回。

妥善处置“刑释难”问题,做好刑释人员特别是存有“释放难”问题人员的释后过渡安置工作,对涉及落户、社保、就医、就学难等问题,协调相关部门落实人口管理、社会保障、帮扶帮教和就业安置措施,将符合条件的刑释人员纳入城乡居民最低生活保障范围,并协调卫生管理部门做好易肇事肇祸精神疾病、艾滋病及病毒感染者刑释人员的救治和管理。对刑释人员与监所之间存有执法争议和纠纷的,地方安置帮教工作机构及司法所与监所之间应加强沟通协同，依托矛盾调处机制积极做好调解工作，必要时提请协助调解，调解不成的，引导双方通过法律途径解决。

表 4-3-9 附刑释帮教人员安置帮教工作情况

刑释帮教人员安置帮教工作情况（2005～2015 年）												
项目	单位	2005	2006	2007	2008	2009	2010	2011	2012	2013	2014	2015
一、工作机构	个	25	25	25	25	21	21	21	21	15	15	15
二、从事安置帮教人员	人	27	27	27	27	23	23	23	23	17	17	17
三、创办安置实体	个	0	0	0	0	0	0	0	0	0	0	0
四、刑释解教人员	人	240	204	191	145	181	112	205	205	269	298	422
五、安置刑释解教人员	人	240	204	191	145	181	112	205	205	269	298	422
六、帮教刑释解教人员	人	240	204	191	145	181	112	205	205	269	298	422
七、重新犯罪人数	人	1	0	0	0	0	0	1	0	0	2	1
重新犯罪率	%	0.4						0.48			0.67	0.23

五、法治文化建设

（一）法治理念教育

1982 年 12 月 10 日，如皋市司法局编写法制广播讲稿二十多篇，印制法制宣传材料 6 种九百多份发放给广大群众，在如城镇丰乐桥开辟了全省第一个固定的法制宣传栏宣传法律。1983 年 7 月 14 日，市司法局积极配合党委宣传部门，运用各种形式开展法制宣传活动。编印各种法制宣传材料 15,200 份，发至区、乡、村及各机关、学校、工厂，并向群众宣讲。举行各种报告会 27 场次，受教育人数达一万三千多人。为配合学校法制教育，召开了中学政治教师座谈会，商讨对青少年的法制教育问题。在如城镇、石庄镇、吴窑乡、长庄乡等开展“法制宣传日”活动，播放了法律知识问答的录音，接待来访群众三百五十多人，解答相关房产、婚姻、财产继承等法律咨询 340 人次。1984 年 11 月 16 日如皋市司法局在县有线广播节目中，增加了“法制讲座”的内容，主要是宣传法律基本常识、《宪法》《刑法》《婚姻法》等。近年来，共编印宣传材料 10 期 35,000 份，法制宣传栏刊出 9 期，刊出照片 384 幅，举办各种法制报告会 46 场次，受教育人数

27,000人。

1996年“三五”普法开始启动,重点普法对象新增了企业经营管理人员。1997年如皋县组建了由52个专业法的主管部门59人参加的市“三五”普法讲师团,组织开展送法下乡活动,分别为16个乡镇群众宣讲有关法律法规34场次,受教育人数达12.7万人;举办了市乡机关普法骨干训练班,参训人员120人。加强对青少年特别是在校学生的法制教育,开设青少年模拟法庭,并组织人员到市看守所,给在押犯人、被告人宣传新刑法和治安管理处罚条例,并举办了全市性的法律知识竞赛活动,有力地推动了“三五”普法和依法治理工作的深入开展。

2001年1月28日,如皋市召开司法行政工作会议,传达省、南通市司法行政工作会议精神,研究确定21世纪初及2001年司法行政工作思路,要以启动新一轮依法治市“四五”普法依法治市为重点,全面推动司法行政工作再上新台阶。

2002年1月31日,根据如皋市十三届人民代表大会第五次会议通过的《政府工作报告》,如皋市政府经常务会议通过,正式将“四五”普法工作列入2002年度市政府主要工作目标责任制督查考核的项目。2006年,为有效实施“五五”普法工程,市委、市政府率先建立了权威、高效、精干的法制宣传教育工作领导小组及其办公室,形成了运作有力的工作平台,建立了以“一个活动方案、三个核心文件、六项工作制度”为主要内容的普法教育工作机制,明确了普法成员单位的职责职能,普法工作有计划、有目标、有保障地进行。

近几年,各普法成员单位按照市法制宣传教育工作领导小组议事规则、市法制宣传教育工作领导小组成员单位职责、市法制宣传教育工作领导小组办公室职责、如皋市2006~2010年法制宣传教育工作目标责任制分解表和考核办法、“五五”普法联络员工作规则、法制宣传教育工作报备制度等六项工作制度,围绕各自职能,积极落实法制宣传责任。小组成员组织实施了普法队伍“百千万工程”,即在全市组建百个普法讲师团、千名普法辅导员、万名普法志愿者;21个镇(区)依托司法所建立了法制宣传教育工作辅导站;348个村(居)建立了法制学校;市级机关七十多部门按职能划分六个活动小组,由各牵头部门整合资源、统筹协调各涉法主管部门开展形式多样的普法活动,充分调动了社会各界参与普法的积极性和创造性,全市形成了市委统一领导、人大加强监督、法宣办主动协调、职能部门齐心共抓、司法行政奋发有为、全社会积极参与的“大普法”良好格局。

(二)输出法治文化产品

如皋司法局开设“小司普法”话题品牌,发布法治名言、法治故事、法律小知识、经典案例、法律漫画等内容,传播法治正能量,增强普法渗透力。开通“雉水寿司”官方微博,普法宣传资料全部加印二维码。如皋普法官方微博已吸引粉丝40万余个,发布“微普法”讯息两千多条,网上解答咨询、指引群众办理涉法事务1万余件。市公安局自编自演的《如皋交警style》等交通普法系列微电影,央视新闻频道“24小时”栏目、省卫视进行了专题报道,相关做法被司法部、省政法委简报推广,《妈妈再爱我一次》

获第十届全国法治微电影作品二等奖。创新推进的公民法治驿站,将普法工作根植基层,为基层群众提供矛盾化解、法治宣传、法律服务、法律援助等服务。

2011 年 4 月 8 日,如皋市借助“爱心邮路”的品牌效应,在市安定法治文化广场启动实施了“普法邮路通万家”工程,将图文并茂、通俗易懂的普法邮品随同报刊一起免费寄送到千企万户。“普法邮路通万家”工程由如皋市法宣办、市司法局、市邮政局联合组织,活动主题为:爱心与普法同行。借力全国文明新风典型——如皋“爱心邮路”,通过普法与邮路“三结对”(市司法局与市邮政局、镇司法所与邮政支局、邮路与法治驿站分别对接),凸显“三个深入”(让法制宣传深入乡村、深入企业、深入百姓)。通过邮路送法进百村、千企、万户,弘扬社会主义法治理念,提高广大群众的法治意识和法律素质,同时通过邮路收集社情民意,了解群众需求,增强普法的针对性和实效性,知民情、解民忧,服务民生,构建和谐。

每期邮品由普法成员单位提供宣传内容、司法局精心设计制作、爱心邮路免费发送,群众对法制宣传的建议、法律需求的回执,实行免费回邮,在不增加群众负担的前提下,传播法律知识、传递法律需求,既宣传法律又服务群众,开启了“六五”普法新篇章。截至目前,共印制投递 14 期普法邮品,发放法制宣传资料 18 万份,收到回执六百余份,其中提出普法建议四十余条,化解矛盾纠纷 23 起,《人民日报》、新华社等主流媒体对“普法邮路”进行了宣传报道。

“普法邮路通万家”工程的实施,进一步放大了“爱心邮路”品牌效应,整合了优质普法资源,打造了如皋“六五”普法新品牌,为了解民情服务民生、强化社会管理创新提供了新平台,交融汇集的“爱心邮路”与“普法邮路”,必将成为一条条密切党群血肉联系、帮政府解忧、为党旗添彩的“连心路”,成为服务“三农”、建设社会主义新农村的“致富路”,成为积极构建社会主义和谐社会的“和谐路”。

(三)法治阵地建设

2009 年下半年以来,如皋市立足加强和创新社会管理,创造性地推行“公民法治驿站”工程,较好地发挥了公民依法自我服务、自我管理、自我维权的作用,初步探索了一条动员和组织人民群众自愿投身法治建设、积极参与社会管理的新路子。新华社、《法制日报》等多家主流媒体进行了深度报道。截至目前,全市建成运行 358 个驿站,辅导近 5 万人次学法,接受近 4 万人次法律咨询,有效化解矛盾纷争 2120 起,提供涉法服务 3261 件 18,640 余人次,其中帮助申请司法救助 35 件 16.8 万元,有力地推动了公民学法、用法、守法。

如皋市创新实施的公民法治驿站工程,契合了“公众参与”社会管理创新要求,夯实了基层基础,发挥了公民法治主体作用,加速了区域法治化进程;公民法治驿站的首创性和原创性经验,得到了各级领导的充分肯定,被评为江苏省政法工作创新奖二等奖、南通市政法工作创新奖一等奖,并在全省推广;公民法治驿站立足于发挥公民依法自我服务、自我管理、自我维权的作用,动员引导人民群众参与法治创建,得到人民群众的充分肯定和普遍欢迎。

现如今,法治驿站已成为依法化解纷争的阵地。公民法治驿站把工作重心放在依法参与社会管理,积极参与纷争化解,推进社会和谐稳定等方面。开发区卫生服务驿站,建站1年来所属5个医疗单位成功化解医患纷争26起。郭南法治驿站,从解决本村邻里矛盾入手,集中有效化解了6个历史性的邻里纷争,使全村的风气有较大好转。桂芳法治驿站,在调处一起当事人受"土律师"唆使,无理赴省进京上访事件,途中发生交通事故,调处人骨折。她坚持讲法理、说情理,带伤化解了一起"信访老户"问题。白蒲镇把公民法治驿站建到重点工程搬迁现场,依法化解行政纷争,实现了搬迁零上访。两年来,市公民法治驿站共化解各类纷争近三万个,矛盾纯化率达到90%以上。

同时,法治驿站已成为维护公平正义的平台。公民法治驿站是依法维护人民群众合法权益的桥梁和纽带,他们借助法治专业人才库力量,充分运用所开辟的"双向绿色通道",积极履行传递法治需求、代理涉法事宜、维护公平正义的职能。两年来,驿站帮助公民沟通联系行政部门两千多个事项,联系办理公证业务一百三十余起;协助司法机关诉讼和解四百余起,配合执行案件48件;提供涉法服务2166件,其中民事案件1938件、刑事案件101件、行政案件46件,代理涉法案件81件,沟通协调落实司法救助26件12.4万元,维护了人民群众的合法权益和法律尊严,初步形成了遇事找驿站、维权靠法律的良好局面。

六、基层民主法治

2015年4月,如皋白蒲镇朱家桥村获得"全国民主法治示范村(社区)"荣誉称号,成为继搬经镇芦界村之后该市第二个跻身"全国民主法治示范村"的村(社区)。截至目前,全市348个村(社区)中100%建成如皋市级民主法治示范村(社区),97.69%村(社区)建成南通级民主法治示范村(社区),27.95%村(社区)建成省级以上民主法治示范村(社区)。

近年来,如皋以创建民主法治示范村(社区)为载体,以提升群众对法治建设满意度为总目标,基层民主法治建设取得明显成效。强化法治文化阵地建设,村民法律素质明显提高。实施法治文化建设"五个一"工程,每年组织"法惠民生"百场文艺演出走进全市347个村居,"法治创和谐文艺巡演调演"已经举办8届。乡镇村居法治文化阵地特色分明,如皋在全市各镇、村建立法治文化公园(广场)41个,在国道、省道、市级公路交通过境道口,兴建法治文化园16个,在全市134个"村村通"公交站点,统一布置各类法治宣传漫画。不同风格的法治文化阵地,让群众近距离领略法治文化、感受法治精神,广大村民的法律意识和法治观念得到了普遍的提高。推进法治建设载体建设,村务管理规范有序。全面推行"一村一法律顾问"制度,纳入政府为民办实事项目,律师、基层法律工作者全面参与基层社会治理,通过修改完善村规民约、出具法律意见书、办理法律援助案件、参与法律咨询、直接参与矛盾纠纷调处、举办法治讲座等方式,培养村级法治宣传骨干和"法律明白人",满足基层法律服务需求,推动"四民主、两公开"落实,提高农村"当家人"的法律意识和依法管理村级事务的能力和水平。开展系列法治宣传活动,促进社会和谐稳定。借助全国爱心典型"爱心邮路",实施

"普法邮路通万家工程",普法邮路共推出 41 期普法邮品,发放法治宣传资料 45 万份。通过法律"三送"(即送法下基层、送法进乡村、送法进庙会)、乡村法治文化艺术节、农民工学法活动周、"法惠民生"百场文艺演出等多形式多平台开展农村普法,利用各类专业宣传团体和民间文艺演出队伍等社会力量,从老百姓最关心的问题入手,打造"草根普法"品牌,通过鲜活的案例和群众身边的事例开展法治宣传,引导群众运用法律解决生活中的实际问题。

基层民主政治建设取得新推进,依法治理步伐加快。近年来,通过动员人民群众积极参与,大力推进基层民主政治建设。在城镇社区,注重理顺政府与群众自治组织的关系,变政府对自治组织的领导为指导、帮助和服务,保障居民对社区事务的知情权、决定权;在农村,实行"民主议事"制度,全面推进村务公开。建立了 320 个民主法治示范村,有力地推动了全市农村基层民主法治村的创建工作;在工厂,发挥工人阶级主人翁作用,推进企业民主管理,加快产业结构调整和建设现代企业制度的步伐;在学校,规范人民群众反映强烈的收费行为,维护教职员工和学生的合法权益。同时,开辟"市民热线",实施"市长接待日"制度,设立政府网站市长信箱,聘请了 35 名市民代表参与决策活动,倾听群众的呼声,解决群众的困难,有序参与管理经济、社会事务,逐步推进基层民主政治。

七、干部队伍建设

(一)思想政治教育

如皋市司法局在工作中牢固树立效能至上、跨越发展的理念,坚持"以核心价值观教育引领价值取向、以信心抬高目标引领奋进方向、以凝练文化内涵激发强大动力"。积极开展"四评四创一争"活动,组织开展自我评价、互动评议、社会评议、领导点评,积极创建学习型、创新型、服务型、勤廉型的司法行政团队,以年度目标为引领,奋勇争先,把核心价值观教育的成效体现到工作中,司法行政队伍的群众满意率达 100%,镇(街道、园区)司法所在"七所八站"评议中位居前列。近年来,该局党组明确提出了近期工作的奋斗目标——"全省领先、全国争先",引领全系统广大干部职工在更高的平台、更广的范围"树品牌、争排头、创唯一",力争单项或整体工作"冲出江苏",在全国"获得荣誉、争得位置"。全市司法行政机关坚持"干净更要干事、干事更要效能、干就干出一流"的效能司法行政工作理念,紧扣全年目标,勤勉履职、奋勇争先。他们邀请有关领导和专家作词谱曲,唱响《如皋法律援助之歌》;面向全社会征集《如皋大调解之歌》,并在系统内开展大讨论,确定了"崇德尚法、敏行致远"的新时期如皋司法行政精神,以此提升队伍核心价值观和战斗力。

(二)业务能力建设

如皋市出台加强公务员学法用法工作制度,要求公务员带头坚持学法用法,严格依法办事。从 2013 年开始,将全市所有的公务员纳入"雉水在线"网上学法测试体系,以学分制规定学法时限、成绩标准,98% 以上的公务员参加了各种形式的法律知识培训;完善、落实行政执法人员和司法人员的法律知识培训、考试和持证上岗制度。以党校为培训基地,对行政执法人员进行法律知识的培训和考试。组织对新上岗的行政执法人员进行了任职资格考试,对200多人进行了行政诉讼应诉培训。

(三)先进模范典型

刘荣贵,男,汉族,中共党员,江苏如皋人,1957年9月出生,1978年参加工作,1985年起从事基层司法行政工作,2002年任如皋市江安镇司法所长。2014年1月8日晚,刘荣贵同志遭遇交通事故,不幸遇难,终年57岁。

刘荣贵同志是司法行政系统在党的群众路线教育实践活动中涌现出的具有时代特色的先进典型。他在司法所工作的29年中,始终把服务群众作为价值追求基层,潜心工作,与时俱进,追求卓越,在平凡的岗位上做出了不平凡的业绩,展现了一名共产党员、基层司法行政干部的光辉形象。他勤于学习,不断探索,在积极推广"枫桥经验"的同时,结合当地实际,推行了专职调解员选任制,按照公开、平等、竞争、择优原则,由村(居)民代表推荐选举专职调解员;组建了金牌调解专业组;总结出换位思考、亲情唤醒、因案制宜、合力调解等调解工作"十法",创造了调解工作新经验。他勤奋敬业,真抓实干,亲自和组织化解各类疑难复杂纠纷1127件,预防和避免民转刑案件105件,仅2013年就参与和组织调解矛盾纠纷487件,其中重大纠纷28件、非正常死亡事件27件;积极开展普法教育,仅2013年就开展法律知识宣讲43场(次),组织创作的《江安号子》等法治文化节目深受群众喜爱;积极推动基层民主法治建设,全镇绝大多数村(居)创建为"民主法治示范村(社区)";在村居建立法律援助工作联系点,协调办理法律援助案件57件;认真落实社区矫正和安置帮教工作,全镇社区矫正和刑满释放人员无一重新犯罪;在他的带领下,江安镇司法所获得江苏省规范化司法所、优秀司法所等49项荣誉。出色完成工作任务。他热爱群众,主持公道,对群众提出的问题合情合理地解决,群众遇到困难他热情帮助,在家境比较困难的情况下资助了28个困难户、五保户和孤寡老人,捐款7000多元,树立了为民服务的榜样。他公而忘私,乐于奉献,为了工作不顾家人患病,儿子遇难后仍然坚强地工作,时时处处把工作放在第一位,体现了大公无私的精神风范。他生前先后获得如皋市首届"十佳和谐卫士"、南通市"创先争优"优秀共产党员、江苏省优秀人民调解员等各类表彰奖励62次。其事迹在当地引起很大反响,多家媒体作了报道。

为表彰先进,司法部决定追授刘荣贵同志全国司法行政系统一级英雄模范荣誉称号。全国司法行政广大干警和法律服务工作者要学习刘荣贵同志忠于党、忠于人民,矢志为党的事业不懈奋斗的思想觉悟;学习他真抓实干、勇于担当,充分发挥职能作用的责任意识;学习他勤于钻研、不断创新,努力创造一流业绩的进取精神;学习他牢记宗旨、无私奉献,把为民服务作为价值追求的高尚情怀,认真学习贯彻习近平总书记对司法行政工作重要指示精神,开拓创新、真抓实干,不断开创司法行政工作新局面,为全面建成小康社会和实现中华民族伟大复兴的中国梦作出新的更大贡献!

(四)党风廉政建设

2007年,如皋市在全国率先创新建立领导干部"德、能、勤、绩、廉、法"六位一体的述职述廉述法考评机制，出台《关于科级党政领导干部述法考评工作的实施意见》和《关于进一步完善科级党政领导干部述法考评机制的意见》等系列文件，探索总结出“党政领导干部述法内容五报告、量化评价四考核、结果运用三到位”的“五四三”模式。

2010年，如皋市坚持高点定位找差距，不断拓展抓完善，对这一机制进行拓展延伸，实现述法考评的“三全”，即在对象上全面到位（把述法考评工作延伸到全体公务人员）、在内容上全面对接（把述法考评的内容与法治工作内容全面对接到位）、在方法上全面融入（把述法考评方法全面融入考核任用体系）。这一机制的建立得到了中组部、中政委、司法部领导的充分肯定，省委领导专门批示，并于2009年6月在我市召开了全省现场观摩会，全面推广这一做法，被评为全省政法工作创新一等奖，被省委领导喻为“江苏最有价值的创新”。《人民日报》内刊、中央政法委《政法动态》及6家国家级主流媒体、6大网站和4家省级媒体均进行了专题报道，被评为全国“地方十大新政”，省内外40多个县、市前来学习，得到充分肯定和认可。

近年来，如皋市又对这一做法进行了进一步拓展和完善，变“年终算总账”为日常跟踪管理、重点工作推进、季度工作督查等考核方法，组织人大代表、政协委员、群众代表开展依法行政满意度测评，组织开展“百千万评议”活动充分听取百名企业家、千名“两代表一委员”、万名党员群众对依法行政情况的建议意见，并坚持述法结果和任用奖惩考核挂钩。

八、工作基础建设

（一）信息化建设情况

近年来，我局全力开展信息化建设应用工作，积极推动信息技术与司法行政工作有机融合。

依托已有的电子政务内网，将司法行政内网建到全市14个司法所，并延伸到社区矫正公益劳动基地等8个监控点，实现省、市、县、所四级联网。全市14个司法所均按“计算机拥有率达到100%”的基层装备配备要求配置到位，配备执法记录仪、指纹考勤识别设备、矫务通终端等设备，满足基层执法及日常工作需要。市镇两级共投入近千万元用于12348协调指挥中心、矫务通、视频指挥系统等司法行政信息化建设，建成的视频指挥系统，实现了市、镇两级覆盖，确保了信息渠道高效运行。

加强信息化建设专业人员力量配备，局办公室2名人员专门从事信息化工作；各镇司法所成立信息中心，由所长负责信息化工作，明确专门信息员，招录熟练电脑操作、专业素质高、30岁以下的专业社工，确保信息化事有人做。多次召开信息化建设现场推进会、信息化应用培训，组织基础网络平台、业务系统、门户网站建设及应用技术培训和考试，全面提升信息系统操作能力。制定《司法行政系统信息化工作实施意见》，将信息化应用纳入绩效考核，规范各业务平台配套的应用管理，包括管理流程、工作职责、安全规定以及集群内网、业务平台的使用规定等，切实把信息化建设的责任层层传递到全体人员，推动信息化建设高效开展。

公共法律服务更加便民。加强“12348”指挥中心平台建设,以网络传输为基础,以共享平台为支撑,以应用平台为核心,基本建成了互联互通、共融共享的实战指挥系统。运用“互联网+”思维,打造融合性公共法律服务体系,构建网上网下、立体覆盖、整体联动的服务格局。“12348”公共法律服务平台自正式启用以来,共解答群众电话法律咨询1394人次,回复网上法律咨询136件,受理其他法律服务申请155件,平台成员单位转办工单124件,对群众诉求即时受理、及时交办、限时督办、按时回访,做到“件件有落实,事事有回音”。

特殊人群管理更富实效。专门研发特殊人群管理软件,从社区服刑人员入矫开始,将所有资料上传建档,确保了每个对象既有纸质档案,又有电子档案。投入150万元,建成社区矫正网上执法平台,开发“刑罚执行矫务通”,对所有社区服刑人员实施GPS卫星定位网上跟踪,市、镇两级系统做到实时定位监管、信息查询、越界信息处理、走访登记录入、信息交互、点到考核“六个实时”监控,实现日常8小时监管向24小时管控延伸。

社会矛盾纠纷化解更显特色。全面启用市、镇、村三级大调解信息平台,实行矛盾纠纷网上滚动排查、责任追究网上管理、纠纷信息网上传输、纠纷移送网上流转、调解文书网上生成、调处结果网上反馈、调解档案网上保存、调解过程网上监督的信息化管理机制。全市镇、村统一安装“调解服务一键通”智能服务箱,统一印发调解知识一卡通、调解联络一本通,不断畅通群众诉求表达渠道,其中投入50多万元推进的“一键通”工程,运行以来提供法律咨询6559起,受理矛盾3651起,调处成功率达99.1%,提供其他便民服务1253次。根据大调解信息平台的报送情况,市调处中心除派出专家小组现场参与调处之外,注重利用视频网络技术点面结合进行远程在线调解指导,重点化解疑难、复杂的矛盾纠纷。

拓展新媒体普法更有活力。拓展服务群众品牌,突出新媒体优势,“打造‘三微’服务群众平台”被评为南通司法行政系统工作创新一等奖。将微博、微信、QQ群、飞信作为联系群众、服务群众、宣传群众的“直通车”,官方微博吸引粉丝38万余人,推出“元芳,此纠纷你怎么看”“生活法律百科”等微博专题,2014年发送司法便民服务信息1000余条,答复群众法律咨询200多次。将如皋普法网、官方微博链接等生成二维码,在普法邮品、普法宣传资料上全部加印二维码,群众通过扫描二维码即可链接如皋司法局官方微博或进入如皋普法网获取专题普法讯息,因其节能、低廉、便捷等“亲民”优势,受到群众欢迎。

(二)司法所工作机制完善

如皋市先后制定出台加强司法所建设的文件,如皋市委办公室、市政府办公室《关于进一步加强司法行政基层基础工作的意见》(皋办〔2012〕78号)、如皋市委组织部、如皋市委政法委、如皋市编办、如皋市财政局、如皋市人社局、如皋市司法局《关于进一步加强基层司法所建设的实施意见》(皋司发〔2014〕28号),明确理顺司法所管理体制,司法所按镇(区、街道)行政区划设置,实行市司法局和镇(区、街道)双重管理，以市司法局管理为主的模式。镇（区、街道）负责督促检查司法所的日常运行管理和年度考核工作。市司法局负责司法所政法专项编制及在编人员的管理，承担司法所工作人员的招录、培训、任免、调配、交流工作。司法局对司法所领导的任免须征求镇（区、街道）党（工）委、政府（管委会、办事处）意见。强化司法所人员配备，对司法所政法专项编制进行全面清理、实名登记；按照重点镇（区、街道）不少于7名、一般镇（区、街道）不少于5名的标准配备专职社工，各镇（区、街道）面向社会公开招聘，通过政府购买服务，实施劳务派遣；镇（区、街道）按照不低于4名的标准选配司法所（调处中心）专职调解员；完善基础设施建设，推动司法所基础建设提档升级。司法所应在临街或便于接待群众的地方，有独立的业务办公用房，面积不低于500平方米，内设人民调解、社区矫正、安置帮教、法律援助和小型多功能会议室等工作区域，所容所貌整洁，外观标识统一，便于群众识别，树立司法所作为一线实战单位的良好形象。

（三）落实人员编制

如皋市先后制定出台加强司法所建设的文件，如皋市委办公室、市政府办公室《关于进一步加强司法行政基层基础工作的意见》（皋办〔2012〕78号）、如皋市委组织部、如皋市委政法委、如皋市编办、如皋市财政局、如皋市人社局、如皋市司法局《关于进一步加强基层司法所建设的实施意见》（皋司发〔2014〕28号）、如皋市政府办公室《关于加强镇（区、园）专业社工队伍建设的意见》（皋政办发〔2011〕166号）、如皋市委组织部、编办、人保局、司法局联合下发《关于实行司法所政法专项编制实名制管理的通知》（皋司发〔2014〕33号）等，明确要求强化司法所人员配备，对司法所政法专项编制进行全面清理、实名登记；按照重点镇（区、街道）不少于7名、一般镇（区、街道）不少于5名的标准配备专职社工，各镇（区、街道）面向社会公开招聘，通过政府购买服务，实施劳务派遣；镇（区、街道）按照不低于4名的标准选配司法所（调处中心）专职调解员。

全市司法所共有政法专项编制60名，现有专兼职人员共57名，本科以上学历34名，大专学历20名，高中专及以下3名；法律专业19名；35岁以下12名，35～50岁32名，50岁以上13名。全市应配备专业社工110名，实际配备专业社工75名，由镇（区、园）聘用管理；专科以上学历35名，其中法学专业22名，30岁以下8名，60岁以上的19名。全市现有专职调解员107名，专科以上文化程度的55名，其中法律专业人数23名；50岁以上的62名，35～50岁的37名，35岁以下的8名；公务员30名，聘用（含公务员返聘）77名。

（四）保障工作经费

今年以来，为推进司法所规范化建设，如皋市司法局严格执行全省基层司法行政机关公用经费保障标准，落实司法所公用经费及专项业务经费，积极争取市镇村三级财政支持1400万“双向推进”（自上而下，由下而上）局所站一体化建设。

如皋市财政先后投入300多万元，对“12348”协调指挥中心、视频指挥系统、公共法律服务中心、法治宣传教育中心等服务操作平台进行升级改造，实体运行便民服务举措。进一步做优司法行政服务站,贯彻中办国办印发《关于深入推进农村社区建设试点工作的指导意见》,向市委专题请示报告,优化村居司法行政服务站工作人员、网格信息员和调解员队伍,建立积分考核机制、调解个案补贴制度,为镇村专职调解员配备"九个一"装备。一线工作人员的内外网办公设施设备一次性装备到位,村财政确保"一村(社区)一法律顾问"经费落实,在村财政对 1044 名村(社区)专职调解员保障年人均 5000 元补贴的基础上,我局再争取市镇财政投入 60 万元对调解个案补贴。加大对司法所业务装备的管理和保障,为每个司法所配备 2 辆社区矫正执法电瓶车,为镇公共法律服务中心配备电脑,为各司法所统一安装"调解一键通"和视频监控系统。

第五章　基层自治

第一节　概　　述

基层自治是人民当家做主的最直接体现。《宪法》第111条第1款规定："城市和农村按居民居住地区设立的居民委员会或者村民委员会是基层群众性自治组织。"基层群众自治制度是依照宪法和法律，由居民（村民）选举的成员组成居民（村民）委员会，实行自我管理，自我教育，自我服务，自我监督的制度。在新中国成立后的民主实践中逐步形成的，并首先发育于城市。中共十七大将"基层群众自治制度"首次写入党代会报告，正式与人民代表大会制度、中国共产党领导的多党合作和政治协商制度、民族区域自治制度一起，纳入了中国特色政治制度范畴。基层自治制度是中国特色社会主义民主制度的重要内容，如皋市基层自治制度是如皋市人民参与社会民主的直接体现，是人民当家做主最有效、最广泛的途径，能更有效地保障如皋市民参与到管理国家事务和社会事务之中。

一、基层自治原则

1. 坚持党政主导，扩大群众参与

坚持党的领导、严格依法办事和充分发扬民主有机统一，把握正确发展方向，加快政府职能转变，充分发挥各级政府在推进"政社互动"中的主导作用，构建党委领导、政府负责、社会协同、公众参与、法治保障的工作体系。

2. 坚持以人为本，强化服务管理

围绕科学发展宗旨，以增进民生幸福为出发点，把创新基层社会治理方式与满足居民群众需求紧密结合起来，大力提升城乡社区为民服务水平，促进社会和谐稳定。

3. 坚持依法自治，发展基层民主

深入推进城乡居民自治，健全城乡社区党组织领导的充满活力的基层群众自治机制。不断完善符合国情省情市情、尊重群众合理意愿的基层民主制度，提高群众自我管理、自我教育、自我服务水平。

4. 坚持因地制宜，实施分类指导

按照经济社会发展水平统筹规划，根据各地所处区位、资源和工作基础等条件，注重从实际出发，积极稳妥、循序渐进，因地制宜、分步实施，分类指导、确保实效。

二、基层自治组织的历史沿革

1949年1月27日，县政府驻地复迁回如皋城内，属苏北行署泰州行政区；年末，辖13个区、198个乡(镇)。1950年1月11日,归属苏北行署南通行政区;年末全县辖15个区、196个乡(镇)。1951年,新置朗庙、石北、建设、解放、陈园5乡;11月28日,成立城区人民政府。1952年9月15日,辖19个区、197个乡(镇)。1953年,属江苏省南通专区。1954年,划出7个乡镇,从南通县划入2个乡,从如东县划入21个乡镇;增设丁堰、东陈2区;撤销新坝、海圩、花园、城南4区;白蒲镇改为县属镇;是年末,辖17个区,1个县属镇,9个区属镇,203个乡。1956年3月,除城区外,其余16个区合并为10个区,203个乡合并为108个乡;5月,薛窑区的九圩、李港、五接(含原福成乡)3乡划归南通县平潮区;6月,如东县景安区的兴隆乡划入城东区;8月,薛窑区湾子乡(含桃园乡)划归南通县平潮区;9月,于城西区11个乡合并为5个乡;10月,城区改为如城镇。1956年年末,辖县属镇、区属镇各2个,区10个,乡99个。1957年10月,实行大乡制,石庄镇改为县属镇;12月,姜北乡更名勇敢乡;全县辖10个区,3个县属镇,48个乡。1958年7月27日,撤区,设城东、丁堰、白蒲、薛窑、下原、石庄、江安、卢港、磨头、城西10个片,片设指导组;9月,乡镇改人民公社,共设33个人民公社。1959年,东风人民公社更名为城东人民公社,红旗人民公社更名为城西人民公社;2月,拆分人民公社,全县设47个人民公社;6月,恢复10个片指导组;8月,白蒲人民公社分为白蒲、姚园人民公社。1960年9月,10个片合并为城东丁堰片、白蒲下原片、石庄薛窑片、江安卢港片、城西磨头片5个片。1961年8月,恢复区建制,改设9个区。1963年3月,如城、白蒲、石庄3镇改为县属镇;3月,江防人民公社分为江防、二案人民公社,城西人民公社分为城西、邓园人民公社;5月,石庄人民公社更名为石北人民公社。1964年9月,下辖9个区、48个人民公社、3个县属镇。1970年,属南通地区。1975年,增设丁堰镇,为县属镇;11月,增设长青沙人民公社。1983年3月,属南通市;政社分设,实行乡(镇)、村制。1986年5月,东陈、林梓、长江、搬经、磨头5乡改镇。1987年1月,撤销9个区建制,改设巡视组;年末,下辖9个镇、44个乡。1989年12月,恢复9个区建制。1990年1月,袁桥乡改镇;年末,共辖9个区、10个镇、43个乡。

1991年2月,如皋县改市,由南通市代管。1994年,下原、丁北、吴窑3乡改镇。1995年,江安乡改镇,丁西乡并入丁堰镇,蒲西乡并入白蒲镇,张黄港乡并入石庄镇。1999年,郭园乡改镇。2000年4月,新民、城西、邓园3乡并入如城镇,新姚、勇敢2乡并入白蒲镇,丁堰乡并入丁堰镇,丁北镇并入东陈镇,石北乡并入石庄镇,奚斜乡并入林梓镇,江防乡并入长江镇,长庄乡并入吴窑镇,花园乡并入下原镇,车马湖乡并入郭园镇,场南乡并入磨头镇,葛市乡并入江安镇,加力乡并入搬经镇,何庄乡并入袁桥镇,常青、高井2乡合并为常青镇,九华、龙舌、营防3乡合并为九华镇,柴湾、戴庄2乡合并为柴湾镇,雪岸、南凌2乡合并为雪岸镇,桃园、马塘2乡合并为桃园镇,高明、胜利2乡合并为高明镇;2000年年末,下辖26个镇、6个乡。2001年9月,长青沙乡并入长江镇,场北乡并入磨头镇,大明、建设2乡合并为皋南镇,黄市、夏堡2乡改镇;年末,全市辖23个镇。2005年1月,皋南镇并入如城镇,黄市镇并入江安镇,夏堡镇并入搬经镇。2011年年末至今,辖如城、雪岸、东陈、丁堰、林梓、白蒲、下原、九华、郭园、石庄、吴窑、江安、高明、常青、搬经、磨头、袁桥、柴湾、长江、桃园等20个镇，下设181个居民委员会、166个村民委员会。

三、基层自治建设的措施

1997年如皋市委、市政府在“全市基层组织建设领导组”的基础上，重新成立了以市委、市政府分管领导为组长，市委组织部、宣传部、纪检委、农工办、民政局、司法局等相关部门负责人组成的市村民自治工作领导小组，具体组织全市村民自治模范市创建工作，并结合领导组成员的工作变动及时进行了3次调整，保证了村民自治工作的连续性。各镇(街道)也建立了一把手负总责、分管领导具体抓的领导机构，全市村民自治创建工作机制进一步健全。

2000年如皋市结合乡镇行政区划调整，行政村合并和机构改革，市委、市政府连续两次专门下发了《关于在全市开展村民自治工作的意见和模范单位创建活动的通知》，多次召开全市农村基层组织建设工作会议、创建村民自治模范市动员会议等，对创建工作进行了全面动员和部署，各镇村也将村民自治工作纳入农村工作总体规划，并按照全市统一部署，出台了村民自治工作的具体实施意见，市四套班子领导结合挂钩联系的镇，把村民自治作为重点工作来抓。在每村民委员会换届选举期间都亲临选举现场，进行面对面的指导检查，市人大把实施《村民委员会组织法》列入专题进行调研和执法检查。

2002年市委、市政府出台了《关于推进社区建设的实施意见》，市政府专门成立了社区建设协调领导小组，市、镇两级形成“两级政府、三级管理、四级落实”新型城市社区建设体制，逐步形成党委政府领导，城市街居为主体、相关部门各司其职，机关事业单位共建，人民群众广泛参与，全市上下共同推进的新局面。之后又先后出台了皋政〔2002〕44号文、皋委发〔2002〕15号文和皋办〔2002〕34号文，建立了以市委、市政府常务副市长为组长的如皋市社区建设协调领导小组，下设六个专业指导组，提出了全面推进社区建设工作的实施意见，明确了涉及社区建设的25个主要部门的职责，有力地推动了全市城乡社区民主自治建设。

2003年市委、市政府将争创省级村民自治模范市作为一项重点工作进行推进，通过扩面推广、经验交流和严格验收等创建推进措施，创建工作成效显著。至2003年年底，全市有吴窑、袁桥、江安等三个镇被南通市政府命名为村民自治模范镇，丁堰、白蒲、如城等9个镇被南通市民政局命名为村民自治模范镇。当时全市有20个镇达到村民自治模范镇标准，达标率为87%，276个村被命名为如皋市村民自治模范村。并将创建典型进行分类整理，及时组织21名同志到各镇宣传典型经验，指导创建工作，取得了明显成效，不但保证了创建工作的质量，而且加快了村民自治的进程。

2014年年初，为进一步巩固和扩大村(居)“两委”会换届选举工作的成果，3月15日至17日组织全市所有村(居)主任、书记共578人进行了培训，培训内容涉及基层公共服务规范运行、村级经济协调发展、自治机制更趋完善、民主制度有效落实等各方面，既有专家解读，又有先进典型经验介绍；既有理论层面的讲授，又有实际事务具体剖析，通过培训，对促进村级干部能力素质提升，增强村（居）民自治能力，提供了坚实的保障。

第二节　城市社区、居民委员会与村民委员会

一、居民委员会

居民委员会是居民自我管理、自我教育、自我服务的基层群众性自治组织。居委会是城市的基层群众性自治组织，工作涉及城市管理的许多方面。居委会职能的正确发挥，对城市化建设，城市的繁荣和发展，社区的稳定，区域环境的保护，社会保障和社会治安综合治理，都起着重要的作用。如皋市城市、社区居民委员会在如皋市城市管理与社会建设中发挥着举足轻重的作用，如皋市居民委员会由主任、副主任、委员组成，居委会成员人数视居委会管理的人口规模而定，一般为3～5人或7～9人。

（一）居委会职能

1. 宣传宪法、法律、法规和国家的政策，维护居民的合法权益，教育居民履行依法应尽的义务，爱护公共财产，开展多种形式的社会主义精神文明建设活动；

2. 办理本居住地区居民的公共事务和公益事业；

3. 调解民间纠纷；

4. 协助维护社会治安；

5. 协助人民政府或者它的派出机关做好与居民利益有关的公共卫生、计划生育、优抚救济、青少年教育等项工作；

6. 向人民政府或者它的派出机关反映居民的意见、要求和提出建议；

7. 法律、法规规定的其他职责。

（二）居委会制度建设

1. 民主选举依法进行

按照《居民委员会组织法》相关规定，由居民选举产生居民委员会成员、居民小组长和居民代表，让居民选出自己信任的“带头人”，切实维护村民的选举权和被选举权，并通过民主程序，进一步完善居民自治制度，为依法治理社区，民主管理奠定了坚实的基础。

2. 民主决策科学规范

在日常事务中始终坚持民主集中制原则，凡涉及居民切身利益的决策决议，严格执行“一事一议”制度。建立居民议事室，对涉及社区经济、文化和事关居民根本利益的重大事项和热点问题经广泛调研和充分听取群众意见建议后，由社区两委会研究形成方案经居民代表会议讨论通过。

3. 民主管理扎实有序

严格按照法律法规制定《居民自治章程》及《居民公约》，通过居民座谈会、民主协

商会、居民联系箱、居委会网站等平台,收集群众意见和建议,加强了对基层管理组织的指导和服务,实现社区事务管理的公开化、规范化和民主化。民主管理制度的实施,提升了居民参与社区事务管理和自我管理的能力。

4. 民主监督切实有效

严格实施居务公开制度,广泛接受群众对社区党风廉政建设的监督;成立社区监督委员会,对社区工作进行监督管理,年终开展社区干部述职报告和民主评议。

(三)公共服务与便民措施——和谐社区建设

如皋市努力将城乡社区建设成为组织体系健全、基础设施完善、服务功能完备、体制机制创新、社会秩序稳定、文化生活丰富、环境优美整洁、文明风尚彰显的新型社区,基本实现省级和谐社区全覆盖,90%以上的镇(街道)建成省和谐社区建设示范镇(示范镇需90%以上的社区建成省和谐社区建设示范社区),成功创建省和谐社区建设示范市,为此尽最大努力便民利民,创建和谐社区。

1. 建好“一块阵地”,夯实社区建设基础

各镇(街道)要按照便于管理、便于服务、便于居民自治的原则,将社区工作用房、居民公益性服务设施、信息化服务平台等项目建设,纳入城乡建设规划、土地利用总体规划。每个居民公共服务中心,要确保达到主体建筑面积最低不少于400平方米的标准;室外活动场地面积要达1000平方米以上。要按照“办公最小化,服务最大化”的要求,设立面积不少于60平方米的“一站式”服务大厅。对目前居民社区工作用房和服务设施不达标的,各镇(街道)要通过新建、购买、置换、改造等方式,力争全面达标。确保城乡社区服务设施及功能达标率达95%以上。城市社区公共服务中心要按照“六室四站两栏一厅一校一场所”的设置标准完善社区功能。六室:指党组织和居委会办公室、综治警务调解室、多功能活动室(党员、代表、未成年人、志愿者等活动室)、党代表工作室、图书阅览室、资料档案室;四站:指居家养老服务站、劳动就业和社会保障服务站、计生服务站、卫生服务站;两栏:指宣传栏、居务公开栏;一厅:指整合服务资源,设立社区“一站式服务大厅”,将“党员服务、劳动保障服务、民政服务、外来人口服务管理、妇女维权、法律援助”等项目统一纳入一站式服务大厅受理,高效、快捷地为社区群众提供便民服务;一校:指居民学校;一场所:指文体活动场所。农村社区公共服务中心除具备以上“六室四站两栏一厅一校一场所”外,还应按需要设置“三大超市”,即爱心超市、生活日用品超市、农资超市。为加快创建“省和谐社区建设示范市”,市财政安排城乡社区建设项目引导资金1000万元,采用“以奖代补”形式对城乡社区基础设施建设进行补助,补助标准按皋委发〔2012〕34号文件精神执行。

2. 优化“一套班子”,永葆社区建设活力

(1)切实加强社区班子队伍建设。严格按《村民委员会组织法》和《城市居民委员会组织法》要求,做好第十届村民委员会和第五届居民委员会换届选举工作,按农村社区5人到7人、城市社区7人到9人的标准,配备居民委员会成员,扩大一次直选比例,确保选民参与率和一次选举成功率分别达93%和98%以上,稳步扩大无候选人

“一次直选”覆盖面，城乡社区均达到20%以上。城乡社区干部报酬严格按照相关政策执行，各镇（街道）要制定科学的考核评价办法，进一步激发其干事创业、潜心发展的干劲。加强居民小组长的聘用工作，结合如皋市实际，居民小组长的聘用可采用居委会成员或其他工作人员［包括镇（街道）在村任职人员］兼任，也可由政府向离退休干部及教师、老党员、居民等对象购买服务等方式进行聘用（聘用的居小组长不属于居干部序列），可每居民小组聘用一名专（兼）职小组长，也可几个居民小组以联组方式聘用一名专（兼）职小组长，具体聘用方式和补助由各镇（街道）根据各自实际确定，实现居民小组长聘用全覆盖。城市社区一般按每5栋楼（200～300户）配备1名楼长，楼长补助由所在镇（街道）视情确定，实现全覆盖。逐步落实居民小组人员经费和工作经费，原则上按每人每年不低于20元的标准配备居工作经费，居民小组工作经费最低不少于5万元，由市、镇两级财政按一定比例负担（市级在村级基本运转资金中支出）。

（2）强化社区工作者素质建设。坚持把社工队伍建设作为推进城乡社区发展的重要措施，建立健全社区工作者培养、使用、激励、保障等长效机制，不断提高社工队伍整体素质。积极组织社区工作人员参加全国社会工作者职业资格考试，45岁以下专职社区工作者报考率达90%以上。市民政局免费组织培训工作，提高社工考试通过率，力争2013年年底，确保2015年前，城市社区工作者职业化专业化水平达80%以上，农村社区达50%以上。

3. 发展“一批志愿者”，推进社区志愿服务

传承如皋志愿者“奉献、友爱、互助、进步”的志愿服务精神，进一步健全社区志愿服务网络，依托社区综合服务中心，社区建立志愿者服务站，动员党员、机关企事业单位工作人员、专业技术人员、学生及离退休人员等加入志愿者队伍，优化志愿人员结构，充分调动广大市民参与志愿服务的热情。建立社区志愿者注册登记制度和服务激励机制，主动为其开展服务和活动提供帮助，促进社区志愿服务活动的经常化、制度化。大力弘扬尊老传统，积极探索“晚霞工程”志愿服务新模式，用今天的志愿服务赢得明天的幸福晚年，为空巢老人做好事、办实事、解难事。积极引导社区居民开展自助互助服务，促进形成强带弱、富帮贫、老帮小、我帮你、你帮我的和谐社区新风尚。力争2013年，全市城乡社区志愿者注册率城市占居民人口的15%和农村占居民人口的10%以上。

4. 培育“一批社会组织”，发挥基层社会组织作用

研究制定城乡社区社会组织健康发展的政策措施，积极培育居家养老服务站、卫生服务站、计生服务站、爱心超市、再就业培训中心、妇女儿童之家、老年人文体协会、志愿者服务站等社区管理型、服务型、公益型、互助型社区社会组织。力争2013年每个社区新增社会组织2个以上，其中在民政局正式注册登记不少于1个。加强对社区社会组织的指导、管理，建立市、镇（街道）、社区三级社会组织服务指导中心。由民政局牵头成立“市社会组织服务指导中心”，采取政府购买服务方式，落实人员及待遇；

镇(街道)和社区相应设立社会组织服务指导中心。建立社区社会组织和社工人才良性互动、有效衔接的“三社联动”机制,有效实施项目化、实体化、市场化运作方式,“三社联动”覆盖率95%以上。逐步建立政府向社会组织购买服务制度,由民政局牵头设立每年不少于200万元的市级社会组织发展基金,并每年从福彩公益金中划拨60万元用于扶持社区社会组织健康发展。

5. 深化“一系列服务”,提升社区服务水平

(1)创新社区服务管理体制。全面推广以居民社区党组织为核心、居委会为基础、居民社区管理服务站和监委会以及综治办为平台的“一委一居一监一站一办”新型居民社区服务管理体制,进一步理顺居各类组织关系,明晰委、居、监、站、办职能,逐步剥离居委会行政事务,积极探索“政社互动”模式,促进政府行政管理与基层群众自治管理的有效衔接和良性互动,进一步明晰“行政权力”与“自治权利”界限,推动政府职能加快转变。在城市社区积极推行居委会、业委会与物业管理公司三方联席会议制度,加强三方互动,促进社区和谐发展。

(2)开展社区党建服务。认真组织开展“三会一课”、民主评议党员等党内活动,定期召开居民会议、居民代表会议、民主议事会议,使社区公共服务中心成为社区组织活动的牢固阵地。公共服务中心要建立党务、居务公开监督制度,明确党务、居务公开的范围、内容、程序和方法,强化“三资”监督管理,进一步扩大党员、群众的知情权、参与权、监督权。要建设居民社区党员活动室,健全落实党员生活制度,正常开展社区党组织活动,党的工作实现社区全覆盖,符合条件的离(退)休党员、下岗失业职工党员、流动党员转入居党组织达90%。

(3)承接政务便民服务。不断完善“一站式”服务大厅各项功能,积极推行“开放式”办公、“错时上班”和预约服务、上门服务、代理服务等制度。加强居民社区公共服务中心设施和安全管理,严格登记造册,落实专人值班制度,从村干部、无职党员中选用专人负责日常管理维护,促进居民社区公共服务中心管理的正常化、制度化、规范化。全面实行城乡社区工作人员集中办公、居民服务事项集中办理制度,积极将农资、农机、畜牧等生产性服务项目和电信、邮政、水电、超市、修理、餐饮等便民服务项目整合到居民社区公共服务中心,提高服务效率。推行“窗口无休日、服务无盲区、代办无收费”三项公开承诺制度和“及时梳理群众诉求、实时代理群众事务、即时处理群众难题”为主要内容的“三理工作法”,高效、快捷地为群众提供服务。城市社区和农村社区“开放式”办公、“一站式”服务率要分别达95%、85%和90%、80%以上。要依托农村党员干部远程教育平台,定期发布就业信息,加大对农技知识、法律法规和涉农政策的宣传普及,努力为群众增收致富提供综合性、多功能服务。

(4)强化治安保障服务。要深化无毒社区、无邪教社区、青少年零犯罪社区、平安家庭及平安社区等创建活动,建立社区食品安全、疾病防控、灾害事故、突发事件等应急反应机制和预案。要按照“112211”标准配齐社区综治警务调解工作力量,建立社区矛盾纠纷排查调解工作机制,确保民事调解率达98%,调解成功率达90%,无因民

事纠纷处置不当引发的群体性事件和民转刑案件。要开展经常性法治宣传教育活动，做好社区禁毒、社区矫正和刑释解教人员安置帮教转化工作，有序培育民事调解、红白理事会等社会组织，加强居综治长安服务队建设，推进技防居建设，努力构建人技联动的治安防控体系。

(5)深化医疗卫生服务。按照建设15分钟社区卫生服务圈的要求，在每个镇(街道)建有政府办社区卫生服务中心的基础上，推动卫生服务中心覆盖不到的城乡社区新建卫生服务站(村卫生室)，为居民提供医疗、预防、保健、康复、健康教育、计划生育技术指导"六位一体"服务，做到居民常见病就诊不出社区，60岁以上老人健康档案建档率达90%，居民对社区卫生服务满意率达90%。

(6)拓展文体教育服务。社区各类文化活动设施齐全，每个城乡社区建有2支以上群众性文体队伍。依托居民学校(课堂)和驻社区学校、图书馆、文化站等载体，开展丰富多彩、健康向上的学习教育培训活动，社区教育经费达到常住人口人均1元以上的标准。积极开展全民健身活动，不断增强社区居民体质。

6. 健全"一套软件档案"，促进社区管理规范化

社区档案，是指居委会、社区组织在工作活动中形成的具有查考利用价值的文字、图表、声像、实物、电子文件等不同形式的历史记录。社区要分类制定档案收集、保管、保密、借阅、利用、鉴定和销毁等制度，按照组织人事类、社团组织类、会计类、文化卫生类、社区综合类进行整理规范，完善好社区档案，为妥善解决社区各类矛盾纠纷，推动社区协调可持续发展奠定基础。

(四)居委会制度创新范例

1. 城乡社区扁平化管理网格化服务

(1)实行城乡社区扁平化管理网格化服务的意义。扁平化管理即以建立科学、高效、灵活的服务管理模式为目标，减少中间层次、缩短管理过程、增大管理幅度、实现信息共享。网格化服务即将辖区单位、公共服务场所、物业服务企业、社区社会组织、居民楼院、商务楼宇、市场、学校、医院、文化体育场馆等归类于各个网格，将社区事务逐项分解到每个网格，社区信息定位到每个网格，以网格化的方式来整合社区资源，实施社区工作者组团服务及网格内村(居)民自我服务管理和互助服务。当前，社区承担的社会服务与管理任务更加繁重、维护社会稳定的功能更加突出，居民群众对社区的服务需求更加迫切。全面推行城乡社区扁平化管理、网格化服务，有利于完善社区管理体制，加强基层社会管理；有利于改进社区工作作风，提高工作效能，提升服务水准；有利于发挥社区内各类组织和居民参与社区建设的积极性，整合社区资源，推进和谐社会建设。

(2)改进城乡社区服务管理方式。

第一，科学划分社区网格。按照"地域相邻、人员相熟、文化相近、构成相似"的原则和"任务相当、方便管理、界定清晰"的要求，由社区根据实际情况合理设置社区网格，对网格内进行综合服务管理。对于农村社区已经建有联组责任区的，原则上仍以

原联组责任区为单元格;对于城市社区已建有楼组长责任区的,原则上仍以楼组长责任区为单元格。对于新型社区、原来未落实管理责任区的社区以及虽已落实但责任区划分规模不够合理的社区,农村社区一般以3~5个居民小组为一格,城市及搬迁集居社区一般以5~10幢楼为一格。并进行统一编号管理,实现全市社区网格全覆盖。

第二,健全扁平化管理网格化服务团队。按照专干不单干、分工不分家的原则,整合社区各类力量,结合各网格服务管理工作难易程度等因素确定扁平化管理网格化服务人员。网格服务管理可实行"兼管多格"和"专管一格"相结合的办法运行,网格服务团队原则上由社区"两委"成员、专职工作者(大学生村干部、社保协管员)、驻村专职保安、专职调解员、驻区单位和社区社会组织相关负责人、村(居)民小组长、楼栋长、社区民警、村(居)民代表、物业人员、业主委员会成员、社区卫生工作者、保洁员及社区志愿者等组成。

第三,网格服务管理人员组成。社区扁平化管理网格化服务实行村委会主任、网格长(网格负责人)、村(居)民小组长、楼栋长负责制。村委会主任是社区扁平化管理网格化服务总负责人;网格长(网格负责人)一般应由社区"两委"其他成员担任,负责本网格具体工作。村(居)民小组长负责本小组服务管理工作;楼栋长是村(居)民小组长的辅助力量,做好协助工作;网格服务团队的其他成员由社区统一配置到相应网格,配合网格长(网格负责人)做好服务管理工作。

第四,明确网格内服务管理工作职责。村委会主任工作职责有:带领村委会成员履行《村民委员会组织法》规定职责,依法协助基层政府或其派出机构开展工作,及时反映居民的意见、要求,提出相关建议。

网格长(网格负责人)工作职责是:①认真宣传党和国家的方针政策、法律法规,积极做好网格内居民的思想政治工作。②负责采集信息,了解掌握居民基本情况、社情动态以及困难群体、特殊群体、重点人员等情况。③组织网格内社区成员和居民群众开展自助互助、志愿者服务。④做好各类矛盾纠纷的调解,协助做好重点人员的稳控工作,化解不安定因素,维护社会稳定。⑤负责对困难群体进行摸底调查,及时做好低保、救助、老龄等帮扶服务工作。⑥掌握劳动力就业、下岗失业人员状况,协助做好再就业、社会保险以及退管人员管理等工作。⑦对网格内的环境卫生、违法建设、安全生产等违法违规行为进行劝阻、制止、报告、监督。⑧做好网格内流动党员登记、定期联系、党费收缴等管理和服务工作。⑨按照相关规定为网格内居民提供各类代理代办服务。⑩完成上级交办的其他事项。

村(居)民小组长主要职责有:①政策法规宣传员。向本小组村(居)民宣传党的路线、方针、政策和国家法律法规;②社情民意信息员。做好下情上传,及时反映本组村(居)民的意见、建议及要求,发挥桥梁、纽带作用;③矛盾纠纷调解员。努力维护本小组社会稳定,协助村(居)委及时化解各类矛盾纠纷,建立各项预防机制,营造安定团结的社会氛围;④村级事务协管员。在村(居)民委员会的领导下,贯彻执行村(居)民会议和村(居)民委员会的决定,完成村(居)委会布置的工作任务;协助办理村(社区)的公共事务、公益事业和开展志愿者服务活动;协助好人大代表、村(居)民代表和村民委员会的换届选举工作;⑤民主管理监督员。依法监督村(居)级组织及村(居)干部正确履行职责、执行村(居)民会议或村(居)民代表会议决策;维护好村民小组的集体利益,管理好本组村民的公共财产。

楼栋长配合村(居)民小组长开展本组服务管理工作。网格服务团队的其他成员,在负责本职工作的同时配合网格长(网格负责人)、村(居)小组长做好本网格服务管理工作。

第五,理顺网格服务管理操作程序。城乡社区工作在原有条线分工不变的情况下,以网格为工作主体,做到"下去一把抓,上来再分家"。社区各条线工作负责人,负责本条线工作在社区的部署、分解、汇总、考核和上报;网格长(网格负责人)负责条线工作任务在网格内的落实。根据一般性、服务性、协调性、突发性等不同性质工作,由网格管理服务工作人员采取相应的程序及时进行处置。对专业性较强的业务工作,确保专职专干,其他网格内服务管理人员要积极做好配合工作。对服务性工作,则要发挥社区社会组织的作用,发动社区居民广泛参与,进行自助、互助或开展志愿者服务。

第六,健全网格内"三项工作制度"。一是建立民情日志制度。网格服务管理人员要通过记录社区民情日志的方式及时、准确收集社情民意,反映工作状况;二是建立分析研判制度。社区定期定时召开民情分析会,对各网格收集到的社情民意进行梳理分类,落实责任人办理,确保社区情况清、动态准、处理快;三是建立民情回应制度。对一些在社区范围内能够解决的问题,要立即予以处理。对解决难度大或需要协调解决的问题,实行限时办理,由社区组织协调有关部门和单位解决。对居民意见比较集中、比较普遍,具有倾向性、全局性的问题,由镇(区、园)协调解决。办理结果要及时反馈。

第七,推进网格内共驻共建、自助互助、志愿者服务。积极协调网格内各学校、部队、机关、企业、事业单位与社区开展"共驻共建"活动,最大限度地实现人力、物力、财力和其他社会资源的优化、整合和利用,形成资源共享、优势互补、共驻共建的良好态势。广泛开展"邻里互助"活动,通过群众互动活动,促进邻里之间相识相助,做到以德为邻、以邻为伴、与邻为善,弘扬"邻里互助"的传统美德,树立"人人为我,我为人人"的精神风貌,营造邻里和睦的良好氛围。培育志愿服务组织,广揽社会精英参与社区管理服务,组织志愿者根据自己的特长和居民需求定向开展社区志愿服务。

第八,落实岗位要求。强化网格服务管理人员责任意识,建立"首问负责、按时办结制",推行"错时工作制"。村委会主任每周不少于1次进行网格巡查,并通过实地检查、协调处置等方式,确保网格管理服务作用有效发挥。网格长(网格负责人)坚持每天至少到网格巡查1次,在网格服务管理时间要达到工作时间三分之一以上。每月至少组织一次社区志愿者服务活动。入户调查要合理安排时间,注意方式方法,注重自身形象,对服务管理对象的个人隐私和不便公开的个人信息严格保密。要主动与社区居民交流沟通、增进感情,及时了解社情民意,认真填写民情日志。

第九,健全网格服务管理功能。

①知晓网格动态,做到"三知三清三掌握"。"三知"即知辖区住户每个家庭成员基本情况及其子女社会关系,知每个家庭经济状况,知每个家庭成员遵纪守法情况。"三清"即辖区居民就业情况清,重点人员和流动人口情况清,贫困群众家庭情况清。"三掌握"即掌握辖区基本情况及社情动态,掌握辖区单位、社团组织及各类积极分子活动情况,掌握辖区居民的热点难点问题情况。社区社会工作者入户交流每年不少于4次。

②转变工作理念,寓管理于服务。社区网格员要履行网格管理第一责任人的职责,做好日常功课。一要送服务,社区居民的日常事务要做到送服务上门,"居民动嘴社区跑腿";二要传信息,宣传党和政府的方针政策,认真倾听群众诉求,了解居民所需、所想,及时反映民意;三要解民忧,妥善处理居民群众提出的各类问题,能解决的要第一时间解决,需要上级协调的要及时上报,不能解决的要做好解释工作,做到事事有回音、件件有交待;四要带队伍,要带领党员骨干为居民群众做好事,调动社会组织的积极性,依靠社会力量为居民服务,定期开展惠民活动和各类群众性文化活动,形成网格内的生动局面。

③加强沟通联系,做好群众工作。一是充分了解和掌握网格内的老年人、失业人员、孤寡残弱、青少年等群体的情况,有针对性地主动为他们提供服务;二是培育网格内社区志愿者组织,发展壮大社区志愿者服务队伍,定期组织网格内社区志愿者开展志愿服务活动;三是密切关注网格内的流动人员、重点管控人员,确保辖区社会稳定。

第十,建立考核机制。各地要完善信息掌握、问题处理、效果考评之间相互制约配套的管理机制,坚持"分级考核、分类考核、定量考核"并行,量化、细化、实化考核指标,明确项目、责任、时效,自查、互查、抽查、检查相结合,年终考评,兑现奖惩。对长期不能适应工作要求的社区网格服务管理工作人员,按照有关规定予以转岗、辞退、罢免。建立网格管理服务公示制度,在每个网格区域内醒目位置设置网格区域管理图和服务指示牌,公布网格管理服务工作人员姓名、联系方式、工作内容、监督电话;社区公益服务场所要设置各单位网格区域平面图和网格划分全景图,自觉接受社会和群众监督。

2. 社区便民服务站

社区便民服务站是如皋市针对社区事务实行的"一站式"便民服务举措,旨在便民利民、为社区民众解决生活中日常事务,提供更快捷、更高效的服务举措,主要内容是以民为本、服务居民,帮助人民群众解决困难,办理事务,必须把人民满意度作为衡量工作绩效的重要标准。

社区便民服务站受理事项有:(1)证照代办类。主要包括:①生育服务;②房屋土地证、房产证办理;③老年人优待证办理等。(2)咨询服务类。主要包括:①法律咨询;②政策咨询;③求职培训登记;④低保及高龄定补等。(3)公益事业类。主要包括:①水、电等设施的申请、维修;②固定电话、有线电视申请、维修、变更等;③计生服务;④五保寄养。⑤扶贫帮困。(4)投诉调解类。主要包括:①受理邻里乡亲、家庭成员抚(赡)养、继承、债务等矛盾纠纷;②受理社区和部门效率效能投诉等。(5)管理服务类。主要包括:①社会保障,社保、农保、医疗办理,退休人员管理等;②党员管理。党员关系转接;③团员服务,志愿者登记。

3. 社区议事理事委员会制度

这是指在社区成立以社区为单位的议事委员会,对社区相关事项进行讨论处理的自治制度。它主要由以下五个制度组成。(1)例会制度:社区议事理事委员会每月由委员会主任负责召集并主持召开一次工作会议,根据收集的民情民意,确定下月居民议事理事会的议题。在涉及社区若干楼幢、突发小范围事件时,由居民提出议事理事申请,议事理事委员会投票表决,如通过议题,可临时决定召开居民议事理事会。根据会议议题可邀请社区有关人员列席会议。(2)议前公示制度:议事委员会需在居民议事理事会召开前3日内将会议召开的时间、地点、需要商议讨论的议题和事项在社区居务公开栏内公布,及时通知参加会议人员。列入讨论的重要议题,首先需要调查研究,充分听取各方面的意见,特别是社区居民的意见,形成明确具体的方案建议。(3)分片负责制度:议事理事委员会成员按楼层或单位分片负责,定期联系片区群众。每月至少征集一次所负责片区群众的意见,同时负责向社区居民委员会转达片区群众的需求和意愿并将结果及时反馈给片区群众。(4)学习培训制度:委员会应结合季度例会学习相关业务知识和有关政策法规。(5)民主评议制度:社区成员和社区成员代表大会对议事理事委员会进行民主评议。对屡次未参加会议,发挥作用较差,群众满意率较低或者其他原因提出辞职的委员会成员,由委员会表决后,召开会议重新进行推选增补。

社区议事员依照以下两个规则产生:(1)对涉及社区公众整体利益的相关议题进行居民议事时,议事员由居民本人自荐和社区党组织、社区居委会、各居民小组协商推荐产生,最后交由社区居民代表大会会议表决通过。(2)对涉及社区若干楼幢,突发小范围事件的相关议题进行居民议事时,70%的议事员由于议题相关的利益群体协商推荐产生,30%的议事员通过在小区全体居民中进行随机抽取产生。

社区议事员的行为标准有四项:(1)热爱社区公益事业,关心社区建设,有志于维护和促进社区的和谐稳定工作。(2)具有一定的法律常识,在议事的时候做到有理有据。(3)尊重他人,尊重居民议事制度,在议事的时候做到有礼有节。(4)在议事的时候充分发表自己的意见,议事结束形成决议后,尊重决议,并积极配合执行决议。

社区议事会日常工作按照以下五个方面的制度运行。(1)坐班制度。每周一至周五对外办公,周六周日实行电话预约,村干部轮流坐班。(2)首问责任制。群众办事问及的第一位工作人员为首问责任人。首问责任人对群众咨询的事项能当场答复的必须当场答复;不能当场答复的,应详细记录咨询内容并承诺答复时间,限期答复。(3)一次性告知制度。对群众申请办理或咨询的事项,应一次性准确告知事项办理部门、办理流程、所需材料、办理时限等。对不符合政策,确定不能办理的,应耐心细致做好解释工作。(4)代办服务制度。受理群众代办事项申请后,对符合受理条件、资料齐全的必须在规定时限内予以办理;资料不全的,及时告知补全有关手续,事项办结后,应及时主动回复办事群众。(5)责任追究制度。对违反法律或有关制度,给国家集体利益、办事群众合法权益造成损害或其他不良后果,服务态度差,办事超时等造成不良影响的,办事群众有权投诉举报。经查属实的,按有关规定追究相关责任人的责任。

议事理事流程如下图所示。

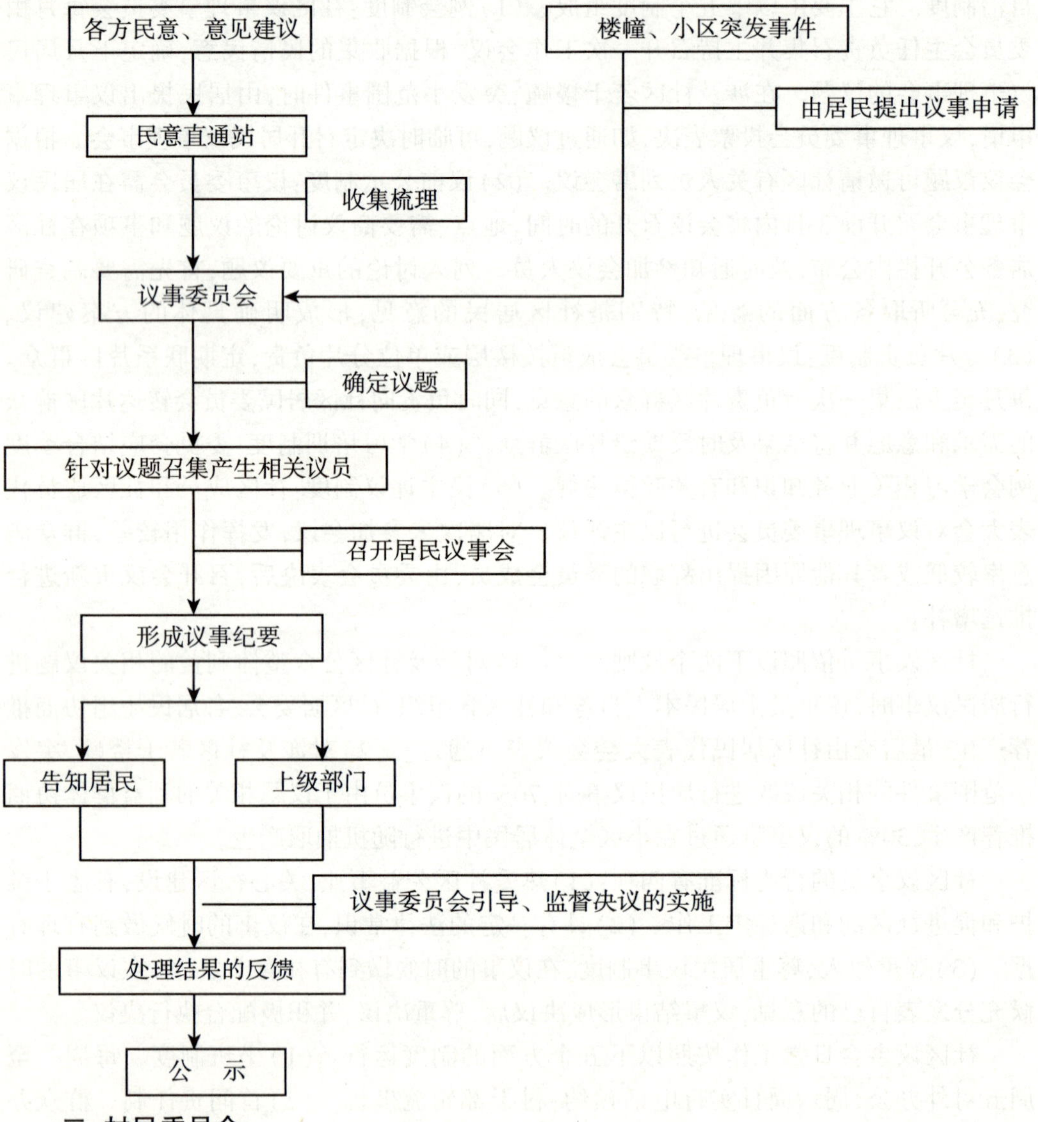

二、村民委员会

村民委员会是村民自我管理、自我教育、自我服务的基层群众性自治组织,村民委员会由主任、副主任和委员,一般依人口规模而定,由3~5人或7~9人组成。如皋市村民委员会在如皋市政府的领导下,对村民参与公共事务管理,办理本村的公共事务和公益事业,调解民间纠纷,协助维护社会治安,向人民政府反映村民的意见、要求和提出建议等起到巨大的作用。

（一）村委会职能

1. 办理本村的公共事务和公益事业；

2. 调解民事纠纷；

3. 协助维护社会治安；

4. 向人民政府反映群众的意见、要求和提出建议；

5. 经济管理职能；

6. 宣传宪法、法律、法规和国家的政策，教育和推动村民履行法律规定的义务；

7. 教育村民爱护公共财产，维护村民的合法权益和利益，发展文化教育，普及科技知识，促进村和村之间的团结、互助；

8. 开展多种形式的社会主义精神文明建设活动；

9. 多民族村民居住的村的村民委员会，应当教育和引导村民加强民族团结、互相尊重、互相帮助；

10. 协助有关部门，对被依法剥夺政治权利的村民进行教育、帮助和监督；

11. 履行法律、法规规定的其他职责。

（二）村委会制度建设

1. 民主选举依法进行

多种形式宣传村委会选举方面的法律法规，村委会及其下属组织和村民小组及所有需要民主选举产生的群众性组织，产生程序合法，无非法剥夺村民选举权和被选举权的行为，无暴力、威胁、贿选、欺骗、伪造选票等严重破坏选举的行为。村无任何组织或个人指定、委派、撤换或变相撤换村委会成员的行为，无违法罢免村委会成员的现象。

2. 民主决策科学规范

有完善的村民民主议事决策制度和议事规则。村民当家做主的民主权利得到保障，无侵犯民主权利行为的发生。落实“一事一议”制度，凡涉及全体村民利益的重大问题，均由村民代表大会讨论决定。村民委员会依法办事，所作决定不与法律法规相抵触。

3. 民主管理扎实有序

村民自治章程和村规民约为基础的各项民主管理制度规范健全，符合宪法、法律、法规和国家的政策，并得到严格执行。村干部实行依法管理，能组织群众参与民主管理公共事务。村每年至少召开一次村民会议，每季度至少召开一次村民代表会议。村委会公章、财务、用人用工等管理有序，台账资料完整，并有专人保管。

4. 民主监督切实有效

设立意见箱并建有固定的室外公示栏。村委会干部依法接受群众监督，全面实行村委会向村民代表大会报告工作制度。村务公开制度健全并得到落实，村财务情况于下一季度 5 日前公布，其他村重大事务，应在议定或落实后两日内详实公示，群众有疑问的，村委会应在 10 日内给予解释和答复。建立村民主监督小组、村务公开监督小组，确保广大村（居）民知情权、参与权、监督权得到落实，群众满意率达到95%以上。村有规范的集体审批程序，村级财务定期审计，群众对财政情况清楚、满意。每年对村“两委”成员至少进行一次民主评议，无不合格的村“两委”成员，无村（居）民委员会成员被依法罢免，无党组织成员受党纪处分。

（三）村务公开制度

1. 村务公开在党支部领导下，由村委会组织实施。

2. 村务公开的形式和方法根据实际情况因地制宜，可采取张榜上墙、有线广播、召集村民会议或村民代表会议等形式公布；公开的内容要简洁，便于群众了解。

3. 要切实加强民主监督，凡属村民关心的热点问题以及村里的重大问题都应向村民公布。

4. 公开的时间定于1月18日、4月18日、7月18日、10月18日，必要时可随时公布。

5. 第一次村务公开后，党支部和村委会要及时召开党员大会、村民会议或村民代表会议，广泛听取群众意见，对群众提出的疑问和要求，要及时作出解释和答复；对不符合有关法律、法规和大多数群众不赞成的事情，要坚决纠正。

（四）公共措施与便民措施——城乡便民重点举措

1. 全面推行社区错时工作制

在全市城乡公共服务中心建立“八小时外错时、预约、上门服务”的工作制度。在社区正常工作时间外，每天安排若干名社区工作人员错时、延时上班，实行轮流坐班制，确保每个错时延时工作时段都有工作人员在岗。双休日、所有节假日安排若干名社区工作人员在岗。把社区工作人员分为“A、B”二组，“AB”岗必须熟悉对方工作职责、操作规程等业务，在一方错时工作时，另一方能够代替履行职责。通过网站、小区宣传栏、发放预约电话卡等方式向社区公开预约电话，告知双休日及错时延时上班工作时间，村民可通过电话与社区预约办事，提高工作效率。改进服务方式，变“坐等式”服务为“上门式”服务，根据社区居（村）民实际需求办理各类代办服务项目，主动为群众提供服务，不断提升社区公共服务质量。

2. 实施公共服务设施全天候开放

社区公共服务设施是社区公共资源，为充分发挥社区服务设施的作用，满足村民学习、休闲、娱乐的需求，在全市实施社区公共服务设施对村民365天全天候开放制度。开放设施包含篮球场、乒乓球场、羽毛球场、游泳池、足球场、健身室、阅览室、棋牌室等设施。各地要完善服务中心场地安全保卫的相关规章制度，制定突发事件应急预案，预防并妥善排除各类安全隐患。加强社区健身、娱乐设施监管、维护，防止其损坏、流失或被挪作他用，有专人负责所在辖区服务设施，具体负责社区服务设施开放工作的推进、指导和协调工作。

3. 开展多种形式的水电费代收代缴服务

针对社区部分村民反映水、电、煤气等费用缴款难的问题，城乡社区服务中心通过群众事务党员代理、银行代扣代缴,设立“社区缴费一站通”等多种形式开展水电费代收代缴,为村民提供便捷的水、电、煤、汽车票的便捷服务。“社区缴费一站通”站点可采用邮政公司开发的互联网“苏邮惠民”连锁公共服务系统,村民只需提供相应的账号,即可在“社区缴费一站通”实现,水费、电费、煤气费的查询和缴纳,并可实现移动、联通、电信话费的充值,同时“社区缴费一站通”还能代售汽车票、飞机票。村民在“社区缴费一站通”完成缴费后,其所缴纳费用会即时到账。

4. 建立社区(居)村委会、业主委员会、物业公司三方联席会议制度

社区(居)村委会在社区党组织的领导下,建立健全社区(居)村委会、业主委员会和物业公司三方联席会议制度。(1)明确职责:(居)村委会在三方联席会议制度中占主导地位,建立健全相关议事制度,指导、监督和管理业主委员会、物业服务企业的工作,借助社区网格化服务工作网络,了解社情民意,接受广大居民对物业服务的监督。(2)定期会商:三方联席会议每月至少召开1次,会议由(居)村委会召集,业主委员会和物业公司参加,也可根据需要邀请驻区单位参加。主要任务是对事关小区的整体事务,带有普遍性的问题制定统一的目标和工作措施,重大问题三方共同研究,重要工作三方共同行动,工作互相通气,互相补充,互相支持。对本社区的重要事项,在深入调查研究、广泛征求居民意见的基础上,提出解决方案,切实解决社区在物业管理方面存在的突出问题。

5. 建立走村入户联系群众制度

建立日常化走村入户走访制度。城乡社区实行网格化服务管理,村委会成员、网格化管理员每人分别挂钩联系一个片区开展工作,每月至少走村入户30户,开展民意调查、民情恳谈、广泛听取群众意见,履行好民情民意收集、矛盾纠纷调解、居民群众服务、政策法规宣传、群众自治指导、社区工作监督等“六大员”职能。每个村设立民意信箱,及时反映各项政策和措施的落实情况,提供民情及工作信息。按月排查本级无法解决的疑难诉求,每月25日前上报乡镇(街道)。对于重点诉求对象,要落实结对人员经常沟通交流,做好疏导工作,确保就地化解,并开展力所能及的帮扶工作。注重发挥村民委员会的作用,引导村民参与政策宣传和落实情况的监督,参与社区服务管理的具体工作,组织发动所在村民开展互助自救。

6. 开展农技、农资便民服务

以解决农民最关心、最直接、最现实的问题为重点,突出进村入户,讲求实效。组织入户指导。联系农技人员进村入户,现场面对面地开展咨询培训,大力普及农资识假辨假常识,指导农民在购买农资时要索取票证,使用农资时要科学规范,严格执行休药期、安全间隔期等规定,提高农民的质量安全意识和维权能力。组织放心农资下乡进村。引导和鼓励当地信誉好、产品质量好、技术服务能力强、售后服务优的农资企业下乡宣传,组织诚信企业或农资行业协会公开质量承诺,并组织优质放心农资产品到乡镇、村直接供应。

（五）村委会制度创新范例

1. 整合站室功能

按照“功能整合、一室多用”的原则，对村所有站室场所进行整合，确保办公场所最小化、服务区域最大化、社会效益最优化，具体整合规范为“五室三站两栏一厅一校一场一超市”：

（1）“五室”——村党组织和村委会（含村监委会、村经济合作社）工作室、综治警务调解室、多功能室、图书（电子）阅览室、资料（财务）档案室；

（2）“三站”——人力资源和社会保障服务站、卫生计生服务站、居家养老服务站；

（3）“两栏”——宣传栏、公开栏；

（4）“一厅”——“一站式”服务大厅；

（5）“一校”——村民学校；

（6）“一场”——文体活动广场；

（7）“一超市”——便民超市。

村干部原则上不单独设立办公室，日常办公应统一在“一站式”服务大厅内进行。

2. 规范标牌设置

规范村服务平台名称及中心外挂标牌，同时按照“固定＋活动”的悬挂方式对功能站室标牌进行整合。

（1）村公共服务中心统一规范命名为“××镇/区/街道××村/社区公共服务中心”，门前醒目位置设置“两牌一标识”，其中“两牌”即村党组织、村民委员会；“一标识”即“中国社区”标识。

（2）村站室日常悬挂标牌为：“两委”会工作室（同时挂村监委会、村经济合作社工作室牌子）、综治警务调解室、多功能室、图书（电子）阅览室、资料（财务）档案室、人力资源和社会保障服务站、卫生计生服务站、居家养老服务站、“一站式”服务大厅、村民学校。其他标牌结合实际需要临时加挂。

3. 明确上墙制度

根据村公共服务中心功能站室的主要服务内容，确定固定上墙制度为19项。其他不在19项之列的，均应改为书面“制度”、电子“制度”或取消，必要时可临时悬挂。

4. 清理规范台账资料

按照清理、保留、整合、精简、改进的原则，对基层台账资料分门别类、科学整合，规范设置、归口管理，将台账资料种类降下来，实际效能提上去。根据南通市《关于进一步清理规范基层台账的实施意见》（通委发〔2014〕32号）规定的城乡社区台账资料“3＋1”指导目录和基层台账正面清单，结合我市实际情况，将我市基层台账资料优化设置为基础资料模块和工作记录模块。基础资料模块分为村概况、三资经营管理和自治管理资料三部分，作为开展日常工作基础和依据的基础资料模块应备准备全，并根据变化情况和有关要求及时更新完善、长期留存，同时要根据相关规定定期移交相应档案部门。工作记录模块实行“1＋X”模式，“1”即村综合记录本，明确专人负责记录,主要记录重要会议、重要活动、重要决策、综合性事务等各类集体活动。“X”即村干部人手一本“工作原始记录”(含创建类台账),原则上采用活页记录本,如南通市级及以上机关配发有专项工作记录本的,则按照上级要求执行。本市市镇两级不得配发或要求村配备专项工作记录本。个人工作原始记录主要由村干部根据各自工作分工,记载日常工作开展情况,并作为专项工作(包括创建工作)的台账资料,每年底按照基层台账资料正面清单进行归类整理并分类归档。阶段性台账(如各类创建工作台账)实现动态监管,阶段性工作结束后,及时清理取消相关台账工作。

经过清理规范,总量上,镇(区、街道)在村设立的台账全部取消。在形式上,积极推进基层台账资料电子化,城市社区以电子台账为主,纸质台账为辅,除工作原始记录、履职履约协议等确需建立的纸质台账外,其他纸质台账一律取消,农村电子台账与纸质台账并存,经过两至三年逐步过渡到电子台账为主,纸质台账为辅。在内容上,正面清单之外的台账一律取消,同时大力推进智慧城市、智慧社区建设,优化集成民政、人社、卫生计生等部门现有的信息基础设施和应用系统,探索建立“基层基础信息数据综合采集交换平台”,实现各类信息资源的互联、互通、共建、共用,推动台账工作的管理创新。

5. 规范创建评比活动

要加强源头管理,严格规范各类创建达标、检查评比活动,除上级明确提出要求开展的和批准保留的项目外,其他一律取消。各类创建达标评比表彰活动,除上级有明确对村要求的以外,各镇、各部门不得自行延伸到村并要求设立台账资料。要求基层设立台账资料的,要严格按照上级考核细则和创建要求建立台账,不得层层加码,增设台账项目和内容。

三、城乡居、村民自治经验与成效

(一)基本经验

1. 注重法律宣传

结合基层工作任务及阶段性形势特点,充分运用报纸,广播,电视、宣传栏、法治文化阵地以及手机、网络等新媒介,通过文字、图片、声频、视频等形式,广泛宣传村(居)委会选举的有关法律、政策和村(居)民自治的相关政策,使基层民主选举的意义和目的、方法与程序等家喻户晓。通过宣传教育使广大党员干部尊重村(居)民的民主权利,并引导广大村(居)民珍惜民主权利,积极参加选举、参与民主决策和管理,为村(居)委会换届选举、民主决策的顺利实施、民主管理和民主监督的全面落实的奠定了良好群众基础和民主基础。

思想是行动的先导,共识凝聚力量。为提高基层干部依法管理村务能力、增强居民群众的法律意识,各镇(街道)把基层民主法治宣传教育作为推进基层民主建设的一项重要举措。通过开展基层群众喜闻乐见的民主法治宣传教育活动,大力宣传和普及《宪法》《中华人民共和国村(居)委员会组织法》等法律知识,培育了社区居民及社区社会组织遵守法律、依法办事、依法维护合法权益的意识和习惯,提高基层群众及社会组织自我约束、自我管理的能力。

2. 强化基层治理

推行基层社会网格化管理创新，以“务实高效、便于管理、按需聘用、精干适度”的原则，在全市推行以村（居）民小组或若干楼栋（150～200户）为单位聘用村（居）民小组联络员。村（居）民小组联络员主要从村（居）“两委”成员，机关、企事业单位退休（职）干部以及村（居）民代表等群体中择优选聘。村（居）民小组联络员由本村（居）民小组推荐产生，经组织考察并经村级党组织集体讨论决定后，由村（居）委会与联络员签订公益性服务协议书，实行一年一聘。其职责主要是履行政策法规宣传、社情民意信息收集、矛盾纠纷调解、村级事务协管、民主管理监督、村（居）民事务代理等职责。村（居）民小组联络员的工作补贴，采取“固定考核补贴+临时服务补贴”的办法落实，其中固定考核补贴根据服务范围的大小及村级经济情况等因素，由基层政府视情况确定。

3. 推行“政社互动”

为进一步加强基层民主自治建设，从2014年起，如皋市在学习和借鉴外地先进经验的基础上，在全市各镇（街道）城乡社区推行政“政社互动”模式。一是明晰权责边界。梳理细化《基层群众自治组织依法履行职责主要事项》和《基层群众自治组织依法协助政府工作主要事项》两份清单，明晰基层政府与基层自治组织的权力边界和职责范围。二是实施协议管理。以《基层群众自治组织协助政府管理工作协议书》的方式，明确各城乡村（居）委会帮助基层政府工作事项的内容要求、政府需要提供的业务指导、经费保障和双方违约责任，基层政府和村（居）委会之间建立依法履职、契约管理的新型工作模式。三是规范双向评估。成立多元化评估主体，对双方履约情况进行双向评估。

4. 加强队伍建设

为适应新形势下基层自治组织提升服务效能和服务居民群众的要求，加强如皋市基层干部的专业化队伍建设，市民政部门于2014年和2015年下发展《关于组织全市村（居）干部参加全国社会工作者职业水平考试工作的通知》，并邀请省内外专家教授，对参考的社区干部进行社会工作常识与实务免费培训，组织全市城乡社区500人参加全国社会工作者职业资格考试报名，通过培训和考试，全面促进了城乡社区基层干部社会工作能力素质的提升。

5. 落实民主制度

各城乡社区按照基层自治组织建全、制度落实、成效明显、群众满意的要求，狠抓村务、财务公开的制度化、规范化建设，在村（居）委会醒目的位置设置统一、规范的村（居）务、财务公开栏，及时、定期公布村民普遍关心的村务和财务情况，确保公布内容的真实性，主动接受基层群众的查询和监督，使村务、财务公开栏成为落实基层“四个民主”的“阳光栏”、融洽基层干群关系的“连心栏”。全市各镇（街道）结合村（居）制定的自治章程、村（居）规民约，各镇（街道）通过进一步细化“四个民主”制度操作程序,以村务公开和财务公开为重点规范“两公开”的形式、时间、内容,切实保障基层群众的知情权、参与权、表达权和监督权。通过民主选举、村(居)民委员会议、村(居)民代表会议、民主评议干部、提高了村民自我教育、自我管理、自我监督的能力。

(二)取得的成绩

在江苏省、南通市市委市政府的领导下,如皋市委、市政府坚持“以社区和谐促进社会和谐,推动经济建设、政治建设、文化建设、社会建设和生态建设的全面协调发展”的总方针,以社区建设为重要抓手,坚持基层民主自治制度建设,既提高了广大农民的民主法制观念、政治参与意识、自我治理能力和民主管理基层水平,又使广大居民群众真正成为了社区管理和决策的主人,促进了城乡社区经济社会的全面发展。经过全市基层干部群众的共同努力,城乡社区建设也取得了较好的成绩。2006 年,如皋市被评为江苏省“村民自治模范县市”。2011 年,如皋市顺利通过全国农村社区建设实验全覆盖示范县验收。搬经镇芹界村荣获“国家级民主法治示范村”称号,如城镇孔庙社区等 8 个社区被评为“全国百佳学习型社区”,东陈镇万福居、石池村等 47 个村(居)荣获省级民主法治示范村(居)称号,下原镇花园头村、长江镇(如皋港区)红星居等 9 个村(居)被命名为“江苏省和谐示范社区”。2012 年,如城街道办、长江镇等 6 个镇被评为“江苏省和谐社区建设示范镇”,如城街道城东居、东陈镇尚书村等 20 个村(居)被评为“江苏省和谐社区建设示范社区”。2013 如皋市基本实现省级和谐社区全覆盖,90% 以上的镇(街道)、村(居)分别建成省和谐社区建设示范单位,如皋市成功创建“省和谐社区建设示范城区(市)”。2014 年长江镇平南社区、如城街道的花园社区被评为“全国和谐示范社区”。

第三节　行 业 组 织

如皋市基层行业组织发展的如火如荼,基层行业组织对社会发展产生巨大的影响力。在信息、交通迅猛发展的今天,基层行业组织是诸多社会活动的主要承担者,在处于转型时期的社会大环境下,在诸多社会生活领域,各行业的社会组织发挥着重要的作用,为人民的社会生活提供服务、增添便利、丰富乐趣。

一、基层行业组织历史沿革

1991 年如皋市成立第一家行业协会类社会组织如皋市畜牧兽医协会。社会组织成立开始初期,主要依靠政府部门推动,这些行业协会存在先天不足,行政机关工作人员在协会兼任职务的现象相当普遍,许多行业协会的办事机构与政府部门工作机构合署办公,具有比较浓厚的官方色彩,不能发挥行业协会所具有的作用。随着社会经济发展,行业协会在社会发展中的作用得到人们的认可,行业协会逐渐发展壮大,数量逐年增多,截至 2015 年年底如皋市,据对全市登记造册社会组织的调查统计,共有注册登记的社会组织 1243 个(其中,城乡社区社会组织 950 个,社会团体 199 个),2015 年新注册登记的社会组织634家(已办理组织机构代码的410家),按全市142万人计算,每万人拥有社会组织登记数为9.54个,这些社会组织涉及商业、科技、教育、卫生、公益慈善、社区服务等行业。初步形成了发展有序、门类齐全、层次不同、覆盖广泛的社会组织新格局。

二、基层行业组织职能

1. 服务发展

近几年来,如皋市各类行业协会发展速度加快,社会认可度得到很大的提高。行业协会类社会组织在各类企业提供服务、开拓市场、协助政府进行行业管理等方面做了大量的工作,在促进如皋市经济发展中起到了积极作用。比如,消费者协会有助于调解基层社会消费者权益纠纷,进而致力于经济发展的社会大局,解决发展中的各种难题,为发展提供强而有力的臂膀。

2. 服务社会

致力于社会建设,维护基层社会自治,关注民情、维护民安、促进民和、通达民意,促进社会稳定有序的发展。例如,老年人体育协会是老年人自我管理,自我娱乐、自我服务的老年社会组织,多年来,在维护老年人权益,丰富老年人生活,组织老年人参与经济社会建设,开展文体活动方面发挥了纽带作用。

3. 服务群众

始终坚持全心全意为人民服务,强化服务理念、提升服务能力,着力改善民生。如:2015年3月5日上午,在伊优百货广场,围绕"弘扬雷锋精神,携手共建美好家园"的活动主题,组织了如皋博爱医院、如皋文慈医院、如皋市绿叶义工志愿者服务队、如皋市律师协会、如皋市基层法律工作者协会等10多家社会组织党员志愿者服务队开展了送医、送科技、送法律、送文艺的"四送"志愿服务社区行大型活动。将7月份作为"小亭社区志愿服务活动月",拟计划在如城镇安定社区启动了社会组织的医护专家为老人健康知识讲座和健康体检及社区志愿者深入空巢老人家庭,了解一次老人的身体状况和生活情况,陪老人聊一次天的志愿活动,为推动我市地方经济发展作出了积极的贡献。

三、基层行业协会制度建设亮点

(一)加强社会组织监督管理

为强化对社会组织的监督管理,结合社会组织评估,如皋市对部分社会组织的管理、财务等制度落实及运行状况进行了抽查,对发现的管理制度不规范、财务制度不健全等问题,采取跟踪问效的方式限期整改,推动了社会组织健康发展。同时在监督管理过程中,根据省、市有关要求,结合如皋市实际,对2A以下社会组织,采取与年检同步推进的方式进行,目前,已有182家社会组织申报参评1A级、2A级、3A级的社会组织,占应评总数的51.4%。有1家社会组织申报5A级、3家申报4A级社会组织,其他组织对照标准、完善相关申报资料。

（二）推进行业协会商会与行政机关脱钩

为贯彻落实党的十八大、十八届三中全会精神和《国务院机构改革和职能转变方案》《国务院办公厅关于加快推进行业协会商会的改革和发展的若干意见》和如皋市政府《关于加快转变政府职能建设服务型政府的意见》，并根据省、市政府有关要求，就做好行业协会等社会组织与行政机关脱钩工作，制定了《关于开展行业协会商会等社会组织与行政机构脱钩的工作方案》，以推进政社分开、权责明确、依法自治的现代社会组织体制建设为目标，2015 年 5 月底前，推动行业协会商会与行政机关全面脱钩，努力实现行业协会商会自愿发起、自选会长（理事长）、自筹经费、自聘人员、自主会务和无行政级别、无行政事业编制、无现职国家机关工作人员兼职，将我市社会组织培育成自主办会、自主管理、自我发展的社会团体，促进社会和谐稳定。

（三）创新社会组织年检

为做好全市社会组织年度检查工作，如皋市政府每年组织召开了社会组织年检暨社会组织评估工作部署会，拟发了《年检与评估会议资料汇编》，对年检与评估的时间、要求等进行了明确，对社会组织等级评估进行了业务辅导，会上四家优秀的社会组织作了经验交流。采取委托审计的办法，委托三家具有审计资质的会计事务所，对社会团体和民非企业单位进行审计，确保了年检实效。建立社会组织 QQ 群，通过建立如皋市社会组织管理群的方式与社会组织保持沟通，督促其及时参加年检，并通过 QQ 群为新成立社会组织再现答疑解难。目前，已对 325 家社会组织进行了年检（应参加 188 民非企业、166 家社会团体，共 354 家），年检率达到 91.8%，年检合格的单位在如皋市社会组织网上及时进行公示，促进了社会组织规范化管理。

（四）加强人员培训，学习外地先进经验

如皋市政府对全市 256 名社区干部免费组织进行社会工作常识和技能培训，通过学习培训，既提升社区干部的能力素质，又推动了社区社会工作者职业化队伍建设，同时为筹划建设如皋市社会组织服务指导中心，组织人员先后到苏州太仓、海门等地学习社会组织服务指导中心建设先进经验，拟定了社会组织服务指导中心建设方案，正在协调相关场所，争取早日建成市级社会组织服务指导中心，以推动全市社会组织快速健康发展。

第六章　公民权益保障

第一节　法 制 教 育

一、不同时期法制教育的重点对象与主要内容

1981年实施普法规划前法制宣传，如皋县司法局组织基层司法助理员和公社公安特派员及普法教员深入机关、工厂、学校及社队宣讲法制常识。1982年，在全县各区、公社，集中培训200多名写作骨干，根据《刑法》《婚姻法》《民事诉讼法》《社会治安管理处罚法》等法律、法规主要精神，编写法制宣讲教材，运用县、乡两级有线广播，播放法制宣讲录音带300余场(次)。1983年，司法局选自全县27个典型案例编印宣讲资料，组织律师、公证员、骨干示范宣讲，全年举办各种报告会135场，上法治课3025课时。1984年司法局以《经济合同法》为主题有目的地向厂长、经理、供销员、采购员、财务人员及有经济实体的社队干部和单位负责人27,000余人(次)宣讲。1985年司法局编印20余万册《职工法律读本》《农民法律读本》连同上年以《中华人民共和国宪法》《刑法》《婚姻法》为主要内容，编写的宣讲资料10期35,000余份，一起下发至区、乡、村及机关、工厂、学校作为宣讲和培训骨干的教材。帮助基层培训骨干，举行结业考试，总平均成绩92分。司法局在宣传形式上注重多样化，1981～1985年，共出黑板报3534期，办法制专栏875期，展出图片3568张、绘制宣传画182幅，电影映前宣传328场，接待法律咨询5343人(次)，张贴宣传标语2087张，拉过街横幅35幅，文艺宣传演出221场。

(一)“一五”普法宣传

自1986年起，与国民经济五年计划同步，司法部组织开展普及法律知识的“五年普法宣传活动”，简称“一五”普法宣传。司法局首先举办县级机关、乡(镇)、村干部及全县普法教员培训班，规范巡回授课方式，举办9期8400余人(次)受的法制培训班，结业时书面测试，及格率100%。司法局与县文化局联手，创作排练一台法制专场文艺宣传节目，代表南通市赴连云港参加苏北片法制文艺会演，回县后在各乡镇巡回演出30余场。在全县范围内广泛开展学法用法活动，取得显著效果，如皋县被评为江苏省普法先进县(市)，县分管领导在省表彰大会上作典型介绍，并当选为出席全国普法先进单位表彰大会代表，如皋县获全国“一五”普法先进县(市)称号。

(二)“二五”普法宣传

1991～1995年，“二五”普法的重点内容为工会法、妇女法、残疾人权益保障法、老

年人权益保障法、治安管理处罚条例，简称“四法一条例”。另外对不同对象有选择地宣讲《公司法》《反不正当竞争法》《消费者权益保障法》《经济合同法》《教育法》《劳动法》等，并辅导学习《邓小平论民主法制建设》等理论，“二五”普法期间，如皋市建立180余人的普法联络员队伍和28人的常年普法讲师团，深入进行法制宣讲的同时，组织全市广大青少年参加各级法律知识竞赛，在南通市司法局组织的经济法规知识竞赛中，如皋代表团获团体总分第一名。“二五”普法期间，全市受教育98.9万人(次)，顺利通过南通市检查验收。

（三）“三五”普法宣传

1996～2000年，如皋市司法局每年开展“普法宣传月”活动，组织“三五”普法大棚车开进农村大道和城镇街巷，重点宣传普及《行政诉讼法》《行政处罚法》《行政复议法》《行政监察法》《国家赔偿法》《刑法》《刑事诉讼法》《合同法》《担保法》《价格法》《会计法》《民事诉讼法》《民法通则》《票据法》《劳动仲裁法》《保险法》《银行法》《未成年人保护法》《预防未成年人犯罪法》等20多部法律法规。将“三五”普法宣传与社会主义法治国家、法治社会、依法治国、依法治市教育紧密结合，全市受教育200余万人(次)，10多万名重点普法对象参加南通市统考，成绩均在及格线以上。南通市领导几次到如皋实际考察，对如皋的“三五”普法和依法治市同时给予高度评价。2000年，被江苏省委、省政府评为法制宣传先进集体。

（四）“四五”普法宣传

2001～2005年，“四五”普法中，如皋市司法局邀请上海复旦大学、南京河海大学、南京审计学院、扬州大学，以及省和南通市知名法学教授和专家为如皋400多名副科级以上现职领导干部和司法执法人员作法制讲座，市委出台领导干部学法用法具体规定。司法局与教育局联手，给96所初中以上学校聘配法制副校长或辅导员，举办《法制校园行——校园让暴力走开》大型文艺晚会。召开依法治校经验交流会，组织由6所学校负责人和部分师生代表组成的学习考察团赴江苏第一少年犯管教所接受警示教育。司法局制定普法“百分督查标准”，让各级领导、部门、单位的普法督查和考核有法可依。对分散的个体农民，每10户配备1名法制辅导员或普法志愿者。“四五”普法期间，宣讲普及法律100余部，顺利通过省和南通市验收。

（五）“五五”普法宣传

2006年，“五五”普法启动。如皋市司法局先到30多家镇、村、企事业单位调查研究，征求基层民众对普法的需求和意见，除听到大量有益建议外，还收到55篇有价值的论文。市司法局在如皋“两台一报”(电台、电视台、《如皋日报》)和如皋人大、政府、司法行政三大网络，开辟普法专题新栏目，推行领导干部“卡”“网”“碟”学法套餐，打造学法平台，建立领导干部和公务员法律知识考试基地。领导干部和公务员任前法律知识必考形成制度，每年的“12·4”法制宣传日，结合年终考评检查普法情况。2007年举办首届《法制创和谐》广场文艺调演活动。随后与依法治市办公室、社会治安综合治理办公室、公安局、人民检察院、人民法院等多家单位一起，在安定广场和如城、常青、九华、下原、江安、丁堰、经济开发区等处共同举办《法制创和谐》专场文艺宣传演出。2010年,投资建成新世纪法制文化广场,“12·4”全国法制宣传日当晚,举办如皋市第四届法治文艺调演。5年间,共编印各类学习辅导、宣传宣讲材料、“法律读本”、各级干部法制宣传卡四十余种共333万余件。顺利通过省和南通市对如皋的“五五”普法检查验收。

(六)“六五”普法宣传

2011年,“六五”普法启动。从2011年起,如皋市紧抓普法要旨,深入民众生活实际,从大众关心的地方入手,展开来、铺开去的司法宣传活动连年展开,其中2015年9月7日,南通市人大常委会副主任王向红率领的南通市“六五”普法终期检查验收组对如皋市“六五”普法工作进行考核验收。如皋市人大内务司法工委主任季淼作为行风监督员参与考核。考核验收工作采取听汇报、召开座谈会、查阅资料和走访考察等形式进行。如皋市委常委、政法委书记缪小华代表市委、市政府对“六五”普法工作进行了汇报;检查组观看了如皋市“六五”普法工作专题汇报片、查看了台账资料;召开了五类学法重点对象主管部门负责同志、学校、企业代表召开座谈会,听取他们的总结汇报。检查验收组先后到如皋市交通局、环保局、江安镇、搬经镇、南通华冠电器有限公司、长江青少年法治宣传教育基地、市法治宣传教育体验中心等进行实地查看,深入了解“六五”普法工作的开展情况。检查结束后,检查组对如皋市“六五”普法工作取得的成绩给予了充分的肯定,认为如皋市领导重视、保障有力;重点突出,分类施教;注重提升,彰显特色;创先创优,长效显著,多项工作走在了全市前列。

二、普法教育责任主体及其分工情况调查

(一)政法委

如皋市政法委通过牵头、组织、督导和总结等方式,在如皋全省内统筹普法宣传活动,注重妇女儿童老人、残疾人、外来务工人员和失业人员的法律宣传,取得卓有成效的进展。

(二)公安局

如皋市公安局每年重点进行三到四次普法宣传活动,近年来已经投入7000多人次进行其中,通过如皋市公共资源,如皋市电视台、电台、公安局微博、社区宣传橱窗、专门性报纸、印发普法宣传册、设立专门的法律咨询台等活动,每年投入普法专项经费20余万元,结合平时的出警活动等,将法治的观念灵活宣传,多面运用。

(三)检察院

如皋市检察院的普法责任人为检察院全体检察干警,为此,检察院专门成立了以检察长为组长、副检察长为副组长的普法领导小组,定期召开普法领导小组会议,每年均研究制订普法工作计划,总结工作开展情况,明确工作要求,全面加强普法工作。近年来共投入普法经费150万元,开展了多样态的普法形式,如法律“六进”:法律进机关、进乡村、进社区、进学校、进企业、进单位;信息调研宣传:“宪法在我心中”征文活动;开展职务犯罪预防系列活动;编撰普法邮品;张贴廉政漫画;开展举报宣传周、检察

长巡回接访、检察开放日、新闻发布会；参加普法名嘴、法治梦中国梦摄影大赛等法治文化活动；打造微博、微信等新媒体普法阵地；案件信息公开、以案释法；提供法律咨询。

其突出的普法举措有：(1)畅通检民互动联系渠道。指定专人在网上窗口开展在线答疑，累计接待群众法律咨询100余人次，及时发布重要案件信息62则，提供法律小贴士等法律提醒35条。(2)打造新媒体网络宣传平台。2013年，如皋市检察院率先在南通开通了“如皋检察”官方微博和“正义如皋”公众微信，推送新法速递、以案说法等法制资讯。探索运用微电影、微动漫等新形式推介检察工作，编发微信190期，微博403条。(3)探索微电影等形式的法律宣传。目前已拍摄《步步紧逼》《最后一刻》微电影2部，制作《雉水检爰》微动漫1部，上线发布后均获得网友点赞，大获好评，收到了普法宣传的良好效果。(4)建成职务犯罪警示教育基地。如皋市检察院于2013年3月在长江镇建成“如皋市预防职务犯罪警示教育基地”，并投入使用。(5)开展检察特色专题法制活动。运用检察资源，发挥自身职能优势，紧扣举报宣传周、检察开放月、“5·20”思廉日、“12·4”法制宣传日、“12·9”国际反腐日等重要节点，通过设置法律咨询台、举办知识讲座、发放法制宣传册等方式，送法进企业、进机关、进村镇。

(四)法院

1. 法院普法活动概况

如皋市人民法院把解决民生问题作为法制宣传教育工作的根本出发点和落脚点，把为群众服务贯穿于法制宣传教育工作的全过程，把弘扬法治精神作为法制宣传教育的重要价值追求，设立了普法办公室，配备了专职普法辅导员，负责宣传教育与法律事务的处理，每年召开专门党组会，研究制订年度工作计划，细化普法宣传工作方案，落实工作责任，明确普法联络员，讲师团成员及8名法制副校长，将普法宣传工作列入岗位责任制的一项考核内容，并加大了考核力度，加强督促检查，为法制宣传教育提供了强有力的组织保障。同时，班子成员带头学法，并撰写调研文章，超额征订各类普法资料，在财力上也得到充分保障。

如皋市人民法院立足本地实际，充分利用自身的优势条件，积极与新闻媒体合作，在继续保持与南通电视台、南通日报社、江海晚报社、如皋电视台、如皋发布等新闻单位良好的合作关系的同时，努力加强与更多的新闻媒体的合作，特别是重视通过现代的通讯手段，发展和加强了与中国法院网、正义网、东方法治网、省高院网、中新社图片网、华东图片网包括南通中院强制执行网的编辑们的联系，中国法院网等网站的编辑经常发电子邮件来约稿。由于开拓了网络新阵地，用稿数量逐渐上升，用稿质量得到提高，国家级、省级用稿比例显著上升，2011年宣传稿件达157篇，2015年如皋市中级人民法院宣传稿件被各级各类媒体采用824篇，审判动态和社会管理创新工作的方方面面都能够及时向社会展示。同时，每年邀请人大代表、政协委员、社会各界视察法院普法工作4次以上。

如皋市人民法院大力推动法制宣传教育工作的实施，以举办法制讲座、开展法律咨询、法制展板巡展、张贴典型裁判文书、发放法制宣传手册为形式，用与经济社会发展和人民群众生产生活密切相关的具体案例，深入浅出地向人民群众宣传法制知识，提高居民的法律素养，进而提高他们学法、用法、守法的自觉性；近两年开展各项法制宣传活动80余次（含基层法庭），制作并分发普法邮品1万封，自编法律书籍10多册；充分发挥法制副校长、法制辅导员作用，以“院校共建”为平台，积极送法进校，扩大普法工作影响面和带动面；精选离婚、分家析产、赡养方面的典型案例，进行巡回审判200多次，结合办案讲解法律，有效增强了群众的法律意识；创新普法形式加强未成年人法制教育，在如皋实验小学试点，成立如皋法院未成年人法制教育联系点，通过组织学生旁听庭审、参观法院，开展“童眼看法院”大型征文比赛、评选“学法、守法优秀小公民”等活动，将法制教育渗透到学校的每一个教学细节。试点取得了成效，先是以“法官的大手拉学生的小手”，懂得法律知识的学生又用自己的小手去拉起父母的大手，力求形成全社会对法律的尊崇，法院的试点活动得到市人大和教育局的肯定，获南通中院社会管理创新奖，目前已在全市推行这种经验做法；法院编创的文艺节目快板《司法为民谱新篇》《夸夸法院五大员》，小品《下午开庭》等，在法制宣传文艺演出中，受到了群众的一致好评。

2. 法院普法活动的特点

如皋市人民法院在空中法制宣传和普法工作的过程中呈现出以下几点特色。

（1）建立行之有效的保障机制，全面提高普法教育的水平。制订普法工作规划和依法治理目标管理责任制，把法制宣传工作纳入岗位目标责任考核体系，并在年初制定了本年度普法依法治理工作要点，做到普法依法治理的指导思想明确，工作任务和目标清楚。构建普法教育责任机制，明确开展普法教育相关部门、单位和个人的普法责任，真正做到普法权责明晰。构建有效的普法教育考评机制，对普法教育工作开展情况进行全面的监督和评查，并把考核工作纳入精神文明建设的体系，增强考核的权威性和实效性。

（2）创造性地开展普法工作，全面提升普法教育的效果。严格把握构建和谐社会、坚持科学发展和增强党的执政能力的重要理念，不断夯实普法教育的理论基础，努力实现普法教育的理论创新。加强普法教育队伍建设，努力实现普法教育的人才创新。通过多渠道在法官队伍中创建普法宣传员队伍，如组建法官普法讲师团、法官普法志愿者等，努力创新开展普法教育的人才机制，切实改变普法队伍资源短缺的状况。

（3）如皋市人民法院普法对象采取抓好“三头”，提高普法重点对象素质。一抓龙头，即抓好领导干部，使他们真正树立良好的法治意识和依法行政的意识，促进和带动全院普法工作的深入开展。二抓大头，即单位的广大干警，这部分人员多，涉及面广，又是法制宣传教育的主力人员，以创建普法依法治理合格单位为载体，开展普法活动，以促进全院法制水平的提高，推进社会稳定。三抓源头，通过配备法制专门人员，全面加强下乡、走社区、进校园的法律意识和法律观念的宣传工作，减少违法犯罪事件发生。

(4)充分发挥审判职能作用,通过案件的审理,以案讲法,使更多的公民不断接受法律教育,拓宽法制教育的宣传面。第一,大力推行“巡回法庭”。充分运用巡回法庭灵活机动、亲民便民、群众易于接受的特点,把法庭搬到村组、社区、田间地头,广泛开展“以案说法”“庭后释法”“一案一评”等生动活泼的法制宣传教育形式,使人民法院的普法宣传教育不流于形式,不走过场,满足人民群众的司法诉求。第二,注重以案说法。坚持寓教于审,使执法办案与法制宣传教育协调推进、相互促进。依法开展诉前指导,制作《诉讼指南》《诉讼风险提示》等宣传手册,落实诉前风险提示等措施,在导诉、答疑等方面为群众提供一站式服务。积极发挥裁判文书的普法功能。增强了裁判文书的说理性,通过在裁判文书中说法理、说情理,将裁判形成过程公开透明,使裁判行为起到普法的作用。完善信访操作机制,加强信访流程管理,建立信访档案,对来信来访的群众,加大宣传和释法力度,妥善处理信访群众反映的问题。通过化解信访案件进一步扩大了普法工作的宣传面。第三,推行司法公开。建立诉中释明、判后答疑机制。要求每一位法官在办案过程中要坚持就案说法,以案育人,把普法工作辐射到和案件有关的每一个公民、每一个单位。不断加大审判公开力度。严格执行最高法院有关司法公开的各项规定,能公开审理的一律公开审理,并把庭审质量作为衡量法官业务素质和普法宣传意识高低的尺度。切实为公民旁听案件审理提供便利条件,让广大旁听群众更直观、更近距离地感受、学习法律知识。对具有普法宣传教育意义的重大典型案件,积极邀请人民调解员、人民群众旁听,以真实案例贴切、生动地向民众普法。

(5)围绕宣传目的和宣传内容,创新法律宣传形式。努力将日常宣传与特殊宣传结合起来,将走出去与请进来结合起来,将传统方式与现代方式结合起来,将外在媒体与自主媒体结合起来。自 2013 年 4 月开始,如皋法院每月的第一个周六上午,在安定法治广场如期举办“假日广场法庭”专项活动,目前共举办 18 期。同时邀请人大代表、政协委员、媒体网友等旁听庭审,并吸引了数千名群众前来旁听。《法制日报》《人民法院报》《江苏法制报》等媒体进行了宣传报道。

3. 法院普法活动的创新范例——“假日广场法庭”

(1)“假日广场法庭”的主要做法。

一是选派全国优秀法官开启假日广场法庭。首次假日广场法庭的主审法官是全国优秀法官、专职审判委员会委员、经济开发区法庭庭长顾雪红,她选择一起机动车交通事故责任纠纷案件公开开庭审理。她的先进事迹以及娴熟的庭审技巧、丰富的法律知识,吸引了许多晨练群众前来旁听,为假日广场的开启拉开了序幕。

二是选择典型案件吸引群众。我院在案件选择上注重贴近群众生活,案件类型以交通事故、财产分割、赡养、邻里、民间借贷、物业服务合同等常见民事纠纷为主,并于开庭或调解前三日在广场张贴公告,通报案件名称、案情简介、承办法官等内容。目的是通过这类案件的审理,让市民从鲜活的案例中得到启发,增强群众的法律意识。

三是开展法律宣传和咨询活动。由35岁以下青年干警组成一支法律宣讲队，在“假日广场法庭”结束后，结合开庭案件类型，开展相关的新法普法活动，第一时间“送法”于民，加强人民群众对基本法律的了解，提高群众普法维权意识。利用安定广场人流量大的优势，结合开庭案件现场提供法律咨询服务，实实在在为人民群众办实事、解难事。

四是举办假日广场法庭妇女节专场。3月8日上午在安定广场开庭的一起离婚案件，因被告是一名29岁的女尿毒症患者引起了大家的格外关注。由于法院、市妇联两部门准备充分，活动没有因庭审无法举行而中断。首先由承办人通报案情，搬经法庭庭长作婚姻家庭类案件的辅导，其次市妇联主席则以道德为切入点，讲述妇女在家庭生活中如何自尊、自强，市人大有关领导阐述了婚姻法的由来及婚姻法的基本原则。在整个活动接近尾声时，现场出现了感人一幕，在场人员纷纷捐款，献上自己的一片爱心。

五是将广场庭审与道德讲堂有机结合。在邀请人大代表、政协委员、媒体网友、法官小助手等旁听庭审的同时，由人大代表中的相关法律专家围绕交通事故案例主讲道德讲堂，讲清法律与道德之间的关系。在一起人身损害赔偿案件开庭后，旁听庭审的网友们纷纷走上“道德讲堂”谈论他们的感受。实验小学30名法官小助手旁听一起借贷案件后，“法官小助手”代表走上道德讲堂，畅谈切身体会，他们成为向同学和家长宣传法律的一支主力军。

(2)“假日广场法庭”初步成效。

一是“假日广场法庭”已成为法院密切联系群众的桥梁。通过走进广场庭审，主动深入群众，学会倾听群众心声，做群众贴心人。在处理具体案件时，善于使用调解手段处理矛盾纠纷，善于把握人民群众的心理消除群众疑虑、做到公正处理不偏不倚，让群众理解满意，增进人民群众的信任。

二是“假日广场法庭”已成为法院开展普法教育的课堂。坚持公开审案与法制宣传教育相结合，与道德讲堂相结合，提高广大群众学法、用法、普法的积极性，努力实现“审理一个案件，宣传一部法律，教育一片公民”的普法效果，促进社会和谐稳定。

三是“假日广场法庭”已成为“青蓝工程”人才培养的重要载体。假日广场法庭的主审法官开始由经验丰富的资深法官担任，给年轻法官起到示范引导作用。青年法官在资深法官的传帮带下不断成熟，纷纷走上假日广场法庭公开开庭。通过实践锻炼，促进他们快速成长。

四是“假日广场法庭”已成为接受群众监督的有效途径。案件在广场公开开庭，要求庭审法官加强庭审驾驭能力，注重司法礼仪，规范庭审程序，依法行使审判权，保障诉讼参与人的诉讼权利。同时邀请人大代表、政协委员、媒体网友等旁听庭审，充分行使监督权。前来旁听的群众也成为庭审监督的参与者，他们当场发表观点和建议。

（五）政府法制办

如皋市法制办开展了一系列专项活动，督促工商、质监、卫生等部门，落实好相关法律政策，开展进社区，进工地等普法宣传活动。如皋市法制办积极组织领导干部学法用法，不定期举办相应的法律知识培训班对广大干部进行培训，同时组织中层领导干部参加法律知识考试，成绩合格作为相应的职位晋升考核标准之一。如皋市法制办积极利用网络，在“今日如皋港”微信平台推出“法治长江”栏目，利用微信客户端为公众提供更多、更便捷的学法用法渠道，在“今日如皋港”和“港城公安”等两个微信平台，开设“以案释法”栏目，通过长江镇真实的调解案例和治安案例诠释法律，通过微信平台留言板块为群众解析具体法律条文，努力形成多层次、全方位的普法格局，教育引导全社会增强法治观念、养成守法习惯，为建设“强富美高”新长江营造良好的法治环境。

（六）司法行政机关

如皋市司法局协调各部门做好普法工作，会同如皋市市委宣传部制订普法宣传计划，并积极采取一系列举措参与到普法活动中去。

1. 大力推进“网络文明建设”普法宣传

如皋市司法局积极开展网络文明普法宣传活动，精心谋划、周密安排、扎实推进，确保各项活动落到实处。一是强化学习，培养专职人员。市司法局充分调动局机关工作人员的积极性，设立网络文明传播志愿者小组，加强学习培训，着力建设一支政治素质高、道德品行好、工作能力强的专职网络传播员队伍。二是结合实际，丰富服务项目。围绕网络文明传播志愿工作的主要工作任务，设计形式多样的网络文明传播志愿服务项目，重点开展以勤俭节约、好人好事、以案释法等主题传播服务活动，引导网络舆论，做强正面宣传。三是创新载体，传递正面能量。组织网络文明传播志愿者积极关注并参与中国文明网、南通江海志愿者、文明如皋，通过博客、微博、QQ 群、微信群等方式，围绕传播主题，撰写转发博文、评论开展文明传播活动，传递正面声音，带动全局精神文明建设。

2. “精准普法”，送法进社区，帮助社区服刑人员回归社会

为更好执行宽严相济刑罚执行政策，有效防止社区服刑人员脱管、漏管，最大限度地预防和减少社区服刑人员重新违法犯罪，使其尽快回归社会，融入社会，如皋市司法局积极开展送法进社区的活动。如皋市司法局组织广大普法人员向接受社区矫正的服刑人员进行普法宣传，普法的重点内容是在社区矫正期间他们应遵守的规定与违反规定的相应后果，以及矫正成功、服刑期满回归社会后他们应有的待遇等。

3. 开展律师咨询日系列活动

如皋市司法局组织多家律师事务所的律师走上街头、走进社区、走进企业开展免费法律咨询活动。通过法律咨询，解决群众日常所忧所思的法律问题，免除他们的后顾之忧，同时也有利于他们法律意识的提高。同时如皋市司法局有针对性地组织女律师服务团走进“妇女儿童之家”，向她们赠送法律宣传资料，通过讲解案例、逐个咨询

等形式，向妇女、儿童们宣传讲解《婚姻法》《妇女权益保障法》《未成年人保护法》等实用性法律法规，有助于她们在日常生活中维护自己的合法权益。

4. 承办法治文艺演出

如皋市司法局积极承办法治文艺演出，演出节目丰富多彩，包括演唱、小品、情景剧、快板、舞蹈等形式，内容涵盖面广，涉及集资诈骗、婚姻家庭、廉政建设等。该类文艺演出已经成功地举办了十届，取得了不错的效果，既给群众带来了欢乐，又增长了他们的法律知识。

第二节　公民法律意识

一、问卷基本情况

本次法制教育与公民法律意识调查在如皋市统计局的大力支持之下，采用匿名随机抽取的方法，共发出 532 份调查问卷，其中收回 524 份，有效份数 524。以下对问卷情况进行说明：

1. 您的性别：

男性 287 人，女性 237 人

2. 您的年龄（周岁）：

20 周岁及以下 38 人，20 周岁以上至 30 周岁 179 人，30 周岁以上至 40 周岁 144 人，40 周岁以上至 50 周岁 132 人，50 周岁以上 31 人。

3. 您的文化程度：

学历小学及以下 21 人，初中文化程度 99 人，高中（中专）文化程度 103 人，大学专科文化程度 102 人，大学本科及以上文化程度 198 人，未说明或填写错误 1 人。

4. 您的职业：

政府机关公务员 73 人，事业单位工作人员 62 人，企业经营管理人员 66 人，企业员工 115 人，外来务工人员 48 人，在校学生 39 人，大学生村干部 0 人，农民 68 人，其他人员 53 人。

5. 您学习法律知识的主要方式是：

个人自学为 351 人，占比 66.98%，单位组织学习的为 173 人，占比 33.01%。

6. 您学习法律知识的途径有（可多选）：

集中性的法制讲座、讲堂 187 人，通过媒体（广播、电视、报纸、网站）257 人，工作生活场所的宣传橱窗 126 人，法制文艺演出等普法教育活动 112 人，街头免费法律咨询服务 72 人。

7. 您参加过哪种形式的普法活动（可多选）：

参加过法制讲座 91 人，参加过法律知识考试（竞赛）137 人，浏览过法制挂图 73 人，阅读过法律书籍 82 人，观看过法制文艺演出 67 人，观看过报纸、广播、电视法制栏目142人,接受过免费法律咨询服务45人,接收过手机普法短信41人,在公交、地铁、街头、商业区等公共场所看过普法广告、标语88人,通过自学等其他方式44人。

8. 您在哪儿参加过普法教育(可多选):

在单位(学校)参加219人,村(居)普法橱窗、法制学校、农家书屋139人,在法制宣传教育中心77人,在法治文化公园、广场、长廊等开放式阵地163人,通过其他途径的有157人。

9. 您认为解决您法律知识不足的最好普法形式是:

认为应定期开办法律讲座227人,占比43.32%;认为应开展法律知识考试36人,占比6.87%;认为应定期开设法律咨询服务82人,占比15.65%;开展法制文艺演出97人,占比18.51%;开展法律知识竞赛33人,占比6.30%;开展法律读书活动49人,占比9.35%。

10. 就您对以下法律知识了解的情况做出判断:

宪法

十分了解74人,占比14.12%;比较了解231人,占比44.08%;不太了解165人,占比31.49%;不了解54人,占比10.30%。

婚姻家庭法

十分了解88人,占比16.79%;比较了解245人,占比46.75%;不太了解142人,占比27.10%;不了解49人,占比9.35%。

合同法

十分了解62人,占比11.83%;比较了解255人,占比48.66%;不太了解141人,占比26.90%;不了解66人,占比12.60%。

侵权责任法

十分了解68人,占比12.98%;比较了解197人,占比37.60%;不太了解202人,占比38.55%;不了解57人,占比10.88%。

物权法

十分了解71人,占比13.55%;比较了解203人,占比38.74%;不太了解221人,占比42.18%;不了解29人,占比5.53%。

刑法

十分了解92人,占比17.56%;比较了解254人,占比48.47%;不太了解149人,占比28.44%;不了解29人,占比5.53%。

道路交通安全法

十分了解119人,占比22.70%;比较了解272人,占比51.90%;不太了解101人,占比19.27%;不了解32人,占比6.10%。

行政处罚法

十分了解69人,占比13.17%;比较了解225人,占比42.94%;不太了解174人,占比33.20%;不了解56人,占比10.69%。

劳动及社会保障法

十分了解66人,占比12.60%;比较了解251人,占比47.90%;不太了解162人,占比30.91%;不了解45人,占比8.59%。

环境保护法

十分了解64人,占比12.21%;比较了解227人,占比43.32%;不太了解170人,占比32.44%;不了解63人,占比12.02%。

村民委员会组织法

十分了解60人,占比11.45%;比较了解219人,占比41.79%;不太了解188人,占比35.88%;不了解57人,占比10.88%。

反不正当竞争法

十分了解56人,占比10.69%;比较了解206人,占比39.31%;不太了解193人,占比36.83%;不了解69人,占比13.17%。

消费者权益保护法十分了解84人,占比16.03%;比较了解241人,占比45.99%;不太了解153人,占比29.19%;不了解46人,占比8.77%。

民事诉讼法

十分了解63人,占比12.02%;比较了解229人,占比43.708%;不太了解172人,占比32.82%;不了解60人,占比11.45%。

刑事诉讼法

十分了解61人,占比11.64%;比较了解223人,占比42.55%;不太了解184人,占比35.11%;不了解56人,占比10.69%。

行政诉讼法

十分了解67人,占比12.79%;比较了解221人,占比42.18%;不太了解174人,占比33.20%;不了解62人,占比11.83%。

公务员法

十分了解58人,占比11.06%;比较了解158人,占比30.15%;不太了解222人,占比42.37%;不了解86人,占比16.41%。

国家赔偿法

十分了解52人,占比9.92%;比较了解165人,占比31.49%;不太了解237人,占比45.23%;不了解70人,占比13.36%。

11. 您感到自己所了解的法律知识:

认为自己掌握法律知识十分丰富21人,占比4.00%;比较丰富76人,占比14.5%;一般264人,占比50.38%;比较匮乏、十分匮乏163人,占比31.10%。

12. 您认为自己目前已有的法律知识能否满足生活需要:

为自己掌握法律知识完全可以满足需要的有19人,占比3.62%;基本可以满足需要的有387人,占比73.85%;完全不能满足需要118人,占比22.52%;

13. 您认为自己最需要学习哪些法律知识(可多选)?

认为最需要学习宪法的有100人,认为最需要学习婚姻家庭法的有458人,认为最需要学习合同法的有514人,认为最需要学习侵权责任法的有268人,认为最需要学习物权法的有524人,认为最需要学习刑法的有341人,认为最需要学习道路交通安全法的有447人,认为最需要学习行政处罚法的有240人,认为最需要学习劳动及社会保障法的有374人,认为最需要学习环境保护法的有276人,认为最需要学习村民委员会组织法的有173人,认为最需要学习反不正当竞争法的有126人,认为最需要学习消费者权益保护法的有463人,认为最需要学习民事诉讼法的有235人,认为最需要学习刑事诉讼法的有216人,认为最需要学习行政诉讼法的有196人。

14. 法律与您的生活:

认为关系很大的有123人,占比23.47%;认为关系比较大的有315人,占比60.11%;认为关系不大的有73人,占比13.93%;认为没有关系的有13人,占比2.48%。

15. 您觉得法律能维护您的切身利益吗:

认为能有效维护自身权益、对法律非常有信心的有236人,占比45.03%;认为现在还不能,但随着社会的发展,法律会逐渐完善的有202人,占比38.55%;认为不能,法律越来越成为有钱人和有权人的代表和工具的有40人,占比7.63%;说不清的有46人,占比8.78%。

16. 遇到法律问题时,您首先想到的是:

请熟人朋友帮忙的为52人,占比9.92%;找村(居)基层干部的为58人,占比11.06%;找法院、检察院进行法律咨询、法律帮助的为31人,占比5.91%;找政府部门帮助的为29人,占比5.53%;咨询律师等法律服务专业人员的为203人,占比38.74%;上网搜索的为137人,占比26.14%;拨打法律援助热线寻求帮助的为14人,占比2.67%。

17. 您认为普通老百姓能够通过法律途径解决好与政府机关的矛盾吗?

认为能够通过法律途径解决好与政府机关的矛盾的为237人,占比45.22%,认为或许能够通过法律途径解决好与政府机关的矛盾的为224人,占比42.74%,认为不太可能通过法律途径解决好与政府机关的矛盾的为58人,占比11.06%,认为根本不能通过法律途径解决好与政府机关的矛盾的为5人,占比0.95%。

18. 平常您的哪些权利比较容易受到侵害(可多选):

认为平等权(男女平等、城乡平等、民族平等、法律面前人人平等)比较容易受到侵害的为347人;认为政治权利和自由(选举与被选举权,监督权,言论、出版等政治自由)比较容易受到侵害的为245人,认为人身与人格权(人身自由不受侵犯,人格尊严不受侵犯等)比较容易受到侵害的为174人,认为宗教信仰自由比较容易受到侵害的为65人,认为社会经济、文化教育方面的权利(私有财产权,劳动权,生活保障权,受教育权等)比较容易受到侵害的为426人,认为获得权利救济的权利(申诉权、控告权、国家赔偿及补偿请求权等)比较容易受到侵害的为158人,认为特定主体的权利

(妇女、老人、儿童,华侨等特殊主体的权利)比较容易受到侵害的为136人。

19. 如果您住所附近的工地夜间违规施工,严重影响您的休息,您首先会怎样?选择拨打110报警的有126人;选择向有关部门反映的有92人;选择向新闻媒体反映的有33人;选择带人到工地施加压力解决的有4人;选择向法院起诉的有1人;选择听之任之的有14人。

20. 对行人乱穿马路、横跨栏杆等行为,您认为:

违反法律,应当受到惩治有226人;认为只要没有造成不良后果,不必追究的有35人;认为没有必要管的有9人。

21. 当您与他人发生矛盾时,您首先选择哪种方式解决:

选择运用法律武器保护自己权益的有201人,选择找村干部解决的有313人,选择用武力解决的有9人,选择通过私人关系解决的有24人,选择找村里有威望的老人解决的有9人,选择忍忍就过去了的有11人。

22. 您如何看待丈夫殴打妻子的行为:

认为是自家的事,跟外人没关系的有23人,认为该行为违法的,不应该发生的有201人,认为是犯罪行为,应当严惩的有30人。

23. 对您来说,参加村(居)民委员会选举(年满18周岁及以上者回答):

很重要的有172人,认为比较重要的有169人,认为不怎么重要的有144人,认为不重要的有19人。

24. 看到网上或者QQ群里爆料某名人的隐私图片或未经证实的负面新闻,您会选择:

选择看看就算了的有424人,占比80.91%;选择仅转发给熟悉的朋友的有53人,占比10.11%;选择在网上其他论坛或QQ群里转发的有18人,占比3.43%;选择向网络管理部门举报的有29人,占比5.53%。

25. 您认为打赢官司最重要的因素是:

认为自己有理,证据充分就能打赢官司有367人,占比70.03%;认为自己懂法,熟悉相关法律知识才能打赢官司的有77人,占比14.69%;,认为有经济实力,请得起大牌律师才能打赢官司的有55人,占比10.50%;认为路子广,有背景的是打赢官司的关键的有25人,占比4.77%。

26. 您对我国正在进行的法治中国建设的前景有何看法?

认为很难实现,人治传统影响太深的有36人,占比6.87%;认为虽然能够实现,但过程会很艰难的有288人,占比54.96%;认为非常有信心,很快就能实现的有107人,占比20.41%;认为说不清楚的有93人,占比17.75%。

(一)对现行法律和法治环境的评价

通过调查问卷可以看出被调查者对法律的重要性有着相当的认识,都意识到了法院在处理相关纠纷时的有效性,认为法院的力量是值得信赖的,当然,在调查时也有一些被访者反映出了相关执法人员的一些违纪甚至违法行为,这就要求我们对现实不足有清醒的认识,继续改善司法环境。

(二)权利义务观念

被访者普遍都认同爱护公共财物和保护私人财产的概念,且在调查中也反映出大多数人乐于选择法律这条途径保护自身的利益,但是相反的,履行自身义务的概念还有待进一步宣传。

二、公民法律意识分析

(一)公民学法的积极性和学法途径

通过问题5可知,如皋市民自己主动学法的比例高达66.98%,这反映了如皋市民有较好的学法意识,能充分认识到法律的重要性,从而自觉学习法律知识。从问题6~9我们可以看出,如皋市民学习法律知识途径多样化:普法讲座、法制演出、法律知识竞赛、法治文化广场、手机短信推广法律知识、法制广播电视节目、法制广告等,这些普法途径都取得了不错的效果。其中公民认为开展普法讲座最能提高自己的法律知识,这为以后的普法宣传提供了参考,可以更多地开展普法讲座来提高公民的法律知识。

(二)公民对法律的了解情况

本问卷的问题10反映了如皋市民对法律的了解情况,分析可知,市民大部分对法律都有一定程度的了解,但了解程度有些差异。与公民日常生活联系较紧密的如:道路交通法、侵权责任法、婚姻家庭法、刑法、消费者权益保护法、劳动及社会保障法,公民对其了解程度高于日常与公民联系不大的法,如公务员法、国家赔偿法。问题11反映了公民对法律知识的总体把握程度,大多数公民都觉得自己掌握了比较丰富的法律知识,只有极少部分人表示自己对法律知识一无所知,接下来的普法工作中,这些对法律知识一无所知的群体需要成为普法的重点对象。

(三)公民日常生活与法律知识的联系

问题14反映了法律知识与公民日常生活的相关性,绝大部分公民认为法律与日常生活有较密切的联系,只有极少甚至可以忽略不计的公民认为二者没有关系。问题12反映了公民所学的法律知识基本能够满足其生活的需要,只有少部分人认为完全不能满足。问题13反映了日常生活中公民觉得自身有必要提高哪些法律知识,从问卷结果来看,公民认为与自身联系较密切的法律知识需要提高,排名靠前的是:婚姻家庭法、合同法、物权法、消费者权益保护法、劳动与社会保障法,因此今后的普法工作更需要有针对性,这些公民认为需要提高的法律知识可以作为下次普法宣传的重点。

(四)权利受到侵害和公民间产生纠纷的解决方式

问题18反应日常生活中公民哪些权利经常受到侵害,其中,平等权、政治权利和自由是公民认为侵犯最多的权利。问题19、21反映了公民权利在遭到侵害时或与他人产生纠纷时选择维权或解决纠纷的方式。问题19是一个有代表性的问题,工地夜间施工影响居民休息该如何处理,公民几乎没有选择忍气吞声,都通过各种方式来维护自己的合法权利,选择报警的人数最多,看来“有问题找警察”的观念早已深入人心。从问题21可知绝大多数公民在与他人产生纠纷时都会选择和平的方法解决，这说明争做文明如皋市民的观念，时刻体现在如皋市民的行动中，其中过半数人选择找村干部解决，这说明基层群众自治组织在如皋取得了不错的成效，公民对其有很高的信赖度。还有很大一部分人在与他人产生纠纷时会选择运用法律武器来解决纠纷，这也反映了如皋市民有较强的法律意识。问题16反映出如皋公民在遇到法律问题时其能用多元的方式来寻求帮助，找村干部、司法机关、政府部门的比例相差不大，更多的人是寻求专业的律师来帮助自己，比例高达38.74%，还有一些人自己上网搜索。这说明如皋市民在遇到法律问题时都有一个正确的认识，其能充分运用各种可以利用的方式来寻求帮助，而不是搞“歪门邪道”。

(五)公民对社会现象的看法

问题20、22、23、24都反映了如皋市民对一些普遍的社会现象的看法，问题20反映了公民对乱穿马路，横跨栏杆的看法，大多数公民都认为对这些不文明现象要加以处罚，从侧面反映出如皋市民的文明素质。通过问题22可以知道，如皋公民对丈夫殴打妻子还是有一个正确的看法，绝大多数公民认为丈夫殴打老婆是违法的，这也反映了如皋市普法宣传是有一定成效的，同时也表明如皋市民和谐的家庭环境。问题23反映了如果市民对选举权这一政治权利的态度，大多数公民还是意识到了行使选举权的重要性，但仍有相当一部分公民没有认识到选举权的重要性，普法宣传仍有提升的空间。通过问题24可以看出如皋市民有一个比较正确的网络文明习惯，很少有人传播不实的虚假消息。

(六)司法公信力与公民对实现法治的展望

问题17、25反映如皋市民对司法的信任程度，总体而言司法公信力在如皋市民中有很深的根基，市民普遍相信法律，相信司法机关能秉公执法。透过问题17，87%以上的公民认为能够运用法律解决好普通老百姓与政府机关的矛盾，这一点难能可贵。通过问题25可知，只有4.77%的公民认为打赢官司的关键是法外因素，这更说明如皋市民充分相信司法机关能够公正司法。问题26说明如皋市民对中国法治建设普遍持积极乐观的态度，认为能实现法治中国，只是过程可能会比较艰辛。

总体上来说，如皋地区公民有着很高的法律意识，这是值得肯定的，但没有最好只有更好，仍有少部分人的法律意识有待提高，这是接下来的普法工作需要重点关注的。

三、问卷反映的问题及解决建议

(一)问卷反映的问题

1. 法治教育有盲区

通过问卷调查我们可知仍有一部分人对法律一无所知，完全处于空白的状态，除了他们自己的原因外，我们更多地需要从自身的工作中找原因。是不是我们的普法工作没有深入到群众，是不是我们的普法形式他们不了解，是不是我们的普法流于形式，是不是我们的普法不具有通俗性他们听不懂等。从对法律的了解程度来说，更多的公民了解与自身联系较紧密的法，但宪法、行政法这些对他们同样很重要的法，他们并不了解，更多的公民了解的是实体法，对程序法知之甚少。造成该现象的原因除了公民自己的喜好因素外，法治教育的内容也应补足短板。

2. 权利意识薄弱

问卷反映公民权利意识相对而言还是比较薄弱的，这其中又以政治权利意识最为薄弱。公民宪法意识弱于部门法意识、民法和经济法意识弱于刑法意识、程序法意识弱于实体法意识，同时仍有一部分公民认为行使选举权这一政治权利不重要，这是需要改进的。

虽然如皋公民总体上法律意识是值得肯定的，但不足的是，有一部分人认为不能凭法律解决好普通老百姓与政府机关的矛盾，一部分人认为打赢官司的关键在关系、在人情，一部分人对法治中国的建设没有信心。这些消极因素的存在我们需要正视，毋庸置疑，一部分原因是法治队伍自身。

（二）解决问题的建议

1. 务实、有针对性地开展普法教育

法制部门开展法治教育后要及时总结取得的成果与不足，针对不足之处下次要积极改进，不能一味"锦上添花"式的开展普法工作，要真正地做到为那些法律知识匮乏的人群开展"雪中送炭"式的普法。同时针对本次普法的薄弱环节，下次普法时要重点突破，比如在普法时，宪法、行政法、程序法也应重点宣传，增强公民的宪法意识、行政法意识、程序法意识。开展普法工作时，要注意自身面对的人群，尽可能地用通俗易懂的方式普法，让老百姓听得懂，听得明白，只有这样普法工作才能取得实效，而不是流于形式，走过场。

2. 打铁还需自身硬——加强法治队伍建设

要加强法治队伍自身的建设，打造一支经得起考验的队伍，只有这样才能在法治建设的过程中不受人为因素的干扰，然后才能进一步增强公民对法治的信心。在加强自身队伍建设的同时，继续提升法治队伍的法律素养，只有自己把法律搞明白了，搞清楚了，才能更好地做好法治宣传工作。

3. 加强普法主动性，营造法治氛围

普法过程中更多的是普法机构在宣传，公民被动地接受，在做好传统普法工作的同时，法制部门可以增强普法的主动性，积极对在校学生进行法治教育，他们回家后或多或少会影响父母、亲人，或者学生将家庭遇到的法律问题带到学校，由法治教师帮忙解答。积极营造学法、守法的良好社会环境，使全民认识到法律的重要性。同时广大群众之间也可口耳相传，相互学习法律知识。这样的普法将会更有实效，也能节约普法成本，同时法治意识更深入人心。

第三节 公民权益

一、公民人身财产权益保障

（一）涉及人身财产案件的刑事和治安保障状况

如皋市高度重视公民的人身权利和财产权利不受非法侵犯，下大力气打击各种违法犯罪行为，切实为如皋市民营造一个安全、和谐、稳定的生产和生活环境。除交通事故类案件外，各类案件数总体平稳，警务机关不断加强自身建设，充分发挥自身的优势，深入群众，积极化解各种纠纷和侦破违法犯罪案件。

表 6-3-1

		2005	2006	2007	2008	2009	2010	2011	2012	2013	2014
全年接处警	起	37,536	38,089	58,567	56,790	56,799	60,251	70,292	80,008	83,443	105,292
社会治安案件	起	4522	6024	6551	5705	7054	114,559	66,038	79,531	60,500	56,322
刑事案件发案数	起	2662	2624	2736	2876	3550	4210	5066	5081	4641	4163
八类案件数	起	49	42	41	31	39	29	37	31	21	38
交通和火灾事故	起	10,456	11,691	17,629	18,601	19,053	20,036	26,653	28,856	32,586	40,920
技防乡镇、村（社区）	%	20%	30%	40%	50%	60%	64%	64%	64%	64%	64%
社会治安防控卡口检查站	个	1	2	2	3	3	4	4	4	4	4
在职民警数量	名	807	851	866	942	942	1032	1021	1028	1049	1035
公安派出所	个	34	34	34	28	28	24	24	24	24	23
社区民警	人	132	134	135	135	139	139	174	174	174	149
专职保安	人	1071	1470	1409	1234	1305	1400	1053	1068	1203	1022
化解矛盾纠纷	起	9876	10,031	11,409	12,236	15,060	19,754	21,030	28,672	32,063	33,762

表 6－3－2

		2005	2006	2007	2008	2009	2010	2011	2012	2013	2014
执法公开事项	个	134	136	138	140	146	201	221	289	354	380
制定出台制度规范	个	12	13	14	14	16	15	15	16	18	20
采取行政拘留措施	人	1257	1302	1486	1547	1414	1529	1771	1799	1701	1202
采取刑事拘留措施	人	509	512	633	570	641	940	797	580	443	443
提请批准逮捕	人	362	339	401	392	229	487	397	310	235	235
受理行政复议案件	件	10	12	13	14	12	13	15	18	19	44
撤销下级行政决定	件	12	11	11	10	15	17	18	17	19	20
推行警务运行机制改革	项	4	5	3	3	8	6	7	7	5	4
交通事故赔偿案件行政调处率	%	80.50%	81%	82.22%	83%	84%	85%	86%	86%	87%	86%
刑事案件破案率	%	66.94%	58.35%	60.34%	55.46%	57.97%	27.51%	21.56%	25.9%	21.9%	21.3%
抢劫案件破案率	%	81.82%	80.00%	100%	100%	100%	100%	100%	100%	100%	100%
抢夺案件破案率	%	47.06%	37.78%	35.56%	54.00%	92.31%	33.33%	8.11%	66.7%	33.3%	15.4%
入室盗窃案件	%	11.45%	11.76%	11.92%	13.59%	50.51%	20.46%	15.44%	22.4%	22.4%	22.2%

（二）食品安全保障状况

如皋市制定了食品安全动态监测方案安排，对全市范围内蔬菜、水产、畜产品、大米、面粉、挂面、食用油、冷冻饮品、调味品、肉制品、酱腌菜、餐饮具等70类食品及食品相关产品进行了采样监测，检测指标为微生物、理化指标、食品添加剂以及农产品的农药残留等。平均每年合格率96.6%，对抽检的同批次不合格产品，已责令商家不得出售,全部下架,并责成相关部门依法予以查处。

(三)生产安全保障状况

如皋市狠抓安全生产监管,全面落实安全生产责任,严格安全事故责任追究,坚决执行安全生产"一岗双责"和"一票否决"制度。建立隐患排查治理和安全防控体系,深入开展重点领域专项整治,坚决遏制较大以上事故的发生,2006～2014年九年全市未发生过较大事故。

表6-3-3 生产安全事故起数、事故伤亡人数、事故直接经济损失三项指标变化情况

年份	生产安全事故起数	事故伤亡人数	事故直接经济损失
2011	3	0	
2012	3	0	
2013	3	0	
2014	3	2	
2015	3	0	

公众安全感:2012年:96%;2013年:96.9%;2014年:95.12%;2015年:96.91%。

(四)环境保护情况

如皋市切实推进节能减排,认真落实结构、工程、管理减排三大措施,严把项目技术水平关、资源消耗关、环境保护关,截至2009年年底,建设项目环评率和"三同时"执行率分别达100%和95%以上。如皋市加快镇(区)污水处理厂配套管网建设,镇区生活污水集中处理率达75%以上,继续实施肠衣、化工、电镀、蓄电池、区域供水水源专项治理,严厉打击少数企业偷排、直排等违法行为。化学需氧量和二氧化硫排放量分别控制在8700吨和3800吨以内。大力发展循环经济和低碳经济,强化"排污者付费、治污者受益"的机制,积极推行清洁生产,引导企业加强资源再生利用、循环利用。

如皋市大力推进生态市建设,围绕"通过国家环保模范城考核验收,生态市通过省级考核,力争通过国家评估"的目标,深入推进基层绿色创建,大力开展农村环境整治,切实强化秸秆露天禁烧,2009年秸秆综合利用率达95%以上,全面落实垃圾处置、绿化管护机制,新建"一池三改"户用沼气1500个,新增成片造林1万亩,建成全国绿化模范县(市)。继续推动农村卫生改厕。建成全国卫生镇1个,力争实现全国环境优美镇。截至2010年年底,如皋市新增造林绿化2.37万亩,森林覆盖率达20.8%,建成全国绿化模范县(市),中国优秀旅游城市和江苏省文明城市,2010年如皋市申请的国家卫生城市通过国家级技术评估,国家生态市通过省级考核验收,国家环保模范城市和园林城市总体达标。2012年,如皋市整治河道338.9公里,林木覆盖率达到22.5%,被评为省绿色江苏建设林业产业先进县(市)、省农村清洁能源建设先进集体,连续四年荣获省秸秆综合利用和机械化还田示范县(市)称号。

(五)公共安全应急体系和机制,防灾减灾能力情况

近年来,如皋市积极构建统一领导、结构合理、反应灵敏、保障有力、运转高效的应

急管理体系,以“一案三制”“一网六库”为核心,围绕“无急可应、有急能应”的总体目标,不断深化体系建设,逐步提升管理能力,基本建立了符合如皋实际、适应经济社会发展要求的应急管理工作格局。

1. 管理体系逐步健全

为切实加强对应急管理工作的组织领导,提高突发事件防范应对能力,成立了如皋市应急管理委员会(以下简称市应急委),由市长任主任,常务副市长任常务副主任,各副市长任副主任,相关职能部门和企事业单位负责人为成员。在充分发挥市应急办综合协调职能的基础上,将应急管理工作机构延伸至基层,组建各镇(区、街道)应急管理机构,逐步完善机构职能及管理机制。目前,基本形成了以市应急委为核心,以专项应急指挥部为支撑,以各镇(区、街道)应急管理机构为终端的上下贯通、左右衔接、互联互通、各有侧重、互为支撑的市、部门、镇三级应急管理体系。

2. 预案体系逐步成熟

认真开展应急预案的编制和修订工作,将各类应急预案汇总编印成册并正式下发。到“十二五”期末,全市共编制各级各类预案900余件,基本形成以总体预案为纲、专项预案为线、部门和基层预案为支撑,纵向贯通行政机关和业务部门、横向覆盖社会各层面的应急预案体系。同时,针对在组织预案修编过程中发现的问题,制定出台了《如皋市突发事件应急预案管理办法》,对预案管理予以规范和强化。

3. 机制体系逐步规范

(1)强化应急值守及信息报送。强化人力财力保障,配齐值班设备,创造良好的值班工作条件;加强值守人员业务培训,切实执行领导带班制、24小时昼夜分班制、首办负责制等值班制度。制定下发了《关于进一步加强和规范突发事件信息报送工作的通知》,落实了信息报送责任和要求,确保了信息的时效性、真实性和全面性。进一步完善一周要情报送制度,要求公安、安监、信访等核心部门每周向市政府汇报一周来应急管理重大事项,确保市政府熟悉各部门应急管理工作动态。

(2)突出监测预警及风险防范。加强风险隐患排查,落实综合防范和处置措施,定期召开应急管理相关单位联席会议,推动应急管理工作重心关口前移,促进应急工作从被动应对转向源头管理,把灾害与危机消除在萌芽状态。气象部门及时将气象灾害预警信息报送市政府和有关部门,并通过多种途径滚动发布灾害预警预报信息;国土部门加强对地质灾害隐患点监测调查工作,并设置危险区警示标志,明确预警信号和撤离路线;卫计委每季度对1/3以上的医疗单位开展漏报调查,并将结果及时下发至各级医疗卫生单位;安监局定期组织对特定行业企业进行风险隐患排查整改,对重大事故隐患单位实施挂牌督办。

(3)务实宣传教育及应急演练。广泛开展应急知识宣传教育活动,大力推进应急知识“四进”活动,提高社会公众的防灾避险意识、自救互救能力。组织编印公共安全教育系列读本,并免费发放给群众;组织企业安全管理员、特种作业人员培训,免费发放安全生产法律法规宣传册5000多本;组织食品安全培训班20期,完成全市学校食堂、餐饮单位等工作人员安全法律法规知识培训1800多人次。精心组织“5·12防灾减灾宣传周”活动,积极开展广场咨询、知识竞赛等活动,取得了良好的成效。同时,认真组织开展应急预案演练,“十二五”期间,全市共开展各类应急预案演练130余次。通过实战演练,既检验完善了应急预案,又提高了全社会应对处置突发事件的能力。

4.深化队伍建设及保障提升

(1)加快应急队伍建设。目前,初步形成了以公安、武警、驻如部队、民兵为骨干力量,以防汛抗旱、抗震救灾、水上搜救、环境污染监测、医疗卫生救援、动植物疫情应急处置等专业应急队伍为基本力量,以企事业单位专兼职队伍、志愿者队伍为辅助力量的应急队伍体系。为进一步发挥专家的咨询指导作用,制定下发了《关于推荐市应急管理专家的通知》,向全社会广泛征集各专业领域的专家。目前,专家组的成员审核、组建形式、管理办法等相关工作正在有序推进。提升物资保障水平。编制完成了《如皋市国民经济动员物资保障预案》,综合汇总了钢材、木材、混凝土、饮用水、米面、猪肉、蔬菜、方便食品、罐头食品等等各类应急物资信息,明确了首批动员潜力总数的10%和持续动员20%的任务目标,确保突发事件中我市的应急物资保障能力。(2)提高运输保障能力。制定了《如皋市公路突发事件应急预案》《如皋市内河水上交通重特大事件应急预案》等应急预案。组织体系得到完善,监测、预警系统和信息指挥系统得到加强,相关保障措施得到落实。在整合现有交通运输应急资源的基础上,投入300余万元建设了运政信息指挥中心平台,实现了对应急抢险过程中组织救援的支持和对救援指挥中现场信息的获取、分析和处理。(3)优化综合指挥系统。各类突发事件归口市应急委、专项指挥部决策指挥,市应急办负责统筹协调,各种应急救援力量、应急物资统一调派。依托公安应急指挥中心建成了全市应急指挥平台,系统功能齐全,基本满足当前我市应急管理工作的需要。同时,整合相关部门的政府服务热线,受理公众求助及投诉建议,并与紧急报警服务平台之间实现互联互通,为市委、市政府应急管理工作提供集中指挥和信息保障服务。

二、公民社会权益保障

(一)社会保障

1.各类社会保险和城乡居民最低生活保障

如皋市积极开展医疗保险和养老保险等相关社会保障体系的建设活动,在中央和地方的大力支持之下,各类社会保障活动在全市范围之内如火如荼地进行,截至2015年10月,如皋市已经建立了“市、县、乡”三级联动,互相配合,立体覆盖的各类社会保险和城乡居民最低生活保障体系,至2015年,具体的各项标准均得到了不断调整,随着如皋市的整体发展水平逐渐地提高,做到了及时发放、足额发放。2014年如皋全市展开了相关专项整理活动,对全市范围内的相关工作进行了全新部署,安排专人和专门工作组负责相关活动,受到了江苏省委和如皋市各界的肯定和表扬。

(1)医疗保险方面。为了进一步完善新型农村合作医疗制度,建立稳定的筹资增长机制，促进以大病统筹为主的新型农村合作医疗持续健康发展，市政府决定2010年进一步提高新型农村合作医疗筹资水平和补助标准。筹资标准由原来的120元调整为160元，其中个人出资部分由人均30元调整为40元，财政补助由人均90元提高到120元。同时，进一步调整参合农民医药费用补助标准，门诊费用定额补助由人均30元提高到40元；对住院医疗费用补助，参合农民在本市定点医疗机构住院发生的费用（符合新型农村合作医疗基本用药目录和诊疗项目范围）501～5000元以内的补助50%，5001～10,000元以内的补助60%，10,001～20,000元以内的补助70%，20,001元以上的补助80%；在市外特约医疗机构住院治疗发生医疗费用补助标准按本市标准的80%予以补助，在市外非特约医疗机构住院治疗发生医疗费用补助标准按本市标准的60%予以补助；狂躁型精神病人住院发生的医药费用，年终经专业机构审核确认后予以补助。参合农民每人每年的累计补助总额最高为10万元。在提高新型农村合作医疗筹资和补助标准的同时，实行特殊病种和门诊特殊慢性疾病补助制度。

（2）养老保险方面。如皋市政府积极推进养老保险制度的相关建设，完善新型农村养老保险，建立惠及农村老年居民的养老补贴制度。认真贯彻落实《江苏省新型农村社会养老保险制度实施办法的通知》，2010年，如皋市农民参保的缴费标准调整为最低670元、最高2010元，财政继续给予一定补助。建立统筹账户，将“个人账户制”改为社会统筹和个人账户相结合的“统账结合”模式，国家补贴计入统筹账户，地方补贴、集体补助和个人缴费计入个人账户。调整领取年龄，将领取年龄由男60周岁、女55周岁，改为男女统一60周岁。调整计发办法，调整后养老金由基础养老金和个人账户养老金组成，基础养老金为60元，对已经年满60周岁且其符合条件的子女参保的农村居民，可以直接享受基础养老金；个人账户养老金为个人账户累计储存额除以139。调整高龄补贴享受年龄和标准，将高龄补贴改为基础养老金，将启领年龄由70周岁调整为60周岁，补贴标准由每人每月30元提高到60元。实施此项工程，市财政将支出1亿多元。

截至2011年年底，如皋市全市企业职工养老、医疗、失业、工伤、生育保险参保人数分别达20.01万人、21.1万人、13.1万人、16.8万人和13.5万人。城镇居民基本医疗保险、新型农村合作医疗保险、城乡居民养老保险和最低生活保障实现全覆盖。截至2012年年底，如皋市社保扩面任务全面完成，企业职工养老、失业、医疗、工伤和生育保险分别新增3.1万人、2.3万人、3.1万人、1.1万人和2.3万人。城乡居民养老保险缴费人数近45万人。城镇居民基本医疗保险、新型农村合作医疗保险、城乡居民最低生活保障实现动态全覆盖。2.24万名新增被征地农民全部纳入保障范围。截至2015年，如皋全市持续推进社保扩面，职工“五险”覆盖率稳定在98%以上，居民医疗、养老保险实现动态全覆盖，城乡低保、农村“五保”应保尽保，被征地农民即征即保。

表 6－3－4　如皋市 2009～2015 年"五险"参保人数统计

类型（万人） 年份	养老	医疗	失业	工伤	生育
2009	15.01	16.4	10.91	13.8	10.32
2010	18.75	18.65	11.5	15.2	11.3
2011	20.01	21.01	13.1	16.8	13.5
2012	23.11	24.4	15.4	17.9	15.8
2013	35.3	26.8	19.2	19.9	17.3
2014	37.1	30.1	23.9	22.2	21.4
2015	44.7	35.1	27.3	25.4	23.6

2. 城乡低保对象和农村五保对象的供养及"三无"人员、孤儿等救助情况

如皋市深入学习 1987 年 4 月江苏省人民政府制定并出台的《江苏省农村五保户供养工作暂行做法》，在市委的领导下组织专项学习，并在此基础上进行了专项部署，明确了相关责任主体，落实责任到具体个人，对具体款项的来源、存放和使用情况都明确流程，同时在全市各级建立了具体监督机制，并将全部信息公布在分管部门的门户网站以便查阅，具体工作展开情况明确透明，公正公开。

表 6－3－5　如皋市农村五保对象的供养情况

类型 年份	五保		
	集中供养金额（元）	分散供养金额（元）	供养总人数
2009	6025	4015	1021
2010	6410	4205	1218
2011	6740	4650	1315
2012	6930	4875	1510
2013	7210	5090	1542
2014	7432	5210	1645
2015	7700	5540	1753

2010 年，如皋市将加强城乡低保对象和农村五保供养对象的动态管理，提高城乡低保补差水平，落实自然增长机制，按照 2009 年度城镇居民人均可支配收入和农民人均纯收入的 20%～25% 提高城乡低保标准，按照农民人均纯收入的 45% 提高农村"五保"供养标准。经过多次调整，直至 2015 年如皋全市农村五保供养标准为：集中供养标准为每人每年 7700 元；分散供养标准为每人每年 5540 元。其中每人每年统筹 500 元用于解决五保供养对象住房、医疗等问题。2015 年调整了城市"三无"人员及孤儿救助标准，城市"三无"供养对象标准为每人每年 15,513 元；机构供养孤儿救助标准

为每人每月 1600 元；分散供养孤儿救助标准为每人每月 950 元。此外，城乡 20 世纪 60 年代精简退职老职工生活补助标准、老复员军人遗属生活补助标准、特殊困难残疾人的生活救助标准等均作了相应调整。

3. 特殊群体的关注情况

如皋市注重社会各层级的协调发展，为此全市范围内对妇女、儿童和老人组织了各类专项的计划，通过相关资金的扶植和各项工作的展开，全市范围内建立了如“关爱女性健康行动”、“春天里”读书计划等丰富的活动，在收获了全市市民的赞扬，同时切实地提高了特殊群体的生活质量和社会凝聚力。在 2013 年全市针对这些活动进行了经验总结，并将此类活动作为成功经验在全省范围内进行分享和交流，获得了江苏省委的肯定和积极帮助。

表 6－3－6　如皋市“关爱女性健康行动”普查数据统计

年份 项目	2010～2011	2012～2013	2014～2015
参加普查人数百分比	43%	51%	57%
常见恶性肿瘤发病率百分比	9.10%	9.09%	9.02%

如皋全市积极开展“关爱女性健康行动”。通过近几年的妇女妇科疾病普查发现，如皋市妇女妇科常见病患病率平均为 56.59%，宫颈癌、乳腺癌等妇科常见恶性肿瘤发病率为万分之 9.07。为了提高女性生活质量，做到有病早治、无病早防，市政府从 2010 年起，开展“关爱女性健康行动”，每两年为一个周期，为全市 20～64 岁已婚妇女进行以乳腺癌和宫颈癌为主的妇科疾病普查。通过关爱行动的开展，全面提高广大妇女自我保健意识和健康水平。至 2015 年，如皋市每年在实施此项工程时市财政将支出 300 万元左右，并计划每年增加支出的总款项数。

如皋市高度重视老龄事业，对年满 60 周岁且符合条件的城乡老年居民发放了基础养老补贴，并对 80 周岁以上老人增发了尊老金，被评为全国养老服务示范单位，荣获世界长寿乡称号。如皋市从 2004 年起积极推行“医生进社区”活动，对于行动不便的老年人组织专人上门进行医学帮助，并积极推广老年人口的免费身体检查等活动，越来越多的老年人口享受到了更加便捷和细致的治疗，至 2015 年，老年人口每季度进医院进行相关检查的比例由 1998 年时的 11% 增至 34%。

如皋市各级政府、教育部门展开了“春天里”等活动，从阅读、生活、法治和入学等各方面对儿童的生活和教育进行全方位关注，并由市教育局牵头，对学龄前儿童的教育，适龄儿童的入学和升学等问题进行重点关注，对于出现的问题及时多方沟通，想方设法，成功解决各项案例一百多起，目的是不让一个适龄儿童因特殊问题不能入学和升学。

4. 城乡廉租房、保障房和安置房建设

如皋市积极推进“安居置业”工程，在全市范围内推行廉租房和保障房建设，妥善安置拆迁和其他问题失房的家庭。市委从2012年起重点关注房屋市场的变化情况，对于上述特殊房源做到了积极建设，严格把控质量，合理分配的计划任务，在稳步满足全市人民住房需要的同时，兼顾全市整体房屋建筑业的发展情况，2008～2011年四年建成廉租房和经济适用房638套，租住廉租房114户，发放廉租房租赁补贴396户，2012年建设镇区安置房6867套，安置2388户。至2015年3月，相关建设的廉租房、保障房和安置房基本满足了低收入者和拆迁户等的住房需要，其他的住房缺口在未来的几年内也会得到妥善的弥补。

（二）就业服务

2009年如皋市继续实施“191”（要就业）工程，帮助700名城镇特困失业人员实现再就业。鼓励全民就业创业，积极支持农民自主创业、返乡创业，健全创业就业服务体系，充分发挥创业带动就业的倍增效应。继续强化培训转移，健全开放式技能人才培养体系，农民实用技术培训、技能培训和创业培训分别超过6万人、2万人、1万人，农村劳动力转移就业达85%以上。2010年如皋市大力推动全民创业，加快构建市、镇两级全民创业就业服务体系，切实强化劳动力培训与转移，农村劳动力充分转移镇创建率90%以上；深入推进“千名能人、百亿投入”返乡、村干部“双带双强”、大学生村干部和社会能人创业工程，全市创业率达20%以上。大力发展建筑行业。积极引导建筑企业参与新农村建设，发挥建筑业带动致富优势。2011年如皋市以就业增加工资性收入，通过开发就业岗位、延伸服务平台、强化技能培训、开展就业援助等措施，帮助城乡居民实现多渠道自主就业和多样式灵活就业，全年新增转移农村劳动力2万人，新增城镇就业7000人。2012年如皋市健全人力资源市场，完善就业服务体系，引导劳动者转变就业观念，突出抓好高校毕业生、农村转移劳动力、城乡困难人员和退役军人等重点群体的就业工作。大力开展职业技能培训，不断提升就业创业能力，切实增强就业稳定性。认真落实创业扶持政策，持续推动全民创业，鼓励和引导在外能人返乡创业，村干部和大学生村干部带头创业，促进创业带动就业。新增转移农村劳动力2万人，新增城镇就业8000人，失业人员再就业4327人，登记失业率2.96%，确保建成省级农村劳动力充分转移就业镇2个、充分就业村18个。发展壮大建筑行业。充分发挥建筑业富民强市优势，推进建筑业总部经济发展，鼓励企业积极拓展高端市场，切实开展多元化经营，努力提高自主创新能力和市场竞争力，促进建筑行业整体转型升级。2013年如皋市大力促进就业创业。完善就业服务体系，实施就业“直通车”工程，突出抓好高校毕业生、农村转移劳动力、城镇困难人员、退役军人等重点群体的就业工作，争创省级创业型城市。大力开展职业技能培训，不断提升就业创业能力。认真落实创业扶持政策，鼓励和引导在外能人返乡创业，村干部和大学生村干部带头创业，促进创业带动就业。新增转移农村劳动力5000人、城镇就业8500人。2015年如皋市继续开展就业技能和岗位技能培训，提升就业创业能力。放大就业“直通车”效应，突出抓好高校毕业生、农村转移劳动力、城镇困难人员、退役军人等重点群体的就业工作。落实创业扶持政策，推动创业带动就业，争创国家级创业型城市。截至2014

年年底,如皋市城镇登记失业率2.77%,就业“直通车”全线贯通。

(三)促进教育事业

如皋市坚持优先发展教育事业,建成江苏省教育现代化县(市),基础教育质量稳步提升,普通高考和职教对口高考继续位居全省前列。截至2009年,如皋市创建省优质幼儿园21所、省高水平示范性中等职业学校2所。2010年成功创建四星级普通高中5所、职业高中2所,2011年完成安定小学迁建、职教中心改扩建一期工程,新建、改建幼儿园23所。大力实施素质教育,深入推进课程改革,不断提升教育教学质量。强化教师队伍建设,加强师德修养,推动城乡师资优质均衡配置。建成省学前教育改革发展示范区和义务教育优质均衡改革发展示范区。2013年如皋市加快推进部省共建教育现代化示范区建设,确保90%以上学校达标。深入实施素质教育,促进学生全面发展。协调发展高中教育和职业教育,推动职业教育产教融合、校企合作、工学结合,引导鼓励学生优先本地就业。统筹发展人口早期教育、学前教育、成人教育和特殊教育。积极创造条件,引进高等院校落户如皋。2014年全国义务教育基本均衡县(市)顺利建成,省义务教育优质均衡改革示范区通过验收,顺利实施义务教育学校C级校舍改造工程。解决外来务工人员子女入学问题,如皋市教育局严格执行国务院《关于进一步做好进城务工就业农民子女义务教育工作的意见》,把做好外来务工人员子女教育工作当作一项民心工程来抓,思想上统一认识,政策上予以保障,行动上加以落实,努力为他们打造公平和谐的教育环境。自2005年起,每年市政府办公室转发的如皋市教育局《关于中小学招生工作意见》的通知中都有明确要求:“对外来务工人员的子女要求到我市中小学就读的,各镇、各中小学要一视同仁。外来人员子女如希望在本市继续升学的,享受我市考生同等政策。”各级各类校开启了“绿色通道”,按照“就近、方便”的原则,做到简化手续,随到随安排,确保学生及时入学。外来务工人员子女接受义务教育,及时办理转学手续,不收取任何费用。为进一步规范流动儿童流转办理流程,出台了关于《如皋市义务教育阶段受人口流动影响的学生流转办理流程》的通知(皋教基〔2011〕15号)。因此,外来务工人员子女随迁至我市就读的学生数逐年增多,据统计,2014~2015学年度,义务教育阶段接收6166名外来务工农民子女入学(其中小学34478名,初中1688人)。义务教育阶段公办学校吸纳比例为100%,外来务工人员子女真正实现了“进得来”的愿望,做到了“一个都不能少”。为保证外来务工人员子女入学“学得好”,我局还明确提出做到三个“同等对待”,即入学上同等对待、学习上同等对待、评优奖励上同等对待。落实收费减免和帮扶政策。如皋市教育局明确规定:流入地学校不得以任何理由和名义向学生家长收取“借读费”和与就学挂钩的“赞助费”、“捐资助学费”等。对外来务工的贫困户子女在政策允许的范围内给予照顾,不断完善外来务工人员困难家庭子女入学经济保障体系,确保经济困难的外来务工人员子女享受同等的教育服务。同时,外来务工人员子女中的盲聋哑等各类残疾儿童也同样享受这些政策。改善中小学食宿条件。自2008年起,如皋市大力推进初中食宿条件改善工程,这不仅仅是以宿舍、食堂的设施设备为主的硬件工程,也是推动农村初中整体进一步规划发展的新生工程,还是外来务工人员及其子女久久期待的希望工程。

表 6-3-7　2006~2015 年如皋市义务教育巩固率汇总表　单位:人

年份	小学毕业数	当年招生数	小学巩固率	初中毕业数	当年招生数	初中巩固率
2006	16,227	16,221	100%	22,226	22,199	100%
2007	16,669	16,634	100%	18,237	18,244	100%
2008	13,876	13,871	100%	16,648	16,667	100%
2009	11,360	11,287	100%	16,618	16,413	100%
2010	10,820	10,766	100%	16,967	16,754	100%
2011	10,043	9254	100%	14,395	14,326	100%
2012	10,059	9726	100%	11,782	11,539	100%
2013	10,003	9746	100%	11,073	10,098	100%
2014	9794	9795	100%	10,136	10,029	100%
2015	10,300	10,334	100%	10,221	10,258	100%

(四)城乡公共文化服务

1. 城乡基础设施建设

公共卫生体系进一步健全完善,市人民医院门急诊病房楼一期、中医院病房楼建成并投入使用,社区卫生服务站达 423 家。市、镇、村三级食品安全监管网络实现全覆盖,食品药品安全监管力度进一步加强,建成省食品安全示范县(市)。如皋全市经过多年建设,林木覆盖率、城市绿化覆盖率分别由 22.2%、40.3% 提升到 24.8%、43.3%。百平方公里公路网高于省平均水平 109 公里,城乡公交、供水实现一体化。4 个镇获批南通市级中心镇,白蒲、搬经入选全国重点镇。获评全国粮食生产先进县(市)、全国花木之乡、全国休闲农业与乡村旅游示范市、中国最佳休闲小城。建成全国卫生城市、国家园林城市、江苏省历史文化名城和苏中苏北首家节水型城市。公共文化服务体系进一步完善,市图书馆、文化馆被评为国家一级馆,档案馆创成国家二级馆,镇文化服务站、体育健身广场和村农家书屋在全省率先实现全覆盖,如皋各镇图书馆分馆全部建成,与市图书馆实现通借通还,村农家书屋纳入通借通还范围,逐步实行统一管理。中心城区水系畅通一期工程和农村公路、桥梁新建改造工程等 10 件惠民实事较好完成。有线数字电视整体转换率超过 97.6%。为有计划地改善全市大气环境质量,市政府决定,在 2015 年强势推进如皋经济技术开发区和如皋港经济开发区两个开发区的集中供热基础设施建设,逐步替代供热范围内的小热电及企业分散燃煤锅炉,至 2015 年 3 月,两个开发区的集中供热方案、投资方均已确定,项目征地搬迁已进入扫尾,其他前期相关审批手续正在办理之中。具体为:位于如皋经济技术开发区的大唐如皋燃煤热电联产项目,总投资 3.5 亿元,位于如皋港经济开发区的江苏华电如皋热电联产项目，总投资12亿元，并以这两个区域为试点单位，正在全市范围内进行清洁能源有关项目的建设。

2009年，如皋市将投入50亿元，加快城市基础设施和公共服务配套工程建设。交通方面全面建成八横八纵道路体系；中心城区计划完成房地产开发150万平方米，竣工100万平方米，新增城市绿化面积60万平方米。小城镇建设，确保一般镇“三横三纵”、重点镇“四横四纵”的镇区总体框架全面拉开。2014年，江苏省如皋市交通运输局紧紧围绕市委、市政府关于全市工作的总体部署和要求，大力推进综合交通运输体系建设，实现交通运输持续、健康发展。该局围绕打造综合交通运输体系，围绕提高各种交通运输方式之间、区域交通与城市交通之间、重要经济社会节点之间的衔接水平，彰显和放大如皋市靠江靠海靠上海的区位优势，促进各类要素集聚，提高交通运输对经济社会发展的支撑引领能力。如皋市2015年中心城区开工建设住房120万平方米，新增城市道路4.8千米、绿化60万平方米，全面完成城市环境综合整治三年目标任务。建成省优秀管理城市，入围江苏人居环境奖。交通设施更为完善，蒲黄线东段、皋高线西延、江曲线南段、白蒲互通拓宽改造等工程全面竣工。355东延工程加快推进。完成高铁站客运站房建设，如皋港铁路支线列为省长江经济带交通基础设施建设项目。生态治理深入推进，高标准推进畜禽粪污综合整治、黑臭河道和农村小散污染企业治理，河道整治、拆坝建桥、网簖清理超额完成年度任务，农村“七位一体”长效管护工作南通领先，蝉联省秸秆综合利用示范县（市）。

2. 城乡文化活动

群众文体活动蓬勃开展，成功承办全国老将田径运动会等多项体育活动，2014年成功举办市十运会暨首届全民健身运动会。荣获全国群众体育工作先进单位、江苏省体育强市称号。如皋盆景技艺入选第四批国家级非遗扩展项目，建成全国文化先进县（市）。文明城市创建扎实开展，成为南通唯一获得全国文明城市提名资格的县级城市。预计文化产业增加值占GDP比重达4.3%。2014年开展2014年10月，“中国梦·江海风”南通市首届公共文化服务展示月拉开帷幕。这次公共展示月的重头戏是“文化串门——如皋海安文艺交流演出”。期间开展了如皋市文广新局和海安县文广新局联合主办的“文化串门——走进海安”文艺演出，由如皋市文化馆组织的十多个节目，形式多样，内容都是主旋律，一个多小时的演出，观众掌声不断，让海安饱享了眼福和耳福。同月，“文化串门——走进如皋”文艺专场演出隆重开演。这次是由海安县文化部门组团送演出来如皋，精彩的演出吸引了数千市民前来观看。

全市还以“天天有活动、周周有电影、月月一场戏”为目标，精心组织策划各类文化惠民活动。“雉水之夜”广场文艺演出连演23年，成为市民最喜爱的文化品牌。“农民艺术节”充分激发了群众自办文化活动的热情。由“送戏下乡”转为“群众点戏”，变“送文化”为“种文化”，开展“一年一品”系列文化品牌活动，实现镇与镇交流，城里乡下互动。对于全市阅读环境的建设，市委市政府专项文件，规划了“城市十五分钟、农村十里文化圈”标准，即公共文化服务阵地布点密度必须保证每个城市居民从家里步行十五分钟、每个农村居民住户十里之内有一处公共文化阵地,同时明确了市、镇、村、户四级文化阵地面积和基本功能建设标准。为确保文化阵地正常运行,如皋还按照每镇不少于3个事业编制人员的标准配全了文化站工作人员,每个村居文化活动室配备了一名大学生村干部兼任文化管理员,镇财政按每人每年2400元的标准由文化站发放考核奖金,确保了文化阵地有人管,人气旺。

三、公民经济生活权益保障

(一)消费者权益保护情况

如皋市为进一步优化服务领域经营秩序,增强消费者权益保护力度,如皋工商局在全市服务领域开展消费维权专项整治活动,以查证照、查虚假宣传、查使用商品质量、查利用"霸王"条款增加消费者责任四方面为主要内容,查办一批侵害消费者合法权益的案件,促进服务领域的服务质量明显提高,消费者接受服务的满意度明显提升。同时为了建立市场长效监管机制,如皋工商局创新建立农贸市场早管制度,抽调86名工商干部,每天早晨6:00至9:30实行驻场监管,严厉打击欺行霸市、缺斤少两等侵害消费者权益的违法行为,实时调处消费纠纷,得到广大市民一致好评。

(二)价格调控与监管

近十年来,如皋列入县级听证目录的重要商品、公用事业和公益性服务的价格主要有:居民生活用管道燃气价格、居民生活用自来水价格、城市生活垃圾处理费、城市公共旅客运输基准票价(含公共汽车、出租汽车、地铁、轻轨)。一直以来,如皋市物价局认真执行列入听证目录的重要商品、公用事业和公益性服务的价格听证制度,遵循"凡调必审、凡调必听、重大决策集体审议、重大决策风险评估"等机制,先后召开居民生活用管道燃气价格听证会两次(2011年、2015年召开)、居民生活用自来水价格调整听证会两次(2008年、2010年召开)、出租汽车运价调整听证会一次(2012年召开)。

2011年12月,经听证会听证,综合各方意见最终形成方案,报市政府同意并经省物价局核批,调整如皋市西气东输管道天然气价格,居民生活用管道天然气价格每立方米由4.50元下调为2.20元;非居民管道天然气价格每立方米下调为4.00元,此为最终价格,下浮幅度不限,浮动后的具体价格由供用双方根据市场供求情况自主确定,并报市物价局备案,执行时间为2012年1月1日起;对非居民生活用气统筹价格调节金0.10元/立方米;2015年12月,召开如皋市关于调整居民生活用天然气销售价格并实行阶梯式气价听证会,汇总梳理听证会参加人和社会各界对听证方案的主要意见后,将有关情况上报市政府,经市政府同意并经省物价局核批,按照"从紧控制、从低安排"原则,将居民用天然气销售基准价格上调0.2元/立方米,即从现行的2.20元/立方米调整至2.40元/立方米。对户籍人口在4人及以下的居民天然气用户按年用气量分三档实行阶梯式气价:第一档:居民用户年用气量在300立方米及以下的,销售价格为2.40元/立方米;第二档:居民用户年用气量300立方米以上、600立方米及以下部分,销售价格在基准价格基础上上浮20%,即2.88元/立方米;第三档:居民用户年用气量600立方米以上部分,销售价格在基准价格基础上上浮50%,即3.60元/立方米。对执行居民用天然气销售价格的非居民用户（各类学校、养老院、福利院、居民住宅小区共用设施、农村社区服务设施）不执行居民阶梯气价，销售价格从现行的2.20元/立方米调整至2.40元/立方米。具体执行时间为2016年1月1日起。

2015年12月16日下午，如皋市居民生活用管道天然气阶梯价格听证会在市政府第三会议室召开。本次听证会设听证人3名、听证会参加人24名，实际到会23名。此外，5名听证会旁听人出席会议，新闻媒体的记者也到会进行了现场报道。听证会上，市物价局价格科就居民生活用管道天然气阶梯价格听证方案进行了陈述；市物价局成本科就居民生活用管道天然气成本情况做了说明；23名听证会参加人各抒己见，畅所欲言，充分阐述了本人的意见建议；听证会主持人市物价局副局长徐强对会议进行了总结；听证会参加人对听证会笔录当场审阅确认后签字。整个听证会过程符合法定程序，社会各界对听证会的召开反应平稳，会议达到了预期效果。市物价局在汇总梳理听证会参加人和社会各界对听证方案的主要意见后，将有关情况上报市政府，并及时反馈意见和建议的采纳情况。

近十年来，市物价局全力以赴抓好价格调控目标落实，围绕调控目标，健全完善价格调控的体制机制，以政府名义下发《价格调控目标责任制实施意见》，注重目标责任落实，强化目标责任考核，努力把"米袋子""菜篮子"价格管好，管到位。建立重要商品价格日报、直报制度，注重发挥监测点作用，突出重要商品价格的动态监测、分析监测，为政府宏观决策提供依据。特别是对价格监测预警与低收入困难群众、家庭经济困难价格补贴制度实施情况进行跟踪监测。贯彻上级关于取消收费项目、降低收费标准和相关收费优惠政策的文件30多个，其中涉及25个部门（单位）的项目90多个，影响金额2200万元。继续落实各项收费优惠政策，其中涉及下岗失业人员再就业5608人（次），优惠金额达167万元；涉及低保对象5000人（次），优惠金额达30万元；涉及特困生8200人（次），减免金额达93万元。扩大民生商品批零比价的范围，把"价比三家"的效果落到实处，切实让老百姓得到实惠；完善社会救助和保障标准与物价上涨挂钩联动机制。将落实价格上涨动态补贴机制和确保家庭困难学生就学纳入惠民实事工程，组织开展物价上涨对低收入群体生活影响调查，及时向市政府提出申请，切实保障低收入群体的基本生活不因物价上涨而降低。转发省《关于加强农民集中居住建房价格管理的规定》，对进区购建住房农户实行一系列收费减免优惠政策，包括取消建制镇基础设施配套费、降低农村有线电视收视费等，全年减免建制镇基础设施配套费2000万元左右。自2011年起，将"平价商店建设与推进工作"作为法治惠民项目，能认真组织与推进，并加强监管，全市所有平价商店市场价格秩序良好，能做到诚信经营，认真履行义务，主动承担保障供应、稳价惠民社会责任；平价商店网络发挥了引导市场价格、稳定农产品价格的重要作用，市民直观地感受到政府给群众带来的实惠，提升了市民对政府工作特别是物价工作的满意度。目前已建成38家覆盖我市城乡的平价商店网络。据统计，仅2015年，全市平价商店共销售平价农副产品1577万公斤，累计销售金额:7718万元，累计惠民金额:1244万元。

近十年来,实行"12358"价格举报电话24小时接听制,累计受理"12358"价格举报2000余件(含价格举报咨询、价格举报件),均处理到位,办结率100%,群众满意率99.5%;以价格认证为抓手,价格争议调处300余件,调处办结率100%,有力维护了群众合法价格权益,促进了和谐如皋建设。市物价局价格争议调解中心将继续秉承排查调处价格矛盾、疏导化解价格纠纷、维护群众价格权益、促进社会和谐发展的宗旨,以价调对接机制建设为抓手,以协调利益关系、化解价费矛盾为着力点,既当"灭火器"又当"减压阀",努力成为帮群众化解纠纷的便携法庭、促和谐保稳定的前沿阵地。如皋市坚持把保持价格总水平基本稳定作为价格部门的首要任务,提请市政府出台《如皋市2015年价格调控目标责任制实施意见》,建立由市政府分管领导和发改委、财政等30个部门主要负责人组成的价格调控联席会议制度并严格实施,定期通报各部门工作完成情况。认真落实价格调控的各项工作措施,运用价格调节基金支持平价商店建设13万元。2015年1~12月,CPI同比上涨1.5%,涨幅较全国平均水平高0.1个百分点,圆满完成年度调控目标。加强价格监测预警体系建设。密切关注市场动态,完善重要商品价格日报、直报制度,充分发挥全市21个监测点作用,突出了对粮油、农资、生猪等10大类110个重要商品价格的动态监测。及时对形势做出分析研判,为市委、市政府实施宏观调控提供了可靠的监测数据支撑和及时、有效的政策建议。继续推进"价比三家"信息发布工作,全年共发布居民食品零售价格信息50期,部分农贸市场主副食品价格102期。加强平价商店长效管理。加快平价商店网络建设,目前全市共有平价商店38家(省级平价商店18家,市级平价商店20家)。制定《如皋市农副产品平价商店管理考核实施意见》,加强平价商店日常管理,完善考核、奖惩、监管和退出机制,将不能履行平价商店义务的2家单位退出平价商店,同时通过面向社会公开初录的方式,新增2家省级平价商店经营模式。做好平价商店提档升级工作,6月底对34家省、市级平价商店的门头标识、背景墙等进行全面更新;对18家省级平价商店统一配置电视显示屏,价格公示实行电子信息化。2015年1~12月,平价商店共销售平价农副产品1577万公斤,累计销售金额7718万元,累计惠民金额1244万元。保障民生价格底线。从保障民生立场出发,积极探索价格惠民措施,切实维护群众的切身利益。推行涉及民生的价格政策特别是重大价格改革政策时,充分考虑社会承受能力,特别是政策对低收入群体生活的可能影响,做好风险评估,完善配套措施。落实和完善社会救助、保障标准与物价上涨挂钩的联动机制,完善社会救助制度特别是对特困人群的救助措施,保障困难群众基本生活不受影响。如皋市全面贯彻落实《城乡规划法》,深化完善控制性详规和专项规划,进一步做好城市总体规划与土地利用总体规划、国民经济和社会发展规划的衔接。高品位做好城南片区中央商务区规划设计、科技城概念规划、如泰运河两岸风光带和龙游湖生态园规划。加快编制城市供电、环卫设施、教育设施布点、城市地下空间利用、停车设施等专项规划。进一步完善城市供气、供水、排水和绿地系统规划。全面完成镇区控制性详规、城镇社区和村民聚居化修建性详规编制与报批工作。严格规划管理,加强过程控制,切实维护规划的严肃性和权威性。

四、公民知情权、参与权、监督权的保障

(一)依法应当主动公开的政府信息公开

如皋市严格依照《中华人民共和国政府信息公开条例》的规定，从 2008 年起至 2015 年在全市范围各政府部门展开各类信息公开活动共计近 20 万次，且信息公开的总量每年都呈现缓步增长的趋势，政府信息公开数量的日趋增长是对如皋市全市政府信息公开工作取得成就的最有力支持，其中不仅仅反映出市委等政府机关部门对此项工作的重视和如皋市对全国政府信息公开工作的支持，更反映出全市市民参政议政意识、能力的显著增强和自身维权意识的不断进步。作为政府工作公信力建设的重要环节，政府信息公开既是对政府工作有力的监督，又是政府自身加强与市民联系的一条重要纽带，在相互促进中和谐发展，在相互信任中不断进步，争取把政府信息公开工作创建成利国利民的民意工程。

在各类政府信息公开的途径中，其中主要的途径为政府门户网站信息公开专栏(目录)发布信息、各部门网站发布信息、向政府网站报送文件、向档案馆报送公开文件和政府服务热线受理群众来电这几类，其中，随着电子化政务活动的展开，各部门网站发布信息在 2008 年实现了井喷式的发展，类似的还有向政府网站报送文件、网上及电子邮件申请、信函及传真申请等通过信息化方式的公开手段，相较之下类似向档案馆报送公开文件等的传统途径则增量不明显，甚至呈现一定的下滑趋势，这与信息社会的发展和现代化办公手段的多样化密不可分。在 2010 年，如皋市成功完成了首次市委新闻发布会，同年还首次举办了全市范围的领导在线访谈，这是市政府“透明化、亲民化”办公的良好体现，2014 年如皋市进一步深化政府信息公开活动，并进一步建立了相关微博微信等新兴宣传方式，与民众进行了及时有效的沟通。

政府信息公开的内容主要集中在财政资金信息、公共资源配置信息、公共服务信息、重大建设项目信息、环境保护信息、食品药品安全信息和社会组织、中介机构信息这几大方面，占总体政府信息公开数的 92%，其中由个人申请公开的信息占大部分，平均占比为 79%，企业法人和其他组织申请信息公开的占比平均为 21%，从 2008 年起个人申请和企业法人和其他组织申请信息公开呈现出一个前者增长明显，后者增长缓慢的态势，但是总体而言没有太大水平的波动，呈现相对稳定的总体发展态势。对于申请公开的结果，完全公开的平均占比为 54%，部分信息公开的平均占比为 15%，信息不公开的平均占比为 31%。

如皋市从 2009 年至 2015 年共举办政府信息公开相关培训和讲座 76 次，培训相关人员共 2326 名，累计投入经费 120 万余元。相关培训和讲座保证了专业人员服务政府信息公开工作，充足的资金为工作的展开和后备人才的培养奠定了基础，截至 2015 年，如皋全市共有 562 名专职人员负责政府信息公开专项工作，在全省范围内处于人才使用和培养的领先水平。

表6-3-8　政府信息公开情况

指标　名称　政府信息公开		2008年	2009年	2010年	2011年	2012年
主动公开情况	政府门户网站信息公开专栏(目录)发布信息总数	3053	8023	8292	6860	7858
	本部门网站发布信息总数	0	780	10,881	7156	7503
	公共查阅点查阅信息人数	32	105	229	337	366
	向政府网站报送文件数	17	22	52,784	520,551	27,922
	向档案馆报送公开文件数	2046	1095	1976	1554	1717
	召开新闻发布会次数	0	0	2	2	1
	举办领导在线访谈次数	0	0	2	2	4
	政府服务热线受理群众来电数	31,400	34,675	33,215	33,215	39,600
申请信息公开情况	申请信息公开总数	5	3	44	123	134
	其中:1.当面申请数	1	1	6	23	19
	2.网上及电子邮件申请数	3	1	14	18	45
	3.信函及传真申请数	1	1	24	52	69
	4.其他形式申请数	0	0	0	30	1
	申请公开主体,其中:1.公民个人类	5	3	44	120	131
	2.企事业单位等法人类	0	0	0	3	3
	申请公开内容,其中:1.涉及征地、拆迁类	1	3	33	80	81
	2.涉及生态环保类	0	0	0	0	7
	3.涉及企业职工权益保护类	0	0	0	3	1
	4.其他方面	4	0	11	40	45
答复情况	依申请受理答复总数	5	3	44	123	134
	其中:1.同意公开答复数	1	3	26	66	50
	2.不同意公开答复数	0	0	5	20	13

续表

指标　名称　政府信息公开		2008 年	2009 年	2010 年	2011 年	2012 年
信息公开信箱受理情况	政府信息公开咨询数	0	0	8	24	30
	政府信息公开投诉数	0	0	0	0	0
	政府信息公开建议数	0	0	0	0	0
	其他类型数	0	0	0	0	0
会议培训经费保障情况	召开政府信息公开会议和培训次数	0	5	5	10	16
	其中：1. 召开政府信息公开会议或座谈会数	0	2	3	5	6
	2. 举办各类培训班数	0	3	2	5	10
	3. 培训人员数（人次）	0	312	186	709	197
	政府信息公开专项经费（万元）	2	3	20	20	20

表 6－3－9　2013 年度政府信息公开工作情况统计

指标名称		2013 年度数据
主动公开情况	政府门户网站信息公开专栏（目录）中发布信息总数	8268
	政府公报发布信息总数	0
	召开新闻发布会次数	1
申请信息公开情况	申请信息公开总数	796
	其中：1. 当面申请数	41
	2. 网上及电子邮件申请数	183
	3. 信函及传真申请数	473
	4. 其他形式申请数	99
受理答复情况	依申请受理答复总数	796
	其中：1. 同意公开答复数	205
	2. 延期答复数	27
	3. 同意部分公开答复数	12
	4. 已公开并告知检索途径数	133
	5. 不同意公开答复数	59
	6. 不属于本机关公开范围数	140
	7. 信息不存在数	45
	8. 申请内容不明确数	46
	9. 其他答复情况数	129

续表

指标名称		2013 年度数据
咨询举报情况	政府信息公开咨询数	167
	政府信息公开举报、投诉数	0
会议培训经费保障情况	召开政府信息公开会议和培训次数	22
	其中:1. 召开政府信息公开会议或座谈会数	8
	2. 举办各类培训班数	14
	3. 培训人员数(人次)	288
	政府信息公开专项经费(万元)	20

表 6-3-10　2014 年度政府信息公开工作情况统计

统计指标	单位	统计数
一、主动公开情况		
(一)主动公开政府信息数(不同渠道和方式公开相同信息计 1 条)	条	34,376
其中:主动公开规范性文件数	条	537
制发规范性文件总数	件	823
(二)通过不同渠道和方式公开政府信息的情况		
1. 政府公报公开政府信息数	条	0
2. 政府网站公开政府信息数	条	28,464
3. 政务微博公开政府信息数	条	3664
4. 政务微信公开政府信息数	条	1312
5. 其他方式公开政府信息数	条	936
二、回应解读情况		
(一)回应公众关注热点或重大舆情数(不同方式回应同一热点或舆情计 1 次)	次	494
(二)通过不同渠道和方式回应解读的情况		
1. 参加或举办新闻发布会总次数	次	4
其中:主要负责同志参加新闻发布会次数	次	2
2. 政府网站在线访谈次数	次	16
其中:主要负责同志参加政府网站在线访谈次数	次	2
3. 政策解读稿件发布数	篇	83
4. 微博微信回应事件数	次	76
5. 其他方式回应事件数	次	390

续表

统计指标	单位	统计数
三、依申请公开情况		
(一)收到申请数	件	2178
1. 当面申请数	件	76
2. 传真申请数	件	105
3. 网络申请数	件	616
4. 信函申请数	件	1381
(二)申请办结数	件	2146
1. 按时办结数	件	1906
2. 延期办结数	件	240
(三)申请答复数	件	2146
1. 属于已主动公开范围数	件	138
2. 同意公开答复数	件	694
3. 同意部分公开答复数	件	81
4. 不同意公开答复数	件	190
其中:涉及国家秘密	件	3
涉及商业秘密	件	6
涉及个人隐私	件	9
危及国家安全、公共安全、经济安全和社会稳定	件	0
不是《条例》所指政府信息	件	112
法律法规规定的其他情形	件	61
5. 不属于本行政机关公开数	件	171
6. 申请信息不存在数	件	671
7. 告知作出更改补充数	件	176
8. 告知通过其他途径办理数	件	25
四、机构建设和保障经费情况		
(一)政府信息公开工作专门机构数	个	68
(二)设置政府信息公开查阅点数	个	80
(三)从事政府信息公开工作人员数	人	198
1. 专职人员数(不包括政府公报及政府网站工作人员数)	人	41
2. 兼职人员数	人	157

续表

统计指标	单位	统计数
(四)政府信息公开专项经费(不包括用于政府公报编辑管理及政府网站建设维护等方面的经费)	万元	18
五、政府信息公开会议和培训情况		
(一)召开政府信息公开工作会议或专题会议数	次	14
(二)举办各类培训班数	次	6
(三)接受培训人员数	人次	213

表 6-3-11　如 2015 年度政府信息公开工作情况统计

统计指标	单位	统计数
一、主动公开情况		
(一)主动公开政府信息数(不同渠道和方式公开相同信息计 1 条)	条	28,031
其中:主动公开规范性文件数	条	117
制发规范性文件总数	件	117
(二)通过不同渠道和方式公开政府信息的情况		
1. 政府公报公开政府信息数	条	16
2. 政府网站公开政府信息数	条	20,792
3. 政务微博公开政府信息数	条	4807
4. 政务微信公开政府信息数	条	1391
5. 其他方式公开政府信息数	条	1025
二、重点领域公开情况		
(一)行政权力清单公开数	条	7076
(二)财政资金信息公开数	条	169
(三)公共资源配置信息公开数	条	23
(四)重大建设项目信息公开数	条	248
(五)公共服务信息公开数	条	1511
(六)国有企业信息公开数	条	0
(七)环境保护信息公开数	条	164
(八)食品药品安全信息数	条	72
(九)社会组织、中介机构信息公开数	条	38
三、回应解读情况		
(一)回应公众关注热点或重大舆情数(不同方式回应同一热点或舆情计 1 次)	次	539

续表

统计指标	单位	统计数
(二)通过不同渠道和方式回应解读的情况		
1. 参加或举办新闻发布会总次数	次	2
其中:主要负责同志参加新闻发布会次数	次	1
2. 政府网站在线访谈次数	次	52
其中:主要负责同志参加政府网站在线访谈次数	次	4
3. 政策解读稿件发布数	篇	152
4. 微博微信回应事件数	次	61
5. 其他方式回应事件数	次	142
四、依申请公开情况		
(一)收到申请数	件	1515
1. 当面申请数	件	112
2. 传真申请数	件	0
3. 网络申请数	件	652
4. 信函申请数	件	751
(二)申请办结数	件	1490
1. 按时办结数	件	1239
2. 延期办结数	件	251
(三)申请答复数	件	1490
1. 属于已主动公开范围数	件	111
2. 同意公开答复数	件	530
3. 同意部分公开答复数	件	57
4. 不同意公开答复数	件	124
其中:涉及国家秘密	件	0
涉及商业秘密	件	1
涉及个人隐私	件	4
危及国家安全、公共安全、经济安全和社会稳定	件	0
不是《条例》所指政府信息	件	58
法律法规规定的其他情形	件	61
5. 不属于本行政机关公开数	件	134
6. 申请信息不存在数	件	402

续表

统计指标	单位	统计数
7. 告知作出更改补充数	件	79
8. 告知通过其他途径办理数	件	53
五、依申请公开信息收取的费用	万元	0
六、机构建设和保障经费情况		
(一)政府信息公开工作专门机构数	个	72
(二)设置政府信息公开查阅点数	个	70
(三)从事政府信息公开工作人员数	人	167
1. 专职人员数(不包括政府公报及政府网站工作人员数)	人	37
2. 兼职人员数	人	130
(四)政府信息公开专项经费(不包括用于政府公报编辑管理及政府网站建设维护等方面的经费)	万元	18
七、政府信息公开会议和培训情况		
(一)召开政府信息公开工作会议或专题会议数	次	10
(二)举办各类培训班数	次	9
(三)接受培训人员数	人次	421

(二)行政事项及行政决策处理情况

政府自身建设不断加强。重大事项决策机制健全完善,依法行政工作水平进一步提高,2011 年如皋市政府被评为全省依法行政示范单位。市民服务中心建成投入使用,行政审批"三集中"制度进一步深化,行政服务效能不断提升。积极推行行政权力网上公开透明运行,政府信息公开和电子政务建设力度不断加大,群众的知情权、参与权、监督权得到有效保障。

(三)行政投诉和信访处理情况

如皋市政府高度重视群众来信来电来访工作,在全省率先开通"12345"市长公开电话,2006~2010 年五年来共受理群众来电 16.6 万个,办结率达 96.5%,群众满意率 90% 以上。

如皋市信访维稳工作不断加强,公众诉求渠道进一步畅通,2011 年集访和越级上访量比 2007 年下降 40.3 个百分点,2014 年较上年相比,赴京、去省人数分别下降 50.8%、71.8%。

五、公民救济权益保障

(一)医疗事故赔偿纠纷行政调解

2012~2015 年,如皋市全市发生医疗纠纷 232 起,通过人民调解处理终结 143 起,通过医疗事故技术鉴定为非医疗事故的 27 起;其中通过医疗事故技术鉴定为医疗事故的62起，医疗事故自行协商解决的57起，医疗事故向人民法院起诉解决的5起，申请行政调处的0起。

（二）行政复议生效决定、行政诉讼生效判决和裁定的执行

表6-3-12 如皋市2008~2012年行政复议生效决定、行政诉讼生效判决和裁定执行率

行政复议诉讼情况	政府信息公开行政复议总数	1	1	2	1	19
	其中：1. 维持具体行政行为数	1	1	2	1	16
	2. 撤销、变更、确认违法或责令履行数	0	0	0	0	3
	政府信息公开行政诉讼案件总数	0	1	7	3	2
	其中：1. 维持具体行政行为数	0	0	0	0	0
	2. 确认具体行政行为违法数	0	0	1	0	0
	3. 原告撤诉案件数	0	0	3	2	2
	4. 其他情况案件数	0	1	3	1	0

表6-3-13 2013年行政复议生效决定、行政诉讼生效判决和裁定执行率

行政复议、诉讼情况	政府信息公开行政复议总数	22
	其中：1. 维持具体行政行为数	17
	2. 撤销、变更、确认违法或责令履行数	5
	政府信息公开行政诉讼案件总数	16
	其中：1. 维持具体行政行为数	11
	2. 确认具体行政行为违法数	0
	3. 原告撤诉案件数	2
	4. 其他情况案件数	3

表6-3-14 2014年行政复议生效决定、行政诉讼生效判决和裁定执行率

一、行政复议数量	件	148
（一）维持具体行政行为数	件	137
（二）被依法纠错数	件	2
（三）其他情形数	件	9
二、行政诉讼数量	件	59
（一）维持具有行政行为或者驳回原告诉讼请求数	件	32
（二）被依法纠错数	件	5
（三）其他情形数	件	22
三、举报投诉数量	件	0
四、依申请公开信息收取的费用	万元	0

表 6-3-15 2015 年行政复议生效决定、行政诉讼生效判决和裁定执行率

一、行政复议数量	件	144
(一)维持具体行政行为数	件	128
(二)被依法纠错数	件	14
(三)其他情形数	件	2
二、行政诉讼数量	件	206
(一)维持具有行政行为或者驳回原告诉讼请求数	件	155
(二)被依法纠错数	件	28
(三)其他情形数	件	23
三、举报投诉数量	件	0

(三)社区矫正、安置帮教与法律援助

1. 社区矫正

2005 年 5 月,司法局与公安局对接,实施社区矫正工程,社区矫正对象为:假释、缓刑、管制、剥夺政治权利、监外执行等“五种人”。

如皋市社区矫正领导小组牵头,市委政法委员会、法院、检察院、公安局、司法局分片督查。各镇建立“社区矫正工作领导小组”,下设办公室,由镇司法所负责具体工作,对“五种人”的帮教逐一与社区签订监管责任状。矫正对象本人也递交保证书,全市监外执行罪犯全部纳入社区矫正工作范围。检察院监所检察部门严格按照监外执行罪犯检察工作流程,围绕监督主线,配合司法部门查底数,督移交,抓矫正,社区矫正移交率达 95%,全市社区矫正工作快步入轨,运转正常。

在对监外执行罪犯监督管教工作中,将“五种人”档案正副本合一,建立台账,不断总结创新,对其中存有违法违规行为的 28 名罪犯重点进行帮教。始终把监外“五种人”的监管帮教当着稳定社会治安、创建安全地区、构建和谐社会的一件大事,列入由政法委牵头,公安、法院、司法、检察部门参与的社会治安综合治理范围。

2006 年 3 月,各镇建立社区阳光服务中心,下设社区阳光矫正工作站,招聘并培训专职社工每镇 3 人以上,充实安置帮教工作队伍。使“五种人”“失足不失帮,失家不失爱,失业不失志,闲散不失管”,从源头上预防和减少犯罪。2007 年,在“核查纠正监外执行罪犯脱管、漏管”专项行动中,发现脱管、漏管 28 名,检察纠正 25 名。

2010 年,市委政法委按中央社会治安综合治理委员会等 5 部委指示精神,制定下发《如皋市社区矫正管理工作细则》,完善各项工作机制,公、检、法、司各司其职,“无缝对接”。在桃园镇建立南通市首家集公益劳动、文化学习、法制教育、心理疏导等多功能于一体的社区矫正集中教育管理中心暨“启航公益劳动基地”,设立专门检察警务室,对交付矫正、接受矫正、监管矫正、变更矫正、解除矫正 5 个环节全程监督,推进社区矫正检察工作规范化建设。全市矫正对象分批在此接受一月一次的综合性集中教育、初步打造社区矫正的“环境感染、教育感知、爱心感动、温情感召、劳动感化、预

防重新犯罪”的“五感一防”品牌工程,取得阶段性成效。全年对712人(次)开展社区矫正,与家庭、单位、社区签订帮教责任状203份,收监执行3人,对表现好而生活确实困难的社区服刑人员,直接或协调相关部门共同提供帮助56人(次)。全年共有5年内归正人员946人,新接受刑释解教177人,全市在册社区矫正对象591人。对48名未成年人进行审前评估,对重点对象、严管对象以及在上海世博会周围地区打工的矫正对象实行卫星定位系统监控管理,无一重新犯罪。

2. 安置帮教

1997年,如皋市建立“刑释解教人员安置帮教工作协调小组”,市司法局增设“安置帮教科”,各乡镇相继成立安置帮教工作领导小组和工作站,并正式挂牌对外办公。在刑释解教人员安置单位和家居附近,依靠社区村组干部、单位领导、亲朋邻居组成帮教小组。离退休老干部、老党员中的帮教志愿者与刑释解教人员结成“一帮一”帮教对子,落实有效帮教措施,严格防止漏管、脱管现象发生,确保刑释解教人员的帮教有效率达90%以上。

1997年,将原如皋市食品公司皮革厂更名新生皮革厂,作为全市刑释解教人员的过渡性安置帮教基地。帮教对象中,原为城市户口的,首先落实住处,其中原单位尚在的,尽量回原单位安置,愿意外出或在本地打工的,帮助办理相应手续;愿意从事个体经营者,帮助与城管、工商、税务等部门联系协调,在场地安排,资金周转等方面尽量予以扶持;家居农村的,帮助落实责任田及住房、劳动工具、农药、化肥、种子等,资金安排与其他农户同等。安置落实以后,注重帮教,通过报社和电台、电视台,营造舆论氛围,让全社会关心支持安置帮教工作,同时帮助帮教对象树立重新做人的信心和决心,通过“浪子回头金不换”主题教育,鼓励他们以实际行动,重新取得社会认可和街坊邻居、亲戚朋友的信任。2000年起把帮教工作向监所延伸,组织各镇工作站人员和相关部门,分赴上海、常州、溧阳等监狱、劳教所,对正在服刑和劳教的如皋籍人员介绍家乡发展变化,鼓起他们重新做人的勇气,争取早日回归社会。全市乡镇安置帮教领导小组和工作站正常开展办公。建立帮教工作明细台账,各项具体帮教工作落在实处。1998~2010年,全市共接受刑释解教人员3677人,安置就业3460人,总安置率94.1%,重新犯罪80人,重新犯罪率2.17%。

3. 法律援助

法律援助 1999年3月2日,市司法局开通“148”法律服务专用电话,成立“148”法律援助中心。8月30日援助中心对外正式挂牌。2002年,司法局增设中层机构“法律援助工作科”,将法律援助这一公益性社会工作正式列入司法行政工作范畴。带领广大律师、公证人员和基层法律工作者,积极投身“法律援助”。对求助者热情服务,认真办理每一案件,免收公证和一切服务费用。2004年,受理白蒲镇1599户农民农作物污染赔偿集团诉讼案件,及安徽阜阳19名农民工投诉包工头拖欠工资案件,均得到及时依法办理,使这些弱势群体当事人的合法权益在法律援助下得到维护。自1999年3月成立援助中心至2005年的7年中,共办理法律援助案件428起,免收费用近40万元。通过“148”专用电话解答民众法律咨询5358次，接待民众来访783次，协助有关部门调处矛盾纠纷245起。2005年，健全和规范接待、咨询、受理、审查、指派、办理、监督等环节，开通“7288148”24小时服务的法律服务热线，保证有问必答，在南通市组织的法律援助卷宗抽查评比中获得满分，全年共办结法律援助案件96件。其中刑事案件71件，民事案件25件。2006年，开辟法律援助“绿色通道”，重点解决农民工工资拖欠问题，同时与市侨联、残联、驻如空军部队共建维权工作站，着力为港澳台投资者和华侨、归侨、侨眷、残疾人和军人提供法律援助服务，扩大援助覆盖面。2008年，全年投入20多万元，共办理法律援助案件826件，结案率达96.97%；接待来访咨询2787人(次)，来电咨询2364人，受援群众5156人。2009年9月，推出“爱心簿”，建立法律援助“爱心基金”。主要用于来访困难群众的餐费、交通费等开支。10月，与黑龙江省友谊县签订城际《法律援助协作协议》。11月，组织全市“十佳”法律援助工作者和典型优秀案例，为全国法律援助工作经验交流座谈会提供观摩现场。开展万人传唱《法律援助之歌》活动，扩大法律援助的社会影响。当年年底，被评为“省法律援助工作先进集体”。2010年，市司法援助中心全年累计受理并办结法律援助案件1330件，受援群众8075人，法律援助案件办结数、咨询数等均居全省第一。

如皋市人民法院在民事审判中，对弱势群体和生活困难的当事人通过减、缓、免缴诉讼费和发放救助金等办法实施司法救助。2006~2010年，人民法院共对2137件民事案件中的弱势群体和生活困难者实施司法救助、减缓诉讼费用226.2万元，同时依法对146件执行案件当事人中困难申请者发放司法救助资金73.13万元。2011年办结法律援助案件1227件，2012年办结1679件，2013年办结1675件，2014年办结1547件。

第七章　县域重要法治事件与典型法治案例分析

第一节　县域重要法治事件

一、依法治市

1998 年,如皋市委市政府根据“十五大”提出的依法治国方略和江苏省委省人大关于推进依法治省工作的决定、决议,全面深入推进依法治市。坚持基层依法治理,在深化法制教育的基础上,采取自下而上,条块结合,由点及面,全面推进的方法,从抓村、厂、校、乡镇和行业等依法治理工作的试点人手,全面开展“依法治村、依法治厂、依法治校”工作。坚持依法行政,市领导带头进行学习考察工作,开展执法责任制的试点工作,健全办案责任、内部管理、冤假错案追究、执法公示制度,保证宪法和法律、法规在本部门的遵守和执行发挥了积极的作用。此外,如皋市还先后组织实施了普法依法治市宣传月、普法“大篷车”“送法下乡”、法律知识竞赛、法制讲座和培训、大型法律咨询等一系列法制宣传教育活动,使全市绝大部分普法对象接受了法制教育,广大干部群众的法律意识和法制观念得到进一步加强。

二、推进基层民主管理

2006 年 10 月,如皋市 349 个村(社区)中,已有 209 个村(社区)被命名为省、南通、如皋三级“民主法治村(社区)”,如皋全市民主法治村(社区)的达标率已达到 60%,其中 7 个村(社区)被命名为省级民主法治村(社区),14 个村(社区)被命名为南通市级民主法治村(社区),188 个村(社区)被命名为如皋市级民主法治村(社区)。社区的共同特点是,基层组织健全、法制教育深入、“四民主、两公开”落实、村(居)务管理规范有序、辖区治安状况良好、经济发展成效显著。

2003 年 7 月,如皋市分别在搬经镇梅甸村、白蒲镇朱家桥村召开基层民主法治建设工作现场会,强化农村基层民主法治村(社区)的建设。该市成立了以分管领导任组长的领导小组,各镇建立了民主法治村(社区)领导小组,各村也相应成立了依法治理、综治、安置帮教等领导小组,从而在全市形成了民主法治有人抓、有人管的组织网络。目前,全市各镇(区)、村(社区)在镇党委、村委会的组织领导下,组织制度、硬件设施、软件设施都已到位。

如皋市以实施全民法制宣传教育为抓手,推进基层民主法治建设。他们以宪法宣传为核心,积极探索新时期基层法制教育的新途径,做到形式多样、丰富多彩,扎实提高基层干部群众的法律素质。他们充分利用农民法制学校、社区活动中心、法律超市、法制文艺、送法下乡、板报橱窗等有效形式掀起全民学法热潮。通过法制宣传教育,让基层干部学会了依法行政、依法管理、依法办事,为群众树立了学法守法的典范。

各村(社区)在镇(区)党委、政府的领导下,大力推进民主法治化进程,完善了"四民主",即民主选举、民主管理、民主决策、民主监督,完善了"两公开",即村务公开、财务公开,村务管理、村务决策更加合法化、民主化、科学化。目前,如皋村(社区)基本形成了依法建制、以制治村的法治氛围,社会秩序稳定,人民安居乐业。为规范村(居)务管理,如皋市柴湾镇双龙村、林梓镇顾岱村等村(社区)建立了一户一档管理档案;如城镇大明村等村(社区)将《村民自治章程》制板上墙,使村里的各项工作做到有法可依、有章可循;雪岸镇凌云村对原村办企业通过村民代表讨论进行了公开的招标拍卖;江安镇的新建村需筹集20余万元建设村级水泥路,村委会及时召开了由97名代表参加的村民代表大会,一致通过了筹集方案和施工方案,使村委会的工作得以顺利开展。

各镇(区)、村(社区)始终把涉及人民群众切身利益的矛盾和问题放在心上,认真体察民情,服务百姓、保护百姓、造福百姓,切实维护、实现、发展人民群众的根本利益。林梓镇蒋殿村长期从抓法制宣传教育入手,及时化解民间纠纷,社会治安状况一直很好,新中国成立以来无一刑事案件发生,村风民风淳朴,经济发展快速。创建民主法治村(社区),推进基层民主法治建设,其根本目的在于更好地保障人民群众的合法权益,推进法治江苏、法治南通、法治如皋的建设,以适应构建和谐社会的需要,如皋把这一工作与社会经济发展紧密联系,以法治建设为抓手,着力为区域经济的持续跨越发展构建和谐稳定的法治环境。江苏花木大世界市场地处如城镇大明村,该村除设立调解委员会外,还在花木大世界市场内设立了调解室、警务室,有效地维护了一方经济秩序,促进了当地经济的发展。

三、多措并举化解"看病难、看病贵"问题

2006年,如皋市委、市政府将解决群众"看病难、看病贵"的问题作为建设法治如皋、构建和谐社会的重要抓手,指定由市依法治市领导小组会同相关执法部门、职能部门予以尽快化解这一社会难题。

该市及时理顺药品及医疗服务体系,规范医疗机构价格行为,减轻患者不合理负担,实施药品及医疗服务价格"阳光工程",进一步提高物价局价格自动监测功能。如皋市突出"质量、安全、服务、费用"四个重要方面,以减轻群众不合理医药费用负担为重点,强化了宏观调控,落实服务规范,强化了内涵建设,加强了基层管理;建立医师、护士考核制度,将业务水平、思想道德、规范执业等情况全部纳入考评范畴;加强医患沟通,完善医患纠纷调处机制;开展打击非法行医专项行动,全市医疗市场得到净化,有力地保障了群众就医安全。

今年以来,如皋市将社区卫生服务机构的整顿建设工作作为市卫生系统全年工作的重点，完善新型农村合作医疗，提高群众医疗保障水平，通过采取行政、经济、法律等综合措施，完善社区卫生服务站的硬件设施，提升社区卫生服务站的管理与服务水平，为社区群众提供更为方便、快捷、优质的服务。全市社区卫生服务站建成覆盖率达98%，服务人口覆盖率达95%，村（社区）群众在就诊优惠政策引导下，逐步走上了城乡（社区）医疗服务的轨道，村（社区）群众能在15分钟内到达正规医疗机构就诊，构建起15分钟“健康圈”。

针对特殊人群看不起病的问题，该市积极采取优惠医疗政策，优惠对象为：重点优抚人员、残疾人、低保人员、特殊困难群体、部队官兵及其家属。优惠内容：一是“四优先”服务，即优先挂号、优先就诊、优先取药、优先住院；二是“四免收”政策，即免收普通挂号费、诊疗费、注射费、出诊费；三是“五折让”待遇，即床位费、手术费、辅助检查费按规定标准的70%收取，药品费按零售价的85%收取，材料费按零售价的95%收取。通过上述举措的实施，群众反映的“看病难、看病贵”的难题，得到根本性缓解。随着农村医疗保险和大病补助的实施，如皋这部分特殊人群“看病难、看病贵”的问题得到根本性的解决。

四、领导干部述法考评

2007年，如皋市在全国率先创新建立领导干部“德、能、勤、绩、廉、法”六位一体的述职述廉述法考评机制，出台《关于科级党政领导干部述法考评工作的实施意见》和《关于进一步完善科级党政领导干部述法考评机制的意见》等系列文件，探索总结出“党政领导干部述法内容五报告、量化评价四考核、结果运用三到位”的“五四三”模式。

2010年，如皋市坚持高点定位找差距，不断拓展抓完善，对这一机制进行拓展延伸，实现述法考评的“三全”，即在对象上全面到位（把述法考评工作延伸到全体公务人员）、在内容上全面对接（把述法考评的内容与法治工作内容全面对接到位）、在方法上全面融入（把述法考评方法全面融入考核任用体系）。这一机制的建立得到了中组部、中政委、司法部领导的充分肯定，省委领导专门批示，并于2009年6月在如皋市召开了全省现场观摩会，全面推广这一做法，被评为全省政法工作创新一等奖，被省委领导喻为“江苏最有价值的创新”。《人民日报》内刊、中央政法委《政法动态》及6家国家级媒体、6大网站和4家省级媒体均进行了专题报道，被评为全国“地方十大新政”，省内外40多个县、市前来学习，得到充分肯定和认可。

近年来，如皋市又对这一做法进行了进一步的拓展和完善，变“年终算总账”为日常跟踪管理、重点工作推进、季度工作督查等考核方法，组织人大代表、政协委员、群众代表开展依法行政满意度测评，组织开展“百千万评议”活动充分听取百名企业家、千名“两代表一委员”、万名党员群众对依法行政情况的建议意见，并坚持述法结果和任用奖惩考核挂钩。

进一步放大述法考评机制效应，推动党政领导干部依法、科学、民主执政；抓住乡镇机构改革机遇，深入推进镇（区）法制工作室规范化建设，实施法制辅政；落实行政执法责任制，严格进行执法过错追究，对行政案件败诉的单位及主要负责人实现年度考核评优“一票否决”。以规范公共权力为重点，筑牢依法执政平台，这是如皋市为提高依法执政水平而做的不懈努力。

五、创设“公民法治驿站”

2009 年，如皋市首家法治驿站建成，这是如皋市司法局将普法植根基层，打造“人员来源于民、工作服务于民、平台根植于民”的全新法治建设模式；是该市司法行政机关推动公民在法治建设中建立的，义务为广大村民、学生、企业职工、流动人口等免费提供法制宣传、心理咨询、社区矫正、矛盾调处等法律服务的法治工作阵地。法治驿站推行“1 +2”的运行方式：“1”即每个法治驿站有一名热心于法治建设、有一定专业知识、群众基础好、精力充沛的志愿者作为基本服务人；“2”是指由一名业务熟练、能够提供专业业务保障与一名热心公益、能够提供经济保障的法律服务志愿者作为辅助人。每个法治驿站都以基本服务人的个人名义命名，悬挂服务标识，公示服务人员、服务宗旨与内容，倡导“公民学法、生活守法、办事依法、维权靠法”的法治理念。通过热心宣传法律、耐心答疑疏导、用心依法维权、矫治心理障碍，有效化解邻里纠纷、传递法治需求，助推社会和谐，受到了基层群众的交口称赞。

法治驿站本着方便群众、立足急需、定点多元的原则，采取灵活多样的形式建立，目前初步形成家居式、专建式、依附式三种模式。家居式，即设立于基本服务人的家中。例如，林梓镇的退休老干部朱其发为人正直，在群众中具有很高的威信。他在家中建立其发法治驿站，宣传法律知识，充当邻里纠纷的义务调解员。专建式，即建立在急需的集居小区、农贸市场、工业园区等场所。如工业园区的孙健法治驿站，就是在当地司法所的支持下，专门为园区企业及务工人员提供法律服务，解决劳资纠纷。依附式，即依附于村(居)公共服务中心、企业、医院、学校等阵地设立。在林梓镇沈腰村公共服务中心有个男男法治驿站，其基本服务人是法律专业毕业的女大学生村干部冒男男，法治驿站为促进邻里和谐、维护基层稳定发挥了重要作用，被村民们称为“家门口的法律顾问”。

“公民法治驿站”的建立与运行，提高了人民群众学法用法守法护法的崇尚度、投身社会管理实践的参与度、助推经济社会发展的和谐度，它为公民提供了追求社会作为，实现自我价值的舞台。两年来，各法治驿站已辅导近 2 万人次学法，接受近 3 万人次法律咨询，组织法律专题宣讲 1100 场次，驿站服务人成为扎根百姓中的义务普法员，百姓称法治驿站是他们家门口的法制学校；已建成运行的 358 个驿站，两年来共接待群众咨询达 2 万余人次，解答群众提出的问题 3 万余个，实施有效疏导达 82%，实施心理矫治 108 人 2600 余人次；它同时也成为依法化解纷争的优良阵地，两年内，如皋市市公民法治驿站共化解各类纷争近三万个，矛盾钝化率达到 90% 以上。借助法治驿站，公平正义得到更好的维护。两年来，驿站帮助公民沟通联系行政部门 2000 多个事项，联系办理公证业务 130 余起；协助司法机关诉讼和解 400 余起，配合执行案件 48 件；提供涉法服务 2166 件，其中民事案件 1938 件、刑事案件 101 件、行政案件 46

件，代理涉法案件 81 件，沟通协调落实司法救助 26 件 12.4 万元，维护了人民群众的合法权益和法律尊严，初步形成了遇事找驿站、维权靠法律的良好局面。

六、社会矛盾纠纷调解

近年来，江苏省如皋市准确把握新时期社会矛盾的规律性，把基层矛盾排查化解工作与法治引领、服务群众相结合，念好矛盾纠纷化解“综”“专”“细”“实”四字诀，实现矛盾纠纷“发现得了，发现得早”“解决得了，解决得早”。

如皋市针对其社会中矛盾具有的主体复杂性、诉求多元性与分布广泛性的特征，充分发挥调解在社会矛盾纠纷末端处理中的作用，突出矛盾纠纷化解“综”“专”“细”“实”四字诀。第一，“综”合矛盾化解的各种手段，突出党政主导的政治优势的同时延伸社会组织的协同优势，在提高调委会调解作用的同时重视民间调解组织的作用。第二，促进调解“专”业化，通过各部门的协作做好事前风险监督措施，把稳定风险排除在前；同时坚持法治理念引导在前，坚持矛盾化解与法治理念引导相结合。第三，建立“精”细化的矛盾纠纷末端处理机制，通过网格排查主动、及时地收集纠纷信息，同时在全市统一安装“调解服务一键通”智能服务箱，以及时提供调解便民服务。此外，健全公调、检调、诉调、援调、消调、访调六大专业对接调处机制，建立完善医患、劳资、环保、婚姻、土地征用、房屋征收等 15 个标准化的专业调解组织，形成专业化调处格局，培育了公调对接“五三”模式、检调对接“调解四法”、婚姻纠纷调处“六二模式”等一批典型经验，提升了在涉及发展、民生、稳定等重点领域的调解能力，让群众从化解的每一个矛盾纠纷中切身感受到社会的公平正义。第四，坚持突出一个“实”字，确保社会矛盾纠纷末端处理不“踩高跷”，有“面子”更有“里子”，将责任抓实在、机制做实、经费落实。

七、法治文化建设

如皋市创造性地推进法治文化建设，促进法治文化与经济社会发展、城乡文化建设、百姓生产生活有机融合，形成了市有场馆、镇有特色、村居全覆盖的基层法治文化建设新格局，打造具有如皋特色的“法治文化大观园”品牌。

2011 年以来，如皋市深入推进“社会主义法治文化建设推进年”活动，坚持把法治文化作为先进文化大发展大繁荣的有机组成部分，把推进法治文化建设作为新形势下深化法制宣传教育工作的基本途径，本着因地制宜、城乡互动、注重特色的总体思路，扎实有效推进法治文化阵地建设，法治文化已经覆盖社区、乡村、机关、单位、企业、学校，逐步渗透进百姓日常生活。

如皋市安定法治文化广场位于人流密集的市中心休闲广场，2011 年正式建成使用，广场投资 160 万元，总面积 14,450 平方米，将法治文化与公园文化、人文景观充分结合。广场运用雕塑、石刻、法制格言长廊、法制宣传栏等形式图文并茂地展现了古今中外法治典故、法治名人、法治格言、法律条文等内容，成为集健身、休闲、普法于一体的法治主题广场，有效提升了法治如皋城市建设内涵。

2012 年 4 月，如皋市首家企业法治文化园在雪岸镇凯晖皮草科技有限公司投资建成。凯晖法治文化园总面积1500平方米，以员工健身广场为依托，有机融入法治画廊、法律宣传栏、法治漫画墙等法治文化载体，是一座集知识性、教育性、趣味性于一体的特色法治文化宣传园地。

近年来，如皋市在全市各镇、村建立法治文化公园（广场）41个；在国道、省道、市级公路交通过境道口，兴建法治文化园16个；在全市134个"村村通"公交站点，统一布置各类法制宣传漫画，建成公益性、大众化法治文化阵地。建成法治文化一条街、法治文化广场、法治文化公园等不同风格的法治文化阵地，让居民在休闲娱乐中接受通俗易懂的法治文化。据悉，如皋市今年将进一步推进法治文化阵地多样化、系列化、规模化建设，让广大市民近距离领略法治文化、感受法治精神，使他们在潜移默化中接受法治文化熏陶，在娱乐休闲中培养良好法治意识。

八、建立廉洁司法平台

以监督制约为保障，提供公正廉洁司法平台。2010年，如皋市市委带头营造公正司法环境，确保司法机关依法独立行使职权，对司法机关实行党委组团、部门组队、基层组员"三线式"督查巡视，及时发现问题，推动整改提高，不断加强人大、政协、群众、媒体对司法工作的监督，广泛开展"公信力最强机关"评议活动和"公正廉洁司法主题实践"活动，实施"法误"公示，建立错案联动追究机制，切实保障司法公正。

九、行政争议案前协调机制

2008年，如皋市创新开展了行政争议案前协调机制，由行政机关主持或主导，在案前、案中通过说服教育和疏导等方式，促使行政争议各方平等协商、化解矛盾。该项机制推行以来取得显著成效，真正实现了定分止争，案结事了，深受广大群众的一致好评。相关经验被省法院、省政府在全省推广，并在国务院行政调解研讨会上进行专题介绍，20多个县（市）来如皋市参观学习，并多次获得省市表彰。

如皋市市行政调解机制由如皋市法制办和市法院联合创设，它规定法院或政府法制办受理的行政争议，利用立案审查期限提前介入，由法院、政府法制办牵头，行政机关和行政纠纷当事人参与，就争议问题进行协调，在合法合理的基础上达成"和解合意"，即"2+X"模式。为使行政争议案前解决规范化、制度化，市委、市政府制定出台了一系列文件加以规范和指导，同时成立了相关工作机构。2010年如皋市抓住国务院及省政府陆续出台《关于加强法治政府建设的意见》的历史机遇，完成对行政调解机制的进一步完善，在市大调解中心设立行政调解指导办公室，形成了三调融合、一综多专的我市行政调解体系。

行政调解的范围主要包括：行政机关或者法律法规授权的具有管理公共事务职能的组织与公民、法人或者其他组织之间产生的行政争议；公民、法人或者其他组织之间产生的与行政管理职能有关的民事纠纷，并结合如皋市的实际情况，对调解范围作了细化。

如皋市行政调解确立了自愿、合法、公平公正、优先的工作原则；请求权保护、多方联通、述法考评、组织保障、行政争议排查研判预警、信息共享与分析通报的工作机制；

邀请法院指导参调、联合大调解中心联手共调、信访部门积极引导协调、实地协调、述法考评促调、建立信息化平台的工作方法。

十、实施普法邮路

借助“爱心邮路”的品牌效应，如皋市于2011年4月8日在市安定法治文化广场启动实施了“普法邮路通万家”工程，将图文并茂、通俗易懂的普法邮品随同报刊一起免费寄送到千企万户。

“普法邮路通万家”工程由如皋市法宣办、市司法局、市邮政局联合组织，活动主题为：爱心与普法同行。借力全国文明新风典型—如皋“爱心邮路”，通过普法与邮路“三结对”（市司法局与市邮政局、镇司法所与邮政支局、邮路与法治驿站分别对接），凸显“三个深入”（让法制宣传深入乡村、深入企业、深入百姓）。通过邮路送法进百村、千企、万户，弘扬社会主义法治理念，提高广大群众的法治意识和法律素质，同时通过邮路收集社情民意，了解群众需求，增强普法的针对性和实效性，知民情、解民忧，服务民生，构建和谐。

每期邮品由普法成员单位提供宣传内容、司法局精心设计制作、爱心邮路免费发送，群众对法制宣传的建议、法律需求的回执，实行免费回邮，在不增加群众负担的前提下，传播法律知识、传递法律需求，既宣传法律又服务群众，开启了“六五”普法新篇章。截至目前，共印制投递14期普法邮品，发放法制宣传资料18万份，收到回执600余份，其中提出普法建议40余条，化解矛盾纠纷23起，《人民日报》、新华社等主流媒体对“普法邮路”进行了宣传报道。

“普法邮路通万家”工程的实施，进一步放大了“爱心邮路”品牌效应，整合了优质普法资源，打造了如皋“六五”普法新品牌，为了解民情服务民生、强化社会管理创新提供了新平台，交融汇集的“爱心邮路”与“普法邮路”，必将成为一条条密切党群血肉联系、帮政府解忧、为党旗添彩的“连心路”，成为服务“三农”、建设社会主义新农村的“致富路”，成为积极构建社会主义和谐社会的“和谐路”。

十一、市镇法制办公室规范化建设

近年来，如皋市深入推进法治创新工程，大力推动镇政府法制办公室规范化建设，充分发挥法制办依法行政的参谋、助手和法律顾问作用，有力地提升了全市依法行政整体水平，获得省政府法制办公室颁布的“社会管理创新奖”。

2008年年初，市政府法制办在经过大量调研论证的基础上，先后在高明镇、长江镇进行试点，后经市委常委会讨论决定在全市推广。镇政府法制办公室职责明确，实现职责、制度、流程和台账的“四统一”。截至2009年5月，全市20个镇（区、园）政府法制办公室全面组建到位，共配备专兼职法制员62人。在健全政府部门法制机构、配强镇法制办公室的基础上，2011年，如皋市着力推进基层法制机构规范化建设，要求镇法制办公室做到“机构、场所、人员、经费、制度、工作六到位”“工作职责、业务流程、台账资料、服务规范、管理制度、人员配备六统一”，并专门制定了《镇法制办公室、部门法制科室考核细则》，结合全市社会管理创新工作一同推进，一同考核。通过镇区主动咨询、市级部门强化指导、市镇联手延伸对基层执法检查等方式，较好地发挥了镇法制工作室的行政决策事前把关、规范性文件归口报备、行政行为及时参谋、行政合同审核备案、行政纠纷协调化解、行政执法督查监督等职能，有效地解决了镇区依法行政工作乏力的问题，全市镇级依法行政工作呈现良好发展态势。

如皋市镇法制办公室建设四年来，镇法制工作逐步走向正常化、规范化，镇政府的决策行为进一步规范，行政执法水平进一步提高，行政争议进一步减少，复议和诉讼被撤销、变更或确认违法案件数同比下降了27%；涉法信访量大幅度下降。镇法制办公室充分发挥了其在行政决策、法律辅政、化解行政矛盾、规范执法等方面的作用，有力保障和促进了全市经济社会的持续跨越发展。

十二、建设法治信息系统

2015年12月，为全面贯彻中央和省委的决策部署，落实全省法治信息系统建设试点工作座谈会要求，切实做好全市法治信息系统建设工作，圆满完成各项任务，如皋市决定成立市法治信息系统建设领导小组及领导小组办公室，根据《南通市法治信息系统应用管理考评办法（试行）》《南通市法治信息系统工作管理制度》，建设法治信息系统。依靠法治信息系统，可以实现法治信息数据网上传输功能、法治指标完成网上实时监测功能、法治档案资料网上留存功能、法治分析研判网上实施功能、法治工作绩效网上评估功能、法治规范化建设网上展示功能、法治工作网上督查督导功能、法治工作网上实时预警功能、法治工作项目化推进网上实施功能、法治工作资料网上审核功能。截至目前，如皋市法治信息系统建设已经初有成效。

第二节　县域典型法治案例分析

一、张某军诉如皋市物价局案

【基本案情】2009年5月26日，如皋市物价局印发皋价发〔2009〕28号“市物价局关于印发《行政处罚自由裁量权实施办法》的通知。”该文件包含附件“如皋市物价局行政处罚自由裁量权实施办法”，该实施办法第10条内容为“对《价格违法行为行政处罚规定》自由裁量处罚幅度详见附件一（2）。”2013年1月9日，张某军向如皋市物价局举报称，如皋市丁堰镇人民政府在信息公开事项中存在违规收费行为。该局接到举报后答复称，丁堰镇政府已决定将收取的31名农户的信息检索费、复印费共计480.5元予以主动退还，按照“如皋市物价局行政处罚自由裁量权实施办法”第9条第（三）项的规定，对其依法不予行政处罚。

2013年3月8日，张某军向如皋市物价局提出政府信息公开申请，要求其公开“皋价发〔2009〕28号”文件。如皋市物价局答复称，该文件系其内部信息，不属于应当公开的政府信息范围，向原告提供该文件主文及附件“如皋市物价局行政处罚自由裁量权实施办法”，但未提供该文件的附件一（2）。张某军不服，提起行政诉讼。

【裁判结果】如东县人民法院审理认为,本案的争议焦点为涉诉信息应否公开。首先,行政机关进行行政管理活动所制作和获取的信息,属于政府信息。行政机关单纯履行内部管理职责时所产生的信息属于内部管理信息。如皋市物价局称其对丁堰镇政府作出不予处罚决定的依据即为“皋价发〔2009〕28 号”文件,在相关法律法规对某些具体价格违法行为所规定的处罚幅度较宽时,该文件是该局量罚的参照依据。可见,涉诉信息会对行政相对人的权利义务产生影响,是被告行使行政管理职责过程中所制作的信息,不属于内部管理信息。其次,涉诉信息是如皋市物价局根据该市具体情况针对不同的价格违法行为所作的具体量化处罚规定,根据《国务院关于加强市县政府依法行政的决定》(国发〔2008〕17 号)第 18 条的规定,针对行政裁量权所作的细化、量化标准应当予以公布,故涉诉信息属于应予公开的政府信息范畴。最后,如皋市物价局仅向张宏军公开涉诉文件的主文及附件“如皋市物价局行政处罚自由裁量权实施办法”,而未公开该文件的附件一(2),其选择性公开涉诉信息的部分内容缺乏法律依据。如皋市物价局应当全面、准确、完整地履行政府信息公开职责。据此判决被告于本判决生效之日起 15 个工作日内向原告公开“皋价发〔2009〕28 号”文件的附件一(2)。

该案一审判决后,双方当事人均未上诉,一审判决发生法律效力。

【案件评析】此案入选全国法院 2013 年度政府信息公开 10 大典型案例,典型意义在于涉及内部信息的界定问题。所谓内部信息,就是对外部不产生直接约束力的普遍政策阐述或对个案的非终极性意见。之所以要免除公开内部信息,目的是保护机构内部或不同机构之间的交流,从而使公务人员能够畅所欲言,毫无顾忌地表达自己的真实想法。本案中,如东县人民法院通过三个方面的分析,确认涉诉政府信息是被告行使行政管理职责过程中所制作的信息,是对价格违法行为进行量化处罚的依据,会对行政相对人的权利义务产生影响,因而不应属于内部信息。同时,判决对行政机关公开政府信息的标准进行了严格审查,明确要求行政机关应当准确、完整、全面履行政府信息公开职责,不能随意地选择性公开。

二、刘某容留他人吸毒案

【基本案情】被告人刘波于 2011 年 3 月至 5 月,在如皋市鼎好宾馆、江南客栈宾馆、铭雅居宾馆、泰和宾馆等处,先后容留他人吸食冰毒,共计 19 人次。

1. 被告人刘某于 2011 年 4 月的一天,在如皋市鼎好宾馆内,容留高某、薛某林、郝某运吸食冰毒。

2. 被告人刘某于 2011 年 4 月 25 日至 5 月 6 日间,在如皋市江南客栈宾馆 9510 号房间内,先后容留陈某春、郭某俊、周某峰、高某、薛某林、季某龙、冯某艳吸食冰毒。

3. 被告人刘某于 2011 年 5 月 8 日至 9 日,在如皋市铭雅居宾馆 8308 号房间内,先后容留高某、周某峰、薛某林、陈某春、郭某俊、申某兵吸食冰毒。

4. 被告人刘某于 2011 年 5 月的一天,在如皋市泰和宾馆内,容留高某、周某峰、冯某艳吸食冰毒。

【裁判结果】一审法院于2012年5月10日作出判决，认定被告人刘某多次容留他人吸毒，其行为已构成容留他人吸毒罪，决定判处被告人刘波有期徒刑一年三个月，并处罚金人民币五千元。

【案件评析】此案例为2013年江苏省毒品犯罪典型案件，被告人多次在其居住的宾馆内容留他人吸毒，为多人吸毒提供场所，其行为为吸毒违法行为逃避打击提供了帮助，侵害了国家毒品管制制度，而且放纵他人吸毒给社会带来的不利后果，客观上助长了毒品的泛滥和传播，严重侵害了他人身体健康，具有严重的社会危害性。另外，被告人多次在宾馆、娱乐机构等营业场所内容留吸毒，应当予以严厉打击。

三、裴某程、许某新贩卖毒品，谢某恒贩卖毒品、信用卡诈骗案

【基本案情】裴某程、许某新经事先预谋，由裴某程出资购买毒品、许某新联系买家进行销售，在如皋市如城镇，先后向谢某恒、沈某兵贩卖冰毒4次计44克。其中，裴某程参与全部作案，许某新参与作案3次。2012年11月28日，公安机关扣押裴某程藏于谢某恒出租屋内的冰毒1袋(27.23克)；扣押裴某程冰毒1袋(0.92克)、K粉1袋(0.23克)；扣押许某新麻果3袋(2.23克)。

2012年11月28日凌晨，谢某恒在如皋市如城镇丽泽华庭28幢楼下，向钱某峰贩卖冰毒3克。2012年11月28日，公安机关扣押谢某恒身上冰毒2袋(1.75克)。

2010年11月，谢某恒明知徐某无还款能力，采用做假材料等手段，伙同徐某在中国工商银行股份有限公司如皋支行申请办理了一张信用额度为10万元的牡丹贷记卡。2010年12月，谢某恒持该卡套现人民币100,000元，透支后未及时还款，经中国工商银行股份有限公司如皋支行多次催收仍未归还。截至2012年5月，共恶意透支本金82,700元。

【裁判结果】如皋市人民法院以裴某程犯贩卖毒品罪，判处有期徒刑十五年，并处没收个人财产五万元。许某新犯贩卖毒品罪，判处有期徒刑十年，并处罚金三万元。谢某恒犯贩卖毒品罪，判处有期徒刑一年，并处罚金一万元；犯信用卡诈骗罪，判处有期徒刑二年六个月，并处罚金八万元；数罪并罚，决定执行谢某恒有期徒刑三年，并处罚金九万元。

如皋市公安局扣押裴某程非法所得7600元，予以没收，上缴国库；并责令谢某恒退赔中国工商银行股份有限公司如皋支行82,700元。

宣判后，三被告人均未提出上诉。

【案件评析】这起贩卖毒品案以团伙作案和贩卖毒品次数多、数量大成为如皋法院近年来办理的重大毒品案。三被告人贩卖毒品的行为助长了毒品的泛滥和传播，严重侵害了他人身体健康，具有严重的社会危害性，如皋法院的判决显示了对毒品犯罪严厉打击、绝不手软的决心和勇气。

四、丁某波滥用职权、受贿、挪用公款案

【基本案情】丁某波，男，1971年9月19日生，原如皋市原胜利乡、高明镇人民政府民政办工作人员兼农保员；先后任如皋市原高明镇企业服务站农保员、劳动和社会保障事务所办事员、社保所所长、企业服务中心副主任。

1997 年至 2012 年，丁某波为不符合国家优抚政策人员办理虚假优抚手续、为不符合转保条件的人员办理农村社会养老保险转企业职工养老保险手续及退休手续、为非公务员办理公务员医疗保险手续，另以原高明镇村干部养老保险暂存款抵算该镇农保费，造成国家损失 198,689.24 元。

2005 年至 2013 年 2 月，丁某波采取收而不缴、多征少缴、以原高明镇村干部在如皋市社会保险基金管理中心和农保处暂存款确认缴费、伪造材料冒领他人退保费等手段，侵吞社会保险基金 2,212,187.95 元。

2011 年 10 月至 2012 年 11 月，丁某波指使工作人员马红梅将所收社保费挪用给他人用于营利活动，挪用公款 450,000 元。

【裁判结果】如皋市人民法院以丁某波犯滥用职权罪、贪污罪、挪用公款罪，分别判处有期徒刑四年、十二年、三年，并处以相应的附加刑。数罪并罚，决定执行有期徒刑十七年六个月，并处没收财产十万元，剥夺政治权利三年。对扣押的赃款发还被害单位，并责令丁某波继续退出赃款发还被害单位。宣判后，被告人未提出上诉。

【案件分析】社保基金设立的初衷在于救济特殊的弱势群体，保障他们最基本的生活需要。作为经办社保等事项的国家公务人员，丁某波"监守自盗"的行为侵害了国家以及人民群众的利益，损害了党和政府的形象。该案也引起了一定的反思，如何有效堵塞社保监管漏洞，守好人民群众的"保命钱"，成为政府部门面临的新问题。

五、深圳市致典餐饮管理有限公司与如皋名典公司侵害商标权及不正当竞争案

【基本案情】2007 年 10 月，国家工商总局认定"　""　"为驰名商标。

2013 年 4 月，经商标权人开曼名典公司授权的深圳市致典餐饮管理有限公司（以下简称致典公司）的委托代理人，在如皋市名典公司开设的"名典咖啡语茶"两餐饮店内，以普通顾客的身份先后进行了消费，并对两餐饮店的外立面、包厢内摆放的点餐单、用餐托盘内的垫纸、包厢内悬挂的使用须知等进行了拍照，取得消费发票。上述过程经如皋市公证处进行了公证。两餐饮店在店招、户外广告牌、门腰及包厢墙壁告示牌、点菜单、台摆等上印制有"　""　"等文字标识。致典公司据此向法院提起诉讼，要求如皋名典公司停止侵犯其商标专用权的行为；变更工商登记；赔偿经济损失和商誉损失共 30 万元、在《南通日报》刊登赔礼道歉声明。

【裁判结果】如皋市人民法院认为，如皋名典公司未经许可，在餐饮店的户外招牌、店内装潢以及服务用品上使用与注册商标相同或近似的标识，侵犯了致典公司商标专用权。致典公司坚持以企业名称构成商标侵权为由要求如皋公司变更企业名称，没有法律依据。故判决：一、如皋市名典公司在其招牌、店内装潢、服务用品以及与服务有关的文件资料中停止实施侵犯"　""　"商标专用权的行为。二、如皋市名典公司赔偿致典公司经济损失及合理费用10万元。三、驳回致典公司其他诉讼请求。如皋名典公司不服判决，提起上诉，后因未交纳上诉费用，南通中院按自动撤回上诉处理。

【案件分析】该案涉及驰名服务商标的保护问题。服务商标往往伴随着连锁经营或加盟许可的经营模式而享有更广泛的知名度。该案的判决，在于提醒服务者在提供服务时，应当注意在广告等装潢及与服务有关的用品、文件资料中对服务标识的使用，不得有攀附名牌、搭便车的意图，应与同一服务领域内相关知名服务商标保持足够合理的距离，防止消费者产生混淆误认，否则将承担相应的法律责任。

六、吴某与船舶公司劳动争议纠纷案

【基本案情】2009年6月2日，原告吴某到被告船舶公司从事起重工工作。2012年7月1日双方签订第三份劳动合同，约定基本工资1600元，绩效工资1600元，合同期限至2015年6月30日。2013年11月23日，原告以被告拖欠发放工资、未按时缴纳社会保险为由向被告邮寄辞职信一份。原告工作至2013年12月底，12月31日原告请事假至2014年1月20日，1月21日办理离职交接手续。吴某的社会保险已补缴至2014年2月。原告向如皋市劳动人事争议仲裁委员会申请仲裁，要求与船舶公司解除劳动关系；被告支付经济补偿金17，516.5元。仲裁委员会于2014年3月14日作出裁决：一、双方劳动关系自2014年1月21日起解除；二、不予支持原告的其他仲裁请求。原告不服仲裁裁决，于2014年3月24日诉至法院，要求支付经济补偿金。

审理中查明，被告船舶公司2013年因经营发生重大困难，2013年8月以后工人工资一般推迟一至两个月发放，吴某2013年12月工资于2014年2月和3月分两次发放，在仲裁前延期发放的工资已全额补发。

【裁判结果】如皋市人民法院认为，“经济补偿金”制度在某种程度上具有违约惩戒功能，是劳动法上特有的、独立的解约补偿方式。本案被告延迟支付工资是因为受集团公司经营状况出现严重困难的影响，并非其主观故意。而且，被告在经营并不景气的情况下，延迟支付工资的时间尚未超过三个月，并积极采取了补救措施。客观上原告的实体权利受损并不明显，原告对此应予理解、包容，故不宜适用经济补偿金制度。法院据此判决驳回吴某的诉讼请求。吴某不服一审判决，提起上诉，南通中院判决驳回上诉，维持原判。

【案件分析】对经营出现严重困难的企业，如果机械适用经济补偿金条款，可能会加剧企业经营状况的恶化，由此使仍在企业工作的工人合法权益更难得到保障，有违《劳动合同法》构建稳定和谐劳资关系的立法本意。本案确立了经济补偿金适用的三个要件：一是企业延迟支付工资是否出于主观故意；二是延迟支付工资是否超过三个月；三是企业有无采取积极有效的补救措施。这三个要件的确立为今后审理涉经济补偿金类劳动争议案件提供了实务操作标准。

七、周某、顾某奎等八人生产、销售伪劣产品案

【基本案情】周某、顾某奎等八人于2011年12月下旬，在如皋市标兵油脂有限公司内,使用餐厨垃圾、废弃油脂、各类肉及肉制品废弃物等非食品原料,通过加热融化、白土吸附、真空脱臭、高温脱酸等工艺流程,生产精炼食用猪油105,280公斤,使用海安县南通金旺农业开发有限公司"贝森"牌食品油的包装桶进行包装,并销售给湖南省长沙市安顺油脂商行老板庞蜀湘,销售金额896,102元。

【裁判结果】如皋市人民法院一审以八名被告人犯生产、销售伪劣产品罪判处有期徒刑一年,缓刑一年六个月至有期徒刑七年六个月不等的刑罚,并处以相应罚金。周静不服,向南通市中级人民法院提起上诉,二审期间撤回上诉。其他被告人未提起上诉。

【案件分析】近年来,尽管党和国家一再重申食品安全的重要性,但仍有不法分子不断挑战食品安全高压线。该案的"地沟油"都是在脱离行政监管、卫生环境恶劣的工厂中生产的,其质量和安全没有任何保障。这样的食品流入市场,将会对人民群众身体健康产生极大危害。"国以民为本,民以食为天,食以安为先",该案再次向置食品安全问题于不顾的不法分子敲响了警钟,对违反国家食品安全法律法规的行为,必依法严厉惩处,绝不宽宥。

八、钱某全、王某与大明社区、花木大世界土地流转纠纷案

【基本案情】原告钱某全、王某系夫妻。钱某全的祖父钱某宏于2009年8月22日去世,父亲钱某如于2008年6月22日去世。2002年8月18日,大明村委会与王某签订《土地承包协议书》,将该村4个村民小组312亩土地承包经营权集中进行流转的土地发包给王某用于经营花木大世界。同月,大明村委会与钱某宏、钱某华等人签订《土地流转协议》,钱某宏户参加流转的承包地为2.52亩。协议签订后,大明社区按约定的每亩1600元的标准将土地流转费发放给参加土地流转的农户。从2012年9月起,大明社区将土地流转费标准调整为每亩3200元,已发放给参加土地流转的农户。原告钱某全、王某以合同签订已过10年,原告并未与被告就新的流转价格达成任何协议,第三人要求原告交出摊位、原告流转土地的目的无法达到、"土地流转协议"名不副实,主体不适格为由向法院起诉,请求依法解除2002年8月大明村与钱某宏、钱某华等人签订的《土地流转协议》。

【裁判结果】如皋市人民法院认为,虽然大明社区单方确定了土地流转金,并向原告做出了给付行为,但原告钱某全接纳了被告大明社区给付的土地流转金,这就表明其以自己的行为认可了被告大明社区履行合同义务的行为;大明村委会将集中进行流转的土地发包给王某用于经营花木大世界,没有违反2002年8月《土地流转协议》的约定;原告钱某全与花木大世界发生的市场摊位租赁合同纠纷,与本案不是同一法律关系,本案不予处理。故2002年8月大明村委会与钱某宏、钱某华等人签订的《土地流转协议》合法有效,据此判决驳回原告钱某全、王某的诉讼请求。原告不服判决,提起上诉,南通中院依法驳回上诉,维持原判。

【案件分析】如皋花木大世界系超大规模的花木交易市场,其影响力辐射整个华东地区,为如皋三张名片之一"长绿如皋"的标志性重点工程。该案的审理,在依法保障农户承包经营权的前提下,维护了花木大世界所使用流转土地的稳定性,对于法院今后处理类似土地流转问题提供了判例。

九、新光公司与如皋市土地储备中心房屋拆迁安置补偿合同纠纷案

【基本案情】2012 年 12 月 7 日,如皋市人民政府就如皋市新生桥市场改扩建项目房屋征收补偿方案张贴征求意见公告。原告所有的房屋被纳入拆迁范围。2013 年 8 月后,双方就原告房屋拆迁安置补偿问题进行多次协商。2013 年 12 月 18 日,原告法定代表人王寿年与其二儿子、二儿媳在场的情况下,原、被告就原告房屋拆迁安置补偿问题再次进行协商,最终就原告公司房屋拆迁安置补偿问题达成一致意见,并于同日签订《房屋征收补偿安置协议》《房屋征收补助和奖励协议》以及《房屋征收补偿结算表》,确定原告房屋拆迁安置补偿款为 898.5 万元。后,被告分三次支付原告拆迁补偿款 500 万元。2014 年 5 月 30 日,原被告签订选房协议两份,原告选定安置房两套。2014 年 5 月 23 日新光公司以上述协议显失公平为由,向南通中院起诉,请求法院撤销上述两个协议一个结算表。南通中院裁定由本院审理。

【裁判结果】如皋市人民法院认为,原被告签订协议和结算表的行为系原告法定代表人作为独立主体作出的真实意思表示,不存在乘人之危的情形;原、被告通过协商达成的搬迁补偿协议是当事人真实意思的反映,内容并不违反我国法律的禁止性规定,合法有效。原告所诉协议显失公平、乘人之危、违反法定程序,均不成立。法院据此驳回原告新光公司的诉讼请求。

由于该案涉及土地储备中心诉新光公司排除妨碍案,因此,法院在此案判决作出后的上诉期内,组织双方当事人进行协调,于 2014 年 11 月 28 日达成调解协议,新光公司当日将房屋交付拆除。两件案件案结事了。

【案件分析】新生桥市场改造工程属于市政府的惠民工程,属于公益事业项目。该案与关联案件的判决与调解处理,既彰显了司法公正,又减少了当事人的讼累,支持了新生桥市场改造工程的推进工作,发挥了法院保障人民群众安居乐业、促进经济社会健康发展的司法职能作用。

十、吴某等 21 家单位(个人)申请执行如皋市花海艺术盆景园有限公司案

【基本案情】2008 年始,吴某等 21 家单位(个人)申请执行如皋市花海艺术盆景园有限公司(简称花海公司),总标的额达 6600 多万元。案件涉及借贷、买卖合同、建设工程合同纠纷等多种类型。

【裁判结果】执行中,由于被执行人花海公司拒不履行义务,法院依法查封了该公司的两宗土地,经三次拍卖均流拍。由于该两幅土地系以征代租的形式给被执行人使用,涉及土地上的农户安置补偿问题,花海公司尚欠村委会 600 多万元的租金,故不能集体交付给申请人。2010 年年底,被执行人的法定代表人许某兵引进国企中冶集团来如皋投资,双方约定由中冶集团对被执行人承租的土地进行拆迁,拆迁补偿款全部给被执行人。案件承办人借此机会给中冶集团发出协助执行通知书,但中冶集团私自支付被执行人 1600 多万元。承办人遂查封了被执行人的所有土地、房产、苗木和相关设施,同时查封了中冶集团在被执行人土地上的房屋。2012 年 4 月 21 日,在时任如城镇党委书记的主持下,21 个案件的申请执行人、被执行人与中冶集团达成和解协议。但是到期后,被执行人和中冶集团未能履行。

2013 年 1 月 21 日,如皋法院依法追加南通市中冶文化发展投资有限公司为本案的被执行人,对其采取强制措施。该系列案至今已执行到位 2000 多万元,并按比例发放申请执行人,其余款项中冶集团同意分期给付。

【案例分析】"执行难"一直是社会关注的热点和法院工作的难点,而近年来,系列案件的执行更成为法院执行工作的棘手难题。该起系列案件人数较多、标的额巨大,被执行人履行能力欠佳。执行法官难中求进,从拆迁补偿中求突破,进而查封未能履行协助执行义务的中冶集团的房产,为地方党委出面协调、追加被执行人奠定了基础。此案为标的额巨大系列案件执行难的破解,提供了借鉴的思路。

十一、黄某斌滥用职权、贪污、受贿和伪造国家机关印章案

【基本案情】黄某斌涉嫌滥用职权罪、贪污罪、受贿罪、伪造国家机关印章罪,由中共如皋市纪律检查委员会移送。如皋市人民检察院于 2011 年 1 月 13 日受理,同日,经检察长决定对如皋市人力资源和社会保障局劳动就业管理处相关工作人员涉嫌滥用职权罪一案立案,2011 年 1 月 18 日,经检察长批准,确定黄某斌为该案犯罪嫌疑人,2011 年 1 月 19 日被告人黄某斌因涉嫌滥用职权罪,经如皋市人民检察院决定并由如皋市公安局执行刑事拘留。2011 年 1 月 31 日,被告人黄某斌因涉嫌滥用职权罪,经南通市人民检察院决定并由如皋市公安局执行逮捕。2011 年 3 月 31 日侦查终结移送审查起诉。如皋市检察院指控被告人黄某斌犯滥用职权罪、贪污罪、受贿罪、伪造国家机关印章罪于 2011 年 7 月 15 日向如皋市人民法院提起公诉。如皋市人民法院于 2011 年 8 月 18 日开庭审查被告人黄某斌涉嫌滥用职权罪、贪污罪、受贿罪、伪造国家机关印章罪一案。

法院认为,被告人黄某斌系受国家机关委托代表国家行使职权的组织中从事公务的人员,黄某斌滥用职权,致使国家遭受重大损失,其行为已触犯刑律,构成滥用职权罪;黄某斌利用职务上的便利,侵吞、骗取公共财物构成贪污罪;利用职务上的便利,为他人谋取利益,非法收受或索取他人钱财,构成受贿罪;伪造国家机关印章,构成伪造国家机关印章罪。

【裁判结果】如皋市人民法院于 2011 年 10 月 28 日作出一审判决,分别判处黄某斌犯滥用职权罪,判处有期徒刑二年六个月;犯贪污罪,判处有期徒刑十四年六个月,并处没收财产人民币十万元,剥夺政治权利三年;犯受贿罪,判处有期徒刑二年六个月;犯伪造国家机关印章罪,判处有期徒刑一年。数罪并罚,决定执行有期徒刑十九年,并处没收财产人民币十万元,剥夺政治权利三年。一审判决之后,黄某斌未提起上诉。

【案例分析】黄某斌案是如皋近年来发生的一起性质最为严重、影响最为恶劣的国家机关工作人员渎职案件,也是如皋市检察院建院以来涉案金额最大、涉及人员最广、涉及罪名最多的案件。国家机关工作人员渎职犯罪案件通常具有案情复杂、涉及人员多、取证难度大等特点,但犯罪内容往往与民生密切相关,要坚决打击国家机关工作人员的不法行为,打击贪污腐败的犯罪行为,切实保障公民的基本权益。

十二、如皋市汉森服饰有限公司虚假诉讼案

【基本案情】2012年如皋市人民检察院办理的一系列虚假诉讼案件均为当事人在人民调解委员会虚假调解并通过司法确认的案件。该院当机立断以该系列案件为契机,撰写情况反映获江苏省人民检察院邵建东副检察长及如皋市委书记姜永华批示,推动法院和司法局等相关部门对于人民调解司法确认程序的相关工作机制的大整改,使得该项制度更加完善,更好地发挥其解决矛盾、定分止争的价值功能。

2011年1月7日,如皋市汉森服饰有限公司因欠工程款被诉至法院,原公司法定代表人卞伯平即通过顾金才(现法定代表人)联系虚假债权人伪造了总值210万元的5份借条。同年5月9日,如皋市人民法院判决该公司应支付王伯华工程欠款1,363,971.82元。2011年5月31日,卞伯平指使顾金才通知5位虚假债权人至当地人民调解委员会调解,并达成调解协议5份,后共同申请法院确认协议效力。同年6月3日,顾金才又通知5名虚假债权人持借条原件和调解协议书共同申请司法确认,法院于当日审查作出确认调解协议有效的决定书5份。后5位虚假债权人向法院申请执行。债权人王伯华在执行过程中发现被执行人债务激增,且数额巨大,而五位债权人经济能力一般,遂向检察机关申诉,认为五份调解协议有虚假嫌疑。

【裁判结果】2012年5月21日,如皋市人民检察院向如皋市人民法院发出5份《再审检察建议书》,建议法院裁定撤销确认决定书,作出不予确认的决定书。2012年11月如皋法院对涉案7名犯罪嫌疑人判处有期徒刑、拘役等不等的实刑。同年12月如皋法院裁定撤销5份确认决定书,作出5份不予确认决定书。

【案例分析】司法确认程序将传统的人民调解协议赋予通过诉讼结果一样的强制执行力,是连接调解与诉讼的核心环节。其费用低廉、确认期短、程序简便,能够有效弥补人民调解协议的缺陷,有利于诉调对接,有利于构建合理、科学的多元化纠纷解决机制。然而,也正是因为上述简便快捷的优点,使得司法确认案件成为虚假诉讼的重灾区。本案件得到法治如皋、江苏城市频道等多家电视媒体相继报道;入选"江苏省九大虚假诉讼案例"、江苏省民事行政检察典型案例集;撰写情况反映获江苏省人民检察院邵建东副检察长及如皋市长姜永华批示,并推动法院和司法局等相关部门工作机制上的自查整改,在规范人民调解司法确认程序、保护债权人合法权益、重树诚实守信的新风尚等方面取得了良好的社会效果。

十三、俞某芝、杨某林生产、销售有毒、有害食品案

【基本案情】被告人俞某芝于2013年4月租用如皋市磨头镇高某场地杀鸭,后由被告人杨某林组织工人进行屠宰,杨某林从中抽取管理费。二被告人明知工业松香有毒,且国家明令禁止将工业松香用于食品加工,但仍使用工业松香为鸭子拔毛。至2014年8月,杨某林组织工人为俞某芝用工业松香拔毛共加工鸭子55万余只并销往外地，涉案总价值人民币1000余万元。

【裁判结果】被告人俞某芝犯生产、销售有害食品罪，判处有期徒刑十年，并处罚金人民币十万元。被告人杨某林犯生产有害食品罪，判处有期徒刑五年，并处罚金人民币五万元。

【案例分析】食品安全问题事关人民群众的身体健康甚至生命安全。本案是一起典型的涉及食品安全共同犯罪案件，虽然无证据证明二被告人的行为产生现实的危害结果，但本罪系抽象危险犯，只要实施了生产、销售掺入有毒、有害非食品原料食品的，就构成犯罪。在2015年度同类判决中，本案被告人判处刑期最长，彰显了如皋法院依法严厉打击食品安全犯罪、维护人民群众切身利益的决心。

十四、王某安诉王某才相邻污染侵害纠纷一案

【基本案情】王某才养猪场位于本市如城街道某居民集中居住区域，王某安住宅在王某才养猪场后一路之隔。因王某才将猪粪露天排放在养猪场河边简易粪池，加之养猪场散发的臭味，对王某安及周围的居民生产、生活带来严重影响。王某安多次向政府及环保部门投诉，未能得到妥善处理。王某安诉至法院，要求王某才停止侵害、排除妨害，并赔偿精神损害5万元。

【裁判结果】如皋市人民法院认为，被告在居民集中居住区域从事生猪养殖，露天排放的猪粪及养猪场散发的臭味，对原告及周围的居民生产、生活带来严重影响，侵害了原告及家人的身体健康权、休息安宁权，故被告应承担侵权责任。据此，法院判令被告王某才立即停止在上述区域生猪养殖，将养猪场河边粪池的猪粪清理干净，并赔偿原告精神抚慰金1000元。判决后，双方均未上诉。

【案例分析】生猪养殖是农民增加经济收入的一条重要途径，但无序的养殖会导致环境污染，影响周围居民的生活环境和身心健康。本案的判决，体现了司法对干预环境污染问题的态度，同时，也表现了对普通居民生存安宁和身心健康需求的尊重。

十五、石某华诉磨头镇某村民委员会提供劳务者受害责任纠纷案

【基本案情】原告石某华系被告所在村村民，从事杂树收购生意，平时雇请本村刘某做小工。2013年11月底，被告村委会主任章某告知石某华，村里进行河道清理，农户有树要卖。12月1日起，石某华即带领刘某跟随村委会河道清理人员向沿河村民收购被清理的树木，顺便用电锯将自己不需要的部分杂树锯倒。先后向两户村民收购杂树若干，并在其家中用午餐。12月3日，石某华在锯马某家河边树头时，因枝丫反弹摔落受伤，经鉴定构成二级伤残。石某华诉至法院，要求村委会赔偿其从事雇佣工作所遭受的人身损害计981,733.19元（扣除村委会垫付的医疗费56,282.14元）。

【裁判结果】如皋市人民法院认为，综合分析本案情形，难以认定原告石某华与被告村委会之间存在雇佣关系。原告石某华作为经常从事锯树作业的完全民事行为能力人，在收购杂树、锯树过程中，应当知道从事空中危险作业必须采取必要的安全防范措施，却因为过于自信而未采取安全防范措施，对由此造成的自身损害应承担全部责任。但考虑到原告在被告村收购杂树，客观上有利于河道清理工作的顺利推进；而且，原告石某华在实施收购杂树过程中，亦用自己的工具顺便对未收购的部分树木实施过清理行为，被告村委会从中有所受益。故宜适用公平原则，由被告村委会对原告石某华的各项损失给予一定的经济补偿。考虑到河道清理系村公益事业，并不产生经济效益，衡情酌定由被告补偿原告本案中合理损失的20%。判决后，双方均未上诉。

【案例分析】本案原被告之间的身份关系具有一定的典型性，也给案件审理增加了难度。作为基层村民自治组织的村民委员会，进行的河道清理、垃圾清运等村公益事业，本身并不产生经济效益，对于未成立雇佣关系的村民，不可机械适用侵权法上的归责原则，而应查明受损害村民在公益活动中有无付出劳动，进而对付出劳动者给予适当补偿。本案为今后审理涉村委会提供劳务者受害责任纠纷案件提供了范例。

十六、如皋市碧某园房地产开发有限公司诉洪某飞商品房销售合同纠纷一案

【基本案情】原、被告签订了合同，被告向原告购买商品房一套，并约定房价、给付时间，后被告仅支付了首期房款，余款一直欠缴。原告向法院起诉要求被告给付所欠房款并承担违约责任。被告认为合同相关条款违反法律禁止性规定。购房欠款是因银行贷款至今没有到位，责任并不在被告；要求与原告解除合同，并愿意承担定金罚则。

【裁判结果】如皋市人民法院认为，依法成立的合同，自成立时生效。当事人应当按照约定全面履行自己的义务。原、被告签订的商品房买卖合同、补充协议及附件系当事人的真实意思表示，并不违反法律法规的规定，应为合法有效合同，双方当事人均应按照合同的约定履行自己的义务。被告无故要求解除合同，原告明确表示不同意解除合同。据此，法院判决被告给付购房欠款及违约金。判决后，被告不服，提起上诉，南通中院经审理驳回上诉，维持原判。

【案例分析】本案在房地产市场低迷期具有代表性，涉及房价下行风险的承担问题。依法成立的商品房购销合同对合同双方具有拘束力。房价下跌并非解除商品房买卖合同的法定事由，房屋价格的涨跌是买卖双方共同面临的一种商业风险，除法律明确规定或者当事人另有约定外，房屋贬值的风险随合同的生效由卖方转移至买方。

十七、单某梅与岳某林、岳某波、第三人村委会土地承包经营权纠纷一案

【基本案情】单某梅与岳某林于1985年10月按农村习俗结婚，1986年生子岳某波。2005年8月，第三人村委会二轮土地承包期限延包时，岳某林作为户主与村委会签订《农村土地承包合同》一份。该合同载明家庭应享受人口三人，承包地面积为3.51亩，承包期限至2027年8月31日。2011年3月，单某梅与岳某林经法院调解离婚。2015年3月，单某梅诉至法院，要求与岳某林及儿子岳某波分割土地承包经营权。

【裁判结果】如皋市人民院认为，原告单某梅取得土地承包经营权的前提条件是其具有所在村集体经营组织的成员资格，但有无成员资格权的审查涉及农村公共事务管理，应由有关行政主管部门处理，不属于人民法院民事诉讼受理的范围。据此，法院裁定驳回原告单某梅的起诉。单某梅不服，提起上诉，南通中院审理后认为，土地承包经营权是以户为单位的家庭承包责任制，发包的主体为相关行政主体，故对分户后的家庭承包土地亦应由原发包单位重新进行划分并签订承包合同。法院无代替行政部门划分土地承包经营权的职能。遂裁定驳回上诉，维持原裁定。

【案例分析】土地承包经营权一直以户为单位进行发包和承包。在承包经营的家庭成员发生变动的情况下，是分享土地承包经营权的收益还是进行土地承包经营权的分割，其职能均属于原发包单位和相关行政部门，不属于人民法院民事诉讼受理范畴。此案的判决为同类纠纷的处理提供了范本。

十八、何某虎、顾某珍等与吴某兰、仇某和、吴某兵、徐某才、张某俊、吕某圣生命权纠纷案

【基本案情】2013 年 7 月 24 日晚，被告吴某兰、仇某和夫妇因家中建房完工，在酒店宴请何某荣、吴某兵、徐某才、张某俊、吕某圣、浦某建等十人吃饭。席间，何某荣、吴某兵、徐某才、张某俊、吕某圣五人喝酒。散席后。何某荣驾驶二轮摩托车在回家途中发生交通事故，经抢救无效于次日死亡。经检验，何某荣血液中乙醇含量为 157.4mg/ml。因事故成因无法查清，如皋市公安局交通巡逻警察大队出具道路交通事故证明。

何某荣的父亲何某虎、母亲顾某珍、妻子郭某红和女儿何某云认为：被告吴某兰夫妇作为房主，在请吃收工酒过程中及酒后未尽到照顾责任，其他被告同桌饮酒及酒后回家的途中，未尽到照顾义务，对何某荣的死亡给原告造成的损失负有补偿责任，诸被告应承担 40% 的次要责任。请求判令六被告赔偿损失 157，172.87 元。

【裁判结果】如皋市人民法院认为，何某荣虽因发生交通事故而死亡，但诸被告作为同桌共同饮酒者，对何某荣醉酒驾车的行为未予以劝阻，也未完全尽到注意、提醒义务，故应对死者何某荣因醉酒驾车发生交通事故并致其身亡的后果承担一定责任。其中吴某兰、仇某和夫妇作为宴请喝酒的召集者和组织者，对何某荣的人身安全负有更高的注意和照顾义务，理应避免出现喝酒过量的情形，且在何某荣酒后驾车离开时，应当及时予以阻止或保证其安全，故该二人应承担较其他同饮者多一些的责任。法院据此判决被告吴某兰、仇某和夫妇对何某荣死亡各项损失承担 8% 的责任，吴某兵、徐某才、张某俊、吕某圣各承担 3% 的责任。判决后，六被告提起上诉，南通中院驳回上诉，维持原判。

【案例分析】本案涉及作为组织社会活动的自然人的安全保障义务问题。本案的判决，旨在提醒广大市民，作为自然人在组织和参与类似农村习俗的宴请等社会活动时，对活动其他参与人具有安全提醒和互相告诫的义务，应制止类似酒驾或其他危害自身安全的行为，以防止意外事故的发生，否则有可能承担相应的民事责任。

十九、谢某与徐某林、徐某明、徐某茂、徐某山赡养纠纷案

【基本案情】原告谢某系 97 岁高龄的老人，其与丈夫生前生有一子徐某林及二女徐某莲、徐某兰。徐某林已经 77 岁，其妻患有癌症。徐某林夫妇生有三子徐某明、徐某茂、徐某山。原告谢某起诉要求四被告对原告承担三分之一的赡养义务。

【裁判结果】如皋市人民法院认为，我国婚姻法第二十八条规定，有负担能力的孙子女、外孙子女，对子女已经死亡或子女无力赡养的祖父母、外祖父母有赡养的义务。本案中，被告徐某林系原告之子，因其年事已高，丧失赡养母亲谢某的能力，但其子徐某明、徐某茂、徐某山有负担能力,依法应当赡养祖母谢某。经过法院调解,双方达成调解协议,被告徐某林与其子徐某明、徐某茂、徐某山共同承担对原告的大部分赡养义务。

【案例分析】本案的特殊性在于,儿子不尽赡养义务的原因不是主观上不愿意,而是因年龄偏大客观上无力赡养,这是如皋作为长寿之乡发生的新情况。随着人口老龄化时代的到来,年轻的一代承担对父辈、祖辈两代人的赡养义务将呈常态化趋势。

二十、喻某诉中国人寿保险股份有限公司某支公司人身保险合同纠纷案

【基本案情】田某健作为雇主为雇员喻某明在被告人寿保险公司投保人身意外险一份,意外身故保险金额为70,000元,保险期间自2013年3月16日至2014年3月15日。人寿保险公司所提供的格式保险合同免责条款中约定,若被保险人无有效驾驶执照或驾驶无有效行驶证的机动车交通工具,则保险公司免责。喻某明于2014年2月21日驾驶电瓶三轮车与一变型拖拉机发生交通事故,经抢救无效当日死亡。经公安局交通巡逻警察大队认定,喻某明未取得机动车驾驶证驾驶电瓶三轮车在快车道上行驶,未确保行车安全,负本起事故的次要责任。

又查,喻某明父母已故,其与秦某兰育有一女喻某,秦某兰自愿表示喻某明的赔偿金由喻某一人享有。

【裁判结果】如皋市人民法院认为,合同免责条款并未对"机动车"认定标准作出明确约定,案涉电瓶三轮车以电瓶为动力不同于以动力装置驱动或牵引的机动车,且无法领取机动车号牌,另以普通民众的认知水平也无法认为电瓶三轮车为机动车,故从有利于保险受益人的解释出发,案涉电瓶三轮车不属于免责条款中约定的机动车;被保险人在不领取驾驶证的情况下驾驶电瓶三轮车,亦不属于免责条款规定的无证驾驶情形。据此,判决被告人寿保险公司给付原告喻某保险金70,000元。人寿公司不服,提起上诉,南通中院驳回上诉,维持原判。

【案例分析】我国目前对电动三轮车没有进行专门定义,其性质也未有法律法规明确界定。由此带来的现状是,交警部门认为电动三轮车是机动车,但是不予进行机动车登记,交强险等财产险也无法投保。三轮车驾驶人员成为法治保障的盲区。为此,司法审判者在处理涉及电动三轮车驾驶人员利益时,应当均衡考量并保护纠纷各方利益。如若机械适用保险格式条款,则势必导致利益失衡。

二十一、东莞市以纯集团有限公司诉刘某侵害商标权纠纷案

【基本案情】以纯公司诉称,2013年以来,刘某在其开设的淘宝店上销售许多以纯品牌服装。该网店未经以纯公司和商标专用权人许可,在销售的"宝贝"推介中使用"以纯""YISHION""YISHION以纯"等搜索关键字,并在出售商品的"宝贝"描述中使用"2013新品以纯""新款以纯女装"等文字,给人以该店系以纯服装网上授权销售店的错觉。刘某并未取得以纯公司注册商标权商业性使用授权,其行为侵害了以纯公司注册商标专用权。以纯公司向法院提起诉讼,要求刘某赔偿以纯公司经济损失20万元。

【裁判结果】如皋市人民法院认为,刘某在其经营的网店中销售标注“以纯”标识的服装,但未能提供证据证明其销售的“以纯”服装系正品或具有合法来源,构成对以纯公司涉案商标权的侵犯。由于以纯公司并未提供其因刘某侵权受损或者刘某侵权获利的相关证据,综合考虑涉案商标的知名度、刘某的侵权情节、持续时间以及与以纯公司为制止本案侵权行为所支出的合理费用等因素,如皋法院判令刘某赔偿以纯公司经济损失以及制止侵权所支出的合理费用8000元。判决后,双方均未上诉。

【案例分析】本案是近几年因电商平台兴起所出现的新型商标侵权纠纷。因“网店”商品价格较实体店价格更低,所以深受消费者喜爱,又因网络销售平台更具隐蔽性以及利益驱使,“网店”侵犯他人注册商标权的商品、销售假冒伪劣产品现象亦随之出现。本案的裁判,惩治了网上销售假冒伪劣商品等损害消费者利益的行为,同时提醒“网购”爱好者,网购时亦须睁大眼睛,谨防上当。

二十二、南通宇某服饰有限公司申请执行常熟市海某堡服饰有限公司加工合同纠纷案

【基本案情】2014年12月23日,南通宇某服饰有限公司与常熟市海某堡服饰有限公司签订服装加工合同一份,约定由南通宇某公司提供面料,常熟市海某堡公司为其加工出口服装,并于2015年1月25日前交货。合同签订后,宇某公司向海某堡公司支付30万元加工费,但海某堡公司却因拖欠工人三个月的工资而无法按约交货。宇某公司因与外商约定于2015年1月27日交货,逾期将承担600余万元的违约金,遂于2015年1月26日诉至法院,要求海某堡公司交付9700件定作针织衫。双方于当天达成调解协议。调解书生效后,海某堡公司未自觉履行。南通宇某公司于1月27日向法院申请强制执行。

【执行结果】2015年1月28日,如皋法院分管执行的副院长带队前往执行。在定作物所在地,发现被执行人海某堡公司雇佣的30多名来自河南、四川、甘肃等八个省的女工已有3个多月没有领到工资。经过十多个小时的协商,申请人宇某公司同意为被执行人海某堡公司代垫24万元工人工资,拿到工资的工人们交出定作物。此案圆满执结。

【案例分析】以微薄的薪酬为生的服装工人在社会中处于弱势地位,当她们的工资没有着落时,扣留定作物实为自力救济的无奈之举。执行人员应当运用司法智慧,从维护申请人合法权益、考虑案外人实际情况出发,引导申请人舍小利避大害,实现依法执行和保护弱势群体的双赢。本案对在执行中如何正确对待、妥善处理案外群众的合理诉求,做出了很好的示范。

第八章 专题性法治问题

第一节 职务犯罪查办和预防情况的调研

一、基本情况

近年来如皋市人民检察院紧紧围绕市委市政府决策部署，以服务经济社会发展为主线，准确把握职务犯罪查办和预防工作的新形势，克服职务犯罪查办和社会维稳及对接新法实施的压力，科学谋划，改进方式，密切配合，转变执法理念，全面提升职务犯罪查办能力和工作的质效；坚持执法为民，化解矛盾纠纷；严格办案程序，严防办案安全事故及涉检信访事件发生；努力完善大预防格局，创新预防措施，推行预防宣传教育全覆盖，扩展社会影响。2011 年以来全市共查办职务犯罪案件 54 件 63 人，其中，贪污贿赂案件 43 件 49 人，科级干部 16 人，大案率 100%，涉案金额达到 50 万以上要案 13 件 15 人，为国家挽回经济损失 1100 余万元。近年来，已查办 9 件 12 人，其中大案率 100%，科级干部 4 人。查办渎职侵权案件 11 件 14 人，重特大案件 8 件 8 人，科级以上干部 2 人，有罪判决率达 100%，为国家挽回经济损失 1000 余万元。取得了政治、经济、法律和社会效果的有效统一。2012 年如皋市人民检察院反渎局被江苏省人民检察院评为全省十佳优秀反渎局，并被南通市人民检察院荣记集体三等功。

二、存在问题

但对照新形势反腐败工作的新要求，如皋市人民检察院职务犯罪查办和预防工作仍存在一些问题与困难。一是质效意识有待进一步强化。侦查中创新举措不多，缺少解决新问题的办法手段，特别是新刑诉法规定了辩护人、当事人新的权利，老思路老办法同新理念新要求的矛盾、案多人少的矛盾、律师抱团与公诉单干的矛盾比较突出，职务犯罪查办“发现难、取证难、处理难、阻力大”的问题制约着查办工作的开展。二是职务犯罪预防工作的力度需进一步加大。专业预防与社会预防工作有效衔接不够，各自为政的问题依然存在；部分职务犯罪案件轻刑化处理的现象，导致查处成本高，震慑作用小，加上宣传力度不够，社会影响力不大，未能发挥强有力的教育效果；检察机关对预防工作落实不及时的单位缺少有效的监督、制约措施，一些有针对性的“检察建议”被搁置、虚化和忽视。三是队伍素质有待进一步提升。运用信息化手段查办职务犯罪案件的能力，应对网络媒体舆情能力，群众工作能力均需进一步加强。

三、改进建议

调研中，大家对如皋市人民检察院职务犯罪查办和预防工作存在的一些问题与困难进行了认真的探讨和研究，并提出如下建议：

1. 以服务发展大局为主线，在促进如皋市经济社会和谐发展上再创新业绩

如皋市人民检察院始终以办案服务大局、执法促进稳定为第一要务，坚持把查办和预防职务犯罪工作放在经济社会发展全局中来谋划和推进。正确处理执法办案与服务大局的关系，结合如皋市实际，明确工作重点，围绕加快转变经济发展方式的主攻方向，找准查办和预防职务犯罪工作服务大局的切入点、结合点和着力点。要以深入推进社会矛盾化解、社会管理创新、公正廉洁执法三项工作为重点，不断强化办案中风险评估和矛盾纠纷化解。正确处理加大办案力度与确保社会稳定之间的关系，主动把风险防控和矛盾排查摆在重要位置，制定办案风险研判预案，加强案前分析，案中跟踪，案后总结，有效防止机械执法和单纯办案。加强办案风险的及时应对，避免因案件查办影响经济发展，危害社会稳定，引发社会矛盾等现象的发生。确保如皋市委市政府重点工作任务得到落实、重大建设项目顺利推进。

2. 以保证办案质量为前提，在加大惩治职务犯罪力度上寻求新突破

如皋市人民检察院把办案力量下沉到经济社会发展第一线，重点查办群众反响强烈、社会关注度高、严重危害民生民利等领域的职务犯罪案件。根据查办工作的特点，适时调整办案思路和谋略，改进办案方式和方法，集中力量深入查办有影响、有震动的大案要案和窝案串案。着力查办发生在工程建设、土地出让、产权交易、社保医保等领域的贪污贿赂犯罪案件，依法查办发生在新经济领域、垄断性行业中的犯罪案件。严厉打击严重侵害群众利益的职务犯罪，坚决查办公务人员利用行政权、执法权等公权力徇私舞弊的案件。进一步认真贯彻执行宽严相济的刑事司法政策，确保办案的法律效果、政治效果和社会效果的有机统一。要采取积极措施，保护举报人，奖励举报人，调动人民群众参加反腐败斗争的积极性。

3. 以坚持标本兼治为目标，在提高预防职务犯罪的效果上探索新举措

一是进一步加大宣传力度。如皋市人民检察院充分利用各种宣传媒体，采取召开专题会议、举办法制讲座、拍摄警示教育片、发放宣传资料等有效形式，深入宣传查办和预防职务犯罪工作，使各级领导和群众提高认识，积极参与，夯实预防工作的群众基础。二是进一步加强公务人员廉政和法制教育。积极探索公务人员警示教育新途径，借助警示教育基地等平台，增强教育的实效，提高公务人员的法制意识和抵御腐败风险的能力，牢固树立廉洁奉公的思想道德防线。要有序适度增加案件查处公开透明度，针对查办的群众反响强烈、社会关注度高、严重危害民生民利的案件，邀请行风监督员、人大代表和政协委员参与督查评议，扩大案件查办的影响力，达到办理一案，教育一方，治理一片的效果。三是进一步完善侦防一体化工作机制。不断探索开展预防工作的新思路、新方法。指导各单位建立健全严密的管理制度，规范和约束公务人员的履职行为，切实完善预防公务人员职务犯罪的监督机制，做到与权力机关监督、监察审计监督、舆论监督和社会监督的有机衔接，形成全方位、多层次的有效预防职务犯罪的监督体系。进一步加强对民生领域职务犯罪预防工作，深化对涉及公共权益、公共

项目、公共资金管理中职务犯罪的预防,加强对典型案件发案原因、特点的剖析,积极配合做好防控治理,全面落实个案预防、专项预防和系统预防措施。努力提高人民检察院检察建议的质量并完善检察建议跟踪监督制度,充分发挥预防工作在减少犯罪、化解矛盾、促进和谐中的积极作用。

4. 以打造过硬队伍为重点,在提高干警执法能力和执法水平上再上新台阶

如皋市人民检察院要以专业化建设和自身廉政建设为重点,坚持不懈地加强队伍建设。不断强化思想政治工作,坚持用科学的理论武装干警头脑,牢固树立正确的执法思想和执法观念,大力加强纪律作风建设,加大检察队伍的教育和培养力度,定期组织年轻检察官深入基层挂职锻炼,努力建设一支政治坚定、业务精通、具有公信力和亲和力、让党和人民放心的职务犯罪查办和预防队伍;始终狠抓队伍专业化建设,继续开展岗位练兵和业务竞赛活动,开展争创学习型检察院、争做学习型检察官活动,加强对修改后刑诉法贯彻落实情况的调查研究,全面落实和完善讯问犯罪嫌疑人全程同步录音录像制度,着力提升广大干警运用信息化科技手段查办案件的能力、应对网络媒体舆情能力和群众工作能力。坚决摒弃以审代侦、由供到证、依赖纪委和监视居住等方式办案。突出抓好初查、审讯和“两化”建设三项重点工作,不断提高精细化初查初核的能力和科学化讯问、询问的能力。及时主动发挥新闻发言人和网络发言人的作用,切实增强自身舆论引导和应急反应能力。

第二节　人民法院执行情况调研

一、人民法院执行概况

2013 年以来,如皋市人民法院更新执行理念,规范执行管理,加大执行力度,各类执行案件共执结 6816 件,实际执结率平均为 48%,执行到位标的额为 4.2 亿元,平均年标的到位率为 44.9%。如皋市政协问卷调查汇总结果,对执行工作满意和较满意率为 95.08%,不满意率为 4.92%。主要做法是:

一是主动服务大局,积极履行执行工作职能。面对宏观经济形势下一些企业经营困难,借款、工程款、劳资等纠纷案件增多的实际,如皋市人民法院及时调整执行思路,采取债权转股权、执行和解、分期执行等灵活方式,统筹兼顾,妥善执行部分涉及重点企业案件,依法服务保障全市产业结构调整、经济转型升级,为全市各家金融机构执结借款合同纠纷案件 997 件,收回贷款 2.3 亿元。强化涉执信访案件化解,建立院领导接访、约访、督办等制度,妥善处理了一批矛盾激烈、社会影响较大的案件。重视“三养”(赡养、抚养、扶养)、劳动报酬、交通事故损害赔偿等涉及弱势群体合法权益案件的执行。加强执行救助,把党委、政府的惠民措施落到实处。

二是采取有效举措,切实加大执行工作力度。如皋市人民法院系统统一部署,开展反规避执行、涉党政机关执行积案清理、涉民生案件执行等专项活动。惩治虚假交

易、恶意诉讼、转移财产等规避执行行为；建立集中谈话、集中查询、集中拘留、集中曝光“四集中”执行措施，督促当事人自觉履行，打击和震慑“老赖”。采取凌晨出击、错时执行、春节执行倒计时等措施，加大对追索劳动报酬、工伤赔偿等十类涉民生案件的执行力度。配强领导力量，充实执行队伍，建立快速反应机制，24 小时受理群众执行线索举报。

三是改进执行机制，着力提升执行工作成效。如皋市人民法院积极探索破解执行难工作思路，优化执行工作机制。对依法应当公开、可以公开的执行流程及相关信息，一律予以公开，全面推进阳光执行。入驻淘宝网进行司法拍卖，减少中间环节，杜绝暗箱操作。加强与相关银行协作，引入贷款机制，积极解决大标的额资产拍卖难的问题。严格实行失信惩戒制度，将失信党员干部名单通报纪检、组织部门及其所在党组织；制定出台了《关于贯彻落实失信被执行人名单披露制度的实施细则》和《关于加大对失信被执行人曝光力度的实施方案》，并切实加以落实。积极构建社会联动机制，将重要执行部署、重大执行活动等情况及时向如皋市委、人大通报，邀请人大代表、政协委员监督执行工作。与如皋市公安局、检察院联合出台《依法办理拒不执行判决、裁定罪等若干问题的实施办法（试行）》，建立打击拒执罪的联动机制，做好拒执犯罪案件线索移送、侦查逮捕、审查起诉等工作的衔接配合。开通与南通市所有国土局、房管局、工商局点对点的查询、冻结系统及与江苏省边防总队的边控系统。完善如皋市法院内部的立审执联动机制，强化立案审查、案件审理过程中的执行意识，主动为案件下一步执行工作创造条件、提供保障。

二、人民法院执行重点

（一）以清理积案为契机，有效优化执行工作环境

根据中央政法委和上级法院的统一部署，如皋市人民法院以开展集中清理执行积案专项活动为契机，着力构建大执行工作格局，积极争取党委领导、人大监督以及政府、政协和社会各界的支持。市委办下发了《关于进一步加强人民法院执行工作的意见》，要求全市各部门全力支持人民法院执行工作。如皋市成立了由市委常委、政法委书记任组长，有关部门负责人为成员的如皋市集中清理执行积案活动领导小组，负责领导、协调全市集中清理执行积案活动的方案制定、组织动员、工作推进。市法院积极整合各方资源，建立完善了执行工作联动机制，与金融、房地产、工商等部门协调，通过集中办理的方式协助做好财产查询、冻结和划扣的执行措施；争得公安部门在查询被执行人户籍及配偶信息、采取限制性措施、及时出警维持秩序等方面给予全方位支持。形成了“党委领导、人大监督、政府参与、政协支持、政法委协调、法院主办、各方联动”的大执行工作格局。通过集中清理执行积案活动，化解了一大批积累性矛盾。首期列入清理范围的 128 件积案，全部清结完毕；第二期列入清理范围的 6200 件积案，已将被执行人财产状况全部清理完毕。

（二）以制度创新为抓手，推进执行工作向纵深开展

在实践基础上，如皋市人民法院逐步总结形成了“三集中（集中谈话、集中查询、

集中拘留）、两联动（内部联动和外部联动）、一下沉（下沉到基层）的执行工作模式，进一步提升了执行工作的质效。

一是“三集中”提高执行效率。人民法院采取与当事人集中约谈方式，努力解决案多人少的矛盾；坚持集中查询，对执行案件进行批量查询，提高工作效率；坚持集中拘留，对于拒不履行生效法律文书或极力阻挠执行公务的人员，采取集中拘留措施，并借助媒体曝光、社会监督等方式，震慑“老赖”。

二是“两联动”形成执行合力。人民法院建立立、审、执工作的内部互动机制，保证案件审理裁判与执行工作的协调；加强法院与党政机关和社会各界的外部联动，重大执行案件，由党委、政府、法院及相关职能部门联动执行，协同攻克“老大难”，化解“执行难”。

三是“一下沉”将矛盾化解在基层。人民法院院领导坚持每月巡查基层法庭并到庭接待来访群众；选调业务能力强的中层干部到基层法庭担任庭长，将新提拔的副庭长派到法庭任职；同时，每个基层法庭均配备两部警车，保证执行工作用车；定期组织执行局和机关人员到基层法庭，集中办理执行案件。

2015 年共有 506 人通过集中谈话自觉履行法定义务，96 人因拒不履行生效法律文书义务而被集中拘留，实施集中查询 3048 个案件，发现财产线索 556 条，执行到位标的额 30，589.42 万余元。

（三）以提升管理水平为手段，确保执行工作的良性运行

一是建立矛盾纠纷化解机制，从源头上减少执行案件。人民法院强化调解优先理念，将调解工作贯穿于立案、审理、执行的各个环节，将诉调对接在诉前、诉中和诉后的各个时段。提高对各类诉讼案件诉前调解受理量和诉前化解率，从上游扼住案件进入司法诉讼的关口。加强诉讼调解、执行和解工作，提高生效法律文书的合意度、信服度、履行率，做到能调则调，案结事了。

二是狠抓执行内部管理，从根本上防止案件积压。人民法院在法院内部将执行审查权和执行实施权分立配置，规范执行程序，强化内部衔接和监督。狠抓执行案件流程管理，实现快速立案、快速审查、快速执行。建立执行案件情况通报制度，督促执行人员增强责任心，改进工作作风，提高工作效率。加强涉执信访工作，进一步畅通执行案件投诉渠道，建立重点信访案件领导包案制度，重视书记大接访、市长热线群众来信来访、人大交办信访以及人大代表、政协委员批评建议的办理工作。

三是敢于动真碰硬，形成有效的执行威慑机制。人民法院实施法官包干办案制度，运用多种手段，想方设法敦促当事人依法履行法律文书确定的义务，最大限度地保障申请人的合法权益。三年来，执行活动中共拘留 700 余人次，因暴力抗法等原因追究 7 人的刑事责任。强化了执行威慑力，树立了司法权威。

四是加强长效机制建设，从制度上治理案件积压。人民法院建立健全执行联动、执行威慑、快速反应、执行救助等执行工作长效机制。如皋市政法委将协助法院执行工作纳入综治工作考核内容，制定了《如皋市协助法院执行工作考核办法》，促进各镇

党委、政府、市级机关各部门全力支持法院执行工作。建立覆盖全市所有村居共376名协助执行员队伍,协助法官现场执行。建立执行工作快速反应的组织和流程,在最短的时间内作出执行决定并采取措施。同时,建立了司法救助专项资金,加大执行救助力度。

(四)以为民司法为核心,努力提高服务大局水平

一是依法支持城市搬迁、招商引资等工作。如皋市人民法院在处理沿江生态园、搬经、吴窑等地执行案件过程中,法院领导多次深入执行现场对当事人进行法律释明,在被执行人拒不服法的情况下,出动干警、警车,全力将案件执行完毕,受到了当地党委政府、人民群众及外商的好评。二是努力保障企业的生存发展。近年来,少数企业经营不善,法人代表外逃,导致债权人权利无法实现。如皋市法院创新执行措施,将企业交由当地政府托管,从而盘活企业资产,使企业逐步走出困境,既保障了债权人利益的实现,又为当地经济发展增添了活力。对如皋市重点企业,依法保护其合法权益。三是专门成立金融案件执行组,加大金融案件执行力度。使金融债权尽可能得到实现,为打造金融生态市提供司法服务和保障。四是加大非诉行政案件执行力度。全力支持政府依法行政,认真开展非诉行政案件的执行工作,对计划生育、环境保护等工作提供有力的司法支持。

(五)以加强队伍建设为根本,着力提升执行执法能力

加强执行工作班子建设,强化执行工作的组织、管理和考核。人民法院努力改进执行作风,深入开展主题教育实践活动,教育引导干警树立正确的司法理念,形成良好的司法作风。做到公正、高效和文明执法。突出业务能力提升,通过举办各类业务培训、召开执行工作专题会等形式,及时掌握新颁布施行的法律法规及司法解释,着力提升执行法官"高效执行""和谐执行"的艺术。突出反腐倡廉建设,严格执行《廉政准则》和最高法院"五个严禁"、《人民法院工作人员处分条例》等要求,结合执行工作实际,建立了符合执行工作特点和规律的监督制约长效机制,进一步规范执行款物交接,有针对性地加强防范工作,树立执行队伍良好形象。

三、存在问题与困难

一是执行队伍建设需进一步加强。人民法院少数执行人员法律知识素养落后于执行工作发展要求,对相关法律法规、司法解释的学习理解不透,对疑难复杂案件把握不准或采取方法不当,存在凭经验办案、机械办案的现象,解决执行实际问题的能力特别是做群众工作的能力不强;个别执行人员缺乏工作责任心,规范执法的意识不强,作风不够严谨,执行措施不到位,执行公开不及时,承办案件进展缓慢,影响了执行工作的公正与高效;执行人员配备不足,给执行工作带来一定影响,最高人民法院要求各地法院执行法官人数要占全院法官人数的15%。如皋市法院执行人员是23人,占全院法官人数的12%,案多人少的矛盾比较突出。

二是执行案件质效亟须提升。人民法院对执行中止、程序终结的案件以及未履行完毕的执行和解案件缺乏有效的动态跟踪管理,有些应当恢复执行的案件未及时恢

复,执行案件程序终结率偏高,造成执行积案的包袱较重;执行的力度需进一步加大,执结率还有很大的提升空间;对拒不执行法院判决裁定罪的打击力度还不够,如皋市法院因种种原因,多年未办成一件拒执案件。

三是执行外部环境亟须改善。全社会理解支持执行工作的氛围尚未完全形成,联动执行机制、协助执行网络等作用未能充分发挥;由于诸多因素制约,征信、查控、惩戒、监督、保障执行五大系统建设还不完善,与先进地区相比存在一些差距;被执行人法制观念薄弱,采取各种手段故意规避执行,有的甚至以暴力、自残等方式妨碍执行;被执行人信息共享机制不健全;社会诚信机制方面,目前尚未建立起完备的信用体系,失信违法成本不高;交通事故人身损害赔偿、刑事附带民事等案件,从申请执行时就没有多少财产可供执行,申请人权利难以实现;执行救助基金不足,如皋市每年用于市法院全部司法救助资金仅在20万元左右。

四是执行立法滞后加大执行难度。当前我国没有专门的强制执行法,导致执行工作没有完整的法律体系来支撑,直接影响了办理执行案件的质效和速度。而现行法律关于执行工作的规定不具体,可操作性不强,对拒不履行义务的被执行人虽然作出了可以查封、扣押、罚款、拘留等直至追究刑事责任的规定,但规定得较为宽泛,尤其是依据刑法追究被执行人拒不执行法院判决裁定的刑事责任较为困难,对被执行人所形成的震慑作用不强。

五是司法强制搬迁案件使执行工作面临新的更大的挑战。国务院《国有土地上房屋征收与补偿条例》于2011年起实施,该条例取消了行政强拆,确立了司法强制搬迁制度,法院已成为搬迁案件强制执行的主体,执行工作正面临着新的、更大的挑战。

四、对策建议

1. 进一步依靠各方支持,形成执行合力

执行难是一个复杂的社会问题,有些执行案件错综复杂,必须依靠党委领导和社会各界的支持配合。如皋市人民法院在执行工作的重大举措上要主动争取党委政府给予政策帮助、财力援助、人力协助。在个案上要争取领导重视、关心和支持,借助各级行政力量协调解决一些疑难执行案件。要充分发挥市执行联动机制的作用,强化各相关部门协助执行的职责,认真落实好与协助执行单位的联席会议制度和信息交流制度,巩固综合治理"执行难"问题的工作格局。进一步完善基层协助执行工作网络和执行悬赏、奖励机制,不断改善执行工作的外部环境,切实形成解决"执行难"问题的合力。

2. 进一步加强制度建设,提升执行质效

继续推进司法规范化建设,不断深化执行体制改革,健全执行实施权、裁决权相互分离、相互制约机制,切实加强内部管理和监督。实行执行案件管理和案件质量评查制度,对执行的各个环节设定办理期限与具体要求,明确责任,跟踪监督,对报结的案件进行检查和验收,做到案案过关,不留死角。进一步完善立、审、执协调配合机制,适时采取提前介入法,特别是对涉及生活困难群体的案件,要依法及时做好财产保全和

先予执行措施，有效防止被执行人转移、隐匿财产，给被执行人强大的社会和心理压力。建立实施执行风险提示制度，对被执行人明显不具备履行能力的案件，在立案阶段及时向申请执行人释明执行风险，避免部分案件在判决生效后因被执行人无财产可供执行或无经济给付能力造成案件无法执行。建立完善防范消极执行机制，推行立即执行、财产申报和当事人申请督促执行制度，坚决纠正久拖不执的现象。继续实施"三集中、两联动、一下沉"执行工作机制，开展集中驻庭办案活动，优化执行资源，讲求执行艺术，改进执行方式。要在市政法委的统一协调下，相关职能部门密切配合，着力强化执行工作五大体系建设，使其更加完善。要充分发挥如皋市大调解机制的作用，进一步探索"诉调对接"的有效办法，加强诉前调解工作，减少进入强制执行程序的案件数量。进一步强化执行救助基金制度，如皋市财政每年应适当增加执行救助基金拨款数额，加大执行救助力度，提升执行的社会效果。

3. 进一步强化科学司法，保证执行公正严明

一是继续大力开展执行积案专项活动，用足用活法律规定的各种强制执行措施，加大对拒不履行法院判决裁定犯罪的打击力度。加强与公安、检察机关的沟通联系，充分运用被执行人公示、限制出境、限制高消费、强制审计、罚款、拘留等措施，确保具备执行条件的案件得到及时执结，最大限度地实现权利人的合法权益。对那些逃避、隐藏、转移财产有履行能力的"老赖"，要从严追究其法律责任，树立司法权威，维护法律尊严，达到"打击一个，教育一片"的效果。二是坚持执行公开，增强案件执行的透明度。尤其对财产调查情况、执行措施及强制措施的采取情况、评估拍卖情况、执行款物分配交接情况、中止或终结执行情况等做到全过程公开，提高人民群众对执行工作的知晓率和满意度。三是强化教育疏导，全力维护社会和谐稳定。在案件执行过程中做到法、理、情相结合，特别是对于征地、搬迁等执行案件，要坚持慎用警力，慎用强制手段，积极运用和谐方式解决执行案件，努力实现案结事了的司法目的。

4. 进一步加强队伍建设，提高执行能力

一是大力加强作风建设和法官职业道德教育，牢固树立"群众利益无小事、法官面前无小案"的思想，强化群众观念，强化民本意识，坚决纠正和杜绝漠视群众疾苦、伤害群众感情、侵犯群众利益的现象。二是继续加强执行队伍的业务能力建设，切实增强执行干警调查取证、运用法律、驾驭听证、综合协调、应对突发事件、化解矛盾纠纷等方面的实际执行能力。三是强化内部考核管理，坚持"任务包干、责任到人"，采取"定责任、定人员、定领导、定时间"的方法，把执行工作纳入了岗位目标责任制考核范围，实行执行案件考核结果与评先创优相结合，并严格落实责任追究制度，构建对执行权运行的引导约束机制。四是毫不放松地加强法官廉洁自律教育，认真落实执行工作廉政责任制，始终抓住案件管理不放松，建立健全覆盖执行工作全过程和各个环节的监督制约体系，以案件管理带动队伍管理，防止以案谋私等现象的发生。保持执行队伍依法执行、文明执行、清正廉洁。五是进一步充实执行力量，针对案件逐年上升，案多人少的突出矛盾，如皋市人民法院要按上级要求适当增加执行法官人数，改善执行

装备,为执行工作提供强有力保障。

5.进一步加强宣传引导,优化执行环境

如皋市政府相关部门要把增强全民法律意识作为完善执行工作的长效机制,利用各种形式,通过各种渠道,大力宣传中央有关解决执行难的政策、国家的有关法律规定,增强公民的守法意识、道德意识和诚信意识。进一步完善执行信息特别是失信信息的管理、发布、共享机制,推进执行诚信系统建设。充分发挥新闻媒体的作用,对有代表性的案件及时宣传报道,让群众认识到拒不履行生效法律文书的义务是违法行为,要承担法律责任。要加强与社会各界的沟通联系,让更多的人了解执行工作,支持执行工作。

第三节 专业性、行业性人民调解组织管理方法探析

近年来,随着我国经济体制深刻变革、社会结构深刻变动、利益格局深刻调整、思想观念深刻变化,各种矛盾纠纷不断增加,呈现出复杂性、多样性、专业性和行业性的特点,特别是行业性、专业性矛盾纠纷大量上升,已经成为影响社会和谐稳定的难点、热点问题。如皋市司法局为积极应对新的形势,回应群众期盼,探索出了一条司法行政机关指导及管理各类专业性、行业性人民调解组织的新路子。

一、专业性、行业性人民调解组织建设的发展现状及特点分析

自2008年以来,如皋市司法局确立“一综多专”的调解组织建设工作发展思路,在大力加强市、镇、村三级综合性调解组织建设的同时,依托相关行政主管部门和行业管理部门,全面实施专业性、行业性人民调解委员会建设,及时有效地化解特定行业和专业领域出现的难点、热点矛盾纠纷。目前,如皋市已建成土地征收、房屋搬迁、消费维权、劳动争议、环境保护、交通事故赔偿等专业性、行业性调解组织21个,正在探索建立安全生产事故赔偿纠纷、农村集体土地承包经营确权、物业、旅游、价格等方面的新型人民调解组织。

如皋市司法局在专业性行业性人民调解组织的组建和运行过程中,呈现出以下三个方面的特点:一是建设主体的行政化,上述专业性行业性人民调解组织一般均依托相关行政主管部门组建而成,人员、场所、经费均由相关行政机关提供;二是调解属性的群众化,专业性、行业性调解工作的主体虽然是行政机关,但行政机关并非依据法律的授权行使行政职能进行调解,而是发挥行政部门的专业优势,指派专人或聘请专家,遵循当事人平等、自愿、协商原则,通过说服劝导的方法引导当事人达成协议,充分体现了人民调解群众性的属性;三是运行模式的多样化,除传统的单一运行模式以外,如皋市还探索建立并联式和串联式两种复式运行模式,并联式运行模式如工商行政管理部门设立的专业性调解组织,将该部门行政管理涉及的消费维权、合同管理、商标管理、广告管理等领域发生的纠纷纳入其中,统一受理、因事组庭、案结庭散,串联式运行

模式比如交通事故赔偿纠纷调解组织。将事故受理、责任认定、伤残鉴定、纠纷调解、法院速裁、法律援助、保险理赔等可能涉及的前后道流程统一纳入职责范围之内,提供一条龙服务。

专业性、行业性人民调解组织区别于纵向综合性调解组织的最大特点就在于其主办主体的特殊性,由于此类调解组织主办方为与司法行政机关平级的其他行政机关,县级司法局对人民调解工作的行业管理、专业指导难以有效渗透,加之此类专业性、行业性调解很容易与所在部门的行政调解相互混淆,县级司法局的管理与指导资格受到质疑,导致专业性、行业性调解工作的推进力度受到一定影响。

二、司法行政机关管理指导专业性、行业性调解组织的必要性分析

首先,从专业性、行业性调解组织成立的依据分析。一般而言,行政机关、行业主管部门的职能都是依据法律、法规的授权,经"三定"方案固定下来的,其内部职能科室并无调解机构的设置,而为了适应日益复杂多变的形势,行政机关、行业主管部门仅仅运用行政职能难以解决的问题,必须通过调解的手段去化解,调解达成协议又应当在协议书上加盖印章,此时直接加盖行政机关印章会因疑似行政行为而招致各方诟病,有必要成立专门的调解组织履行行政机关的社会责任,概览我国社会主义法律体系,成立调解组织最权威、最直接的依据就是《人民调解法》,《人民调解法》明确规定县级以上地方人民政府司法行政部门负责指导本行政区域的人民调解工作,因此司法行政机关管理、指导专业性、行业性调解组织履行的是法定职责,责无旁贷。

其次,从专业性、行业性调解组织遵循的调解原则分析。不管是何种类型的专业性、行业性调解组织,均遵循当事人自愿原则,即行政机关、行业主管部门调解过程中不得利用行政职权强迫当事人接受调解方式或调解结果,必须尊重当事人意愿;均遵循合法原则,要按照法律、法规和政策的规定进行调解,不得损害国家利益、公共利益和他人合法权益;均遵循公平公正原则,要兼顾各方当事人的合法权益,平等协商处理利益纠纷,体现公平正义,即使行政机关或行业主管部门是一方当事人的,与对方当事人的地位也是平等的;均遵循注重法律效果和社会效果相统一原则,要追求"定分止争、案结事了"的社会效果和法律价值。而上述原则正是人民调解的本质属性,既然是人民调解,司法行政机关就必须对此加强管理和指导。

最后,从专业性、行业性调解达成协议的效力来分析。专业性、行业性调解组织主持或主导当事人达成的调解协议,并不会因其所在行政机关或行业主管部门的行政权力而具有强制执行的效力,仍然需要各方当事人自觉履行,如果此时专业性、行业性调解组织动员当事人共同向人民法院申请司法确认,则依据《人民调解法》的规定调解协议必须是以人民调解协议的面目出现,因此,司法行政机关更需要依法履行职责,切实加强对专业性、行业性调解组织的管理和指导。

三、专业性、行业性调解组织管理指导的路径探析

多年来,县级司法局对镇、村人民调解委员会的管理指导已经摸索出了一套行之有效的方法并且形成了规范的制度,但对专业性、行业性调解组织的管理指导还处于摸索阶段,对此,如皋市司法局进行了有益的尝试。

标准化引领。在组建专业性、行业性人民调解组织的过程中,如皋市司法局大力推行“六个有”的建设标准,即有机构,由主办单位向司法局出具成立专业性、行业性人民调解组织的请示,司法局予以书面批复;有牌子,标牌统一为“如皋市××纠纷人民调解委员会(调处中心)”;有印章,原则上准刻与标牌内容一致的印章,但对诸如法院诉前调解机构或检察院捡调对接案件办理中心这样无法直接体现人民调解属性的调解机构,则准刻使用“如皋市人民调解委员会诉前调解专用章”和“如皋市检察环节人民调解专用章”,定性为县级人民调解委员会的专业性、行业性调解的分支机构;有人员,要求专业性、行业性人民调解组织必须配备3名以上专兼职调解员,由司法局统一培训后核发人民调解员证书,持证上岗;有阵地,明确要求在办公场所一楼合适位置落实一间办公室和一间调解室,制度上墙;有台账,按照市司法局统一标准、统一规格建立规范化台账、卷宗;有联动,建立专业性、行业性调解组织之间及其与综合性调解组织的双向互动机制,有条件地纳入司法局视频调解指挥系统接受远程调解指导。

常态化分析。如皋市司法局建立了专业性、行业性调解组织“月报表”“季例会”“年调研”制度。“月报表”就是印发制式报表,要求专业性、行业性调解组织每月月底定期上报本月矛盾纠纷的排查情况、案发类型、发案数量、产生原因、调解结案数、调解成功率以及对专业性、行业性矛盾纠纷的舆情分析;“季例会”就是以现场会、座谈会、培训会等形式,每季度召开一次专业性、行业性调解组织负责人及调解人员例会,总结推广典型经验和典型案例,开展调解业务培训,分析、交流阶段性调解工作的成绩和存在问题,提出下一阶段的工作重点和打算;“年调研”就是每年年底组织精干力量分赴各专业性、行业性调解组织现场调研,听取年度工作情况汇报和来年工作的打算和建议,谋划下一年度专业性、行业性调解工作的整体部署。

严肃化考核。年初制定下发《专业性、行业性调解组织百分考核细则》,将组织领导、保障水平、调处质效、创新创优等任务进行细化分解,分年中考核和年底考核两个轮次推磨自查互查、考核打分,最后计算成年度调解工作得分,按20分以上的权重计入所在单位年度综治考核得分,据以奖惩。对年度取得优异成绩的,在自主举办的“寻找最美调解员”活动中给予奖励,年底向市政府推荐参加一年一度的优秀人民调解委员会和优秀人民调解员评比表彰,发生严重问题的行使“一票否决”建议权,以此激发专业性、行业性调解组织的内在动力。

四、专业性、行业性调解组织管理指导的路径

首先,加强对专业性、行业性人民调解组织的管理指导,必须处理好整体推动和个案指导的关系。县级司法行政机关管理指导设在平级行政机关或行业主管部门的专业性、行业性人民调解委员会,根据法律授权进行管理指导、开展集中培训,固然是重要的抓手,但要在具体工作中建立权威、形成引导,还必须切实加强自身的思想建设、队伍建设和业务建设,着重在个案调解中树立自身良好的形象,以扎实的法律功底、务实的调解技巧、娴熟的群众工作方法赢得专业性、行业性调解人员的尊重和支持,唯其如此，才能在管理指导工作中形成向心力。

第二，加强对专业性、行业性人民调解组织的管理指导，必须处理好调解工作与所在单位行政管理、行业管理工作之间的关系。县级司法行政工作管理指导专业性、行业性人民调解工作，不能简单地就调解谈调解，必须逐个有针对性地研究其所在行政机关、行业主管部门的职能工作，坚持问题导向，指导人民调解组织围绕所在部门最关心、最头疼和人民群众最关切、最期盼的问题，有的放矢、对症下药地提出解决问题的措施，探索建立社会协调机制与政府调控机制互联、社会自治功能与政府行政功能互补、社会调节力量与法治管理力量互动的新型社会治理体制。

第三，加强对专业性、行业性人民调解组织的管理指导，必须处理好依法管理指导与部门协调配合的关系。县级司法行政机关管理指导专业性、行业性人民调解组织，除了法律的授权之外，缺乏行之有效的手段，很容易陷入有名无实、曲高和寡的尴尬局面。深入推动此项工作扎实有效开展，就必须与所在地政法委、综治办联起手来，将工作任务纳入部门综治工作考核指标，据以严格的考核奖惩，才能起到事半功倍的效果。

第四，加强对专业性、行业性人民调解组织的管理指导，必须处理好规范与创新的关系。专业性、行业性人民调解组织虽然专业不同、行业各异，但无论是硬件建设还是软件规范，都有共同的规律可循，县级司法行政机关必须根据实际需要，制定统一的标准和规范，循序渐进地加以推进。与此同时，必须重视专业性、行业性人民调解组织的个性特点，尊重他们的首创精神，鼓励他们将专业性、行业性人民调解与行政调解、司法调解有机融合，持续放大人民调解的社会影响力，以法治思维和法治方式推动专业性、行业性人民调解工作不断向纵深发展。

第四节　农村公共法律服务体系建设的实践与思考

公共法律服务是政府公共服务的重要组成部分。与城市相比，农村公共法律服务始终处于薄弱状态，加快农村公共法律服务体系建设，充分发挥其在维护社会大局稳定、推进基层民主法治建设等方面的功能已成当务之急。司法行政机关应当以群众满意为导向，整合各类职能资源，积极推进农村公共法律服务体系建设，让公共法律服务更多更好地惠及人民群众。

一、农村公共法律服务的内涵

随着农村经济发展，新农村建设深入，各种涉法问题呈上升势头，农村群众迫切需要法律服务维护权益，调解矛盾化解纠纷。另外，当前农村法律服务体系基础薄弱，还不完善。此时，如皋市将公共法律服务纳入政府购买服务范围，推行律师进村参与纠纷调解，这既是缓解矛盾的良方和捷径，也是加强农村民主法制建设的积极探索，是转变政府职能，建设服务型政府的需要。推进公共法律服务体系建设，农村是重点。随着经济社会的快速发展和城乡一体化的不断深入，农村基本公共法律服务供给能力不足、水平不高的问题较为突出。

司法行政机关应以理论创新和实践创新推进公共法律服务体系建设,努力率先开启在农村地区实现现代化新征程中谋求更大作为。

在推进"公共法律服务体系"全覆盖工作中,农村地区公共法律服务产品供给能力亟待规范、提升,实现优秀法律服务资源共建共享。农村地区法律服务市场的主力军是基层法律服务所、基层法律服务工作者。但实践中,由于农村地区面积大、弱势群体多,基层法律服务因标的额少、法律服务收费低、办案成本高等情况,律师人才多向城镇地区转移,造成农村法律服务市场发育不完善,管理不规范,在农民群众遭受法律侵害、遇有法律问题时,在诉求公平、寻求解决之道时难以享受到优质、专业的法律服务支撑,一些"土律师"趁机而入,抢滩农村法律服务市场,危害农村地区当事人合法权益,造成当事人权益担受第二次风险,有违"法律服务全覆盖"工作初衷。

本调研重点从解决三个平衡出发,即城乡法律服务资源平衡、基层法律服务工作公益与市场的平衡、群众矛盾纠纷解决有偿与无偿的平衡,来系统分析农村地区法律服务市场现状、原因和特点,以求农村法律服务规范化、完善性的解决之道。

1. 按照"公共法律服务体系全覆盖"的要求,提供农村公共法律服务产品建设,以专业的法律筑牢基层维稳根基。

2. 有效解决农村地区基层法律服务工作者上访、"土律师"侵害群众合法权益两类困扰基层法律服务工作的问题。

3. 整合农村地区法律服务资源,建设基层法律服务网络平台,为农村地区提供快捷式、专业化、高效性的优质法律服务,提高公共法律服务产品供给能力。

各类组织和广大群众对法律服务的需求日益增长,基本公共法律服务体系是基本公共服务体系的重要组成部分,在服务经济转型升级、化解社会矛盾纠纷、促进民生改善等方面发挥着重要作用。

二、农村公共法律服务的工作实践

如皋市地处江苏中部,总面积1477平方公里,辖14个镇(区、街道),现有人口145万,2013年末农村人口69.42万人,曾是历史上的农业大县。近年来,如皋市实施新型工业化、城乡一体化、经济国际化、生态文明化四大发展战略,在新型城镇化建设进程中,群众的法律服务需求也随之不断增加。如皋市司法局在市委、市政府的领导下,从群众需求出发,积极构建城乡一体化公共法律服务资源均衡机制,逐步探索出一条具有自身特色的农村公共法律服务体系建设之路。

2013年1月15日召开的如皋市第十六届人民代表大会第二次会议,将"着力构建覆盖城乡、惠及全民的公共法律服务体系,努力提升如皋法治建设水平"的内容写入政府工作报告。

2013年7月,结合开展党的群众路线教育实践活动,江苏省司法厅部署在全省司法行政系统开展矛盾纠纷排查调处、公共法律服务、特殊人群服务管理、法制宣传教育"四个全覆盖"工作体系建设,把主动回应人民群众对法律服务、法律保障的新需求贯穿到群众路线教育实践活动全过程。江苏省委书记罗志军对江苏省司法厅关于推进“四个全覆盖”司法行政工作体系作出批示,充分肯定“四个全覆盖”工作体系建设思路明确,望切实抓好落实,为平安中国示范区建设作出贡献。省委常委、政法委书记李小敏批示肯定“四个全覆盖”建设找准了司法行政工作服务全省大局的切入点、贯彻群众路线的着力点和融入平安建设的关键点。

2015 年 2 月 18 日,司法部印发《关于推进公共法律服务体系建设的意见》(以下简称《意见》)。《意见》指出,公共法律服务是由司法行政机关统筹提供的,旨在保障公民基本权利,维护人民群众合法权益,实现社会公平正义和保障人民安居乐业。具体包括:为全民提供法律知识普及教育和开展法治文化活动;为经济困难和特殊案件当事人提供法律援助;提供公益性法律顾问、法律咨询、辩护、代理、公证、司法鉴定等法律服务;预防和化解民间纠纷的人民调解活动等。《意见》提出推进公共法律服务体系建设六个方面的主要任务:进一步健全法律服务网络;进一步整合法律资源;进一步拓展服务领域;进一步提升法律服务质量;大力加强法律服务信息化建设;切实落实保障措施。2015 年 2 月 21 日,南通司法行政工作会议明确了“公共法律服务体系”建设的要求:通过加快市镇两级法律服务中心、村法律服务联系点和司法行政信息化建设,进一步完善“农村半小时、城市 20 分钟”公共法律服务圈。

作为拥有 145 万常住人口的县级市,如皋市现有律师 80 人、实习律师 9 名、基层法律服务工作者 102 人。每万人中有 0.61 人从事律师服务,尽管与沿海发达地区律师占总人口数万分之四到五的比例相比明显偏低,但是近年来,随着如皋经济社会的发展,律师人数、事务所规模、执业收入都在逐年递增,以双促双助、法律服务五大行动等活动为载体,在服务基本现代化建设方面做出了积极的探索和实践。

2013 年年底,如皋市司法局在深入研究、准确把握公共法律服务体系全覆盖要求的基础上,结合市情,制定出台了《公共法律服务全覆盖工作体系建设项目化推进实施方案》。具体来说,如皋市公共法律服务全覆盖工作体系建设的总体目标是:到 2015 年,基本形成供给充分、保障有力、管理规范、运行有效的公共法律服务体系,建立市公共法律服务实体平台,建成“农村半小时、城市 20 分钟”公共法律服务圈。

具体工作举措是:

加快公共法律服务网络建设,实现公共法律服务城乡全覆盖。如皋市司法局在行政中心建设市公共法律服务中心,在镇(区、街道)依托司法所建设公共法律服务中心,在村、社区建立司法行政服务站,整合村居人民调解、法制宣传、法律服务等力量,把专业法律服务资源配置到基层群众身边,形成“农村半小时、城市 20 分钟”法律服务圈。

加快公共法律服务信息化建设,形成虚实结合的法律需求收集和服务对接机制。如皋市司法局立项推进“12348”公共法律服务平台建设,通过信息化对法律服务、人民调解、法律援助、公证等业务工作进行整合,并结合实际进行业务软件的二次开发,打造如皋特色的平台服务界面和功能。建立网上“法律服务中心”,提供办事指南、表格下载、网上咨询、网上申请,接受在线法律服务和预约办理公证、法律援助业务等,实现"一站式"便民服务。

加快公共法律服务核心业务建设,打造适应经济社会发展、能够满足群众需求的法律服务产品体系。如皋市司法局坚持以需求为导向,以优化法律服务、法律援助、人民调解、法制宣传等直接满足社会需求的职能为重点,打造公共法律服务体系的核心业务。推动法律服务向基本民生领域延伸,制定基本法律服务产品目录,推出法律文书代拟、法律条文解析等群众急需的项目化、菜单式法律服务产品。

加快公共法律服务政府购买机制、法律服务机构公益服务的补偿机制建设。如皋市司法局推进市、镇两级政府"一对一"法律顾问工作模式,积极争取将法律服务人员担任政府法律顾问、参与矛盾纠纷化解、参与信访接待等实行政府购买,列入购买目录,完善购买机制。完善法律服务机构公益服务的补偿机制,在政府的协调下,对积极参与公共法律服务、服务业绩突出的法律服务机构,通过税收、表彰、奖励、培训等手段,加以补偿和激励。

加快公共法律服务队伍建设。如皋市司法局引导青年律师、公证员等法律服务人员主动参与公共法律服务,建成一支具有一定规模的公共法律服务志愿者队伍,形成社区法律服务和农村法律服务的骨干力量。每万人口拥有律师、公证、基层法律服务等专业法律人员达2.5名。

三、农村公共法律服务体系建设的着力点

法律服务是由司法行政机关统筹提供,以公益性、均等性、便利性为特点,以满足人民群众日益增长的基本法律服务需求为目标的专业服务产品。多年来,司法行政机关基于自身职能,依托实地和网络两个平台,在推进法制宣传育民服务工程、法律行业(律师、公证、司法鉴定、基层法律服务等)便民服务工程、人民调解和民服务工程、法律援助惠民服务工程、矫帮"两类人员"安民服务工程等法律服务工程建设方面做了大量工作,取得了显著成效,公共法律服务深入人心。但是,在地域之间、城乡之间,公共法律服务的差异性、非均等性、非便利性明显存在,服务系统性、保障力不强,规范化、标准化水平不高,尤其是基层农村公共法律服务资源匮乏,这些都在较大程度上影响了公共法律服务的社会效果。因而加快构建覆盖城乡的公共法律服务体系,充分发挥其在维护社会大局稳定、促进社会公平正义、保障人民安居乐业等方面的功能已成当务之急。笔者认为,当前推进公共法律服务体系建设,主要在以下四个方面下功夫。

第一,从横向上来看,要整合资源,扩大有效服务供给,在解决横向服务无缺口上下功夫。如皋市司法局要坚持统筹兼顾和"一盘棋"理念,整合法律宣传、律师、公证、法律援助、基层法律服务等公共法律资源,协同配置到市、县(区)、乡镇(街道)、村(居)之中,使每一个层面的法律服务资源充足、供给充分,以满足城乡不同需求。要落实"谁执法谁普法"原则,形成大普法格局;要强化矛盾纠纷排查化解活动,形成大调解格局;要拓展律师、公证、法律援助、司法鉴定、基层法律服务等工作覆盖面,形成大服务格局。尤其要推动经整合无缺口的公共法律服务进社区、进企业、进乡村等薄弱区域,努力使广大基层群众就近获得法律服务。同时,要将公共支出向薄弱区域倾斜,让均等配置的资源不因趋利而流失,形成资源长效机制。

第二,从纵向来看,要优化服务平台,方便有效服务供给,在解决纵向服务无断层上下功夫。如皋市司法局在现有实地平台和网络平台基础上,在内涵和外延上拓展和延伸,形成市、县(区)、乡镇(街道)、村(居)四级服务体系。在市、县(区)两级,要依托现有公共服务平台(政务中心、法援中心等),建设综合服务中心,设立若干个服务窗口,实行"统一接待、统一分流、统一协调、统一督办"的运行模式和"接待咨询、集中受理、分类办理、限时办结"的工作流程,集中打造"一个大门进来,多个窗口服务,一揽子解决问题"的综合服务平台。同时,以司法行政云平台为依托,拓展"12348"平台服务,建立网上公共法律服务中心,与实地服务互为补充、良性互动。在乡镇(街道)、村(居)两级,将公共法律服务平台与地方政法委统筹的基层综治维稳信访工作中心(站)结合起来建设,不另起炉灶,充分发挥公共法律服务的主导作用。

第三,从保障机制来看,要落实政府责任,构建政策扶持体系,在保障有力上下功夫。公共法律服务是各级政府的责任。建设服务体系,政府要出台扶持、激励政策,保障公共法律服务的人、财、物和场地等必备要素落实到位。如皋市司法局将公共法律服务纳入基本公共服务均等化保障体系,实行目录管理,政府采购,在资金安排、财政补贴等方面给予保障,优化转移支付分配方式,促进公共法律服务体系常态化、可持续运转。要加强专业技术人员和法律工作者队伍建设,开展业务培训和指导,提高其素质和能力,充分发挥他们的主观能动性,彰显其服务价值。要落实组织保障,强化组织领导、统筹协调、全面实施和日常监管等工作,形成政府主导、司法行政机关具体实施,相关部门各司其职,社会广泛参与的工作格局。

第四,从服务效果来看,要创新服务方式,强化督查考核,在解决服务"最后一公里"上下功夫。如皋市司法局在充分发挥公共法律服务平台作用的同时,要一切从实际出发,围绕群众需求,创新服务方式,送法下乡,送法上门,变"坐堂待诊"为"巡回问诊"。深入开展"法律六进"等各种行之有效的活动。尤其要把最终解决人民群众的实际困难作为出发点和落脚点,服务到点、到位,力戒浅尝辄止、虎头蛇尾,切实解决服务"最后一公里"问题。要积极探索公共法律服务规范化、标准化管理体系建设,细化具体服务内容和标准,完善公共法律服务体系运行绩效评估,强化动态监督检查,真正把公共法律服务体系建成惠及城乡居民的民生工程、民心工程。

健全农村公共法律服务网络建设。如皋市司法局以规范化的乡镇(街道)公共法律服务中心为核心,推进法律援助工作站、村(居)普法阵地、社区公共法律服务示范点、公证联系点和社区律师工作室,大力拓展公共法律服务领域,不断提高公共法律服务能力和水平,健全农村公共法律服务网络。

有效整合农村公共法律服务资源。如皋市司法局将律师、公证、基层法律服务、法律援助、人民调解、司法鉴定等职能纳入公共法律服务的核心业务和产品体系,大力推动基层"大法律服务"机制的创新。依托乡镇政府已设立的政务服务平台设立法律服务窗口等方式，集中受理和解决群众的法律服务事项，提供综合性、"一站式"服务；加强司法所规范化建设，将司法所真正打造成化解矛盾、宣传法治、服务群众的一线综合平台；积极引导律师、基层法律服务工作者等社会力量参与公共法律服务，实现公共法律服务提供主体和提供方式多元化。提供法律知识普及教育和法治文化活动；为经济困难和特殊案件当事人提供法律援助；开展公益性法律顾问、法律咨询、辩护、代理、公证、司法鉴定等法律服务；预防和化解民间纠纷的人民调解活动等。

不断提高农村公共法律服务水平。如皋市司法局建立和完善农村公共法律服务的考评和公共法律服务人员的培训机制；完善公共法律服务标准体系，建立健全公共服务质量评价机制、监督机制、失信惩戒机制，推行岗位责任制、服务承诺制、首问负责制、限时办结制、服务公开制等服务制度，加强便民利民服务建设，提升公共法律服务质量和水平，努力为基层提供优质、高效、便捷的公共法律服务。

大力加强法律服务信息化建设。如皋市司法局依托本地区公共服务网络，建成公共法律服务网络，逐步完成连接省、市、县、乡四级地方公共法律服务网络信息通道。加强"12348"法律服务热线平台基础设施建设，使"12348"法律服务热线成为接受群众法律咨询、宣传法律知识、疏导群众情绪、指导群众维权的综合平台。

四、公共法律服务体系建设进程中面临的问题

让法律服务"供给"满足群众需求。推进公共法律服务全覆盖体系，一方面是为人民群众安居乐业提供有力法律保障，另一方面也是建设法治如皋、推进依法行政的需要（依综治办数据：近两年如皋市行政案件总数接近南通市其他五县市区的总和）。在推进工作过程中，由于司法行政管理体制局限以及相关工作机制不完备，使公共法律服务在机构、人员、经费等方面无法获得强有力的保障。主要存在以下问题：

公共法律服务资源不均衡。如皋市的公共法律服务资源主要包括律师事务所、公证处、基层司法所、基层法律服务所等法律服务机构。事实上，镇区之间存在公共法律服务资源分布不平衡、发展不均衡现象。特别是由于司法行政管理体制不垂直，司法所人员参与乡镇中心工作多、年龄结构偏大、变动频繁等客观因素，一定程度削弱了公共法律服务体系建设的执行力、推动力。如何理顺体制，统筹安排好各项法律服务资源，是构建覆盖城乡的公共法律服务体系亟待解决的重点问题。

公共法律服务经费保障不到位。2012 年起，如皋市司法局连续两年申请将公共法律服务体系纳入政府为民办实事项目，但未能获得通过。经费保障不到位，成为制约公共法律服务事业发展的瓶颈。如何强化政府及其部门购买法律服务的意识，建立公共法律服务体系的资金保障机制，是当前如皋市构建覆盖城乡的公共法律服务体系亟待解决的关键所在。

法律服务的内容和形式有待转变。乡镇的法律服务市场以低端、小额诉讼为主，法律服务收益偏低，导致少数法律服务工作者不愿到农村为基层群众提供即时有效的服务，使基层和群众在合法利益遭到侵害时，不懂得也不会用法律的武器保护自己。而公共法律服务则是市场化法律服务的补充，应定位在满足广大群众最基本的法律需求上,集中有限的资金和力量着重解决人民群众最关心、最直接、最现实的利益问题。因此,如何及时转变法律服务的内容和形式,满足人民群众最基本的法律服务需求,是构建覆盖城乡的公共法律服务体系亟待解决的难点问题。

五、解决问题的方案和建议

公共法律服务是政府公共服务职能的具体体现。根据调研要求,就推进公共法律服务体系建设提几点建议:

建立联动推进机制。公共法律服务全覆盖体系建设是一项事关民生幸福的系统工程,靠司法行政系统的力量是远远不够的,必须依托政府、社会、市场等各方面的力量,形成联动机制,才能高效推进和正常运行。要探索与信访、工青妇、劳动保障等部门的对接模式,加强与公、检、法等部门的协调,推动解决法律服务中存在的突出问题,完善公共法律服务配合机制,促进公共法律服务职能的有效发挥。

落实资金保障。建立覆盖城乡的公共法律服务体系,作为政府公共服务体系的重要组成部分,它的构建需要政府提供有力的资金支持和持续稳定的政策保障。建议政府将公共法律服务费用纳入同级政府财政预算,通过"政府购买"的方式解决经费问题。从西方发达国家的经验来看,在养老、慈善、教育、医疗等涉及民生的服务领域,政府向社会组织购买服务是一种成熟可行的方式,无偿的法律服务难以调动法律服务人员的积极性,也难以保证服务质量。从发展趋势来看,法律服务必然由传统的无偿公益服务转变为由政府买单的有偿服务。由政府埋单的公共法律服务符合市场经济的需求,体现了对法律服务的尊重,可以实现多方共赢。

加强队伍建设。公共法律服务体系离不开专业精干的人才队伍支撑。对此,如皋市司法局将通过建立相应的奖惩机制,把公共法律服务开展情况纳入年度考核指标,对于积极参与公共法律服务体系建设的机构和个人给予表彰,充分调动律师、公证员、基层法律服务工作者、法律援助工作者的积极性。同时,探索建立会员制的法律服务志愿者协会,会员向社会公开招募,主要对象包括大学生村干部及其他热心公益服务事业、有法律服务能力的志愿者。

公共法律服务体系全覆盖建设是一项法治惠民工程。推动建成公共法律体系全覆盖,必将为服务经济转型升级、化解社会矛盾纠纷、促进民生和谐幸福作出新的更大的贡献。

第五节　大调解机制法治化的时代价值

现代法治社会的基本模式是在法律框架内进行一切社会活动,我国调解制度源远流长,为历代社会普遍认可和大量成功运用,被西方社会誉为"东方经验",市场经济条件下传统调解发展为现代的大调解机制。大调解采取"党政领导、政法牵头、司法为主、各方参与"的方法,集司法、行政、人民调解于一体,实现公调、检调、访调、交调等无缝对接,成为化解社会矛盾、稳定社会关系的一种重要社会管理手段、建设和谐社会不可或缺的重要一环。随着大调解机制法治化步伐的不断加快,其时代价值不仅得到国内而且逐渐得到世界认可。

在现代法治社会中,社会基本模式应当在法律的框架内建立和运作,许多国家已将民事调解纳入现代法治框架之中。我国大调解植根于深厚的传统调解文化,发展于现代法治社会里,长期以来为社会普遍认可和大量运用,成为化解社会矛盾、稳定社会关系的基石,推动了社会政治进步与民主发展,大调解机制法治化的时代价值值得探讨。

一、调解是最具中国特色和中国传统的法律制度

调解在我国有着悠久的文化传统、深厚的思想基础、广泛的社会基础和丰富的实践经验。中华民族传统思想强调以"和为贵",用调解解决民事纠纷源远流长,古老的民间调解方式逐渐演变为现代法治调解制度。

我国调解制度经历了萌芽、形成和不断发展完善的过程。调解历史悠长最早可以追溯到人类起源,虽然起源于民间但发展从来也没有脱离过官府或多或少的干预和参与,调解的内容、队伍、人员、方法、手段等逐步缓慢地纳入法治化轨道。原始社会部族首领按照风俗习惯通过协商解决争端平息矛盾,奴隶社会调解已有官调和民调之分,周代专设"掌司万民之难而谐和之"的"调人"之职,春秋时期儒家学派创始人孔子任鲁国司寇提倡调解,"听讼,吾犹人也,必也使无讼乎"。封建社会政府调解逐渐上升至法律规范,汉代"乡有三老,有秩、啬夫(调解)、游缴";唐代乡里讼事先由里正、村正、坊正调解;宋代调解正式得到法律确认并被引入司法程序;元代乡里设社,社长负有调解职责;明代《教民榜文》和清代《大清民事诉讼法律》都有关于调解之规定。

中国共产党调解工作始于20世纪20年代的根据地。土地革命时期,农会组织赋有重要调解职能,"农民的大小事,又一概在各级农会里处理","连两公婆吵架的小事,也要到农民协会去解决",1931年11月颁布的《苏维埃地方政府的暂行组织条例》,规定了地方政府调解职能及村、乡、区逐级调解形式;抗战时期,根据地民主政府相继颁布适用本地区的调解文件,如《山东省调解委员会暂行组织条例》(1941年),《晋察冀边区行政村调解工作条例》《关于调解民间纠纷的决定》(1942年)和《陕甘宁边区民刑事案件调解条例》(1943年),调解的组织原则和内容程序进一步明确规范;解放战争时期,华北人民政府颁布了《调解民间纠纷的决定》(1949年),标志着调解由农村向城市全面拓展,从地区走向全国。

新中国成立后调解法治化进程不断加快。1954年政务院公布的《人民调解委员会暂行组织通则》规定由选举产生的调解委员会代表国家行使调解职能,成为调解制度发展史上的里程碑,从1954年至1966年,调解解决了"大跃进"和三年困难时期遗留下来的大量民间纠纷,可惜1966年到1976年十年被视为"阶级调和"路线产物而被取消,1978年十一届三中全会后才得以重新肯定和重视。1982年宪法第一次把人民调解委员会作为"基层群众性自治组织"的组成部分,基本职能是"调解民间纠纷",为调解制度提供了宪法保障。1982 年颁行的《民事诉讼法(试行)》第 14 条对人民调解委员会的性质和人民调解的原则作了规定。1989 年国务院颁布《人民调解委员会组织条例》,1990 年司法部颁布《民间纠纷处理办法》,2002 年颁布《人民调解工作若干规定》《关于审理涉及人民调解协议的民事案件的若干规定》等,全面规定了人民调解制度的性质、任务和原则等,确立了我国现行的人民调解制度。1991 年颁布的《中华人民共和国民事诉讼法》确立了现行的诉讼调解制度,1999 年颁布的《行政复议法》,2007 年颁布的《行政复议法实施条例》确立了现行的行政调解制度,2010 年颁布的《中华人民共和国人民调解法》是我国第一部全面规范的调解法律,标志着调解工作全面步入法治化时代。

二、社会矛盾发展催生了权威实效的大调解机制

随着经济高速发展,目前我国进入了社会转型期和矛盾凸显期,传统调解面临种种新挑战。由于社会经济体制转型和社会发展方式调整导致利益格局的调整,各类矛盾纠纷呈现:一是数量多,具有广泛性和多发性;二是方式多,具有组织性和串联性;三是人员多,具有群体性和延展性;四是重复多,具有反复性和复杂性;五是程度重,具有尖锐性和对抗性。这些多发性、群体性、复杂性的社会矛盾主要聚焦在以下三点:

第一焦点为经济类,土地拆迁、劳动争议、债务纠纷等经济矛盾众多突出。经济迅猛发展,高速公路、高速铁路、省道国道镇村公路、港口、工业园区、小城镇建设等基础设施需要大量用地,历史上形成的人多地少矛盾越发尖锐,拆迁成为当前社会矛盾的集中交叉点,公与私的利益大博弈;工人维权意识增强,诉求过高,方法偏激,部分中小业主法制意识淡薄,劳资双方劳动争议纠纷成为各类矛盾中的突出焦点;传统与现代债务纠纷在社会生活中屡见不鲜。

第二焦点为管理类,简单粗放的管理方式、政府行为等社会管理矛盾日增。经济方式转变带来社会结构深刻变化,个人与社会组织依存度减弱,人民文化水平普遍提高,流动性增多,法制观念不断增强,自我意识开始觉醒,不再随意糊涂盲从,传统的粗放管理模式已不适应,简单粗糙的命令,高高在上的说教、不当过头的行为容易激发群体矛盾,引起各种过激行为。

第三焦点为民生类,社会保障脆弱、民主法制等社会公平欠缺矛盾。由于贫富差距不断拉大,弱势群体需要社会关爱,社会保障覆盖面虽广,但总体水平偏低,保障范围太窄,保障金额太少。特别是农村养老、医疗问题突出,严重影响社会根基。社会公平是文明进步的标志,最大的公平是法律面前人人平等,法制理念深入人心,依法维权事件,行政诉讼民告官案件时有发生。

上述矛盾仅凭传统调解已经难以及时有效解决,时代呼唤构筑一种更具实效、更具权威的纠纷解决方式崭新调解机制出现,大调解机制应运而生。2003 年 4 月,江苏省南通市率先在全国建立“党政领导、政法牵头、司法为主、各方参与”的大调解机制。大调解改变了过去单兵作战、各自为政的调处格局,集司法、行政、人民调解于一体,实现公调、检调、访调、交调等无缝对接,为江苏树立了榜样,经验迅速推广到全省乃至全国。八年来,大调解依赖于政府的权威和公信力,整合资源整体联动,实体运作态势较好。2010 年仅江苏省如皋市大调解矛盾纠纷就达 3866 起,调处成功 3802 起,调处成功率达 98.3%。其中防止民转刑 81 起涉及 189 人,防止群体性事件 119 起涉及 3219 人,防止越级上访 75 起涉及 956 人,政治、经济和社会效益明显。

大调解机制亦非尽善尽美,目前呈现的"一大二多三杂"格局亟须法治规范,"一大"即调解架构大,网络体系大,"二多"即调解平台多,涉及部门多,"三杂"即调解内容杂、涉及人员杂等。

一是独立性不够,对政府依赖程度高,行政干预多。由于大调解主要依赖政府行政推动,放大了行政权力的作用,弱化了群众性自治组织的解决纠纷作用,导致政府行政干预过大,牵扯精力太多,领导的主观意志、重视程度往往决定了大调解的深度、广度和结果。

二是效率不够,运行成本高,涉及人员多;由于体系庞大,全员社会联动,网络建设成本大,正常运转费用高,人员素质参差不齐,导致财政依赖大,调解时间和流程长,影响效率和效果。

三是规范性不够,虽然大调解明确了各级机构,规定了操作流程,但都是地方特色,缺乏全国统一的法律规范和运行程序,地区间不平衡、自由裁量权过大。

三、大调解机制法治化是和谐社会的重要命题

大调解是维护秩序稳定、构建和谐社会的"第一道防线",调解的是矛盾,调顺的是民心,调稳的是执政根基,大调解机制法治化是时代发展的必然要求。

(一)大调解机制法治化是依法治国、实现法治国家的现实选择

法治国家的最重要特征是权力受到宪法和法律的约束,符合现代法治社会的合法性原则。合法性原则是法律制度的重要原则,我国经过多年的社会主义实践,提出了依法治国,实现法治国家的治国方略,1999 年宪法修正案第 5 条规定"中华人民共和国实行依法治国,建设社会主义法治国家",以国家根本大法明确了建设社会主义法治国家的目标。大调解机制法治化要有法可依,有法必依,一切活动、任何职权的授予和委托及其运用都必须具有法律依据,符合法律宗旨,职能主体必须严格遵守并执行法律规定,不仅要遵循宪法法律等国家根本大法,还要遵循行政法规、地方性法规等,不得享有法外特权。大调解的合法性原则三个方面是有机的统一体,即大调解主体的设立必须合法;调解职权的拥有应当合法;调解职权的行使应当合法。目前大调解集行政与司法于一体,职权需要法律设定并依法授予,按照实体法和程序法规范在法定的权限内行使职权,调解法定权限不容非法超越,更不能与法律相抵触,任何没有法律依据的调解活动都不应存在,无权限(错位)、级别越权(行政越位)、事务越权和地域越权等任何违法行政行为必须予以追究,违法行政主体及其工作人员必须承担相应的法律责任。大调解机制法治化,调解组织、调解人员、调解程序、调解过程、调解协议具有了明确的法律约束力,就有了充分的法律保护,就有了履约的法律标准,执法必严,违法必究,大调解始终运行在法律框架中。

（二）大调解机制法治化是司法民主、实现公平正义的重要途径

现代法治的核心精神是对基本人权的尊重与保障，符合现代法治社会的合理性原则。合理性原则是合法性原则的补充原则，合理性必须以合法性为前提，合理是合法范围内的合理，任何违法的所谓“合理性”概不允许。对基本人权的尊重与保障首先是公民的生存权和发展权。在现代社会中，公民拥有可以维持最低限度生活所必需的财产是最基本的人权，保护公民财产权，就是有效保护公民基本人权，就是保护公民的生存权和发展权。现代司法民主理念要求在诉讼中充分尊重当事人的主体地位和自主意识，保护当事人的诉讼权利，同时有效限制法官恣意专横和对职权的滥用，司法制度、司法人员、司法程序、价值导向、司法独立等多视角或指标可以衡量司法是否民主及其民主程度。大调解机制法治化既要合法又要合理，调解的自由裁量权必须以合理性原则为限制，调解行为必须符合法律的目的、有合理的动机以及应考虑的相关因素。调解的合理性主要表现在正当性、平衡性和情理性三方面，正当性指调解主体在主观上必须出于正当的动机，在客观上必须符合正当的目的；平衡性指调解主体行为必须注意权利与义务、个人所受损害与社会所获利益、个人利益与国家集体利益之间的平衡；情理性指调解主体行为必须符合客观规律，合乎情理，不得要求相对人承担其无法履行或违背情理的义务。大调解法治化是合规律性、合目的性、合规范性的统一，三者统一的承载体就是人民群众。调解可以充分展示司法人文关怀，调解主体不得违背社会公平观念或法治精神，不得存在法律动机以外的目的或追求，必须出于公心，平等地对待对方。大调解机制法治化以人为本、谋求人的解放，尊重人的自由、维护人格尊严，提升人的价值、推动人的全面发展，显示的是司法民主，保护的是基本人权，实现的是公平正义。

（三）大调解机制法治化是管理创新、实现和谐社会的时代要求

大调解机制法治化是社会管理创新的时代要求，符合现代法治社会的发展性原则。法治国家要使法律获得普遍性服从必须具有稳定性和连续性，国家法律的制定过程往往是对某一个制度理性思考的结果，要求对一项制度从设计到具体措施的实施都经过严密的考量，要顾及社会各个阶层的利益，使通过法律反映出来的一项制度能够真正蕴含社会所公认的准则与价值。社会政治学观点认为，社会矛盾纠纷激烈与缓和取决于社会生产力发展水平，同时也取决于社会当权者的社会管理水平，大调解作为社会管理创新的一项重要内容，以法律为支撑、以制度为保障，才有巩固性和发展性。大调解机制以法律形式确立下来，就不会轻易被变更或取消，有效地减少实施过程中的纠纷和摩擦，就有了稳定的可以正常延续的生命力。大调解主体权利义务的明确预期会有效地减少大调解各项制度实施过程中的纠纷和摩擦，使制度在社会中运转自如，在实践中得到发展完善。调解主体法治化，通过法律规定调解的领导机关、职能部门和组织建设，建立法制健全、管理规范、分类管理、分级负责的组织管理体系，接受法律公共权力的约束，改变领导行政推进的社会管理模式；调解程序法治化，推行“阳光行政”，权力在阳光下运行，提高社会管理水平；调解方式法治化，在保持法律刚性强

制执行力的前提下,采取协商性和可选择性手法,发挥人民的参与性和互动性,使用柔性合意的方式执行,实现社会管理创新。大调解依赖于政府的权威和公信力,将依法调解和以德化解相结合,通过整合资源整体联动,改变了过去单兵作战、各自为政的传统调处格局,集司法、行政、人民调解于一体,实现公调、检调、访调、交调等无缝对接,实现了现代多元化社会管理,有利于克服诉讼解决纠纷机制的弊端,缓和了社会关系的紧张和对抗性,尊重了社会风俗和增添了社会温情,维系和传承了道德与传统文化的价值,提升了民族凝聚力和向心力,促进了社会和谐。

(四)大调解机制法治化将"东方经验"融入现代法治世界潮流

调解作为中国司法制度的重要组成部分,其存在发展,符合现代法治社会的国际性原则。第二次世界大战后,科技日新月异,经济迅猛发展,社会矛盾加剧,许多国家不约而同出现"诉讼爆炸",法院不堪重负致诉讼时效拖延,诉讼成本高昂,令百姓捉襟见肘,严峻现实促使各国开始反思和改革,中国调解被誉为"东方经验",逐渐得到世界认可和借鉴。20 世纪 60 年代后,"东方奇葩"开始在西方绽放,美、日、德、英等诸多国家相继制定了有关调解的法律,创设和发展了判决外的纠纷解决方式。目前国际上主要有德国的"司徒加特模式(Stuttgarter Model)",日本的"辩论兼和解模式",美国的"替代纠纷程序"ADR(Acternative Disput Resolution),美国 ADR 被加拿大、澳大利亚及一些欧洲国家竞相效仿。我国香港特别行政区司法实务十分倡导和解,和解成为法院一种重要的结案方式;台湾地区"民事诉讼法"规定调解为起诉前的独立程序,诉讼标的金额较小的适用简易程序审理的不经调解不得起诉。"东方经验"正逐步走向世界,虽然调解模式不尽相同,但调解制度国际化趋势明显,如联合国国际贸易法委员会制定了《国际商事调解示范法》(2002 年),荷兰的劝解官制度、法国的复合调解制度、日本的民事调停法等解决纠纷方式呈现制度化或法典化态势。尽管中西调解制度存在差异,我国大调解机制采用的是职权主义的原则,国家干预公民的处分行为,美德等采用的是当事人主义的原则,私权由当事人自行处分决定,国家不进行干预,但诉讼和解已替代判决成为世界普遍采用解决纠纷的一种方式,顺应了建立多元化纠纷解决机制的世界潮流。

第六节　依法治理工作的实践与探索

近年来,如皋市依法治理工作取得显著成效,初步走出了一条具有如皋特色的区域法治建设路子,为如皋市经济发展与社会稳定创造了公正高效的法治环境。如皋的法治实践表明,坚持党委总揽、各方参与是依法治理工作的可靠保证;坚持依靠群众、执法为民是依法治理工作的重要基础;坚持突出重点、分类指导是依法治理工作的有效方法;坚持与时俱进、开拓创新是依法治理工作的不竭动力。进一步做好依法治理工作,必须加强党对依法治理工作的领导,准确把握依法治理的基本环境,完善依法治理的社会条件，不断推进经济市场化、政治民主化、意识理性化。

自2004年10月如皋市委颁布《法治如皋建设实施纲要》十年以来，如皋市上下认真贯彻市委、市政府的决策部署，解放思想、勇于实践、开拓创新、真抓实干，初步走出了一条具有如皋特色的区域法治建设路子，为如皋市经济发展与社会稳定创造了公正高效的法治环境。如皋市先后被江苏省委、省政府和全国普法办表彰为“法治县（市）创建工作先进单位”。2012年，荣获首批“江苏省法治建设示范县”。2015年，如皋市成为江苏省首批县域法治国情调查基地，为法治江苏建设提供第一手的基础性材料，为江苏省委、省政府深化法治江苏建设、创建全国法治建设先导区提供重要的决策参考。

一、法制建设的成效

1. 法制建设取得新进展，逐步走向规范化、制度化

如皋市在坚持维护国家法制统一的前提下，不断加快地方法制建设。近年来，每年都出台规范性文件二十多件，其内容涉及经济发展、行政执法、城市管理、社会保障等方方面面。早在2003年，如皋市委根据党的十六大对民主法制建设工作提出的新要求，结合全市实际，就研究制定了《关于进一步推进依法治理工作纲要》，提出了下依法治理的工作目标任务和要求。2004年10月，市委颁布《法治如皋建设实施纲要》，这些规范性文件与国家的法律法规相配套，为如皋市各项工作的有序运行提供了有力的法制保障。

2. 法制宣传教育取得新成绩，良好的法制氛围基本形成

普法教育是依法治理的基础。通过实施“六五”普法规划如皋市95%以上的普法对象参加了各种各样的普法活动，公民的法律意识普遍提高，各级领导干部法治观念明显增强。在开展法制宣传教育中，一是注重内容的针对性。坚持把宪法和市场经济法律法规作为法制宣传教育的重点。同时，结合阶段性重点、热点、难点问题，有针对性地组织学习有关法律法规。近几年来，先后编印发放了8万多册法律法规学习材料，保证了广大干部群众学法的需要。二是注重对象的层次性。从2005年开始，连续对全市1000名副科级以上领导干部和执法人员等重点对象共2万多人次进行了学法培训，举办法制讲座150场次。在全市各中小学校开设了法制教育课，逐步实现了近20万人的在校青少年法制教育的课堂化。初中以上学校全部配备了法制副校长。三是注重形式的多样性。在利用各类学校、党校进行法制教育的同时，充分发挥新闻媒体的作用，报纸、电视台、广播电台等新闻媒体都开办了法制宣传教育的专版和栏目，全市基本形成了立体法制教育格局，全社会学法用法守法的风气日渐浓厚，依法治理的良好氛围正在形成。

3. 基层民主政治建设取得新推进，依法治理步伐加快

近年来，如皋市通过动员人民群众积极参与，大力推进基层民主政治建设。在城镇社区，注重理顺政府与群众自治组织的关系，变政府对自治组织的领导为指导、帮助和服务，保障居民对社区事务的知情权、决定权；在农村，实行“民主议事”制度，全面

推进村务公开。建立了320个民主法治示范村，有力地推动了全市农村基层民主法治村的创建工作；在工厂，发挥工人阶级主人翁作用，推进企业民主管理，加快产业结构调整和建设现代企业制度的步伐；在学校，规范人民群众反映强烈的收费行为，维护教职员工和学生的合法权益。同时，开辟"市民热线"，实施"市长接待日"制度，设立政府网站市长信箱，聘请了35名市民代表参与决策活动，倾听群众的呼声，解决群众的困难，有序参与管理经济、社会事务，逐步推进基层民主政治。

4. 公正司法水平取得新提高，法律权威得到有效维护

司法机关以司法公正为目标，积极推行司法改革，从完善运行机制入手提高司法工作质量和效率。如皋市法院系统全面推行审判长选任制，强化合议庭职责，完善了审判工作运作机制。同时，推行"审务九公开"，全面落实"三分立"，提高了审判的公开性和透明度。全市检察院系统全面推行主诉检察官办案责任制，完善了侦查、批捕、起诉各办案环节的工作规程和工作要求，健全了主诉检察官办案责任制、重点岗位权力分解制、案件复查制、举报通报制、冤案错案责任追究制等内部办案监督体系，促进了检察管理工作的规范化、科学化。同时着力加强司法队伍建设，内强素质，外树形象，队伍的整体素质和执法水平有了明显进步，办案效率和办案质量不断提高，有力地打击了违法犯罪，保持了社会的持续稳定，维护了法律的尊严。如皋市人民法院多次被高院授予"文明法院"称号，如皋市检察院连续多年被江苏省检察院树为"五好检察院"。

法律服务工作取得新发展，服务质量不断提升。如皋市初步构建了以律师、公证、仲裁、基层法律服务、法律援助为主体，适应全市改革发展需要的法律服务体系，服务领域不断拓展，服务层次不断提升。十多年来，全市律师共办理各类案件10余万件，担任常年法律顾问800多家；公证机构办证10万件；基层法律服务所办理各类案件8万余件。业务范围覆盖了经济建设、社会事务和群众生活的各个领域。特别是为如皋市改革发展、经济建设的一批重点工程提供了良好的法律服务，并成功办理了大量企业改组、改制、联合、兼并、破产等法律事务，为维护社会稳定和服务经济建设发挥了积极作用。

5. 依法行政工作取得新业绩，行政行为逐步纳入法制化轨道

以提高行政决策水平为目标，建立健全科学民主决策机制。如皋市先后制订了《如皋市人民政府工作规则》《如皋市规范性文件制定办法》《如皋市人民政府法律事务咨询委员会工作规则》《如皋市关于进一步完善和创新民主科学决策、监督机制的意见》《关于建立行政决策听证代表库的通知》《如皋市听证程序规定》等一系列有关决策的规范性文件。建立了重大行政决策的合法性审查制度，公众参与、专家论证、公示听证、集体讨论等制度，对涉及经济社会发展的重大决策和事关群众切身利益的事项，广泛征求意见后集体研究决定，有效保证了行政决策的科学化、民主化。

以建设法治政府为目标，建立健全行政执法责任机制。如皋市专门制定了《如皋市行政执法责任制暂行办法》《市政府办公室关于贯彻落实行政执法责任制暂行办法

的实施意见》《如皋市行政机关工作人员行政过错责任追究暂行办法》《关于规范行政处罚自由裁量权的指导意见》等制度，进一步明确了执法程序和执法标准，规范了行政权力的运作，建立了严格的行政执法评议考核和责任追究制度，促进了依法行政各项任务落到实处。

以规范政府行政行为目标，建立健全行政行为监督机制。强化了行政系统的内部监督机制。一是加强规范性文件的监管。出台了《如皋市行政规范性文件备案审查办法》《市政府办公室关于进一步加强规范性文件备案审查的工作意见》等，对政府各部门起草的规范性文件，由政府法制部门对照政策法规进行严格审查；定期对规范性文件进行清理，对不符合法律、法规和规章规定，或者不适应经济社会发展要求的规范性文件，及时予以修改或者废止。二是认真履行行政复议职责，专门制定了《如皋市人民政府法制办公室行政复议办案程序暂行规定》《如皋市人民政府法制办公室承办行政复议案件简易程序》《市政府关于进一步加强行政复议工作的意见》规范了行政复议案件受理、审查、决定等程序，保证了复议工作正常进行。三是开展执法案卷评查。制定了《如皋市重大行政处罚决定审查备案办法》，定期开展案卷评查活动。建立了社会监督的机制。公布举报电话，方便群众举报投诉。市政府专门开通了“12345”市民热线，办理群众反映的热点、难点问题，妥善解决疑难问题，得到群众的好评。积极推进政府信息公开。认真贯彻《政府信息公开条例》，推进政务公开。制定了《市政府关于进一步深化完善政务公开工作的意见》《市政府信息公开指南和公开目录编制工作实施方案》，在政府门户网站上设立政府信息公开专栏，为公众查阅提供便利条件，专门开设市长信箱，为公众提供了一个建言献策的信息平台。

以构建和谐社会为目标，建立健全化解行政争议机制。一是建立“复访”（复议与信访）对接机制。2007年出台了《信访事项移送行政复议受理审查规定》，扩大了行政复议受案渠道，明确了移送行政复议信访事项的范围和移送后的处理程序，有效保障了行政管理相对人的“诉权”。二是建立“复调”（复议与社会矛盾纠纷大调解中心）对接机制。为彻底解决行政纷争，减少当事人行政复议后的讼累和缠访，复议机关加强了行政复议机构与社会矛盾纠纷大调解中心的对接，通过深入细致的调解工作，定分止争，案结事了，实现法律效果与社会效果的统一。三是建立行政争议案前解决机制。对于征地类、拆迁类及劳资、工伤认定类等特定类型的行政争议，利用复议立案审查期间，经初步审查发现行政行为在程序或实体方面、合法性或合理性方面存在的瑕疵，整合行政资源，综合运用协调、调解、和解等方式，有效化解行政争议。四是建立统计分析报告机制。如皋市政府复议机构每半年对全市的行政复议、行政诉讼案件进行统计分析，对案件中存在的问题提出解决的建议，在向市政府常务会议报告后，向全市行政机关进行通报。

二、法制建设工作的基本思路

第一，进一步提高认识，加强法治如皋建设的组织领导。如皋市各级党委政府要进一步高度重视法治建设工作，切实加强对法治建设工作的领导。主要领导要真正承担起第一责任人的责任，坚决克服重经济轻法治的思想，把法治建设列入经济社会发展的重要内容，及时协调解决法治建设中的重大问题，完善领导体制和工作机制，建立和完善责任制，着力聚焦公平正义、民权保障、系列创建、创先争优四个重点，仔细研究确定下一步工作任务和工作计划，强化目标责任制考核，逐级抓落实。市依法治市领导小组办公室要切实发挥牵头抓总作用，通过各种行之有效的组织形式，对法治建设工作进行全面再动员，充分调动各职能部门和社会各界的积极性、创造性，积极参与和推动法治建设工作；要认真对照"江苏省法治建设示范县(市)"复核验收的各项标准要求，找准差距和不足，对工作进行进一步细化分解，明确工作内容、时序进度和责任单位，加强督查指导，确保年底顺利通过复核验收。

第二，进一步把握关键，大力提升依法行政能力和水平。全市各级领导干部要从自身做起，率先垂范，通过加强法制学习，树立法制的权威，养成从法律的角度思考、分析和解决问题的习惯，坚决摒弃超越法律的特权思想，在想问题、作决策、办事情时，牢记人民授权和职权法定，严格遵循法律规则和法定程序，切实保护人民群众合法权益，尊重保障人权，始终坚持法律面前人人平等，自觉接受监督和承担法律责任。各镇(区、园)、各部门要加强对本单位行政执法人员的教育和培训，切实增强行政执法人员的法制观念和工作责任心，通过开展以案说法、典型案例分析等形式多样的学法、用法活动，提升一线执法人员的法律素质和业务能力。相关部门要针对如皋市行政案件发案数居高不下的问题进行认真的分析研究，找准问题的症结，学习借鉴邻近县(市)经验，进一步加强对案发数和瑕疵案件较多单位的业务指导，建立健全行政行为评估预警和奖惩激励机制，扎实做好执法督查和案件评查工作；重视加强违建查处、信息公开答复等工作的督促检查，规范违法建筑的查处及搬迁中的合同行为和行政强制行为，坚持按法定程序办事。多措并举提升依法行政的整体水平。

第三，进一步强化考核监督，确保各项责任措施落到实处。一是加大考核权重，改进考核方式。不能对基层镇(区)评先评优、考核奖励产生多大影响。建议适当增加法治建设(依法行政)工作的考核权重，发挥考核的导向作用，提高各镇(区、街道)、各部门领导对法治建设(依法行政)工作的重视程度。同时，要注意改进考核方式，针对不同部门法治建设(依法行政)工作采取不同考核办法，引入群众评议机制，开展问卷调查，接受群众监督。二是强化干部任前法治建设工作的考察。把法治建设(依法行政)能力及工作业绩纳入各级领导干部提拔任用的重要考察内容，通过领导干部任前法治建设(依法行政)工作情况考察，更好地选拔人才，促进法治建设。三是认真落实依法行政各项制度。切实贯彻落实行政执法责任制。加大行政过错责任追究力度，对实施行政违法行为负有责任，特别是负有失职等主观过错责任的机关及其责任人员要及时追究责任。

第四，进一步开拓创新，不断做优做强法治建设工作品牌。要着力在巩固放大领导干部述法考评、公民法治驿站、法制辅政、普法邮路通万家、新媒体"微普法"等品牌效应上多下功夫，不断创新工作举措。一是继续完善领导干部述法考评机制。以述法考评机制为抓手,形成倒逼机制,增强领导干部法治意识。要切实把年终述法考评工作与述职述廉等工作同部署同落实,并将考评结果体现在领导干部的任用奖惩中。通过述法考评,切实提高各级领导干部学法用法守法的能力和水平。二是全面推进“民生普法”工程,努力打造“特色普法”名片。继续深入实施“普法邮路通万家”和“普法盐路家家通”工程;创新实施新媒体普法,充分发挥微博、微信、微电影等新媒体普法优势,为基层群众普法宣传注入“新鲜血液”;继续开展丰富多彩的法治文化活动,通过组织开展假日广场法庭和文艺巡演、调演以及乡村法治文化艺术节等活动,不断满足人民群众对法治文化的需求,营造全社会关心支持法治建设工作的浓厚氛围。三是继续大力推进公民法治驿站标准化建设,引导驿站落实好“六个制度”“一个流程”,履行好“五项职能”,切实做好标准化驿站申报验收,确保建设标准化、规范化率达到目标要求。

三、法制建设的完善路径

(一)要进一步加强党对依法治理工作的领导

牢固树立法律至上的理念。“法律至上”是指法律具有极大的权威。在我国,经过法定程序把党的主张上升为国家意志,它是党的主张、人民的意愿和国家意志的集中反映。所以,坚持“法律至上”,就是从根本上坚持党的领导。树立“法律至上”权威,就是树立党的执政地位的权威,就是树立人民当家做主的权威。

完善党内民主制度。党的各级组织要以保障党员民主权利为基础,从体制机制创新入手,建立健全充分反映党员和党组织意愿的党内民主制度;建立和完善党内情况通报制度、情况反映制度和重大决策征求意见制度;完善深入了解民情、充分反映民意、广泛集中民智、切实珍惜民力的决策机制,努力推进决策科学化、民主化,提高党的决策水平和工作效率。

依法履行职责。要着重解决好以下几个问题:一是要严格依法决策。凡是应当依法提交权力机关讨论、决定的,必须提交,不能因为怕麻烦、事情急就不走程序。二是要支持权力机关依法履行职责。要切实尊重国家权力机关依法独立负责地行使职权。三是要加强监督。要实行多种形式的领导干部述职述廉制度,健全重大事项报告制度、质询制度和民主评议制度等,确保他们依法行使职权和履行义务。

积极支持人大依法实施法律监督。当人大与“一府两院”在重大问题上出现分歧,或者涉及在政府部门工作的党员负责干部时,党的各级组织首先要认真听取同级人大的意见,积极支持人大依法行使对“一府两院”的监督职权,在分清是非的基础上,党委要积极做好同级“一府两院”的工作。

(二)要准确把握依法治理的基本环境

要从总体上把握依法治理的实际运作,应注重以下环境建设:

规范城市规划、建设和管理。城市规划、建设和管理水平是城市形象和竞争力的重要指标,是城市经济发展的基础。规范城市规划、建设和管理是依法治理的重要内容,也是城市治理的重点、难点。

保障社会安定和有序运行。社会的安定和有序运行是城市发展的前提条件,因而也是依法治理一个重要内容和目标。严厉打击违法犯罪活动。做到依法打击、重点打击、打防结合,尽可能地把可防性案件压降到最低程度,使如皋市成为犯罪分子的地狱,人民群众安居乐业的天堂。及时化解群众矛盾纠纷。首先,要善于做群众工作。在工作方法上,要坚持走群众路线。在工作态度上,要耐心、细致,不可简单粗暴。其次,要高度重视信访工作,发挥信访工作的"减压阀"作用。最后,要改进党风和政风。要继续加大反腐败、查处大要案的力度。要端正执法观念,坚持执法为民,全心全意为人民服务。

提升城市综合竞争力。一个城市的综合竞争力是该城市经济、社会、文化、科技、环境发展和制度的因素的综合体现,其中政策和体制无疑是影响城市综合竞争力的重要因素。通过法律的治理,改善城市软环境,使城市的竞争力上升到一个新台阶,是依法治理的当然内容。

（三）要进一步完善依法治理的社会条件

必须下大气力完善依法治理的社会条件,为依法治理的与时俱进提供不竭的动力源。

1. 推进经济市场化

健全法制,实现公平竞争。完善有关市场主体、市场准入和市场行为监管方面的规章制度,以利于形成统一的大市场,获得资源的最佳配置。要全面实行政府采购制度,完善建设工程项目和经营性土地使用权出让招标制度,以及产权交易进入市场等制度,为投资者营造公平竞争的市场环境,保证所有市场主体都有及时获得信息和资金的机会。要坚持公正执法,在税收、行政处罚、环境保护、劳动保护、社会保险等方面一视同仁,不因当事人的地位、身份、性别、种族、国籍、财产、教育等差别而区别对待。

深化行政体制改革,实现政府职能转变。要按照国务院关于"职权法定、依法行政、有效监督、高效便民"的要求,深入推进政府管理体制改革,切实把政府管理职能转到要为市场经济主体服务和创造良好发展环境上来。要加快特发公共事件的预警和应急机制建设,健全重大问题集体决策制度、专家咨询制度、社会听证制度和重大决策公示制度、新闻发布制度以及决策责任追究制度。要以贯彻《行政许可法》为契机,深化行政审批制度改革,完善配套制度,规范行政许可行为,改革行政许可方式。要坚决打击严重破坏市场经济秩序的违法犯罪活动,严厉查处经营假冒伪劣商品、商业欺诈和偷税漏税等违法行为。同时,深化行业协会和中介组织的改革,完善自律机制,逐步建立健全社会信用体系。

建立和完善基本的社会保障体系,努力增加就业。要确保离退休人员基本养老金按时足额发放,继续完善下岗职工基本生活保障、失业保险和城市居民最低生活保障这三条保障线的衔接工作,构筑牢固的社会保障安全网。要完善城镇职工基本医疗保险制度,加强医疗费用管理,减轻参保职工个人负担,特别是妥善解决困难人群的医疗服务问题。同时要千方百计改善创业环境,增加就业岗位,推行灵活多样的就业形式,鼓励自谋职业和自主创业。整顿和规范劳动力市场秩序,保障劳动者的合法权益。

2. 推进政治民主化

政治民主化进程有利于为依法治理提供民主意识和氛围,创造民主体制和机制,扩大依法治理的广度和深度。

提升民主意识。要培育主体意识。要积极宣传,使每位市民都意识到自己是城市的一分子,城市政治、经济和文化生活与自己密切相关。要畅通参与渠道。最主要的是要为市民参与城市政治、经济和文化生活提供平台,使市民能真正对公共权力运行的方向、过程和结果发生现实的影响。要依法处理侵权行为。要充分发挥人民调解委员会和司法机关的作用,公正处理市民之间的权利纠纷,引导市民合法、合理地行使自己的权利;公正处理市民与公共权力之间的纠纷,依法裁判,让市民和公共权力各自在法律的范围内活动。

完善民主制度。要大力推进农村基层民主。要依照《村民委员会组织法》,严格遵循村委会选举的程序和步骤,搞好村民委员会直接选举,保障广大村民在选举中的权利,使村委会选举真正体现农民群众的意愿,并在此基础上完善民主决策、民主管理、民主监督,健全村党组织领导的充满活力的村民自治机制。要加强社区民主建设。要深化街道体制改革,把街道与居委会之间的指导与被指导关系落到实处。要丰富公众参与形式,完善城市居民自治,建设管理有序、文明祥和的新型社区。

3. 推进意识理性化

理性化的意识是依法治理深入推进的根本性的基础条件,依法治理运行过程需要理性化的意识作为支撑。意识理性化的重点是法律意识的理性化和与道德意识的理性化。主要是提高“四个意识”。

宪法意识。要宣传宪法规范,培育尊崇宪法的思维,强化宪法的根本法地位,强化人民当家做主的观念,权利与义务相统一的观念,民主与法制有机统一的观念,接受人民监督的观念,为正确实施宪法、切实推进宪法实施打下良好的思想基础。

程序意识。程序制度是深化依法治理的重要方面,而程序意识的确立则是建设、遵守程序制度、推进依法治理的深层要素。要严格行政程序和司法程序,通过生动的执法实践来引导和教育人们遵守程序。还要大力宣传程序的作用和价值,向公众着重宣传公开制度、告知制度、听取陈述和申辩制度、职能分离制度、不单方接触制度、回避制度、记录和决定制度、说明理由制度、时效制度、救济程序等制度;向领导干部着重宣传决策程序、实施程序、追究程序、救济程序等制度。从以往的重实体、轻程序,向既重实体也重程序转变。

平等意识。培育市民的平等意识,要重视向公众宣传法律。让老百姓了解自己的权利义务,让领导和公务员明确自己的职责,既要让老百姓知法守法,更要让掌权者知法守法;既要让普通公务员知法守法,更要让领导干部知法守法。通过深入扎实的法制宣传教育,强化法律面前人人平等的观念。

法律、道德结合意识。法律与道德是调整社会关系的两种手段,法律规范行为,道德治理灵魂,法律发挥实效离不开与之相协调的道德力量。要动员和组织人民群众开展形式多样的法治与德治相结合的自我教育和实践活动,在全社会形成尊重法律、依法办事氛围的同时,增强公民的社会公德意识、职业道德意识和家庭美德意识,培育良好的社会风尚。

第七节 行政违法行为预防和惩戒问题研究

目前我国行政违法行为屡有发生,且具有多发性、多样性和复杂性特点,不利于全面推进依法治国战略的实施。行政违法行为的产生是多种因素综合作用的结果,既有行政人员自身的道德自律等主观因素,也有行政体制、法律规范、外部环境等客观因素。通过对行政违法行为的表现以及形成原因进行探索,从而能更好地解决行政违法行为相关问题,并推进依法行政的进程,最终实现依法行政的目标。在我国,党和国家的政策法规能否顺利推行,在很大程度上取决于具体执行政策的行政人员的具体行政行为,随着我国依法行政实践的深入,我们必须对行政行为予以深入研究,以推进依法行政的进程。

一、新常态下行政违法行为的表现

依法行政是推进依法治国的关键,依法行政的重点在于约束和监督行政权,把权力关进制度的笼子,构建纠正违法行政行为的新常态。

在新常态下行政违法行为的表现有以下几个方面:

(一)行政违法行为在法律政策中的体现

党的十八届四中全会通过了《中共中央关于全面推进依法治国若干重大问题的决定》,全面推进依法治国开启了法治中国的新征程。在建设法治国家、法治政府、法治社会的新形势下,依法治国、依法执政、依法行政必然是一种新常态。行政行为符合全部法定要求的,构成合法;不符合现行任何法律规定的,构成违法或瑕疵。违法性是合法性的反面。狭义的行政违法行为就是行政主体实施的违反行政法律规范尚未构成犯罪的应承担行政责任的行政行为。

根据《中华人民共和国行政诉讼法》第54条的规定,行政违法行为包括:主要证据不足;适用法律、法规错误;违反法定程序;超越职权;滥用职权;不履行、拖延履行法定职责;行政处罚显失公正。同时根据《中华人民共和国行政复议法》第28条的规定,行政违法包括:不履行法定职责;主要事实不清、证据不足;适用依据错误;违反法定程序;超越职权;滥用职权;具体行政行为明显不当。由此可见,行政违法的表现最典型的是行政滥用职权行为和行政不作为行为。上述都是指行政主体所实施的行政违法行为,而广义的行政违法行为不仅仅包括行政主体的违法行为,还包括行政相对人实施的行政违法行为,这种违法行为是行政相对人违反行政管理法规,扰乱行政管理秩序而为行政法规所处罚的行为,本文中行政违法行为更强调的是狭义的行政违法行为。

(二)实践中行政违法行为发生的领域

行政违法行为发生频率高以及形式多样内容复杂等特点。按照行政违法行为发生的领域,可分为市场监管、公共卫生、安全生产、文化旅游、资源环境、农林水利、交通运输、城乡建设、海洋渔业等行政违法;按违法行为错误的类型,可分为行政越权、行政侵权、滥用职权、不履行法定职责、违反法定程序、行政不当等;还可将违法行为分为抽象行政行为违法与具体行政行为违法、行政机关的行政违法与行政人员的行政违法、内部行政违法与外部行政违法、作为违法与不作为违法等,其中不仅有错误理解准据法、错误援引准据法的情况,而且有没有查清或错误认定作为决定依据的案件事实等情况。

当然,每个行政机关、每一行政领域和每个地区的行政违法状况不可能是完全一样的,有的地区、机关或领域的行政违法现象较少,而有的则较多,这要视各地区、各系统的依法行政水平而定。一般来说,行政机关及其行政人员的法律素质较高且重视和强调依法行政的地方或领域,行政违法行为相对较少,反之行政违法现象较严重。

(三)行政违法行为相关法律的惩防规定

针对行政违法行为,不仅仅包括行政主体实施的,还包括行政相对人实施的行为,法律上都设置了相应的规定来规范和约束。比如,有查封或扣押财物的行政强制措施,也有划拨、拍卖查封扣押物或强制拆除等行政强制执行,还有罚款、行政拘留、没收违法所得等行政处罚,这些都是对行政相对人的行政违法行为设置的法律规范。当行政主体在行使职权过程中有违法或者过错职权行为并造成了损害,那么国家机关将对受损害的当事人进行国家赔偿。行政相对人对行政主体实施的具体行政行为不服的,可以向有权机关提起行政复议或者行政诉讼,从而达到保障自身权益的目的。

二、行政违法行为的成因分析

改革开放三十多年来,虽然社会主义法制有了长足的发展,但是行政管理领域还不同程度上存在多种多样的行政违法现象。行政违法行为产生的根源,大致有以下几个方面:

(一)法律法规体系尚不完备

目前,我国的行政法律法规体系不够健全,仍然处于逐步完备阶段;有些行政法律体系、法律规范之间存在一些欠缺、冲突和抵触;国家行政机关为实施法律法规和规章而制定的决定、命令和行政措施等,也是具有普遍约束力的行政规范性文件。

另外,很多情况下行政主体就是某些行政法规的起草者或制定者,所以行政法规更多的是体现相对人应该怎样做,违法后应受什么样的处罚,而很少考虑行政主体应该怎样做,没有履行法定义务应承担什么样的责任。而且不同行政部门制定的行政规章、规范性文件对行政机关的职权规定不明确,这就导致行政机关及其工作人员对自己的法定职责认识不清,互相推脱责任之事时有发生,因而造成行政违法行为现象的普遍存在。

（二）行政体制不完善

目前，我国行政体制不完善，机构与机构之间职权不清，特别是部门过多、职能交叉、权责脱节现象严重。据统计，目前国务院部门之间有 80 多项职责交叉，不论是信息产业管理，还是城市管理农业管理，各个部门都有相应的管理权。这样一种行政体制易造成部门之间的职责交叉，又易导致职能分散，致使行政主体之间的权力配置不尽合理，行政人员职权交叉或职责不清晰，使应当履行法定职责的行政部门与行政人员不能或不愿积极履行自己的职责。

（三）执法不够严格

我国立法虽然还没有达到很完备的地步，但是近几年来立法的进程是大大地加快，众多司法解释以及修正案出台，各项法律都得到了大规模的完善。然而我国法律一直面临着执行不严的问题，党的十八届四中全会也曾提过要加强严格执法，从而保障法律得到更好的运用。我国执法不严主要表现在：官官相护、官员腐败、公民不懂法、很少能用法律解决问题、法律打击力度还不够等。造成这些现象的原因也是牵扯到方方面面的，从体制到政策，从行政机关到公民，每个方面都是执法不严的组成部分，所以要解决这个问题需要一个较长的过程。

（四）监督体系还存在种种缺陷

孟德斯鸠说过，“一切有权力的人都容易滥用权力，这是一条万古不变的经验，有权力的人们使用权力一直到遇有界限的地方才休止”。因此如果不对权力进行监督和制约，就会导致行政人员滥用权力从而使行政违法行为的发生。目前我国监督部门的权威性、独立性不够，特别是监督职权和手段不够强，加上其他各种社会因素的干扰，致使监督部门的监督力度很难适应实际工作的需要。

（五）缺少责任追究制度

由于行政体制原因，部门过多且职能交叉，这不利于集中统一管理和加强政府公信力并建设责任政府。多个部门负责同一项工作的做法减轻了部门应承担的责任，造成了一种各行政机关之间互相推脱责任的不良现象。现代行政法核心理念之一就是责任行政，依法行政时应当以为公众谋取公共利益作为自己的存在价值，行政人员在执行公共事务的过程中应对公民负责。行政违法行为的产生实质上就是权力与责任相脱节，行政违法行为这种状况的存在与我国目前责任追究制度的不健全，及不能严格实施是相联系的，这也是导致我国执法不严的一个重要组成原因。

（六）行政人员道德意识缺乏

行政人员道德意识的缺乏具体表现在依法行政意识和敬业精神上。第一，依法行政意识的薄弱导致行政人员在行使行政权力之时没有自律意识，这就容易诱发行政违法行为的产生，具体表现为责任意识不强以及不能正确认识行政行为的无偿服务性；第二，敬业精神的欠缺，我国的社会主义性质决定了我国的一切权力属于人民，人民才是国家的主人，各级行政人员不论职务多高，都只是为人民服务的公仆，而甘当人民公仆、依法行政是对行政人员的基本要求。

造成这种道德意识缺乏的原因有很多,主要还是由于自身缺乏换位思考的过程以及自身眼界的狭隘,可以说很多人并不了解民间疾苦,在我们看不到的地方有多少人在为了能生存下去而愁眉苦脸,党的宗旨是全心全意为人民服务,然而有一部分人身处机关之中却不能体会,只是一味地认为实施了行政违法行为的人是无知的,其实很大程度上是因为他们没有时间没有精力去了解,也能从侧面看出法律的社会宣传力度还有待大大加强。

三、行政违法行为预防与惩戒的解决对策

(一)加强科学立法

科学立法要坚持从实际出发,以人为本,把握好权力与责任的关系。责任是行政权力的核心,要规范和约束行政权力,确保行政机关能够严格按照法律规定的权限和程序行使权力、履行职责,做到有权必有责、用权受监督、违法必追究、侵权要赔偿。依法治国是社会主义民主政治的基本要求,要坚持科学立法、民主立法,完善中国特色社会主义法律体系,推进依法行政。虽然我国行政法治化进程近年来正在稳步前进,但针对行政人员具体行政行为的相关法规还不健全,权责尚不够明确。只有明确了行政机关的职权范围才能使行政权力避免出现职权交叉和职责不明的情况,从而能够减少甚至避免行政违法行为的产生。

(二)完善行政体制

目前,我国的行政部门之间权责分散、职能交叉,所以就需要对行政机关的职权加以详细规定。要完善行政体制,除了对部门之间的职能有明确的划分之外,还要对行政程序加以严格的限制。通过行政程序控制公共权力滥用,保护人权,保护公民的基本权利和自由,规范行政行为,维护市场竞争秩序,规范和简化行政程序,提高行政效率。我国行政程序法的制定还在讨论阶段,虽然有些法律法规如《行政处罚法》为某些行政行为规定了较完整的行政程序,但大部分行政领域程序性规范还不完善,只有完善行政程序才能提高行政效率,维护行政相对人的权利和利益,防止行政机关不履行或拖延履行职责,从而遏止行政违法行为。

(三)推进严格执法

在社会生活中我们能感受到,现在法治领域发生的许多问题,并不是由于缺乏法律规定,而更多的是因为有法不依、执法不严导致的。只有严格执法,建设高效的法治实施体系,把“纸面上的法”真正落实为“行动中的法”,才能切实推进法治国家建设进程。行政机关是执法的重要主体,在我国,几乎所有行政法规都是由行政机关行使的,所以要做到严格执法必须要依靠行政机关来实施,所以加强行政机关职能的划分以及管理是至关重要的。

(四)构建完善的监督体系

首先,加强人大的监督。完善人大及其常委会对其任命的行政人员的质询、弹劾和罢免程序,对行政人员要经常性地行使质询、弹劾和罢免权。突出人大的事前和事中监督,发现可能存在问题的,人大就要派出调查组,进行调查,防止出现行政违法行为的进一步蔓延。

其次,推行政务公开制度。目前我国已经有专门《政府信息公开条例》来规定政务公开,但是政府信息公开范围相对而言还比较小,申请信息公开主体受限,所以可以借鉴国外政务信息公开的立法经验,推进政务信息公开方面的立法,建立强制性的政务信息公开制度。

最后,设立专门的监督机构。设立专门机构的目的就是用于接受群众监督、举报以及有关机关的核查,这个机构独立于行政机关以及司法机关,监督机构的职能只负责对行政行为进行监督,针对行政行为国务院可授权其有调查的权力,并接受公众举报。

(五)建立健全责任追究制度与奖惩制度

目前我国现行法律对于行政违法行缺乏相应的奖惩机制,常常造成依法行政得不到奖励,违法行政得不到应有的惩罚。我国《国家赔偿法》中规定了当行政机关或其工作人员在行使职权过程中如有违法行为,则行政相对人可以向行政机关申请国家赔偿。然而这只是一种受到损害时的救济手段,并没有对实施违法行为的行政机关有何具体处理的规定。由此可见我国缺乏法定的责任追究制度,行政行为与奖惩相脱节,这就导致相关行政部门及其行政人员缺乏对自己行为的约束,因此我国应当建立责任追究机制,完善责任追究制度相关法律,并对行政人员行为的法律后果及其奖惩作出详细规定。

(六)加强行政人员的道德教育

提高行政主体自身的素质,在任何利诱和挑战面前都能坚持自律,维护行政道德的纯洁性,也才能从根源上彻底消除行政道德失范现象。

加强行政人员的道德教育应从政治道德、职业道德、家庭道德和社会公德等方面进行教育。政治道德主要是对行政人员进行政治纪律和政治操守的教育,使其在面对利益时经得起考验,并时刻牢记党的宗旨是为人民服务;职业道德,是指人们在职业实践中形成的行为规范,应对行政人员加强爱岗敬业、诚实守信、办事公道、服务群众、奉献社会、廉洁奉公、勤政爱民的职业道德教育;家庭道德教育在当代中国表现为尊老爱幼、男女平等、夫妻和睦、勤俭持家、邻里团结等方面,通过家庭的良好道德氛围,熏陶感染每个家庭成员;社会公德是廉政建设的社会道德基础,一个人有了良好的社会公德,才能从整体社会利益出发考虑问题,努力规范自己的行为。

后　记

《中国县域法治国情调查报告·江苏如皋卷》是江苏高校区域法治发展协同创新中心组织的县域法治国情调查系列项目之一，由苏州大学王健法学院负责。该调查项目对近代以来如皋法治建设情况进行了系统的梳理，从纵向上了解如皋法治建设的基本脉络，特别是改革开放以来，如皋加强民主法制建设启动并加快了法治如皋建设进程，为如皋取得的巨大成就提供了有力的法治保障。如皋是华夏大地古老而充满活力的百强名县，她位居长江北岸，遥望上海，衔接苏南苏北，其社会经济文化的发展具有一定的代表性和典型性。因此，了解如皋的法治之路，深入挖掘近代以来如皋法治建设特别是改革开放以来法治建设的经验教训，对于其他地区县域法治建设具有标杆性价值和指导性意义。

如皋市县域法治国情调查项目的顺利实施得到了如皋市委市政府的大力支持，得到了如皋市人民法院、人民检察院、如皋市公安局、法制办、司法局、民政局、档案局，如皋市党史办、市志办等党政、司法和执法部门的大力协助，提供了宝贵的资料和数据。如皋市委常委，政法委书记缪小华、市委政法委副书记马小平对调查项目给予了重大的关心、帮助并提出策划，保证了该项目的顺利完成。在此对他们表示由衷的感谢！

在此基础上，苏州大学王健法学院作为区域法治发展协同创新中心的成员单位，积极承担了组织、编写和校对等任务。苏州大学王健法学院胡亚球教授作为区域法治发展协同创新中心立司法平台副主任多次带队赴如皋动员和了解项目实施进展，召开座谈会讨论调查报告的体例、内容并最终统稿。苏州大学王健法学院程雪阳副教授、吴俊博士，苏州大学2014级诉讼法学研究生刘宇飞同学、刘若楠同学、陈梦阳同学、崔皓然同学、金富文同学、张雨绮同学和陈玉炅同学多次赴如皋实地联系沟通，收集资料，并在如皋市政法委提供的资料的基础上进行了分工编写并对文字、体例、标点符号等问题进行了细致的完善工作。其具体分工如下：第一章由刘若楠承担，第二章由陈玉炅承担，第三章由刘宇飞承担，第四章由刘宇飞和陈梦阳承担，第五章由陈梦阳承担，第六章由崔皓然、金富文承担，第七章由张雨绮、刘若楠承担，正是在苏州大学王健法学院师生团结努力配合下，使得调查报告得以形成书稿。

诚然，由于如皋市县域法治国情调查项目实施过程经历了一个漫长的过程，再加上如皋市人事变动等原因，因此实际上关心、支持和参与此项工作的同志很多，在此非常遗憾，不能一一列举，请有关同志予以谅解。另外，由于资料来源非常分散，同时还借助了《中国如皋》（http://www.rugao.gov.cn/）和如皋市党政、司法和执法机关网站的网络信息资料，所以，所用资料无法在文中详细注明出处，在此对所有资料的提供和来源方深表歉意。

如皋作为长江下游、苏中地区县域建设的排头兵，在法治建设方面取得了突出成绩。在法治建设资料方面也有非常翔实的记录，这种记录在某种意义上也反映了法治如皋建设的成功经验。但由于历史和现实原因，本调查报告所收集的资料仍然存在诸多缺漏和不足，希望将来能够有机会进一步予以完善。

编者

2016 年 9 月

图书在版编目(CIP)数据

中国县域法治国情调查报告. 江苏如皋卷 / 胡亚球主编. —北京:法律出版社,2017
ISBN 978-7-5197-1092-7

Ⅰ. ①中… Ⅱ. ①胡… Ⅲ. ①县—法治—调查报告—中国②法治—调查报告—如皋 Ⅳ. ①D927

中国版本图书馆 CIP 数据核字(2017)第 172680 号

中国县域法治国情调查报告·江苏如皋卷
ZHONGGUO XIANYU FAZHI GUOQING DIAOCHA BAOGAO · JIANGSU RUGAOJUAN

胡亚球 主编

策划编辑 王 扬
装帧设计 乔智炜

出版 法律出版社
总发行 中国法律图书有限公司
经销 新华书店
印刷 固安华明印业有限公司
责任校对 杨昆玲
责任印制 张建伟

编辑统筹 独立项目策划部
开本 787 毫米×1092 毫米 1/16
印张 23.25
字数 465 千
版本 2017 年 7 月第 1 版
印次 2017 年 7 月第 1 次印刷

法律出版社/北京市丰台区莲花池西里 7 号(100073)
网址/www.lawpress.com.cn
投稿邮箱/info@lawpress.com.cn
举报维权邮箱/jbwq@lawpress.com.cn
销售热线/010-63939792
咨询电话/010-63939796

中国法律图书有限公司/北京市丰台区莲花池西里 7 号(100073)
全国各地中法图分、子公司销售电话:
统一销售客服/400-660-6393
第一法律书店/010-63939781/9782
西安分公司/029-85330678
重庆分公司/023-67453036
上海分公司/021-62071639/1636
深圳分公司/0755-83072995

书号:ISBN 978-7-5197-1092-7
定价:82.00 元
(如有缺页或倒装,中国法律图书有限公司负责退换)